当 | 代 | 中 | 国 | 社 | 会 | 变 | 迁 | 研 | 究 | 文 | 库

The Youth and
Social Development

A Comparison Between China
and Brazil

中国和巴西的比较

青年与社会发展

李春玲　〔巴〕T.德怀尔（T. Dwyer）等　　著

社会科学文献出版社
SOCIAL SCIENCES ACADEMIC PRESS (CHINA)

总　序
推进中国社会学的新成长

中国社会学正处于快速发展和更新换代的阶段。改革开放后第一批上大学的社会学人，已经陆续到了花甲之年。中国空前巨大的社会变迁所赋予社会学研究的使命，迫切需要推动社会学界新一代学人快速成长。

"文化大革命"结束后，百废待兴，各行各业都面临拨乱反正。1979 年 3 月 30 日，邓小平同志在党的理论工作务虚会上，以紧迫的语气提出，"实现四个现代化是一项多方面的复杂繁重的任务，思想理论工作者的任务当然不能限于讨论它的一些基本原则。……政治学、法学、社会学以及世界政治的研究，我们过去多年忽视了，现在也需要赶快补课。……我们已经承认自然科学比外国落后了，现在也应该承认社会科学的研究工作（就可比的方面说）比外国落后了"。所以必须奋起直追，深入实际，调查研究，力戒空谈，"四个现代化靠空谈是化不出来的"。此后，中国社会学进入了一个通过恢复、重建而走向蓬勃发展和逐步规范、成熟的全新时期。

社会学在其恢复和重建的初期，老一辈社会学家发挥了"传帮带"的作用，并继承了社会学擅长的社会调查的优良传统。费孝通先生是我所在的中国社会科学院社会学研究所第一任所长，他带领的课题组，对实行家庭联产承包责任制后的农村进行了深入的调查，发现小城镇的发展对乡村社区的繁荣具有十分重要的意义。费孝通先生在 20 世纪 80 年代初期发表的《小城镇·大问题》和提出的乡镇企业发展的苏南模式、温州模式等议题，产生了广泛的影响，并受到当时中央领导的高度重视，发展小城镇和乡镇企业也随之成为中央的一个"战略性"的"大政策"。社会学研究所第三任所长陆学艺主持的"中国百县市经济社会调查"，形成了100多卷本调查著作，已建立了60多个县（市）的基础问卷调查资料数据库，现正在组织进行"百村调查"。中国社会科学院社会学研究所的研究人员在20世纪90年代初期集体撰写了第一本《中国社会发展报告》，提出中国社会变迁的一个重要特征，就是在从计划经济走向社会主义市场经济的体制转轨的同时，也处于从农业社会向工业社会、从乡村社会向城市社会、从礼俗社会向法理社会的社会结构转型时期。在社会学研究所的主持下，从1992年开始出版的《中国社会形势分析与预测》年度"社会蓝皮书"，至今已出版20本，在社会上产生了较大影响，并受到有关决策部门的关注和重视。我主持的从2006年开始的全国大规模社会综合状况调查，也已经进行了三次，建立起庞大的社会变迁数据库。

2004年党的十六届四中全会提出的构建社会主义和谐社会的新理念，标志着一个新的发展时期的开始，也意味着中国社会学发展的重大机遇。2005年2月21日，我和我的前任景天魁研究员为中央政治局第二十次集体学习做"努力构建社会主义和谐社会"的讲解后，胡锦涛总书记对我们说："社会学过去我们重视不够，现在提出建设和谐社会，是社会学发展的一个很好的时机，也可以说是社会学的春天吧！你们应当更加深入地进行对社会结构和利益关系的调查研究，加强对社会建设和社会管理思想的研究。"2008年，一些专家学者给中央领导写信，建议加大对社会学建设发展的扶持力度，受到中央领导的高度重视。胡锦涛总书记批示："专家们来信提出的问题，须深入研究。要从人才培养入手，逐步扩大社会学研究队伍，推动社会学发展，为构建社会主义和谐社会服务。"

目前，在恢复和重建30多年后，中国社会学已进入了蓬勃发展和日渐成熟的时期。中国社会学的一些重要研究成果，不仅受到国内其他学科的广泛重视，也引起国际学术界的关注。现在，对中国社会发展中的一些重大经济社会问题的跨学科研究，都有社会学家的参与。中国社会学已基本建立起有自身特色的研究体系。

回顾和反思30多年来走过的研究历程，社会学的研究中还存在不少不利于学术发展的问题。

一是缺乏创新意识，造成低水平重复。现在社会学的"研究成果"不可谓不多，但有一部分"成果"，研究之前缺乏基本的理论准备，不对已有的研究成果进行综述，不找准自己在学科知识系统中的位置，没有必要的问题意识，也不确定明确的研究假设，缺少必需的方法论证，自认为只要相关的问题缺乏研究就是"开创性的""填补空白的"，因此研究的成果既没有学术积累的意义，也没有社会实践和社会政策的意义。造成的结果是，低水平重复的现象比较普遍，这是学术研究的大忌，也是目前很多研究的通病。

二是缺乏长远眼光，研究工作急功近利。由于科研资金总体上短缺，很多人的研究被经费牵着鼻子走。为了评职称，急于求成，原来几年才能完成的研究计划，粗制滥造几个月就可以出"成果"。在市场经济大潮的冲击下，有的人产生浮躁情绪，跟潮流、赶时髦，满足于个人上电视、见报纸、打社会知名度。在这种情况下，一些人不顾个人的知识背景和学科训练，不尊重他人的研究成果，不愿做艰苦细致的调查研究工作，也不考虑基本的理论和方法要求，对于课题也是以"圈"到钱为主旨，偏好于短期的见效快的课题，缺乏对中长期重大问题的深入研究。

三是背离学术发展方向，缺乏研究的专家和大家。有些学者没有自己的专门研究方向和专业学术领域，却经常对所有的问题都发表"专家"意见，"研究"跟着媒体跑，打一枪换一个地方。在这种情况下，发表的政策意见，往往离现实很远，不具有可操作性或参考性；而发表的学术意见，往往连学术的边也没沾上，仅仅是用学术语言重复了一些常识而已。这些都背离了科学研究出成果、出人才的方向，没能产生出一大批专家，更遑论大家了。

这次由中国社会科学院社会学研究所学术委员会组织的"当代中国社会变迁研究文库"，主要是由社会学研究所研究人员的成果构成，但其主旨是反映、揭示、解释我国快速而巨大的社会变迁，推动社会学研究的创新，特别是推进新一代社会学人的成长。

李培林

2011 年 10 月 20 日于北京

序　言

　　中国与巴西是距离十分遥远、文化差异巨大的两个国家，以往这两个国家之间的比较研究较为稀少，两国社会学家的交流也不多。然而，自 21 世纪以来，中国与巴西成为国际影响力不断上升的新兴经济体以及金砖国家中的重要成员，两国之间不仅经济关系不断强化，而且文化学术交流也日益增强。我们的这项比较研究正是在此背景下开展，它也是一个更大规模的金砖国家社会学比较研究计划的组成部分。2009 年，中国社会科学院前副院长李培林研究员（时任社会学研究所所长）与俄罗斯社会科学院社会学研究所所长戈什科夫（M. K. Gorshkov）教授、时任巴西社会学会会长的巴西坎皮纳斯州立大学 T. 德怀尔（T. Dwyer）教授和印度斋浦尔国立大学副校长沙玛（K. L. Sharma）教授共同发起了一项持续至今的金砖国家社会学比较研究计划，形成了由中国、巴西、俄罗斯和印度四国社会学家组成的金砖国家社会学比较研究网络，我担任了这个研究网络的中方联络人。该计划开展的第一项研究是"金砖国家社会分层研究"，其研究成果于 2011 年出版了中文版专著《金砖国家社会分层：变迁与比较》（2011）；于 2013 年出版英文版专著 The Handbook on Social Stratification in the BRIC Countries : Change and Perspective。该项研究完成后，金砖国家社会学比较研究网络的成员决定开展第二项比较研究：金砖国家青年比较研究，在原有的四国社会学家团队基础上，又邀请了南非多所大学的社会学研究者加入金砖国家社会学比较研究网络，开展金砖五国青年社会学比较研究。该项研究由巴西坎皮纳斯州立大学 T. 德怀尔（T. Dwyer）教授作为巴西方的联络人协调巴西研究团队；由俄罗斯社会科学院社会学研究所所长戈什科夫（M. K. Gorshkov）教授作为俄罗斯方的联络人协调俄罗斯研究团队；由印度社会学会会长、

IIHMR 大学莫迪（I. Modi）教授作为印度方的联络人协调印度研究团队；由南非林波波大学马帕迪蒙（M. S. Mapadimeng）教授作为南非方的联络人协调南非研究团队；我本人作为中方联络人协调中国研究团队。经过数年的努力，于 2018 年出版了英文专著 *Handbook of The Sociology of Youth in the BRICS Countries*。

与此同时，中方研究团队还分别与其中的某一国家的社会学家开展了多项更为深入的比较研究，如李培林教授和戈什科夫教授主持了多项中国与俄罗斯的比较研究，包括"中国梦"与"俄罗斯梦"的比较研究、中国与俄罗斯中等收入群体研究等；我与俄罗斯社会科学院社会学研究所副所长科兹列娃（P. M. Kozyreva）教授主持了中国与俄罗斯青年比较研究。这些研究都出版了一系列的中文版和俄文版专著。2019 年中国社会科学院与巴西坎皮纳斯州立大学联合成立了中国社会科学院 – 坎皮纳斯州立大学中国研究中心（CASS – UNICAMP·Centre of China Studies），推进中巴双方学术交流。德怀尔教授和我分别担任该中心的巴方主任和中方主任，以该中心的名义组织了一系列的国际学术会议和双方互访交流，同时也开展了两国比较研究。中国和巴西青年比较研究就是其中的一项，该项研究是在之前的金砖国家青年比较研究的基础上进一步的深化研究，《青年与社会发展：中国和巴西的比较》一书就是该项研究的成果。

为什么我们选择"青年"作为比较研究的主题，这不仅仅是因为人们常说"青年是国家的未来"，更重要的是中国和巴西作为新兴经济大国，整个社会都在快速地发生巨变，代际的差异和观念的断裂将会对未来的国家走向产生重要影响。理解新一代青年，就是理解未来的世界。

过去二十年，中国和巴西都经历了经济高速增长和社会快速变迁，对青年的生活、文化、教育和就业等产生了极大影响，而同时，青年人在各自国家的经济社会变迁中也发挥了重要作用。虽然中国青年和巴西青年的社会生活环境有极大差异，但是经济社会发展带给两国青年许多共同的影响，比如：物质生活条件的改善、青年人口大规模从乡村向城市流动、教育机会和就业机会快速增长、互联网普及促进青年的社会参与和文化创新，等等。

与此同时，两国青年的生存境遇和发展机会又面临着一些共同的挑战，其中一个对青少年成长产生重要影响的因素是贫富分化。巴西和中国都是经济不平等问题较为突出的国家，贫富分化、城乡差异和地区差距导致了一系列的青年问题，这方面在巴西表现得更为突出，贫困、犯罪和暴力普遍存在，严重影响了青少年的生存环境，并导致青少年死亡率较高。21世纪最初数年，较高的经济增长率和一系列社会政策实施，使巴西的基尼系数有所下降，贫困人口明显减少，中等收入者数量增加，青少年成长环境和发展机遇有一定程度改进。但是，2008年国际金融危机以来，巴西经济持续衰退，贫困、失业、暴力、犯罪等问题再次突出，青年生存境遇面临更多挑战。

中国过去数十年一直保持较为稳定的经济增长，政府实施的精准扶贫、乡村振兴、全面建成小康社会等战略确保了人民生活水平不断提高、社会平稳发展，收入差距增长趋势有所遏制，贫困人口大幅度减少，城乡差异和地区差距也得到一定程度控制。这一系列的经济社会条件的改善，为青年发展创造了更多的机遇。但同时，教育竞争、就业竞争和购房压力不断升级，给青少年成长和发展带来多重挑战，农家子弟、低阶层家庭背景的青年争取向上社会流动机会阻力重重，社会经济不平等的代际传递现象突出，阶层固化趋势有所显现。

2020年新冠肺炎疫情突袭而至，给两国青年发展带来新的挑战。在中国，疫情虽然得到及时有效控制，但还是有相当部分青年的就业和创业受到极大冲击。巴西新冠肺炎疫情则更为严重，至今未能得到有效控制，青年的生存境遇面临严峻形势。在此背景下，《青年与社会发展：中国和巴西的比较》一书的出版，有助于我们深入了解两国青年的现状及其面临的挑战，为制定相关政策，解决青年问题、改善青年生存境遇、促进青年发展提供了一个比较视野的参考。

本书的章节安排是中巴双方研究团队共同商定，分为九篇，每篇关注一个主题，分别从社会变迁与青年研究，青年人口的基本特征，文化、认同与价值观，消费与休闲，教育与就业，性、婚恋与家庭，社会态度与政治价值观，互联网与公共生活以及结语展开讨论，以期达到对两国青年现状的总体概括并进行对比。近几十年中巴两国都经历了急剧的社会、经济和政治变迁，两个国家的青年人都是在巨大的社会变迁环境中成长，而人们对于青年这一概念的认知和理解也在发生改变。本书的第一篇讨论两国青年概念及青年研究的变化历程，中方作者重点介绍了改革开放以来中国青年研究的三个发展阶段，以及研究主题的变化，同时也讨论了社会经济变迁对青年人产生的影响；巴方作者则讨论了巴西青年研究的缘起，介绍了青年作为集体行动者引发社会关注而成为青年研究的重要主题，研究对象侧重校园中的学生和城市青年，而随着研究的深入，青年研究的对象逐步扩展到工作中的青年和农村青年，研究主题也延伸到更广泛的领域。第二篇是对青年人口特征的分析，中方作者重点突出了计划生育政策实施后青年人口比重和数量的变化，同时也描述了当代青年的性别比例、教育水平和婚姻基本状况，以及全面放开二孩政策后的青年生育状况及未来的影响；巴方作者分析了巴西青年人口逐步减少、生育率下降以及青年人口由农村向城市流动的趋势，深入讨论了巴西青年暴力犯罪和死亡率居高不下等现象及其对青年生存状况的影响。第三篇是对当代青年文化和身份认同的探讨，中方作者突出市场经济发展和政府文化产业政策对于青年文化的冲击；巴方作者探讨了巴西的青年代际现象的历史演进及其社会政治背景，特别介绍了当代巴西青年中的网络激进主义倾向。第四篇介绍青年的消费行为和休闲活动，中方作者分析了当代中国青年消费模式的主要特征，展示了青年消费的城乡差异、阶层差异和文化差异，以及青年消费与老一辈的差异，重点分析了互联网时代的青年新兴消费形式；巴方作者介绍了巴西青年的休闲生活，以及互联网给青年休闲生活带来的新元素，重新定义了当前巴西青年的生活方式。第五篇的主题是青年的教育和就业，中巴双方作者都分析了经济社会发展为青年创造了更多的教育机会和就业机会，但是教育和就业领域的不平等持续存在，影响了青年人的生存境遇。第六篇探讨了青年的性、婚恋和家庭，中方作者讨论了人口结构变化、高等教育扩张和婚姻法规变革对青年人的恋爱、婚姻和家庭的影响；巴方作者探讨了青少年性行为带来的一些社会问题，如青少年怀孕增加、艾滋病感染率上升，等等。第七篇探讨了青年的社会态度与政治价值观，中方作者分析了中国青年的价值观变迁与国家认同意识；巴方作者则介绍了巴西青年的政治文化和政治价值观。第八篇探讨了青年人的互联网行为，中方作者介绍了青少年网民群体的发展过程，以及社交媒体的崛起及其影响；巴方作者介绍了互联网在巴西的兴起、普及过程及其对青年的影响。第九篇是结语，中巴双方作者分别总结了社会经济巨变给青年人带来的变化，展望了全球化时代青年的未来。

　　最后，真诚感谢本书的所有作者和译者，感谢社会科学文献出版社的编辑，特别感谢本书的巴方协调人德怀尔教授。本书是大家集体努力的成果。同时，我也希望我们与巴西社会学家的合作能够继续下去。

李春玲

2021 年 10 月 25 日于北京

目　　录

第五篇　教育与就业

第六篇　性、婚恋与家庭

第七篇　社会态度与政治价值观

第八篇　互联网与公共生活

第九篇　结　语

第一篇

社会变迁与青年研究

中国社会变迁与青年研究的发展

孟　蕾　李春玲

在中国，青年作为一个社会群体的形成以及青年研究的发展，都与社会变迁的进程步步相关。社会结构的历史波动，成为青年阶层确立和不断变化的契机，关于青年问题的研究也呼应而出。较之西方相关研究，中国的青年研究有其独特的学科传统和研究进路，其根本原因在于我国与西方国家所处的社会发展阶段不同，青年的特性之一便是对社会变迁尤其敏感，这是由青年所处的阶段过渡性所决定的。青年研究不仅是对青年本身所面临各种问题的讨论，也是对社会科学中一个分支学科的理论和方法的反思与总结；不仅是对青年群体的分析，更是透过青年来观察中国社会结构和社会变迁的特征。

一　中国青年阶层的形成与发展

清朝末期的中国社会中，事实上并不存在一个作为独立的年龄群体的青年阶层，古代中国人并无明确的年龄标准，只是模糊区分为"大人—孩子"，而作为生命阶段的"幼年期""青年期"及其特性是被忽略的。从教育到生产，年轻人被置于家族制度和伦理的约束之中。

19世纪后期，西方近代文化冲击了中国的军事、经济、政治、教育系统，乃至价值体系和社会结构，以往独占支配地位的儒家伦理的动摇给社会教育和职业都带来大变动。19世纪末20世纪初清政府实施"新政"中的"新学制"规定了学生的年龄，"青年期"由此制度化，学生阶层作为一个新的社会群体开始出现；从观念认识和公众舆论上，将孩子送到新式学校读书救国有了为国奉献的"公"的意义，固守家庭被视为"私"而受到否定和批判，当时的状况大大弱化了亲族体系对年轻人的约束。

随着民族危机的加深，政府、社会和改革派的知识分子都对学生阶层寄予改变国家命运的期待，1915 年《新青年》杂志的发刊和"新文化运动"的发端被看作中国社会中"青年"这一角色类别形成的象征；1919 年五四运动正是始于学生的爱国运动，以学生与民众联合运动的胜利结束，成为中国近代历史上最具影响力和社会意义的政治运动之一，"青年"的这种先锋角色也因此获得社会的公认。

至中华人民共和国成立，青年完成了民族独立的使命，同时也得以从以亲族关系为基础的社会结构的压制中解放出来，共产党和政府有意识地积极赋予"青年"肯定和社会位置，把他们编排在各个领域的组织中，期待他们成为革新道德规范和建立新秩序的角色担当者。"革命青年"被定义为社会主义革命、社会主义建设的先锋，共产主义的接班人，接受思想改造和政治社会化教育，为共产主义事业奉献力量。

随着"文化大革命"结束，进入 20 世纪 80 年代以后，"青年问题"被认为日渐严重；伴随着改革开放，社会结束长期封闭状态，国外多元文化在青年中受到热烈欢迎，而年轻人的价值观和生活方式的更新，被视为"信仰危机"、西方崇拜、金钱至上、享乐主义、缺乏爱国心、缺乏社会责任感；成人社会对年轻人的失望与年轻人对正统价值观的不满，带来社会紧张和代际价值观断裂，实际上也是社会经济结构变迁带来的变化，社会的开放和市场经济的发展，使个人主义、自由主义开始在青年群体中蔓延。与此同时，危机感和观念变革使得学者开始用社会学、心理学等各种理论来对年轻人的偏差行为和意识做出解释，"青年问题"开始被关注和思考，青年研究应运而生。①

二 青年研究在中国的兴起和发展

中国青年研究作为一门学科开始于 20 世纪 80 年代，② 伴随着经济改革的步伐而逐步成长。1979 年开始的经济改革，导致原有的意识形态受到极

---

① 陈映芳：《"青年"与中国的社会变迁》，社会科学文献出版社，2007。
② 吴小英：《青年研究的代际更替及现状解析》，《青年研究》2012 年第 4 期。

大冲击，被教育应该拥有"革命理想"的青年人思想处于混乱之中，官方的青年教育工作受到极大挑战，这使政府决策者意识到，开展对青年人的深入研究极为迫切。1980 年中国社会科学院和共青团中央联合发文成立青少年研究所，在此同时还创办了内部发行的期刊《青年研究》，由此开始了青年研究的学科化发展道路。然而，意识形态取向与学术研究取向的矛盾纠结使青年研究的发展道路充斥着各种争议和波折，相关研究机构和人员也不断发生变动。最初成立的青少年研究所位于共青团中央机关大楼，相当于共青团中央的一个所属部门，但由中国社会科学院和共青团中央双重管理。在 20 世纪 80 年代初期的思想解放运动中，这一机构的研究人员及其发表的研究成果代表了新一代青年的开放思潮，而这种思想倾向与共青团中央的青年工作取向渐行渐远，最终导致青少年研究所被撤销，研究人员被并入刚刚成立的中国社会科学院社会学研究所。几年之后，共青团中央成立了自己的"中国青少年研究中心"，这一研究机构成为当前中国规模最大也是最主要的青年研究机构。与此同时，在共青团的中央团校（中国青年政治学院）和各地方团校（各省市青年政治学院）系统中，也设立了院系和研究所从事青年研究，培养了一批研究人员。20 世纪 90 年代和 21 世纪最初几年，共青团和高校意识形态工作者所主导的、以青年工作和大学生意识形态教育为主要内容的青年研究占据主流地位，社会科学系统的青年研究步入相对冷静与沉寂的时期，相关研究人员大多转向其他研究领域，相关研究机构被取消或人员缩减。不过，一些并不专门从事青年研究的学者从各自的学科视角对一些青少年问题进行了深入研究，例如：社会学家风笑天等人对独生子女的长期研究，① 社会学家陈映芳对青年文化的研究，② 以及许多心理学家对青少年心理问题的研究。

近二十年共青团系统和高校意识形态工作者所主导的青年研究一支独大的局面逐步发生改变。从 21 世纪初开始，1980 年代出生的青年一代（80后）以特立独行、藐视权威的形象冲入公共视野，通过互联网和"青春文

---

① 风笑天：《独生子女：他们的家庭、教育和未来》，社会科学文献出版社，1992；风笑天主编《中国独生子女：从小皇帝到新公民》，知识出版社，2004。

② 陈映芳：《在角色与非角色之间——中国的青年文化》，江苏人民出版社，2002；《图像中的孩子——社会学的分析》，山东画报出版社，2003；《"青年"与中国的社会变迁》，社会科学文献出版社，2007。

学"猛烈回击教育权威的说教和官方媒体对他们的批评。面对与老一代十分不同的 80 后青年，官方的青年工作和意识形态教育受到极大挑战，而与此相关的青年研究也显示出极大的局限性。与此同时，社会学家对新一代青年的态度和行为取向及其社会影响表现出越来越大的兴趣，他们深刻地意识到巨大的代际差异是当代中国社会的一个主要特征，青年一代正在改变这个社会，也将引领社会的未来发展方向。近年来，社会学视角的青年研究发展迅速，研究成果十分丰富，研究主题往往紧扣社会公众关注热点，特别是青年人的关注热点，因而也常常引起社会反响。另外，社会学研究的方法优势也使社会学取向的青年研究更为深入和更有说服力。基于大规模问卷调查数据进行的定量研究，可以系统分析各方面的代际差异，全面把握青年一代的态度和行为特征，并进行因果解释。[1] 基于深入的个案访谈调研，社会学家还对青年群体内部的各类小群体进行更深入的解剖，探究其内在的价值理念和行为动机。

社会学取向的青年研究发展，也影响了共青团系统研究者和高校意识形态教育者，他们的研究也越来越多地借鉴社会学研究方法，减少以往的教条理论和空洞说教。由此，在当代中国青年研究领域形成了各具特色的三股主要力量：社科院系统以社会学为主的青年研究、共青团系统以青年工作为主的青年研究，以及高校系统以教育学为主的青年研究。这三股研究力量形成了当代中国青年研究的多元化格局。

三　中国青年研究的主题内容

目前中国青年研究的主题分布于以下若干方面：第一，关于青年工作与青年政策的研究，其中青年管理和指导是最受关注的内容，其他议题包括青年思想政治教育及工作方法、社团活动、青少年工作者素质能力等。第二，关于青年成长影响因素的研究，其中社会、文化、个人等因素对青年成长与发展影响的论文较多，尤其是有关社会因素影响的研究最多。社会变革对青年的影响是青年研究中最为活跃的领域，还有其他一些议题如青年对社会发展的贡献与作用、青年的社会化、社会与青年的互动关系、社会对青年发展

---

① 孟莉：《十年来我国青年研究现状的计量分析》，《青年研究》2004 年第 5 期。

的责任、认同与挑战等。第三，青年成长与发展主题研究，自我成长是青年最重要的个人发展任务，其他方面研究者依次关注的问题为青年的职业发展、生活方式、婚恋与性、学习与教育。第四，青年素质结构和成分研究，青年素质形成与培养，包括政治思想、伦理道德、社会法制、科学技术、心理行为等。对青年心理的研究较多。第五，青年犯罪与偏差行为研究，具体论及的犯罪行为有：校园暴力、吸毒、性犯罪、科技与经济犯罪等。涉及的具体偏差行为问题有：自杀、精神疾病、烟酒成瘾行为、学生违纪、性行为、不健康消费行为、辍学离家等。实证研究中的调研对象主要集中在城市、沿海、开放及经济发达地区的青年、大中学生、西部经济欠发达地区的青年及青年农民。研究对象过于集中在某几个少数群体，对其他类别的青年人群研究相当分散，论文数量较少。① 在研究对象上，大学生和青少年所占比重最大，而各类在职青年所占的比例都比较小；在研究主题上，就业与职业、思想观念、教育与成才、失范行为、婚恋与家庭这五个方面的研究最为集中，其比例达到全部研究的 60%。在研究方法上，调查研究是最主要的研究方式，其比例超过总体的一半。实地研究的方式相对较少，实验研究的方式则几乎没有。而 1/3 左右的研究主要是依靠引用他人资料的方式进行的。另外，不同时期、不同刊物的青年研究状况有一定差别。

近年来随着社会学家对青年研究兴趣增长，社会学领域的热点主题渗入青年研究领域。青年社会学的复兴与 80 后现象的出现相伴随，有关 80 后②和 90 后群体③的研究，最近是有关 00 后群体的研究，④ 以及这几个代际群体与社会、经济、文化和政治变迁的关系，成为当代中国青年研究的重

---

① 孟莉：《十年来我国青年研究现状的计量分析》，《青年研究》2004 年第 5 期。
② 李春玲、施芸卿主编《境遇、态度与社会转型：80 后青年的社会学研究》，社会科学文献出版社，2013；吕鹤颖：《"80 后"青年问题与代沟弥合》，《学术研究》2019 年第 8 期；包蕾萍：《深度现代化：80 后 90 后群体的价值冲突与认同》，《中国青年研究》2019 年第 8 期。
③ 杨雄、何芳：《被关注成长的一代：一项关于"90 后"青少年发展状况分析》，《青年研究》2010 年第 2 期；邓希泉：《"90 后"新价值观研究》，《思想理论教育》2016 年第 9 期；王文：《全球视野下中国"90 后"的经济自信——兼论代际价值观转变理论视角下的中国青年与制度变革》，《西北师大学报》（社会科学版）2020 年第 4 期；沈虹、郭嘉、纪中展、杨雪萍《移动中的 90 后：90 后大学生媒介接触行为、生活形态与价值观研究》机械工业出版社，2014。
④ 韩艳玲：《论"00 后"大学生群体特征及思想政治教育》，《绿色环保建材》2019 年第 2 期；孙业富、孙雯、张志锋：《自媒体对"00 后"大学生的影响及分析——以"网红"为例》，《教育观察》2019 年第 8 期。

要内容。① 这些研究通常基于代际比较分析，探讨 80 后青年及 90 后青年的行为特征和态度倾向，发现青年一代与老一代人的差异，解释导致差异的原因，以及这些差异预示社会发展的何种走向。② 不过，社会学家在关注代际差异的同时，也充分意识到青年一代内部存在巨大的阶层差异和城乡分化，这导致青年研究从分析对象角度区分为两大类，一类研究主题偏重接受高等教育的青年（如大学生、大学毕业生、都市白领等），比如：青年文化现象、大学生就业、网络行为、消费取向、政治态度，等等；另一类研究重点关注新生代农民工，分析青年农民工的生活困境、流动动机、社会融入、维权行动，等等。大学生研究和新生代农民工研究是青年研究成果最多的两大研究领域。虽然有些研究主题涵盖了这两大群体，但是两者之间的差异在所有方面都表现得如此鲜明而不能忽视。③

　　青年群体内部的巨大差异使社会不平等的研究视角在青年研究中十分盛行，近年来青年社会学成果最突出的两个研究主题——教育与就业的不平等成为青年研究的热点之一。青年社会学在这方面重点关注的是社会结构因素（城乡二元结构、体制内外分割和家庭社会经济背景或阶层出身等）对青年的教育和就业的影响及由此产生的不平等现象。④ 对此，李春玲、施芸卿等人的研究发现，"最重要的是城乡不平等和家庭背景的阶级差异，在实质上影响了这一代人的受教育机会，在这代人中存在着教育分层，最终

---

① 李春玲：《改革开放的孩子们：中国新生代与中国发展新时代》，《社会学研究》2019 年第 3 期。

② 魏莉莉：《青年群体的代际价值观转变：基于 90 后与 80 后的比较》，《中国青年研究》2016 年第 10 期；李春玲：《静悄悄的革命是否临近？——从 80 后和 90 后的价值观转变看年轻一代的先行性》，《河北学刊》2013 年第 3 期。

③ 李春玲：《青年群体中的新型城乡分割及其社会影响》，《北京工业大学学报》（社会科学版）2017 年第 2 期。

④ 吴愈晓：《中国城乡居民的教育机会不平等及其演变 1978－2008》，《中国社会科学》2013 年第 3 期；李春玲：《教育不平等的年代变化趋势（1940－2010）——对城乡教育机会不平等的再考察》，《社会学研究》2014 年第 2 期；李春玲：《"80 后"的教育经历与机会不平等——兼评〈无声的革命〉》，《中国社会科学》2014 年第 4 期；杨菊华：《"代际改善"还是"故事重复"？——青年流动人口职业地位纵向变动趋势研究》，《中国青年研究》2014 年第 7 期；芦强：《青年精英再生产与代际资源传递》，《青年研究》2014 年第 6 期；张乐、张翼：《精英阶层再生产与阶层固化程度——以青年的职业地位获得为例》，《青年研究》2012 年第 1 期。

导致他们的就业教育和社会经济地位的差异"。①

新生代农民工研究是另一个青年社会学最重要也是成果最多的研究主题。当今中国社会存在数量庞大的从农村迁移到城市的流动人口，其中许多是 80 后、90 后和 00 后，这一群体被称为新生代农民工，约占青年人口的 45%。② 作为青年人口中人数最多的群体，新生代农民工必然成为青年研究最主要的研究对象，其中的一个研究重点是新生代农民工的身份认同与社会融合。与老一代农民工不同，绝大多数新生代农民工想要长期定居于城市，希望成为真正的城市人。然而，他们成为城市人的过程（"市民化过程"）却极为复杂，社会融入障碍重重。③ 新生代农民工与默默忍受的老一代农民工不同，他们经常采取激烈的抗争行动，抗议企业老板损害他们的权益和政府相关部门的不作为。因此，一些研究者认为新生代农民工正在形成一个"新工人阶级"。④

青年研究人员队伍十分的年轻化，主要以 80 后和 70 后的青年学者为主，他们对于社会变迁带来的新社会现象最为敏感，尤其是那些与青年人生活息息相关的新事物和新变化，而这些新事物和新变化也成为青年研究的热点问题，其中一个重要研究主题是互联网的兴起对青年人的影响，包括青年网络行为及网络和社交媒体对青年社会生活和青年文化的影响。⑤ 另一个研究主题是婚恋和性观念及行为（包括性别关系）的变化趋势。快速的社会变迁必然引发人们的价值观念及行为的变化，婚恋和性观念的变化就是其中一个重要方面，而年轻人正是新的婚恋和性观念的实践者，他们

---

① 李春玲、施芸卿主编《境遇、态度与社会转型：80 后青年的社会学研究》，社会科学文献出版社，2013，第 440 页。

② 李春玲：《青年群体中的新型城乡分割及其社会影响》，《北京工业大学学报》（社会科学版）2017 年第 2 期。

③ 张庆武：《青年流动人口社会融入问题研究——以北京市为例》，《青年研究》2014 年第 5期；张陆：《青年城乡移民的城乡双重认同研究》，《青年研究》2014 年第 2 期；刘建娥：《青年农民工政治融入的影响因素及对策分析——基于 2084 份样本的问卷调查数据》，《青年研究》2014 年第 3 期。

④ 潘毅、卢晖临、严海蓉、陈佩华、萧裕均、蔡禾：《农民工：未完成的无产阶级化》，《开放时代》2009 年第 6 期。

⑤ 邓志强：《网络时代青年的社会认同困境及应对策略》，《中国青年研究》2014 年第 2 期；聂伟：《网络影响下的青少年生活方式研究》，《当代青年研究》2014 年第 4 期；路向军：《互联网给青少年社会化带来的不确定性及应对策略》，《中国青年研究》2012 年第 6 期。

的观念和行为代表了未来的发展方向。①

另外，共青团系统和高校思想政治教育机构的相关研究人员关注的研究主题是青年工作与青年政策研究，其中青年管理和指导是最受关注的内容，其他议题包括青年思想政治教育及工作方法、社团活动、青少年工作者素质能力等。近年来青年问题研究者队伍的一个重要变化是大量高等院校学生思想政治教育课程教师加入其中，这主要是政府政策所导致的结果。政府决策者及相关教育部门十分关注青年人尤其是大学生的思想状况，强化高等院校学生思想政治教育课程，并鼓励相关教员从事青年思想教育研究，从而产生了大量的有关青年思想态度的调研成果。虽然这类研究大部分学术水平不高，但也引发了一些社会科学家的兴趣，他们以更严谨的研究方法和理论对于当代青年的价值观念、社会态度和政治价值观进行了深入研究，发表了大量研究成果。

四　青年群体在社会变迁中的境遇

发生在当代中国青年身上的重大现实问题，正是来自他们特殊的社会成长经历。在大国迅速崛起、社会变化剧烈的背景下，代际差异被凸显，而青年一代正是大国走向未来的支撑者。中国现在的青年一代与其他国家相比，代际的断裂实际上更为明显和独特。

第一，由于"80后""90后"的成长过程恰恰与改革开放相融合，国家经济地位迅速上升，社会全面开放，计划经济向市场经济的转型带来经济基础的改变，社会物质丰富、生活条件改善，年青一代的生活方式和上一代人差异巨大，他们不仅享受到多元文化带来的新鲜体验，也出现"月光族""负翁"等消费问题。

第二，人口控制政策带来的家庭结构变化。这也是独生子女成为显著议题的缘由，他们受到的关注、关爱以及实际处境与上一代人不同。相应的"四二一"家庭结构的形成，已成为人们普遍关注的问题，缺乏兄弟姊

---

① 杨佳佳：《"父母逼婚"现象的社会学解读》，《当代青年研究》2014年第6期；张巍：《大都市单身青年"婚恋焦虑"现象调查及成因分析》，《当代青年研究》2014年第6期；王进鑫：《当代青少年的性爱观考察》，《中国青年研究》2012年第5期；王颖怡：《合作婚姻初探：男女同志的婚姻动机研究》，《中国青年研究》2014年第11期。

妹的独生子女能否担负得起养老的重任 ①以及已婚青年确实存在较为普遍的"啃老"行为，尤其是独生子女在住房及日常的家庭代际交换中更倾向于"啃老"② 都已成为社会焦点。

第三，改革开放以来，中国社会的教育制度发生了一系列重大变迁，从 1977 年恢复高考制度，到 1999 年开始高等教育扩招，中国的教育（特别是高等教育）已经完成了由精英化向大众化的转变，由规模增长到了质量提升的阶段。从"九五"末期的 2000 年到"十三五"末期的 2020 年，高等教育毛入学率从 12% 提升到 54.4%。高等教育的过度扩张实际上会对青年就业问题带来损伤，因此教育政策制定和后续保障需要进一步跟进。③ 虽然教育改革在扩张教育规模、选拔精英人才和追求经济效益等方面有所成绩，但更有必要对当前教育改革的某些导向和具体策略重新进行评估和反省。从目前情况来看，教育机会分配的不平等还有增长的趋势，教育体制的精英化和市场化还有可能继续发展。④ 教育不公、高校教育管理和设置不完善，无法满足不同层级、类型学生的需求，将继而影响到他们毕业后的就业前景和职业生涯。值得注意的是，青年教育和就业尤为重要，直接关系到整个社会的稳定和长远发展。

第四，社会就业制度变迁与社会劳动力结构、人口结构的变迁决定了社会中就业市场的变化趋势。这一代青年面临严峻的就业形势，高校扩招意味着更多的接受高等教育机会，也意味着更激烈的工作竞争。大学毕业生不仅遭遇就业难，也遭遇"安家难"，以及就业初期与中产阶层中具有较高经济收入的群体比较下产生的反差和心理落差，社会底层家庭原初怀有的经济地位提升的预期无法实现，会产生严重的挫折感。北京、上海、广州等大型城市，对于本科层次劳动力的需求已经趋于饱和，而中小型城市或偏远地区对于大学毕业生的需求量较大。大学生就业难和对于体制内工作岗位的热衷等问题不仅反映出高等教育体系与劳动力市场之间出现的偏

---

① 宋健：《中国的独生子女与独生子女户》，《人口研究》2005 年第 3 期。
② 宋健、戚晶晶：《"啃老"：事实还是偏见——基于中国 4 城市青年调查数据的实证分析》，《人口与发展》2011 年第 17 期。
③ 此观点来自团中央学校部副部长杜汇良在由中国社科院社会学研究所青少年与社会问题研究室主办的"境遇与态度：社会转型进程中的当代青年"研讨会上的发言，2012 年 5 月 10 日。
④ 李春玲：《社会政治变迁与教育机会不平等——家庭背景及制度因素对教育获得的影响（1940—2001）》，《中国社会科学》2003 年第 3 期。

差以及大学生自身存在的一些问题，还折射出社会资源分配的不均衡，特别是体制内岗位的优势地位（工作稳定性和隐性福利）。如果单纯从经济收入的角度考虑，目前在大城市就读的学生如果向中小城市或偏远地区流动，较容易实现在经济收益上进入中间阶层的预期。[①] 但政治、文化、生活空间的中心发展优势，使得大学生面临艰难的考验和选择：逃离北上广，还是留在大城市"漂流""蜗居"，甚至成为"蚁族"。针对现实社会中存在的"蚁族"问题，应该充分注意到这一现象的出现与整个社会的分层机制、人口流动政策、社会价值观念以及高等院校扩招等一系列背景因素之间的关系，应该高度关注这些社会背景因素对"蚁族"的形成所具有的决定性影响。此外，诸如青年职业生涯规划问题、城市在职青年频繁"跳槽"问题、新生代农民工职业发展前途和路径问题等，或许都与市场经济冲击下青年对工作的意义与价值的认识有关。[②]

第五，城市化进程快速发展，农村青年离开农村和农业，进入城市，成为新体制下企业的新型工人。新生代农民工是改革开放以后成长的新一代群体，中华全国总工会对其的界定为"出生于20世纪80年代以后，年龄在16岁以上，在异地以非农就业为主的农业户籍人口"。[③] 新生代农民工的数量目前已超过1亿人，与传统农民工相比，他们代际特征突出，[④] 对城市认同感更强的新生代农民工在城乡之间"进退两难"的处境更凸现出我国城市化新阶段和户籍制度所面临的困境。新生代农民工在外出动因、心理定位、身份认同、发展取向、职业选择等方面发生了根本性变化。新生代农民工被普遍看成一个消极的问题社会群体，但是珠江三角洲9个城市"城市化进程中的农民工问题"问卷调查结果表明，新生代农民工的群体特性是积极的：他们具有较高的人力资本和个人素质；有理想、有目标；注重市场原则，更有平等意识；独立自主意识更强。这提醒学界和公众，对

---

① 陆士桢：《当代大学生在和谐社会建构中的角色与功能》，载《青少年参与和青年文化的国际视野》，中国国际广播出版社，2008。

② 风笑天：《社会变迁背景中的青年问题与青年研究》，《中州学刊》2013年第1期。

③ 全国总工会新生代农民工课题组：《关于新生代农民工问题的研究报告》，《工人日报》2010年第6期。

④ 新生代农民工基本研究情况课题组：《新生代农民工的数量、结构和特点》，《数据》2011年第4期。

特定社会群体的定位应有科学的态度和方法。① 从"暂住"到"常住"或"居住"的实质性转变，国家的相关政策也出现了相应的调整和完善。但是，新生代农民工在城市融入上面临着三大难以化解的张力：政策的"碎步化"调整与新生代农民工越来越强烈的城市化渴望和要求之间的张力；他们对城市化的向往与他们实现城市化的能力之间的张力；中央城市化政策与地方落实城市化措施之间的张力。新生代农民工如果长期处于这样的张力之中，他们就会在城市社会中建构出另一个不同于城市主流社会的圈子，因此现在应该全面改革城乡体制，建构出一个基于公平机会的城乡一体化的社会管理制度，化解新生代农民工的城市融入问题。②

第六，社会家庭结构和观念变迁冲击着即将"成家立业"的年轻人。与改革开放同时发生的中国人口性别结构、年龄结构的变迁以及社会价值观念和社会生活方式的变迁，在客观上奠定了目前社会中出现的"剩女"问题、"光棍"问题、青年婚姻稳定性问题等多种青年婚姻家庭问题的基础。③

第七，全球化和互联网时代的到来，使得青年亚文化和价值观念体系发生了巨大变化，青年率先使用以计算机、互联网、手机等为代表的新技术、新工具、新媒体，他们正以不同的方式发出不同的声音。青年在互联网、智能手机、流行音乐、畅销文学、选秀现象、网络流行语等诸多方面，与社会主流文化进行着博弈和互动。应该特别注意青年人群本身对新媒介和传统媒介的影响，以及媒体的使用怎么使青少年能拥有更多的权利，是增权还是减权，能不能表达他们更多的心声。④ 青少年群体作为网络社会和数字时代的"原住民"，他们几乎从一开始就处于一种网络化的生存状态，与网络社会有着内在的密切关系。在互联网的发展中，青少年群体体现出了更多的主体性和创造性，这一点尤其值得重视。青少年不仅是网络技术

① 王兴周：《新生代农民工的群体特性探析——以珠江三角洲为例》，《广西民族大学学报》2008 年第 4 期。
② 王春光：《新生代农民工城市融入进程及问题的社会学分析》，《青年探索》2010 年第 3 期。
③ 陆士桢：《当代大学生在和谐社会建构中的角色与功能》，载《青少年参与和青年文化的国际视野》，中国国际广播出版社，2008。
④ 此观点来自中国社会科学院新闻所卜卫研究员在由中国社科院社会学研究所青少年与社会问题研究室主办的"境遇与态度：社会转型进程中的当代青年"研讨会上的发言，2012 年 5 月 10 日。

的运用者和网络新媒体的被动受众，更为重要的，他们还是网络内容的生产者和网络流行文化的创造者，在网络时代他们获得了前所未有的话语权但同时也承担着更多自我约束的责任。他们不仅在网络上消费、学习、交友、娱乐，也通过网络发泄自己的各种情绪并且不同程度地参与到社会批判和社会建设中去。我们不仅要考察新媒体对青少年发展正面和负面的影响，更要重视青少年对新媒体的积极推动作用。

五 结论

针对青年的这些重大问题，既有的研究已经表现出学术界深切的关怀。综合现状，进一步的研究应该全面、客观地刻画出这一代人的价值取向、行为方式、消费方式、生活方式，尤其是在价值观和行为方式上的代际差异；同时也希望融合社会学的其他分析，比如以分层的视角探析青年一代内部的巨大差异。尽管当前诸如青年研究、家庭研究在社会学研究中都较为边缘，但这些研究涉及的都是社会变迁的具体承载者，青年一代是社会的支柱，关乎国家的未来，是一个非常重要的研究对象。[①]

目前学界的一个基本共识就是："80后"或"90后"这一说法已经不足以揭示青少年群体内部的巨大分化，不少研究者更加重视青少年研究与社会分层与流动研究之间的关系。在我们看来，这主要分为两个方面的研究：其一是注重青年群体本身的社会分层及内部分化，所谓的内部分化不仅体现在传统的社会分层（职业、收入）意义上，还体现在生活方式、消费模式和消费风格、亚文化小圈子和身份认同等方面。各种被标签化的、非学术意义上的"一族"概念，诸如"月光族"、"卡奴族"、"布波/Bobo族"、"NONO族"（NO Logo）、"乐活族"（LOHAS）、"穷忙族"、"尼特族"（NEET）、"飞特族"（Freeter）、"快闪族"等都从不同侧面反映了青年群体的内部分化和细化。或许可以说，这些五花八门的不同青少年"族群"为我们绘制了一幅当代中国"青少年社会结构"的另类图谱。其二是

---

① 此观点来自时任中国社会科学院副院长李培林研究员在由中国社科院社会学研究所青少年与社会问题研究室主办的"境遇与态度：社会转型进程中的当代青年"研讨会上的发言，2012年5月10日。

注重分析不同社会阶层在代际传递上的差异，特别是先赋性因素（父辈家庭的经济资本、政治资本、文化资本等）对不同青年群体向上流动的影响；在现实中这突出地体现在人们对"官二代""富二代"以及城乡青年教育机会不平等的高度关注上。我们可以明显地发现，十多年来影响着中国社会分层研究的"市场转型理论"范式被大量讨论，① 无论研究者的具体观点是赞成、修正还是反对，一直都只是成年人的视角，关注的是不同社会阶层的成年人在市场转型过程中利益、机会和权力的得失消长、延续或再生产问题，而严重缺乏了青年和代际传递的视角。事实上，中国改革开放已经有四十多年，新的一代已经逐渐走向社会生活各个舞台并开始成为骨干力量，在新的阶段，我们认为社会分层研究有必要也完全有可能引入青年和代际的分析视角。因此，青年研究是对中国社会分层与社会转型研究的必要补充和完善，并会不断丰富其成果甚至由此产生出新的理论范式。

再者，青年一代的身上集中体现出中国现代化进程中作为主体的人的价值观转变，这一转变与社会转型交织在一起，但又有其自身的发展轨迹。美国学者英格尔哈特在其著名的"世界价值观调查"（World Values Survey）中发现，全世界范围内的国家和地区都不同程度地出现了如下的类似趋势：一个国家随着经济的发展，人们的价值观呈现两种转变路径：一种是从"传统"价值观（如对民间和宗教权威的尊崇）转向更加"世俗理性"（自由思考）的价值观；一种是从"生存"（注重财务安全和社会稳定）价值观转向"自我表达"（看重个体自我表达的权利以及关注生活质量）的价值观。这在经历着从工业/现代向后工业/后现代转型的西方社会表现得最为明显。②

著名文化人类学家玛格丽特·米德③从代际文化传递的角度把人类社会从古至今的文化区分成三种基本类型："（前辈）既塑文化"（Postfigurative Culture），是指孩子主要向他们的长辈/前辈学习；"（同辈）共塑文化"（Cofigurative Culture），是指孩子和成年人都向他们的同辈人/同伴学习；"（后辈）预示文化"（Prefigurative Culture）则是指成年人反过来向他们的

---

① 边燕杰主编：《市场转型与社会分层》，生活·读书·新知三联书店，2002。
② 边燕杰主编：《市场转型与社会分层》，生活·读书·新知三联书店，2002。
③ M. Mead, *Culture and Commitment*: *A Study of the Generation Gap*（New York: John Wiley, 1970）.

孩子和后辈学习。她认为，日新月异的现代社会是"后辈预示文化"的社会，表现为老年人的经验不断丧失其传承价值，而青年人则成为文化和知识的引领者。封闭的、墨守成规的"（前辈）既塑文化"正在全球范围内相当迅速地向开放的、变化莫测的"（后辈）预示文化"转变。正是在上述时代转换的宏观背景下，我们认为年青一代是未来中国社会价值观转变的主要载体和先导群体。正如米德所说的"未来就是现在"（The Future Is Now），青少年不应该仅仅被家长、老师、社会和政府看作幼稚不成熟的和接受教育的对象，他们也可以成为我们的"老师"和学习对象。青年研究因此已超出了其自身范畴而具有更为普遍的意义。

最后，我们尝试着简单列举未来青年研究可以不断拓展和深化的几个方面。

第一，应该加大青年研究的国际比较和历史性研究。青年问题与中国当下的社会转型密切关联。一方面，当代青年本身受到社会转型的直接影响并且自身也构成转型的一部分；另一方面，他们也越来越受到全球化的影响，其价值观和行为方式都不再是自我封闭和独立的。因此，为了更完整和准确地理解中国当代青年的境遇与态度，我们应该加大青年研究的国际比较力度。从历史性视角来看，目前的青年研究在跟踪性研究方面还非常薄弱。美国学者格伦·埃尔德的经典之作《大萧条的孩子们》给我们带来的一个重要启示就是：历史变迁对于个人的影响不仅体现在孩子人格形成的成长阶段，而且贯穿其成年后的工作生活和整个生命史，甚至影响到其下一代，并在某种程度上塑造了国民性格。中国四十多年来的改革开放和社会转型无疑也在青年一代的身上打下了深刻的烙印，这不仅直接影响到青年的各种当下问题，而且可能影响他们的整个生命历程。因此，需要更加重视长期跟踪性研究。

第二，青年研究与互联网研究的结合应该有着更为开阔的问题意识、研究对象和研究手段。随着互联网的迅猛发展，国内针对青少年与互联网关系的研究逐渐从早期的青少年网络使用习惯、网络成瘾等问题扩展到对青少年网络交往和参与、青少年网络社区、青少年网络语言和各种网络亚文化等方面。网络为我们提供了观察年轻人心态的独特窗口，网络流行用语和网络舆情往往折射出青年的价值观和态度。虽然"数字鸿沟"在全社会范围内（如城乡、代际、阶层之间等）应该比青少年群体内部要大得多，但我们也要注意网络分析手段的代表性问题，因为网络上的发声者并不能"代表"或替代"沉默的大多数"的境遇和看法。此外，我们也应该看到，具有开放、平等、自由等先天属性的互联网一方面对于青少年发展有着解放和赋权的重大意义，使他们获得了对于父权、社会精英以及官方主流意识形态等前所未有的话语权和自组织空间；但另一方面它的某些内在缺陷以及与商业力量的结盟也会对青少年成长构成新的桎梏和约束，甚至导致其异化问题。这两个方面都是未来的研究需要继续深化的。

第三，青年研究与消费和文化研究之间可以有更为密切的结合。青年群体不仅是消费社会的"晴雨表"，也是大众文化的主要影响群体和参与创造者。当"文化"成为"产业"的今天，消费研究和文化研究就在青年群体身上找到了直接的结合点。而对"Culture Industry"是翻译成"文化工业"还是"文化产业"，不仅反映出当代社会经济与文化的相互融合以及国家对大众流行文化的态度转变，背后更隐含着社会学与经济学、法兰克福学派与伯明翰学派等不同学科和理论视角的分野。

当代青年群体成长于中国社会转型的重要历史阶段，同时又与全球化、信息化、城市化的浪潮以及消费社会的兴起交织在一起。与上一代人相比，他们身上的确受到了更多宏观力量的综合影响，本身就成为一个透视中国当代社会的"万花筒"。丰富的问题、多样的层次，反映了不同背景下的青年问题，从学术的角度看，这种现实环境其实是一片难得的田野，学者应该深入体验和探讨，力求客观地认识和理解青年成长的具体过程和形成机制。同时，青年关系到中国未来的社会稳定和健康发展，随着其主体性和能动性的不断增强，他们越来越成为社会的参与者和主角。因此，青年研究应该更有潜力揭示中国社会转型的某些内在机制和长远趋势，这也就更加迫切地需要加强不同学科之间的合作与融合。

巴西青年研究发展状况及其挑战

M. P. 斯波西托

　　巴西是一个具有大陆特征的国家，在社会、区域、性别、种族以及极端多样性的影响下长期处于一种结构性不平等的状态，在青年研究领域面临着巨大的挑战。尽管 2010 年的人口普查显示巴西人口正在老龄化，但 15 - 29 岁的青年仍然有 5100 多万，换句话说，青年占巴西总人口的 27%。①

　　除了庞大的人口数量，这些青年还分布在非常广阔的区域，社会文化和经济的差异在某种程度上一直引导着近年来研究人员对巴西青年的研究，并进行分类分析，寻找一些方式改变现状。加速的城市化进程以及农村和城市之间的流动形成了青年之间的巨大差异。2010 年的全国数据显示，15 - 24 岁的人口中只有 16% 生活在农村，其余均生活在城市。然而，区域差异十分明显，东北地区有 27.5% 的人生活在农村，而东南地区只有 7.1%。

　　将青年作为研究起点还遇到了其他困难。如马热（Mauger）所述，首先出现的问题是"青年"作为一个范畴的概念"从认识论上来说是不精确的"，因为几乎不可能让所有的研究人员都以相同的方式使用青年的概念。②

　　为了使青年成为一个可行的研究领域，解决方法之一是承认青年的定

---

　　① 对于青年的年龄段的界定，近来发生了一些变化：自 2005 年以来，按人口统计学定义，青年是处于 15 - 24 岁年龄段的人。如果我们考虑这个年龄段，青年总共有 34236064 人，约占巴西人口的 17%。在过去 5 年中，公共领域中关于青年权利和公共政策的辩论扩大了这个年龄段，青年的年龄延长到 29 岁。这种改变一方面显示赋予个人生命周期中某些位置的属性的随意性和暂时性；另一方面，从国家行动优先权的观点来看，不同的年龄段是政治争论的对象。

　　② Mauger, G., *Les jeunes en France*：*état des recherches* (Paris：La documentation française, 1994).

义本身就是一个值得商榷的社会学问题，因为青年的标准具有历史和文化内涵。青年不仅是一种社会状态，也是一种表征。①

为了打破青年研究的障碍，迪贝（Dubet）认为，要想建立一个分析框架来定义青年，必须首先认识到现代青年包含了一种内在的张力。在他看来，这一时期的青年，生活经历是建立在一个现代的、相对自主的世界的基础上的，同时这一时期也是个体分布在社会结构中的时期。②

阿蒂亚斯－东菲认为，社会分化最终导致了年龄层分化，而不是淡化了这种分化，事实上，年龄层有被操纵的风险。对本章作者来说，青年时代热情洋溢、特质千变万化的现实不能被简化为一个单一的维度。除非把各种不同的观点结合起来，揭示青年的不同侧面并考虑到其复杂性，否则就不能充分地构想出青年的定义。

根据阿蒂亚斯－东菲的观点，存在三个支点，使我们能够多维度地看待青年：①青年期是人的整个生命历程中的一个时期；②分析家庭领域的青年，包括家庭成员之间的关系以及代际关系，这一分析视角意味着人生机遇是由社会决定和分配的；③"社会聚合"是社会运动或特定行为和表达形式的起源，很有可能对社会产生影响。③

一　巴西青年研究的开创阶段

认识到巴西社会的独特性及其进程的全貌，就确立了巴西第一批青年研究的方向。它遵循了始于 20 世纪 50 年代的社会科学发展传统，这一时间段，巴西开始了工业化，加速了城市化进程。这一研究方向的中心指导思想之一是，可以通过从边缘和外围来理解社会的整体运作，从而能够验证社会的结构原则，以及这些原则的变化。④

---

① Peralva, A., *O jovem como modelo cultural* (Rio de Janerio：Revista Brasileira de Educação，1997)：pp. 5 – 6.

② Dubet, F., Des jeunesses et des sociologies：le cas Français. *Sociologie et Sociétés*, 1996, (28), pp. 25 – 35.

③ Attias-Donfut, C., Jeunesse et conjugaison des temps, *Sociologie et sociétés*, *XXVIII* (1), 1996, pp. 13 – 22.

④ Bastos, E. R., Pensamento social da Escola Sociológica Paulista. In S. Miceli (org.), *O que ler na ciência social Brasileira* 1970 – 2002, São Paulo：Ed. Sumaré, 2002, p. 184.

马里亚利塞·福拉齐（Marialice Foracchi）受卡尔·曼海姆[①]的启发，将青年作为一个社会范畴，在她的开创性著作中考察了青年在社会结构中和权力中心的相对边缘化。从这个角度来看，她的研究将巴西大学生作为新兴的参与者，在一个独立的社会中，他们成为20世纪60年代学生运动中政治激进主义的主角。[②] 在同一时期，奥克塔维奥·杨尼（Octavio Ianni）也研究过青年激进主义，他提出资本主义政权的历史和青年政治出现的历史之间有紧密的联系。[③] 对这些研究者来说，通过关注青年来审视社会结构的不足、优势和紧张，青年代表了一个社会类别，对"体制危机"特别敏感。[④]

二 围绕巴西青年研究的结构性约束

1964年的军事政变及其对大学的波及极大地影响了社会科学的发展。大学教授被迫退休，研究人员被迫流亡，在这一时期，研究青年的主题被湮没了，很少有人对这一群体进行研究，研究者只关注城市居民。

无论在历史上还是在当今社会，青年都被认为是人生的一个阶段，充满某种不稳定性，与某种"社会问题"有关，但这些问题也会随着时间的推移而发生变化。《当我们谈论"青年问题"时，我们在谈论什么?》[⑤] 一文探究了这一表达中出现的歧义。佩斯[⑥]提醒我们注意青年被视为一个社会问题和青年被视为一个社会分析问题之间存在的差异。对心理本质的研究往往优先考虑青春期的负面因素，如不稳定、失礼、不安全感和叛逆。社会学有时会研究年轻人的积极品质，视其为推动社会变化的因素，但有时

---

① Mannheim, K., O problema da juventude na sociedade moderna. In S. De. Britto (org.), *Sociologia da juventude I*, Rio de Janeiro: Zahar Editores, 1968; Mannheim, K., El problema de las generaciones, *Revista Reis*, 62, 1993, pp. 242 – 293.

② Foracchi, M., *O estudante e a transformação da sociedade Brasileira*, São Paulo: Nacional, 1965; Foracchi, M., *A juventude na sociedade moderna*, São Paulo: Pioneira, 1972.

③ Ianni, O., O jovem radical. In S. Britto (org.), *Sociologia da juventude*, Rio de Janeiro: Zahar Editores, 1968.

④ Foracchi, M., *A juventude na sociedade moderna*, São Paulo: Pioneira, 1972.

⑤ Bourdieu, P. A., De quoi parle-ton—quand on parle du 'problème de la jeunesse? In F. Proust (org.), *Les jeunes et les Autres: contributions des sciences de l'homme à la question des jeunes*, Vaucresson: CRIV, 1986.

⑥ Pais, J. M., A construção sociológica da juventude: alguns contributos. *Análise sociológica*, 25, 1990a, pp. 105 – 106.

也会研究"社会问题"和越轨行为。

如此，在 20 世纪 60 年代，青年成为一种"问题"，被视为文化和道德领域中的价值危机和代际冲突的主角。在 20 世纪 70 年代及其后，就业和进入成年后的"问题"逐渐开始成为研究的焦点，青年变成了一个经济领域的概念。[1]

在这之后，特别是在 20 世纪 80 年代的巴西，青年群体受到的一些关注伴随着"社会问题"的出现：暴力、失业、与性有关的危险行为和非法毒品消费。国家的再民主化使社会科学研究的进步成为可能。渐渐地，从 20 世纪 90 年代开始，社会科学研究开始关注青年。这里有必要重申这一时期的特点，这一特点一直延续到今天，它存在于许多相关研究机构中，例如大学、国际机构、非政府组织、私人研究机构和政府机关。[2]

在大学里，对于青年劳动力的研究已经作为一类课题得到巩固。这类课题研究失业问题和影响入学机会的结构性限制。

小学、中学以及高等教育中上学机会的增加影响了一部分青年人口，推迟了他们进入劳动力市场的时间。因此，相关研究克服了采用二分法，有时侧重青年学生，有时侧重青年工人分析的倾向。这一时期的研究涉及双重身份的青年，即同时拥有学生及工人身份，他们通过上夜校获得受教育的机会。[3]

在巴西学术界，青年社会学与以学生学习为中心的教育社会学的关注点产生了融合。我们可以观察到，考虑到年轻人拥有接受更高层次教育的机会，研究人员对城市青年的求学轨迹表现出明显的兴趣；这样，在过去的五年里，他们的研究趋向大学里的青年，因为青年是求学的主体人群。

---

① Abramo, H., Considerações sobre a tematização social da juventude no Brasil, *Revista Brasileira de educação*, (5 - 6), 1997, pp. 25 - 36; Pais, J. M., A construção sociológica da juventude: alguns contributos, *Análise sociológica*, 25, 1990a, pp. 105 - 106.

② 我们可以从中挑选三种：(1) 联合国教育、科学及文化组织（教科文组织）在大约十年的时间里致力于研究青年所遭受的暴力和以青年为主体的各种形式的集体暴力。(2) 非政府组织公民研究所（The Institute for Citizenship）在 1999 年和 2003 年进行了调查，这些是提高人们对青年了解程度的重要工具。(3) 政府机构社会与经济分析研究所（Institute for Applied Economic Research, 简称 IPEA）就巴西青年不断变化的人口结构进行了一系列重要研究。

③ Cardoso, R. & Sampaio, H., Estudantes universitários e o trabalho, *Revista Brasileira de ciências sociais*, 1994, 9 (26), pp. 30 - 50; Sposito, M. P. (org.), *O trabalhador-estudante*, São Paulo: Loyola, 1989.

对平权行动政策结果的调查显示青年接受高等教育的可能性尤其得到了提升。[①]

正如已经指出的，在大多数年轻人的生活中，工作作为一个结构因素的存在构成了研究的一个重要主题。国家调查数据[②]已经强调，在 2003 年，尽管大多数巴西的年轻人仍处于学龄阶段，但他们更倾向工作，而不是上学。尽管近来的机会越来越多，但工作与上夜校之间的冲突是许多 18 岁以上的年轻人和 14－17 岁的青少年需要面对的现实。这种情况具有独特性，使巴西不同于大多数西欧国家和美国。换句话说，我们的青年社会学不只是研究青年从学校到工作的"过渡"（这是欧洲经常研究的主题），而是聚焦于研究青年学校与工作的"结合"或"交替"。学者们还对只在工作或失业状态的青年进行了研究，这些青年处于上学的年龄范围内。

如果在西方关于青年的研究中，"学校造就青年"是一种假设，[③] 即青年的构成与学校的扩张有关，学校同时为青年创造了一个自主的世界。那么在巴西，"工作也能造就青年"。[④]

极端的社会不平等和青年所经历的排斥引起了研究人员的注意，无论暴力是会令青年变成受害者还是施暴者，暴力这一主题一直是研究者关注的重点。关于校园暴力的研究已经纳入了国际研究，因为这一现象具有跨国界的特点。然而，新闻媒体对学校暴力事件的强调（在这些事件中，青

---

① Sposito, M. P. (org.), *Juventude e escolarização* (1980－1998), Brasília: INEP/MEC, 2002; Sposito, M. P., *Interfaces between the Sociology of Education and the Studies about Youth in Brazil*, In M. Apple, S. Ball & L. A. Gandin (orgs.), *The Routledge International Handbook of the Sociology of Education*, Abingdon: Routledge, 2010, pp. 405－413.

② Guimarães, N. A., *Trabalho: Uma categoria-chave no imaginário juvenil?* In H. Abramo & P. P. Branco (orgs.), *Retratos da juventude Brasileira: análises de uma pesquisa nacional*, São Paulo: Instituto da Cidadania/ Fundação Perseu Abramo, 2005; Sposito, M. P., Algumas reflexões e muitas indagações sobre as relações entre juventude e escola no brasil. In H. Abramo & Branco (orgs.), *Retratos da juventude Brasileira. Análises de uma pesquisa nacional*, São Paulo: Instituto da Cidadania/Fundação Perseu Abramo, 2005, pp. 129－148.

③ Fanfani, E., *Culturas jovens e cultura escolar*, Seminário apresentado em Seminário escola jovem: Um novo olhar sobre o ensino médio, Brasília, 2000.

④ Dayrell, J., A escola faz as juventudes? Reflexões em torno da socialização juvenil, *Educação e sociedade*, 28, 2007, pp. 1105－1128; Sposito, M. P., Algumas reflexões e muitas indagações sobre as relações entre juventude e escola no brasil. In H. Abramo & Branco (orgs.), *Retratos da juventude Brasileira. Análises de uma pesquisa nacional*, São Paulo: Instituto da Cidadania/ Fundação Perseu Abramo, 2005, pp. 129－148.

年是参与者）最终引导了公众舆论，并造成了一种难以开展更多科学研究
的氛围。如果开展这些研究，将有助于了解这些社会问题的复杂性。

正如米歇尔·米塞所肯定的那样，在应对暴力问题时必须谨慎，应该
更倾向："对于暴力的总结应该用复数形式，因为不是只有一种类型的暴
力，而是有许多不同的、具有不同功能的、产生不同结果的暴力。正是
'暴力'形式的多样性使得它具有了多元性，并要求在理论上采取非常谨慎
的方式，以避免我们的分析陷入'暴力'这一过于简单的概念中"。①

公众在这些暴力的基础上，形成了巴西社会中的某种青年形象：穷人、
城市居民、黑人和男性。② 为了控制"管理风险"，许多项目和计划都是为
青年制定的。也有大量的努力去消除这些负面形象，考虑到不是所有的青
少年都是暴力的，暴力行为的定义本身就是一词多义的，这一主题已经被纳
入公共辩论的范畴，纳入青年组织和非政府组织的行动中。但是，必须认识
到，对青年和多次暴力之间的复杂关系，特别是那些在日常生活中由于近距
离接触犯罪网络而产生的关系，相关调查还不够充分。这一研究主题要求理
论的极大一致性，同时也需要避免两极分化，一方面避免将青年重复地定义
为处于边缘化和危险的，另一方面，避免将青年仅仅视为不平等的受害者，
以至于他们没有自己人生的自主选择权。

三 研究对象的扩展：强调青年集体行动能力

近年来，在社会科学领域，特别是在人类学和教育学范畴，一系列重
要的研究开始探索青年建立集体行动的能力。一部分研究探索青年对新式
学生运动的参与，一部分研究青年在两党和新形式的动员中的政治活动。
为了发掘隐藏在幕后的行动，研究对象包括众多不同的青年文化、拥有这
些文化的群体及其明显的表现形式，尤其是嘻哈文化、朋克运动，以及与
摇滚文化相关的团体。地下文学和诗歌以及音像制作（电影和视频）中集
体文化生产形式的出现，吸引了无数青年群体，尤其是城市青年群体，他

---

① Misse, M., *Dizer a violência*, Revista Katálysis, 2008, 11 (2), p.165.
② Abramo, H., Considerações sobre a tematização social da juventude no Brasil, *Revista Brasileira de educação*, (5 - 6), 1997, pp.25 - 36; Abramovay, M. & Castro, M., *Juventude, juventudes: o que une e o que separa*, Brasília: UNESCO, 2006.

们成了新式研究的焦点。①

在过去的十年中，对农村青年以及性别和种族关系的研究大量增加。这些研究一部分致力于了解农村人口外流，其中主要是女性外流。近年来，电力供应已覆盖农村地区，学校教育已更容易获得，包括大众传播媒介的使用，这些都有助于改变青年人对他们自己不同经历的看法。人们还认为，农业和农村本身具有鲜明的差异。在巴西，这可能涉及农业企业、小型家庭农业、农村居民点，以及为土地所有权而斗争的各种社会运动，从而影响地方权力。

最近辩论的平权政策，特别是那些涉及种族和性别关系的政策引起了人们开展新调查的兴趣，以及研究年轻黑人、巴西社会的男性和女性之间的关系描述。虽然宏观层面和微观层面的社会进程展现了更平等关系的前景，但今天仍然存在着一系列严重不平等的情况，不仅影响到最贫穷的人，而且影响到最脆弱的人，如黑人和女性。

这些发生在巴西青年身上的现象引发了公众关于青年政策的辩论。事实上，直到最近十年，公众才开始关注青年。尽管有明显的研究需要，我们可以说这个主题仍然很少被充分地调查研究。

四　研究的新挑战

虽然近来才开展对农村青年的研究，但值得注意的是，研究对巴西城市化程度的分析缺乏准确性。何塞·伊莱·达维加②肯定了研究对农村或城市的定义是基于法律和行政标准。但这一定义没有考虑与城市规模、人口密度等相关的重要因素。

对青年的调查主要是针对大城市青年，这可能使我们对巴西青年做出草率而不准确的概括。有必要在青年研究中考虑中小城市和农村地区的生活条件，这是目前没有考虑的因素。我们应该鼓励早期关于青年和农村的

---

① Almeida, E., Os estudos sobre grupos juvenis: presenças e ausências. In M. P. Sposito (org.), *O Estado da arte sobre juventude na pós-graduação Brasileira — educação, Ciências sociais e serviço social* (1999 – 2006), Belo Horizonte: Argvmentvm, 2009, pp. 17 – 61.

② Veiga, J. E., *Cidades imaginárias, o Brasil é menos urbano do que se calcula*, Campinas: Autores Associados, 2003.

研究。现有的少数研究揭示了社会关系相互关联的暂时性；城市和乡村之间存在着重叠的互补关系和紧张关系，它们通常被城市观点所掩盖。[①]

我们注意到，很少有涉及青年生活的横向研究，即与不同领域建立对话，如家庭、学校、工作、友谊和邻里等。这种青年横向研究，结合他们日常生活的各个方面，允许研究人员以一个社区、一个小的农村或一个城市为出发点，然后将青年的社会活动或社交相互联系起来，或两者兼而有之。[②]

改变研究问题的方式是很重要的。例如，今天我们必须考虑到年轻人有限空间内的经历，这些经历往往被污名化。此外，还需要考虑重新界定关系的流动性和错位，以及空间被占用的方式。这导致了巨大的差异，这些差异导致了在城市或在那些目前正在发生重大变化的农村地区产生新的冲突。正如米塞所断言的：无论占领这些区域的手段是否合法，都会从中发展出各种复杂的社交网络，最终将人性想象力中彼此完全分离的"世界"联系起来。所有这些将合法的和非法的，正式和非正式的市场、政治商品的开发（回扣、勒索、敲诈、保护网络）和非法开采监管或非法商品（如赌博、堕胎、卖淫和毒品）联系起来的社交网络从形式上来说并不一定建立在空间或社区的基础上，也不构成"行业"，但在这之前它们编织出极大的复杂性，贯穿了整个社会，政治和经济结构。当一种空间－社区形式出现时，当一个"领地"可以确定时，这个问题似乎具有一种完全不同于在支离破碎的犯罪中所发现的政治维度，不论它是否传统。如果，一方面，领地划分加强了城市环境中重要社会群体的刻板印象和污名化，那么另一方面，它就有效地建立了新的社交网络，这些社交网络来自定义这些领地的权力关系"。[③]

---

① Carneiro, M. J. & Castro, E. G. de, *Juventude rural em perspectiva*, Rio de Janeiro: CPDA/UFRJ, Mauad Xf, 2007.

② 尽管关于社会化及其多种中介的理论存在争论，但在某种程度上，这个过程可以被定义为一种社会秩序的内化，这种社会秩序是由一群独立的个体共享的，参阅 Berger, P. & Luckmann, T., *A construção social sa realidade*, Rio de Janeiro: Vozes, 1975。格奥尔格·齐美尔的社会学支持了大部分关于社交性的研究，这些研究将社交性理解为一种联系的形式，在这种形式中，个人创造并重塑了团体关系，这些团体关系表达了彼此在一起，而没有任何与该团体无关的外部承诺或目的。参阅 Simmel, G., Sociabilidade; um exemplo de sociologia pura ou formal, In E. Morais Filho（org.）, *Georg Simmel*, São Paulo: Atica, 1983.

③ Misse, M., Mercados ilegais, redes de proteção e organização local do crime no Rio de Janeiro, *Estudos avançados*, 21（61）, 2007, p.144.

新兴的研究主题也与在年轻人的生活中开发新信息和通信技术（ICTs）有关，包括网络激进主义者政治表现的新渠道与信息通信技术和青年的关系，以及在一个以科技为标志的世界里原住民所处的状态。对于这些媒体在巴西社会的传播以及其对巴西青年组织起来的想象和行动的影响，我们必须进行研究，因此需要跨学科的对话以及相关的创新理论及方法论。

五　建立一个研究领域？

如果我们认为社会科学从 20 世纪 90 年代初开始以更大的强度研究青年，那么我们现在已经有了初步的知识积累，这使我们有了相当多样化的分析框架，为我们的研究指出了一些方向。

从历史上看，受到马里亚利塞·福拉齐①的启发，巴西的社会学思考与青年有关，认为青春期是青年的第一个阶段。除了那些精确地将青年定义为一个年龄段的研究以外，许多研究都是根据现有的国内和国际文献，建立在理论基础上，并且频繁地表达仅使用现有的概念来推进他们的研究是有困难的。

我们已经可以观察到一些理论上的进步。那些愿意进入这一研究领域的人试图直面布尔迪厄的挑战——"青春只是一个词"——肯定了影响当代青年的内在不平等。

如果我们考虑来自城市和农村条件、性别和种族关系的重要维度，我们可以肯定的是，从这个观点出发，这些研究取得了一些进展，但这些进展非常不平衡。换句话说，巴西的研究试图解决"青年们"（可以理解为不同类型的青年）的问题。

这十分必要，因为想要充分理解社会学，需要结合生命周期的这一时刻和当下社会的不平等与多样性特征。

然而，在研究中解释多样性和不平等的方式需要严谨的分析，因为如果以一种更复杂的方式吸收布尔迪厄提出的方法，人们可以认为，在极性还原主义中分析不平等是不太可行的。例如，教育普及所带来的变化使得两种类型的年轻人——资产阶级和工人之间的分化更加模糊，从而产生了

---

① Foracchi, M., *A juventude na sociedade moderna*, São Paulo: Pioneira, 1972.

一组中间人物："在不同社会阶层的青年人之间产生困惑的最重要的原因是不同的社会阶层有更大比例的人口接受中学教育，与此同时，一部分没有进入青春期的年轻人（在生物学上的定义）开始，'一半孩子，一半成人'的暂时状态，并且在相对较长的时间内被困于这种状态。他们的工作在过去几乎不含在社会分类之中，而社会又将青春期定义为一种状态"。①

作为一种社会学范畴，青年的产生有具体的因素，并与更普遍的历史和文化因素产生联系，这些联系需要在学术研究的范围内进行长期的探讨。如果抽象化过程中存在均质化类别的风险，那么在另一端，我们就会发现碎片化和激进的挑战来自对这些差异的分析简单化，无论这些差异是多样性还是不平等。而正是这些差异，导致了青年概念的爆炸，定义了青年社会构建的时间和空间特征。

如今，在年轻人的经历中寻找横向研究问题，特别是考虑年轻人与新技术的关系为我们指明了道路。如果说在获取这些技术和使用这些技术方面存在基于阶级的差异，那么他们之间也存在一种共同的关系，这种关系源自他们属于同一个时代的人，也就是说，今天的青年是数字世界的原住民，这一事实使他们与上一代人不同。曼海姆②在讨论时代时指出，由于每代人都与当今社会保持着特定的关系，并与过去保持着联系，因此世代经验在分层中很重要。

巴西青年社会学研究的另一项进展来自对社会休止和转型思想的批评，这些思想是表征当代青年状态的核心枢纽。暂停的思想最初由埃里克森③提出，并被许多欧洲研究人员采用，指的是一种从青年时期的活跃生活中暂停，特别是以学生生活为标志。暂停意味着青年将"置身于"或相对"孤立于"社会世界的重大问题之外，因为在人生的这个阶段，进入成年世界会延迟。另一种观点也具有相当大的影响力，它认为青年仅仅是向生命周期的另一个阶段——成年——过渡的时刻。对于萨莱姆④来说，过渡现在被

---

① Bourdieu, P. A., *La jeunesse n'est qu'un mot: questions de sociologie*, Paris: Minu, 1980, p. 114.

② 译者注：曼海姆（1893 - 1947），德国社会学家，经典社会学和知识社会学的创始人、代表人物。

③ 译者注：埃里克森（1902 - 1994），美国精神病学家，著名的发展心理学家和精神分析学家。他提出人格的社会心理发展理论，把心理的发展划分为八个阶段。

④ Salem, T., *Filhos do milagre. Ciência Hoje*, 1986, 5 (25), pp. 30 - 36.

理解为不确定：既不是成人，也不是儿童。因为所有阶段都是从一个特定时刻到另一个特定时刻的过渡，如果这种过渡不能描述生命周期中某个特定时刻的特征，那么它就必须定义这一时间段的特征。

研究表明，在巴西，在社会不平等和多样化并存的情况下，暂停的思想，以及把"过渡"解释为"为成年生活做准备"的思想，对研究青年的学者并没有多大用处。相当多的年轻人由于很早就参加工作，因此对家庭和自己的生计承担了重要的责任。此外，从 16 岁开始就可以有投票的权利，国家将政治权利扩大到青年，以及动员学生和其他青年的传统，似乎都是建设民主空间的重要因素。青年运动已被确认为公共生活的参与部分，这进一步表明暂停概念的不足。

一个没有得到充分探讨的问题是，如何从青年与他人关系的角度来理解他们。这个观点可以围绕两个核心问题来阐述。首先是所谓的代与代之间的关系，也就是说，由曼海姆①提出的重要的问题没有得到充分研究，在代际关系中除了冲突，代际关系的差异和互补性成为研究对象已经有些年了，但这样的研究在巴西几乎没有什么反响。②

对婴儿期的调查可以与对青年期的调查联系起来，从而形成一个共同的思考，并提出重要的研究主题，例如：婴儿期何时结束，青年期何时开始？关于走向成年生活的研究可以进一步发展，③ 如：青年在其日常生活的不同领域如何与成人世界（代际关系）相联系？在当代社会中，可以建立哪些标准来定义成年人的生活，以便更好地了解青年的状况？

社会化过程的变化使研究人员重新审视广受尊崇的理论，这些研究将

---

① Mannheim, K., El problema de las generaciones, *Revista Reis*, 62, 1993, pp. 242 - 293.

② Attias-Donfut, C., *Rapports de générations. Revue française de sociologie*, 2000, 451（4）, pp. 643 - 681；Sarmento, M. J., Gerações e alteridade：interrogações a partir da sociologia da infância, *Educação & Sociedade*, 26, 2005；Tomizaki, K., Transmitir e herdar：O estudo dos fenômenos educativos em uma perspectiva intergeracional, *Educação & Sociedade*, 2010, 31, pp. 327 - 346；Weller, W., A atualidade do conceito de gerações de Karl Mannheim, *Sociedade e Estado*, 2010, 25（2）, pp. 205 - 224.

③ Camarano, A. A.（orgs.）, *Transição para a vida adulta ou vida adulta em transição*? Rio de Janeiro：IPEA, 2006；Pimenta, M. M., *Ser jovem e ser adulto*：*identidades*, *representações e trajetórias*（Doutorado em Sociologia）, São Paulo：Universidade de São Paulo, 2007.

青年与教育社会学和社会科学中对家庭群体的研究联系在一起。① 虽然在一些案例中我们可以找到干预青年社会化的方式并将它们联系起来，但我们想做的不仅是讨论这些案例，而是必须超越这个层面，建立一个新的视角。

雷吉内·西罗塔②在儿童社会学中的观察可以被改写成对于青年的观察："这是理解青年做了什么以及青年遭受了什么"。③

对于社会学和人类学来说，挑战在于理解构成个人与社会之间关系的过程，在这些过程中，机构的概念可以成为一个重要的工具。对于克拉里斯·科恩（Clarice Cohn）来说，儿童人类学现在已经开始占据重要的位置，因为这门学科产生了新的核心概念，如文化、社会和社会工作机构。"当文化开始被理解为一种符号系统时，认为儿童在学习'事物'的过程中逐渐融入文化的观念就必须改变了。问题不再是文化如何以及何时通过它的实物形态传播，而是儿童如何形成对周围世界的意义。因此，儿童和成人之间的区别不是定量的，而是定性的：儿童知道的并不少，他们还知道其他的事情。"④

一些研究试图恢复个体在社会学理论中的重要性，以及不同于欧洲发展模式的社会个性化进程。这些研究有助于开发新的研究设计，从不同的维度研究青年的经历和踪迹。⑤ 在工作世界、空闲时间和休闲中观察到的突

---

① Dubet, F., *Le déclin de l'institution*, Paris：Seui, 2002；Setton, M. da G., *Família, escola e mídia, um campo com novas configurações*, *Educação e Pesquisa*, 2002, 28（1）, pp.107 – 116；Sirota, R., *Élements pour une sociologie de l'enfance*, Paris：PUF, 2006；Sposito, M. P., *Interfaces between the Sociology of Education and the Studies about Youth in Brazil*, In M. Apple, S. Ball & L. A. Gandin（orgs.）, *The Routledge International Handbook of the Sociology of Education*, Abingdon：Routledge, 2010, pp.405 – 413.

② Sirota, R., *Élements pour une sociologie de l'enfance*, Paris：PUF, 2006, p.21.

③ 对于儿童研究者来说，孩子们是在各种参考和规范的困惑中构建他们的经历。克拉里斯·科恩（Clarice Cohn）分析了人类学如何摒弃儿童社会化的观点来扩展儿童研究，即"否认儿童在巩固和定义其社会地位方面发挥作用的过程"。参阅 Cohn, C., *Antropologia da criança*, Rio de Janeiro：Zahar, 2005, p.16.

④ Cohn, C., *Antropologia da criança*, Rio de Janeiro：Zahar, 2005, p.33.

⑤ Martuccelli, D., *Grammaires de l'individu*, Paris：Gallimard, 2002；Martuccelli, D., *Forgé par l'epreuve. l'individu dans na la France contemporaine*, Paris：Armand ColiN, 2006；Martuccelli, D., *Cambio de rumo. La sociedade a escala del individuo*, Santiago：LOM, 2007；Martuccelli, D., *Existen indivíduos em el sur?* Santiago：LOM Ediciones, 2010；Singly, F., Penser autrement la jeunesse, *Lien social et politiques*, 2000, 43, pp.9 – 21；Singly, F., Dubet, F., Galland, O. & Deschavanne, É., La spécifité de la jeunesse dans les sociétés individualistes. In F. Dubet, O. Galland, & E. Deschavanne（orgs.）, Comprendre les Jeunes（No.5）. Paris：Revue de Philosophie et de Sciences Sociales, 2004.

变，从大量使用信息通信技术中衍生出的新形式的社群，私人生活的多重侧面以及男女之间不断变化的关系，这些都对年轻人产生了影响，他们以多种方式经历这些过程，当然与成年一代不同。所有这些主题都能激发和促进巴西社会中对青年的研究。

第二篇

青年人口的基本特征

中国青年人口的基本特征及其未来影响

田 丰

当代中国青年是在国家实施计划生育政策的环境下成长起来的，这项政策对于中国人口结构及青年人口特征产生了深远的影响。人口特征和教育状况是年龄群体代际特征的基本元素，它们在某种程度上决定了或影响着一代人的其他社会特征。

一 年龄分层理论与基于出生同期群的青年阶层

年龄分层理论源远流长。1939 年，普瑞斯提尼就在其专著中深刻论述过年龄阶层（age class）问题。[①] 1951 年，普瑞斯提尼在重新收集资料的基础上，又发表了一篇专门分析非洲年龄阶层制度的文章，来阐述年龄阶层的作用与功能。[②] 战后，随社会人类学研究领域与对象的扩展，不管是在田野调查还是在比较研究上，年龄分层制度都被广泛而又持续地确立为研究主题。像意大利社会人类学家玻纳多·玻纳迪，就在理解非洲社会传统的基础上分析了土著居民的年龄分层制度。[③]

后来，玻纳迪在对非洲的某些部落进行考察后，又写了《年龄阶层制度——基于年龄的社会制度与政治组织》（*Age Class Systems*：*Social institutions and Polities Based on Age*）一书。在该书中，他仔细考察了部落社会人

---

① Peristiany, J. G., *The Social Institutions of the Kipsigis*（London：G. Routledge & Sons, 1939）.

② Peristiany, J. G., The Age-Set System of Pastoral Pokot., *African*, 21, 1951, p. 301.

③ Bernardi, Bernardo, Review of R. Buitenhuijs, *Le Mouvement 'Mau Mau'*：*une Revolte Paysanne et Anti-Coloniale en Afrique Noire*, *Africa*, 43, 1973：pp：374 – 375.

们在青春期后期获得社会地位的过程，也论述了随人们年龄的再度增加，其社会地位与财产占有的差异，并解释了老年人口在年龄分层体系中高高在上的原因。[1] 在前工业社会之中，代际辈分是将父辈与子辈划分开来的重要依据，也是各个不同的代际成员之间建立人际关系的社会准则。几乎在所有的传统男权社会中，年龄阶层都曾经广泛地存在过。玻纳迪在对埃塞俄比亚南部的澳让墨（Oromo of Southern Ethiopia）部落进行研究后发现，代际阶层之间的年龄距离大约在 8 年，也就是说，一个人可以因为其年龄比别人大 8 岁而处于较高的阶层阶序之上，而另外一个人则完全因为其年龄比这个人小 8 岁而会处于低一级的阶级阶序之中。[2] 当然，对年龄分层理论有过证明的经验研究，不仅在非洲社会广泛开展，而且在世界其他地区，比如说在中国台湾，也有人专门论述过当地土著村落的年龄分层状况；再比如说人类学家在印度某些地区的研究，也证明了年龄分层——尤其是证明了老年人社会地位高于中年人和青年人的状况。[3]

在社会人类学对年龄分层理论的近期研究中，瑟姆普森在考察了非洲某些部落老年人的社会地位之后发现，在这些前工业社会之中，老年人不管是在家庭之中，还是在社会之中，都拥有非常高的社会地位。在这些社会里，年龄正如财产一样，具有支撑人的社会地位的功能。[4]

社会人类学对年龄分层理论的应用和完善，主要集中在原始初民社会，描述和论说的是前工业社会早期原始初民的社会结构和代际年龄差异问题。可是人口社会学家对年龄分层理路的探讨，则主要集中在现代社会，也即集中于工业社会或后工业社会年龄对人们生命过程的波折性影响。在这方面，美国人口社会学家瑞赖伊等做出了历史性的贡献。

瑞赖伊、约翰逊（M. Johnson）和福纳（Anne Foner）等人在 1972 年的

---

① Bernardi, Bernardo, *Age Class Systems: Social Institutions and Polities Based on Age* (Cambridge University Press, 1985): p. 5.

② Bernardi, Bernardo, *Age Class Systems: Social Institutions and Polities Based on Age* (Cambridge University Press, 1985): p. 6.

③ Bernardi, Bernardo, *Age Class Systems: Social Institutions and Polities Based on Age* (Cambridge University Press, 1985): p. 13.

④ Simpson, George L., "Gerontocrats and Colonial Alliances", In Aguilar, Mario I. (Ed.), *The Politics of Age and Gerontocracy in African: Ethnographies of the Past & Memories of the Present* (African World Press, Inc, 1998).

研究中发现,① 在现代社会,年龄正如其他阶级分层指标一样,也构成了社会分层的一个标准。按照这一标准可以将整个社会成员分为青年人、中年人和老年人等层次;每一年龄层次拥有不同的角色和社会地位,拥有不同的社会权利和义务。因此,所谓青年阶层,就是以青年人口或青年人口的年龄同期群(cohort)为指标而划分的年龄阶层。年龄阶层类似于社会阶层,而年龄阶层的流动则在历史的延伸中纵向形成童年、青年、成年和老年阶层。所不同的是,社会阶层划分的人口,有些会在有限的等级地位之间流动,但另外一些则可能终身待在与生俱来的那个阶层而不流动。但年龄分层所划分的同期群人口,则必然共同经历从孩提时代到老年然后到死亡的生命历程。

年龄阶层来自两个方面的规定即生理年龄和历史年龄。同一年龄阶层的人,一方面有着共同的生命经历(life course)及大致相同的伴随角色(role),如学生——爱人——父母,以及——祖父母等等,另一方面又有着相同的历史和社会经历(historical course or social course),如共同经历过的战争、自然灾害、政治事件、社会制度的变革,或者深受生育率的影响而形成的年龄阶层规模的大小差异等。这两个方面结合在一起,使得一个年龄阶层与另外一个年龄阶层在人生经历与参与社会事务活动,以及其所承担的社会职责等方面有着明显的区别。因此,同一个社会事件对不同的年龄阶层也有着不同的影响。

例如,在中国,经历过战争岁月的磨难、经历过1960年的自然灾害和"文化大革命"的人,就与1980年之后出生的人,在对待储蓄、消费等时会产生不同的看法。当然,那些有过"下乡知青"经历的人,在退休之后,还可能会有另外的身份情节。另外,在1949年新中国成立初期20-30岁的青年一代,到20世纪末期陆续走上了退休的道路。他们也共同经历了诸如农业合作社、对资本主义工商业的社会主义改造、"大跃进"、反右斗争、"文化大革命"、计划生育、改革开放等制度变革的历史,而又在中国国有企业进一步改革的过程中,步入了退休年龄,离开了工作岗位,这些人还同样共同面临少子化所带来的家庭养老压力,也会共同碰到退休金待遇较

---

① M. W. Riley, M. E. Johnson, & A. Foner, *Aging and Society*, Vol. 3, *A Sociology of Age Stratification* (New York: sage, 1972).

低问题——甚至于在某些特殊的省份，还会出现退休金无法按时足额发放的困难。

但 1980 年之后出生的青年人口，则在严格的计划生育制度中，缩减了作为一代人含义的人口同期群，也共同享受到了教育扩张所带来的人力资本的提升过程，还在中国经济的增长过程中形成了与上一代所不同的消费观念和政治观念，更在中国进入中等收入阶段之后体验着新时代的媒体交往方式等。对 1990 年之后出生的青年人而言，他们从出生起就被卷入了中国融入全球化的浪潮，不仅仅在物质生活方面有了较大水平的提高，而且随着社会开放程度的不断提升和互联网的普及获得了更为广阔的人生视野。这一切，都会促使青年人形成比较稳定的青年年龄阶层，而使老年人形成比较稳定的"老年阶层"。在某种程度上，他们还有着比较一致的价值观念和生活准则。所以，以他们为中心所形成的相对稳定的年龄阶层，就可能形成相对一致的对未来社会的看法，并可能采取一致性社会行动。

正因为年龄分层所体现的年龄阶层能够有效分析各个年龄阶层的特点及其面临的问题，笔者在这里拟使用第六次人口普查数据，一方面通过对不同年龄阶层人口特征的对比，讨论青年阶层在历时态变化中逐渐明晰的新特征，另外一方面也分析其所面临的一系列问题，从群体意义的角度，提出可能缓解他们面临的压力的政策性建议。

二 中国人口变化趋势与青年人口比重的变化

社会历史变迁和国家人口的变化导致青年人口数量和占总人口比例不断变化。我们可以从历届人口普查数据来观察青年人口的变化。不过，虽然人口普查数据是最准确的人口数据，但因为种种原因，这些数据也难以尽善尽美。比较第五次人口普查和第六次人口普查就会发现：在 10 - 14 岁组，第六次人口普查到了 7490 万人，但第五次人口普查才登记了 6897 万；在 15 - 19 岁组，第六次人口普查到了 9988 万人，但第五次人口普查才登记了 9015 万人口；在 20 - 24 岁组，第六次人口普查到了 1.274 亿人，但第五次人口普查才登记了 1.254 亿人；在 25 - 29 岁组，第六次人口普查到了 1.01 亿人，但第五次人口普查却登记了 1.03 亿人；在 30 - 34 岁组，第六次人口普查到了 9714 万人，但第五次人口普查才登记了 9457 万人。如果第五次人口普查各个年龄段人口数据准确的话，则在一定死亡率的影响下，第六次人口普查得到的10年后的人口数量，应该稍低于第五次人口普查登记的人口数量。但在经历了可能存在的死亡人口的影响后，第六次人口普查却在青年阶层人口中登记到了更高的数据——与人口变化规律不一致的矛盾数据。这至少可以让我们得到这样两个互相矛盾的推断：其一，第五次人口普查低年龄组存在较大的漏登问题；其二，也可能是第六次人口普查低年龄组存在较大的重复登记问题。实情到底如何，还需要继续观察。

但不管怎么说，两次人口普查都给我们显示了一个相对稳定的人口趋势，那就是——年龄越小的人口同期群，其人口的绝对值也相对较小。比如说，从第六次人口普查数据（见表2-1-1）可以看出，0-4岁人口为7553万人，5-9岁人口为7088万人，10-14岁为7491万人，15-19岁为9989万人，而20-24岁人口则高达1.274亿人，25-29岁人口则为1.01亿人，30-34岁人口为9714万人。这就是说，如果按照年龄推移，未来的青年人口比现在青年人口的数量缩减了很多。如果以20-24岁人口的1.274亿计，则0-4岁人口比其少了5000多万。

表2-1-1　第五次、第六次人口普查青年人口数量及在总人口中的占比

单位：人，%

年龄段	2010年第六次人口普查数				2000年第五次人口普查数			
	合计	男	女	占比	合计	男	女	占比
0-4	75532610	41062566	34470044	5.67				
5-9	70881549	38464665	32416884	5.32				
10-14	74908462	40267277	34641185	5.62				
15-19	99889114	51904830	47984284	7.49	90152587	48303208	41849379	7.26
20-24	127412518	64008573	63403945	9.56	125396633	65344739	60051894	10.09
25-29	101013852	50837038	50176814	7.58	103031165	52878170	50152995	8.29
30-34	97138203	49521822	47616381	7.29	94573174	47937766	46635408	7.61
35-39	118025959	60391104	57634855	8.86				
40-44	124753964	63608678	61145286	9.36				
45-49	105594553	53776418	51818135	7.92				
50-54	78753171	40363234	38389937	5.91				
55-59	81312474	41082938	40229536	6.10				

续表

年龄段	2010年第六次人口普查数				2000年第五次人口普查数			
	合计	男	女	占比	合计	男	女	占比
60－64	58667282	29834426	28832856	4.40				
15－34岁人口	425453687	216272263	209181424	31.92	413153559	214463883	198689676	33.25
全国总人口	1332810869	682329104	650481765	100	1242612226	640275969	602336257	100

注：①第五次人口普查的漏登率为1.81%，第六次人口普查的误差率为0.12%。

②表中数据是根据普查登记数据直接汇总而来，比普查的公报数据小，下文同。

③表中2000年"五普"时人口数据为0－24岁相应年龄段人口数。

如果将六次人口普查的数据放在一起比较还可以看出（如表2－1－2所示）：在1953年第一次人口普查时，15－34岁青年人口在总人口中的占比为31.44%，在1964年第二次人口普查时在总人口中的占比为30.25%，在1982年第三次人口普查时占比36.38%，在第四次人口普查时占比38.41%——达到最大值，但在2000年第五次人口普查时占比就缩小为33.25%——有了长足的下降，在2010年第六次人口普查时占比为31.92%——占比继续趋于降低。

表2－1－2　1953－2010年青年阶层在总人口中所占比重

单位：%

年龄段		1953	1964	1982	1990	2000	2010
青年人口	15－19岁	9.11	8.94	12.49	10.63	7.26	7.49
	20－24岁	8.17	7.32	7.41	11.12	10.09	9.56
	25－29岁	7.45	7.26	9.22	9.23	8.29	7.58
	30－34岁	6.71	6.73	7.27	7.42	7.61	7.29
0－14岁人口		36.28	40.69	33.59	27.67	22.89	16.60
15－34岁人口		31.44	30.25	36.38	38.41	33.25	31.92
35－64岁人口		27.87	25.5	25.12	28.35	36.90	42.61
15－64岁人口		59.31	55.75	61.5	66.76	70.15	74.53
65岁及以上人口		4.41	3.56	4.91	5.57	6.96	8.87

当我们将青年阶层在历史横断面上视为15－34岁的人口时，则在历时态意义上，这个阶层人口的多寡，就主要决定于少儿人口——0－14岁人口的增长或减少数量。所以，在生育率比较高时，少儿人口所占比重大，每

年进入 15 岁年龄组的人口就逐步增长，则 15－34 岁青年阶层的人口也会趋于增长。但当 0－14 岁人口趋于下降时，青年阶层的人口亦会逐步下降。正因为如此，在 1964 年第二次人口普查时，0－14 岁人口在总人口中占比最大，为 40.69%，到 1982 年第三次人口普查时，15－34 岁人口占比则迅速上升了——由 1964 年的 30.25% 上升到 1982 年的 36.38%，再上升到 1990 年的 38.41%。在实行计划生育政策——尤其是在 20 世纪 70 年代之后实行世界上最为严格的计划生育政策之后，从 1982 年到 2010 年，0－14 岁人口持续减少。在 2000 年时，0－14 岁人口占总人口的比重仅仅为 22.89%，到 2010 年第六次人口普查时，则进一步缩小到 16.60%。由此可以推断出：未来青年人口的绝对数量与相对比重都会继续缩小，从这里也可以看出中国人口金字塔底部紧缩的趋势。但在青年阶层人口向成年阶层人口转变的过程中，到 2000 年，35－64 岁的成年阶层人口则转变为占比最大的人口，达到 36.90%，再到 2010 年达到 42.61%。

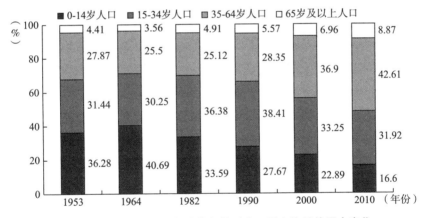

图 2－1－1　青年人口与其他年龄别人口所占比重的历史变化

除此之外，如果将表 2－1－1 中的数字绘制成图 2－1－1 所显示的变化趋势，我们还会发现以下两点。

第一，中国人口长期以来处于成长"年轻型"人口阶段。虽然出生率很高，但死亡率同样也很高。在这种情况下，65 岁及以上老年人口在总人口中的占比一直很低。所以，15－65 岁劳动力人口的老年负担系数一直不高。即使在改革开放以后的 1982 年，65 岁及以上老年人口在总人口中所占比重也仅仅为 4.91%。但伴随老龄化程度的加深，在 65 岁及以上老年人口占总人口比重增加的同时，35－64岁人口的占比也迅速增加了，这预示：未来中国劳动力人口中年龄较大的部分在增加——未来劳动力人口的平均年龄还会上升；未来老年人口占总人口的比重会增加；未来劳动力人口的老年负担系数也会上升。

第二，在出生率持续下降的过程中，青年阶层人口的后备军——即将转化为青年人口的少儿人口占比的急剧下降预示着：未来中国人口金字塔底部还会收缩。如果城市的生活成本与育儿成本仍然上升或保持现在的水平不变，则未来少儿人口下降所导致的15－34岁青年阶层人口也会急剧下降。因为15－34岁青年人口在1990年之后开始收缩了——这也预示未来劳动力人口占总人口的比重会降低。青年一代的老年抚养率也就会迅速上升。

青年人口在总人口中所占比重的降低，是伴随工业化与后工业化人口生产和再生产特点而必然出现的社会现象。但中国青年人口所占比重的下降，则既是经济发展和社会发展的结果，也是计划生育政策控制的结果，所以，中国从成年型人口到老年型人口的时间很短。①

但中国人口年龄结构的变化，也带来了当前劳动力人口——整个15－64岁人口占比从1964年开始逐步上升，到2010年达到史最高点，为74.53%。这是一个非常独特的年龄结构现象。这预示中国人口红利已经达到了历史最高点。在计划生育与社会经济这两个方面因素的作用下，人口红利的维持时间不会太长，一旦人口红利消失，则青年人口的养老负担会迅速增加。看15－34岁青年人口在过去五十多年中的变化趋势就会发现，其在总人口中的比重已经在波动中趋于降低了。

三　青年人口年龄段性别比的失调

多年来，一些学者、专家和新闻媒体一直在讨论青年群体的性别比失调问题，并预测性别比失调会导致男性寻找女性配偶面临困难。不过，对于80后和90后青年的婚恋问题，人们印象更深的是大批剩女找不到丈夫，

---

① 国际上一般将0－14岁人口占总人口的比重在40%以上的社会叫作年轻型社会，占30%－40%的社会为成年型社会，占30%以下的社会为老年型社会或老龄化社会。进入老年型社会之后，所有人口的年龄中位数会超过30岁。

而不是剩男们找不到妻子。80后和90后群体的性别比失调到底有多严重，会对80后们的谈婚论嫁产生多大影响，这是一个有所争论的问题。

在诸多由出生同期群所决定的，但这个出生同期群自己无法摆脱的、难以在结构与数量上克服的，但却会对其未来生活形成巨大影响的特征中，由人口出生性别比所决定的分年龄段人口的性别比，会直接影响这个同期群人口婚龄期的择偶行为。不管是男性的短缺还是女性的短缺，都会导致某一个年龄段内男性或女性人口的婚姻挤压，① 使一些婚姻市场上的弱势群体难以顺利婚配，从而进一步影响这一同期群人口的家庭构成与养老资源构成。

有确定数据可考的中国人口出生性别比，在20世纪80年代中期之后持续失调。1982年第三次人口普查得到的1981年的出生性别比是108.47；1990年第四次人口普查得到的1989年的出生性别比是111.92；2000年第五次人口普查得到的1999年的出生性别比是116.86；② 2010年第六次人口普查时仍然高达118.06，即每新出生100个女婴相对应出生了118.06个男婴。如果以0－4岁年龄段人口的性别比来考察最近几年的失衡状况，那么，以下数据让我们更加焦虑：1995年0－4岁人口的平均性别比是118.38，1996年是119.98，1997年是120.14。2000年第五次人口普查得到的0－4岁人口的平均性别比是120.17。2010年第六次人口普查得到的0－4岁人口的平均性别比是119.13。③ 这就是说，我国婴幼儿人口的性别比不但在继续上升，而且，如果以107为最高警戒线的话，其已经比正常值高出了许多。如果这些数据果真代表了中国人口出生性别比的实际结构状况的话，那么，在1985年之后出生的人口，在其逐渐进入婚龄期，就会遇到非常严重的婚姻挤压问题。

但第五次人口普查和第六次人口普查所得到的数据，在人口年龄推移趋势中所得到的认识，却与当时统计数据所呈现的结构失调状况发生了不

---

① 婚姻挤压来自英语 Marriage Squeeze 的中文翻译，指由择偶男性或女性的短缺所引起的、给婚姻相对方造成的结婚难现象。

② 张翼：《中国人口出生性别比的失衡、原因与对策》，《社会学研究》1997年第6期；张翼：《我国人口出生性别比的失衡及即将造成的十大问题》，http://www.sociology.cass.net.cn/shwz/t20041117 - 3459.htm，2005。

③ 根据第六次人口普查全国各民族分性别的人口数计算。

一致。正如前文所指出的那样，两次统计数据的矛盾，并不能形成非此即彼的判断。也就是说，很难以这次普查得到的数据否定前次普查得到的数据，也很难以上次普查数据否定这次普查数据。因为还有一种可能——两次或多次进行的普查数据都存在数据偏误，但我们实在无法确切得知偏误在什么地方。因此，只能依据多次普查所呈现的数据变化趋势进行推理。

但奇怪的是，第六次人口普查得到的男性人口数——从 10－14 岁组到 15－19 岁组，却比第五次人口普查相应年龄段的人口数分别增加了 6.96% 和 7.46%。但在 20－24 岁组之后的年龄组，则比第五次人口普查相应年龄段的人口数有所收缩（除 30－34 岁组和 35－39 岁组外）。可第六次人口普查所得到的女性人口数，在各个年龄组，尤其是在 10－14 岁到 35－39 岁组，都比第五次人口普查所得到的人口数有所增长——在越小的年龄段，多登记到的人数百分比就越高。比如说，在第六次人口普查的 10－14 岁组，比第五次人口普查时多登记了 10.57% 的人口；在 15－19 岁组，则多登记了 14.66% 的人口；在 20－24 岁组，多登记出了 5.58% 的人口。

由此我们可以得到这样几个推论。

第一，如第六次人口普查在入户登记——"根据建筑物找人"时多登记了女性而少登记了男性——则得到的数据就会掩盖即将到来的青年阶层可能面临的婚姻挤压——尤其是女性短缺而带来的对男性的挤压。特别是对 20－24 岁组来说，他们是 1986 年到 1990 年出生的同期群，也正是出生性别比上升时期出生的人口，这个阶层已经进入了婚恋时期，但普查数据却并没有显示出这个年龄段人口中"女性短缺"的情况，而显示为 100.95——这就预示着，该年龄段青年人口不会面临婚姻挤压问题——甚至在 25－29 岁组，也不会出现女性短缺的问题，因为这个年龄青年人口的性别比也仅仅为 101.32。

第二，如果第六次人口普查比第五次人口普查的数据质量高，则在当前：青年阶层人口的性别比不会太大影响到婚姻市场对男性的挤压。这就可以让我们怀疑第五次人口普查的质量，即 2000 年人口普查时 10 岁以下年龄段人口所表现出的性别比失衡，是人们惧怕计划生育罚款而瞒报了女性儿童的数量所导致的"数据失真"。

表2-1-3 第六次和第五次人口普查年龄段人口数量及性别比

年龄段	第六次人口普查			第五次人口普查			六普较五普男性增长率（%）	六普较五普女性增长率（%）
	男性人口	女性人口	性别比	男性人口	女性人口	性别比		
0-4岁	41062566	34470044	119.13	37648694	31329680	120.17		
5-9岁	38464665	32416884	118.66	48303208	41849379	115.42		
10-14岁	40267277	34641185	116.24	65344739	60051894	108.81	6.96	10.57
15-19岁	51904830	47984284	108.17	52878170	50152995	105.43	7.46	14.66
20-24岁	64008573	63403945	100.95	47937766	46635408	102.79	-2.04	5.58
25-29岁	50837038	50176814	101.32	60230758	57371507	104.98	-3.86	0.05
30-34岁	49521822	47616381	104.00	65360456	61953842	105.50	3.30	2.10
35-39岁	60391104	57634855	104.78	56141391	53005904	105.92	0.27	0.46
40-44岁	63608678	61145286	104.03	42243187	38999758	108.32	-2.68	-1.31
45-49岁	53776418	51818135	103.78	43939603	41581442	105.67	-4.21	-2.24
50-54岁	40363234	38389937	105.14	32804125	30500075	107.55	-4.45	-1.56
55-59岁	41082938	40229536	102.12	24061506	22308869	107.86	-6.50	-3.25
60-64岁	29834426	28832856	103.47	21674478	20029370	108.21	-9.05	-5.47

注1：2000年第五次人口普查时0-4岁人口是2010年第六次人口普查10-14岁人口，以下类推。

注2：第六次人口普查数据是由普查长表和普查短表汇总后计算的全国人口数据（见数据集T2-01）。

第三，如果我们承认第六次人口普查数据是准确的，那么，对于 15 – 19 岁组的青年人口来说，其性别比却稍高一些，达到了 108.17。但未来进入青年人口的 14 岁及以下少儿人口的性别比，却大大失衡：0 – 4 岁年龄组为 119.13，5 – 9 岁组为 118.66，10 – 14 岁组为 116.24。在这种情况下，这个年龄段人口进入婚恋期之后，因为女性的短缺，男性会面临比较严重的婚姻挤压问题。

为什么会出现这种问题呢？

20 世纪 70 年代以来实施的人口控制政策，在某种程度上导致了国家人口再生产的有计划性与家庭人口再生产的有计划性之间的矛盾：国家以强有力的干预方式，降低了人口出生率，限制了人口的迅猛增长，将总人口的数量控制在历次"五年计划"之内。但家庭内部的人口再生产计划，以及由此形成的某些夫妇对子女性别的偏好等，却在胎儿性别鉴定以及流产等因素的影响下致使出生性别比上升——每新出生 100 个女婴相对应出生的男婴的数量上升了。

四　青年阶层的结婚率越来越低

青年人口的结婚率，主要取决于法定结婚年龄和人们受教育时间。人口的流动与生活成本的上升等，也会推迟某一时代青年的平均初婚年龄。

1950 年第一部《中华人民共和国婚姻法》规定的法定结婚年龄是男 20 周岁，女 18 周岁；为实行计划生育政策，20 世纪 70 年代后期各地事实上强制实行的结婚年龄是所谓的"晚婚年龄"，即男 26 周岁，女 23 周岁（有些地方为女 25 周岁或男女平均 25 周岁）。但在改革开放之后，于 1981 年修订的《婚姻法》规定的法定结婚年龄是男年满 22 周岁，女年满 20 周岁。2001 年修订的《婚姻法》维系了男不得早于 22 周岁，女不得早于 20 周岁的规定。因此，15 – 34 岁青年人口的结婚率，在某种程度上也取决于法定结婚年龄。在新中国成立初期进入婚龄时期的青年的结婚率比较高，但在"文革"时期，为响应计划生育政策提出的"晚婚晚育"，政府在结婚登记的时候，一般以完婚年龄准予登记，这就在一定程度上推迟了人们的初婚年龄，也降低了 15 – 34 岁青年的结婚率。

但在新的历史时期，伴随劳动力市场的变动与生活成本的上升，也伴随人均受教育年数的延长，青年人口的结婚率在降低。从表2-1-4可以看出，在有配偶的人口中，人们的受教育程度越低，结婚年龄就越小；受教育程度越高，结婚年龄也就越大。

表2-1-4　不同受教育程度人口的结婚年龄占比

单位：%

受教育程度	19岁及以前结婚	20-29岁结婚	30-39岁结婚	40岁及以上结婚
未上过学	35.97	58.59	4.61	0.83
小学	24.21	70.62	4.54	0.63
初中	14.75	81.39	3.56	0.30
高中	6.90	87.36	5.33	0.41
大学专科	3.50	89.06	7.00	0.44
大学本科	1.80	88.77	8.92	0.51
研究生	1.02	84.23	14.11	0.64

数据来源：依据第六次人口普查数据推算。

比如说，未上过学的人中高达35.97%的人是"19岁及以前结婚"，小学文化程度的人中达到24.21%，而初中文化程度的人群中这一比例就降低到14.75%，高中程度的人群也仅仅达到6.90%。虽然绝大多数人选择在20-29岁时结婚，但在大学专科的人中占比最高，达到了89.06%。本科和研究生之所以在该列占比较低，其中的主要原因是高学历组在30-39岁结婚的比例增加了。比如说，大学专科是7%，大学本科是8.92%，而研究生则达到了14.11%。

另外，从表2-1-5也可以看出，即使在同一年龄段中，比如在15-19岁的早婚人口占比中，受教育程度越低，早婚的概率越大；受教育程度越高，早婚的概率就越小。

这就是说，在人均受教育程度的上升中——在高中及以上受教育程度的人口的增加过程中，青年阶层的初婚年龄会进一步推迟。未来，30岁以上才结婚的人口会越来越多。

表 2－1－5　不同年龄段、不同受教育程度人口的婚姻状况

单位：%

未上过学					小学				
年龄组	未婚	有偶	离婚	丧偶	年龄组	未婚	有偶	离婚	丧偶
15－19	92.29	7.51	0.12	0.09	15－19	91.76	8.15	0.07	0.01
20－24	60.78	38.01	0.82	0.39	20－24	53.52	45.81	0.57	0.10
25－29	35.27	62.34	1.60	0.80	25－29	21.59	76.72	1.40	0.29
30－34	23.80	73.08	1.93	1.19	30－34	10.17	87.43	1.88	0.53
35－39	17.03	79.52	1.70	1.75	35－39	5.82	91.46	1.83	0.88
40－44	12.33	83.22	1.56	2.89	40－44	3.77	92.83	1.71	1.69
45－49	9.12	84.89	1.27	4.72	45－49	2.92	92.49	1.52	3.07
50－54	6.42	84.60	1.04	7.94	50－54	2.53	90.90	1.29	5.28
55－59	5.17	82.45	0.84	11.54	55－59	2.18	89.03	1.02	7.76
60－64	4.57	75.58	0.72	19.13	60－64	2.01	84.65	0.86	12.48
65 岁以上	2.31	46.04	0.53	51.13	65 岁以上	1.71	66.76	0.65	30.88
初中					高中				
年龄组	未婚	有偶	离婚	丧偶	年龄组	未婚	有偶	离婚	丧偶
15－19	97.94	2.04	0.02	0.00	15－19	99.81	0.19	0.00	0.00
20－24	62.82	36.85	0.30	0.03	20－24	82.96	16.93	0.09	0.01
25－29	21.51	77.26	1.11	0.11	25－29	33.28	65.82	0.84	0.06
30－34	7.42	90.41	1.89	0.27	30－34	9.82	87.84	2.18	0.16
35－39	3.31	94.03	2.13	0.53	35－39	3.94	92.47	3.28	0.32
40－44	1.73	95.09	2.15	1.03	40－44	1.95	93.53	3.83	0.70
45－49	1.20	94.82	2.17	1.81	45－49	1.09	93.83	3.72	1.36
50－54	1.09	93.61	2.14	3.16	50－54	0.80	93.68	3.15	2.37
55－59	0.96	92.53	1.78	4.73	55－59	0.66	93.60	2.13	3.61
60－64	0.81	90.03	1.27	7.89	60－64	0.60	91.73	1.53	6.13
65 岁以上	0.93	79.55	0.82	18.71	65 岁以上	0.73	82.43	1.01	15.83
大学专科					大学本科				
年龄组	未婚	有偶	离婚	丧偶	年龄组	未婚	有偶	离婚	丧偶
15－19	99.85	0.15	0.00	—	15－19	99.96	0.04	0.00	—
20－24	92.44	7.53	0.03	0.00	20－24	97.44	2.55	0.01	0.00
25－29	41.97	57.50	0.51	0.03	25－29	48.97	50.73	0.28	0.02

大学专科				大学本科			
年龄组	未婚	有偶	离婚	丧偶	年龄组	未婚	有偶	离婚	丧偶
30－34	10.55	87.56	1.78	0.10	30－34	11.95	86.74	1.25	0.06
35－39	3.72	93.09	2.96	0.23	35－39	3.89	93.60	2.35	0.16
40－44	1.74	94.24	3.56	0.47	40－44	1.82	94.92	2.97	0.30
45－49	0.92	94.70	3.62	0.76	45－49	1.04	95.37	3.10	0.49
50－54	0.69	94.78	3.10	1.44	50－54	0.88	95.05	3.07	1.01
55－59	0.56	94.67	2.40	2.37	55－59	0.78	95.06	2.48	1.68
60－64	0.47	93.49	1.72	4.32	60－64	0.56	94.17	1.85	3.43
65 岁及以上	0.54	85.96	1.03	12.47	65 岁以上	0.52	87.34	1.17	10.97

注：研究生文化程度的人口数量很少，这里不再专门列出。

五 放开二孩政策后的青年生育状况及未来的影响

2013 年 11 月，《中共中央关于全面深化改革若干重大问题的决定》首先放开了夫妻双方有一方是独生子女的可以生育二孩的政策，时隔两年之后的 2015 年 10 月中共中央决定全面放开生育两个孩子政策。"全面二孩"政策实施后，生育二孩数量出现了明显的上升，但同时生育一孩数量却大幅度减少。2017 年，全国一孩出生人数 724 万人，比 2016 年减少 249 万人，并出现严格的计划生育政策实施以来罕见的二孩生育数量高于一孩生育数量的情况。国家统计局根据全国人口变动抽样调查数据的推算分析表明，2016 年二孩出生数量大幅上升，明显高于"十二五"时期平均水平，2017年二孩数量进一步上升至 883 万人，比 2016 年增加了 162 万人；二孩占全部出生人口的比重达到 51.2%，比 2016 年提高了 11 个百分点。在全部出生婴儿中，二孩的比例明显提高，并且超过了 50%。可见，全面放开二孩的政策的实施对未来青年人口特征和人口结构将会产生潜在的长期影响，在一定程度减缓了人口出生率下降的幅度。同时，人口出生率的下降主要是因为中国家庭一孩出生率下降的情况也证明了中国生育模式的持续变化。

中国经济社会的发展对青年人生育意愿和生育观念的影响是深刻的，由此带来生育模式的新变化，城镇化水平的不断提高、高等教育的日渐普及、婚育年龄的持续推迟、养育子女成本的连续增长，以及 80 后 90 后青年的生育态度都对即期的生育水平产生较大影响。尤其在生育二孩政策放开之后，在 70 后和 80 后家庭中出现补偿性的二孩生育潮之后，90 后成为左右中国生育水平变化的最主要人群，而他们的家庭观念和生育意愿更为重要。

数据分析发现，导致中国近年一孩出生人口规模的客观原因是处于生育旺盛期的育龄妇女规模减小。2017 年 20－29 岁生育旺盛期育龄妇女人数减少近 600 万人，其中退出育龄妇女数量将达到 1340 万，是新增育龄妇女的两倍。其原因还是 90 后青年人口规模较 70 后和 80 后出现了比较大的减少，人口年龄队列的锐减是导致育龄妇女整体规模大幅下降的关键。而中国城市近年来不断高升的房价和育儿成本进一步导致育龄妇女的生育意愿并不强烈。传统的生育观念难以说服 90 后青年服从家庭利益需求。90 后青年的生育水平将决定中国未来青年人的青年人口特征。

六　结论

通过对中国人口变化趋势及青年人口特征的研究，我们发现以下几点。

第一，在计划生育政策的持续执行中，中国人口金字塔的底部开始收缩。这预示着青年阶层人口在总人口中的占比会越来越小。在青年人口结婚之后，如果其生育 2 个孩子，则其抚养的人口就会逐渐增多。家庭抚养的"4∶2∶1"结构或"4∶2∶2"结构就会出现，即出现一对青年夫妇要供养四个老人以及自己的一个或两个孩子的家庭抚养结构。这意味着 80 后一代会面临社会养老压力和家庭养老压力。

第二，计划生育政策实施的严格程度存在城乡差异，所以农村家庭生育一个以上子女的比例远高于城市家庭，这导致青年人群中出生于农村的人口数量和比例增长，但这些农村出生的青年人大多数又离开农村外出打工，从而形成庞大的新生代农民工群体。这一数量庞大的农民工群体未来的安生之处、职业发展前景、成家生育等问题，需要社会政策制定者加以重视。

第三，由于家庭夫妇生育的有计划性与国家人口生育政策的有计划性之间存在一定的矛盾，在国家控制了人口的数量增长的情况下，中国面临着人口出生性别比所导致的青年婚龄人口性别比的失衡问题，也即面临比较严峻的男性婚姻挤压问题。这些问题不是由这个年龄阶层的人口自身所能够控制，而是要靠好几代人的努力才可能恢复到正常水平。

第四，在家庭人口的缩减过程中——少子化现象反而促使父母亲能够集中更多的教育资本投资自己的子女。与此同时，国家九年义务制教育政策的普及以及高等教育的扩张等，使青年阶层获得了更多的教育机会。现在的青年一代，是历史上接受文化教育最多的一代。

第五，教育年限的延长，以及市场经济实施中生活成本的增加，推迟了青年人的初婚时间，这使这一代人的未婚率有所提高。当然，在一定程度上，青年一代也面临较高的离婚率，这也是当前青年人面临的一个主要社会问题。

第六，青年人口的长期变化与即期的生育水平有直接的关联，即便是中国政府放开了计划生育政策之后，所有的家庭都有权利生育三个孩子，但由于社会发展阶段和生育模式产生了较大变化，生育水平仍然维持在低水平，对未来青年人口特征的影响有待持续观察。

巴西青年的社会人口特征

C. 斯卡隆　L. 科斯塔

有很多因素可以帮助我们对青年下定义，但这些因素都无法让我们对青年进行完整的定义。根据玛丽莉娅·斯波西托（Singly）[①] 的观点，青年可能没有精确的分类，但是这种不精确正是定义青年的意义所在。此外，青年这一定义并不能立即提供一个可以被调查、测量和分析的社会学问题，因为青年的标准具有历史特性和文化特性。

换句话说，青年作为一个群体范畴，与任何一个特定的社会所建立的复杂关系网络相联系。为了讨论青年及其特征，有必要对这个术语进行去神秘化，因为青年不是纯粹自然发展的结果，而是社会和历史发展的结果，是社会建设现代性过程的一部分。埃利亚斯（Elias）[②] 在他对文明进程的分析中，观察到在复杂而集权的社会中，个人的重塑变得越来越激烈，在成人、青年和儿童之间产生了巨大差异。在这种新型社会的形成过程中，青年人适应成人生活中更复杂的角色和功能所需的时间增加了，这种复杂性最终在人的个性中产生了分裂。

这样，青年在寻找自我身份的过程中，被社会所理想化的东西所推动，创造自己的社会世界，完成学业，被劳动力市场所接纳，从而构建自己的空间，参与社会生活。

青年的定义被包裹在复杂的问题中，在不同的地区或国家需要以不同的方式理解青年。考虑到这一点，我们将对某些定义进行分析，以便划分

---

① Singly, F., Penser autrement la jeunesse, *Lien social et politiques*, 43, 2000: pp. 9 - 21.

② Elias, N., *A sociedade dos indivíduos* (Rio de Janeiro: Zahar, 1994).

出我们认为年轻的群体。

给青年下定义最常见的方式之一是基于年龄。联合国认为,青年人口的年龄在 15 – 24 岁。在许多不同的文件中,联合国明确表示:青年的定义是 15 – 24 岁的群体,尽管这一定义存在局限,但仍有一定的统计用途,它可以作为研究区域和国家之间差异的网络分析工具。① 这对于量化青年人口十分有用,但是像任何分类一样,这也具有武断性,因为每个国家在定义青年时都可以制定自己的标准。

定义青年的另一种方式是确定代际。代际理论表明,人类可以分为以下几个阶段:童年、青春期/青年期、作为社会成员发挥作用的初始阶段、发挥作用的主要阶段以及老年期。② 在用"代际"概念来解释青年时,功能主义理论对这一概念的应用产生了强烈影响,该理论认为青年是人生的一个特定阶段,个体会基于某些共同的经历拥有相似的代际愿景,因此青年是一个同质化的类别。③ 代际理论不能单独解释社会冲突,因为它不承认由历史进程引起并影响历史进程的社会和经济因素。然而,尽管有这些批评,代际视角在我们对青年的理解中一直很重要,特别是它与身份这一概念的关系,是理解青年的基础。

根据卡蒂尼和吉利奥利④的观点,青年的定义还取决于社会和经济因素,如收入、工作、上学、婚姻、为人父母、农村或城市环境以及经济是否独立。另一个重要的指标是精神状态、生活方式和文化。我们发现消费者从媒体中获取了大量的信息,而这些信息又被社会各个阶层中不同类别的人所应用。对穷人来说,消费,或者说是获得物质和非物质商品的途径,总是受到限制。一方面是由于资源有限或缺少就业机会,另一方面是由于距离中心城区较远等空间问题。

---

① UN, *Situación de la juventud em el decênio de* 1980 *y perspectivas y problemas para el año* 2000 (New York: Departamento de Assuntos Econômicosy Sociales Internacionales, 1987).

② Guillén, Luz María. "Idea, concepto y significado de la juventud", Revista de Estudios sobre la Juventud, núm. 1. México: CEJM, (1985).

③ Pais, J. M., *Culturas juvenis* (Lisboa: Imprensa Nacional Casa da Moeda, 1993).

④ Catani, A. M. & Gilioli, R. S. P., *Culturas juvenis: múltiplos olhares* (São Paulo: UNESP, 2008).

根据阿夫拉莫①的研究，巴西的青年人，直到 20 世纪 80 年代末期及整个 90 年代，都在以个人主义、不守规则以及越轨（帮派、"加勒拉斯党"等）为特征。他们无法发声，在半隐形的环境中长大。青年也被看作过渡性的存在，青春期是离开童年，走向适应社会规范和生产力要求的成年阶段的第一步。

在 21 世纪的前十年，人们更加关注制定针对青年的公共政策。这种关注与青年阶段所花的时间增加有关，也与青年人在就业市场上找到自己的位置所面临的困难有关。但是，当时也发生了其他问题，显示出青年行为模式和态度的变化，包括性、婚姻、暴力等。如果这些问题没有得到充分的处理，可能会产生严重的负面后果。

作为一个群体，青年中有多种社会问题，他们对巴西社会提出的挑战值得反思。在这一章中，我们将关注青年的不同类型。我们的关注与人们在讨论国家的社会和经济条件时所对待青年的主要方式接近。社会仍然把未来寄托在青年人身上；这是发展至理想状态必不可少的部分。

一 青年人口的普遍特征

根据阿尔贝托·布鲁萨②的研究，20 世纪 90 年代初，拉丁美洲人口达到 4.3 亿，其中 8600 万为 15 - 24 岁的青年人。自 20 世纪 80 年代以来，与拉丁美洲其他地区的青年相比，巴西的青年占比持续下降，然而对于 21 世纪头十年的预测仍然显示巴西拥有拉美地区最高的青年比例，为 33.5%，其次是墨西哥，为 22.6%。

然而，与其他金砖国家（中国、印度和俄罗斯）相比，对巴西 15 - 24 岁青年进行统计的重要性仍然高于其他三个国家。21 世纪的前十年，巴西青年在金砖四国青年人口总数中所占的比例为 7.5%，高于俄罗斯的 5%，

---

① Abramo, H., Considerações sobre a tematização social da juventude no Brasil, *Revista Brasileira de educação*, (5 - 6), 1997, pp. 25 - 36.
② Brusa, A., Hacia una educación sin exclusiones para y con los jóvenes. Documento apresentado no grupo temático educação e juventude apresentado em encontro preparatório à reunião dos países do Mercosul, estratégia regional de continuidade da 5ª confitea, curitiba, 1998.

但远低于印度的 44.8% ，其次是中国的 42.7% 。[1] 尽管印度 2009 – 2010 年的 GDP 比俄罗斯多出 1.6 倍，但 2009 年的人均 GDP 仍比俄罗斯少 5.6 倍、比巴西少 3.2 倍，比中国少 2.1 倍。[2] 反映一个国家人口结构的另一个重要指标是该国在健康方面的投资，因为这表明国家正在努力控制死亡率、疾病、生育率与出生率有关的问题等。

　　巴西目前的趋势是，人口预期寿命增加，同时生育率下降，因此整个人口中青年的相对人数减少。正如罗德里格斯（Rodríguez）和贝尔纳多（Bernardo）自 1990 年以来所看到的那样，这一事实导致年龄金字塔底部规模缩小，但与此同时，金字塔却变得更高了（见图 2 – 2 – 1a 和 b）。

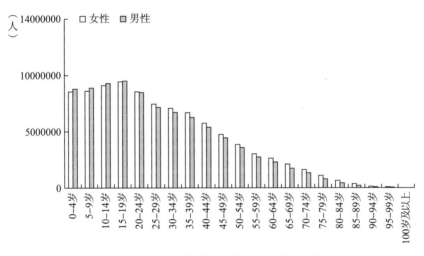

图 2 – 2 – 1（a）　巴西的年龄和性别结构（2000 年）

　　阿尔维斯（Alves）和布鲁诺[3]认为，在巴西，出现了一个新的人口统计现象。青年人口正在成比例地减少，成年人口在相应地增加，因此，老年人口的比例也在显著增加。这是发达工业化国家长期以来出现的一种趋势。

①　United Nations. Statistics Division. From https：//unstats. un. org/unsd/demographic-social/products/dyb/dybcensusdata. cshtml，2011.

②　参见世界银行网站：http：//data. worldbank. org/indicator/NY. GDP. PCAP. CD（2016 年 7 月 20 日访问）。

③　Alves，J. E. D. & Bruno，M. A. P.，*População e crescimento econômico de longo prazo no Brasil：como aproveitar a janela de oportunidade demográfica?* Apresentado em 5ª Encontro Nacional de Estudos Populacionais，CaxambuL，2006.

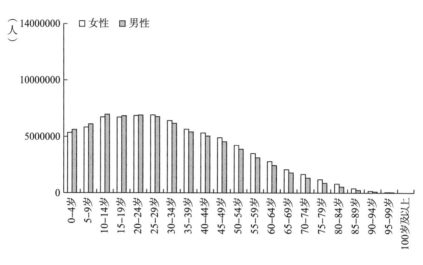

图 2 - 2 - 1（b）　巴西的年龄和性别结构（2010 年）

资料来源：(a) Censo/IBGE 2000；(b) Censo/IBGE 2010①

这种趋势被称为"机会之窗"，一方面，成年人口比例增加，将会有更多人口进行生产活动，但另一方面，人们有理由担心孩子、卫生和教育服务，尤其是老年人、退休福利等，因此会有更多的资源倾斜于老年人的福利制度。

　　然而，分析人士对这种新的人口结构持积极态度，特别是在展望国家生产率提高从而增加"人均收入"的前景时。卡玛拉诺等人②呼吁人们关注巴西持续存在的结构性机会不平等，这种不平等导致巴西产生预期前景的能力下降，尤其是在扶贫方面。

　　表 2 - 2 - 1 显示 2009 年青年人口在总人口中所占的比例有所下降。这主要是由计划生育的实行和随之而来的出生率下降所导致的。与此同时，由于 20 世纪 50 年代开始的快速城市化和经济结构变化，今天更多的青年居住在城市，农村的青年人数相应减少。

---

①　巴西地理和统计研究所（Instituto Brasileiro de Geografia e Estatística）网站：http://biblioteca. ibge. gov. br/visualizacao/livros/liv6686. pdf.

②　Camarano, A. A. *et al.*, Um olhar demográfico sobre o jovem brasileiro. In *Juventude e política social no Brasil*, Brasília：IPEA, 2009.

表 2 – 2 – 1　巴西城市和农村 15 – 24 岁青年人口的比例

地区	年份								
	1989			1999			2009		
	N	青年人口比例（%）	青年人口占全部人口的比例（%）	N	青年人口比例（%）	青年人口占全部人口的比例（%）	N	青年人口比例（%）	青年人口占全部人口的比例（%）
城市	20732323	75.3	19.3	25179029	80.3	19.7	28122726	84.1	17.4
农村	6796589	24.7	18.3	6187086	19.7	19.0	2311017	15.9	17.5
合计	27528912	100	19.1	31366115	100	19.63	33433743	100	17.3

资料来源：PNAD/IBGE/Brazil。

表 2 – 2 – 2　巴西城市和农村按年龄组划分的青年比例

地区	年份				
	1989				
	N	15 – 19（N）	%	20 – 24（N）	%	人口比率（15 – 19/20 – 24）
城市	20732323	10719855	51.7	10012468	48.3	1.07
农村	6796589	3852662	56.7	2943927	43.3	1.31
合计	27528912	14572517	52.9	12956395	47.1	1.12

地区	年份				
	1999				
	N	15 – 19（N）	%	20 – 24（N）	%	人口比率（15 – 19/20 – 24）
城市	25179029	13465374	53.5	11713655	46.5	1.15
农村	6187086	3558689	57.5	2628697	42.5	1.35
合计	31366115	17023763	54.3	14342352	45.7	1.19

地区	年份				
	2009				
	N	15 – 19（N）	%	20 – 24（N）	%	人口比率（15 – 19/20 – 24）
城市	28122726	13986456	49.7	14139270	50.3	0.99
农村	5311017	2952422	55.6	2358595	44.4	1.25
合计	33433743	16935878	50.7	16497865	49.3	1.03

资料来源：IBGE，网站：http://biblioteca.ibge.gov.br/visualizacao/livros/liv6686.pdf。

最后，在 1989 - 2009 年，生活在城市地区的青年的比例增加了 9%，而在农村地区，这一比例下降了 9%。

人口普查数据已经显示出越来越多的青年集中在城市的趋势。1980 年，城镇青年人口占青年人口的 67.6%。11 年后，在 1991 年的人口普查中，这一数字达到了 75%，而在 1996 年的人口普查中，这一数字已经超过了 78%。[①]

卡玛拉诺和阿布拉莫瓦伊[②]让我们注意到人口流动的一个重要特征：人口流动低龄化。他们的研究显示，年轻人离开农村的年龄正在降低，在 20 世纪 50 年代，流动人口的年龄在 30 - 36 岁，到了 80 年代，这一平均年龄下降到了 20 - 24 岁。

根据年龄组别来分析青年比率，我们可以观察到 1989 年农村和城市地区 15 - 19 岁青年的比率都大于 20 - 24 岁青年的比率。我们强调，这一年轻群体在农村的相对规模比在城市地区大 30%。1999 年，这一比率基本保持不变，在两个地区都保持较高水平。然而在 2009 年，我们观察到 15 - 19 岁的年轻人比例下降了，尤其是在城市地区，15 - 19 岁的年轻人的比例比 20 - 24 岁的人低 0.6%。这表明巴西人口的老龄化进程。在农村地区，15 - 19 岁的青年人数仍然很多。尽管这一数字有所下降，但 15 - 19 岁的年轻人仍比 20 - 24 岁的年轻人多出 25%。

1989 - 1999 年巴西青年人口的性别分布显示，城市地区女性的比例高于男性。这是由于这段时期外部原因造成的男性死亡率对青年的性别分布有很大的影响。在 2009 年，城市地区的青年男女比例更加平衡（图 2 - 2 - 2）。根据巴西地理和统计研究所（IBGE）的研究，这种男性和女性之间更加平衡的趋势可能与连续的人口普查中年轻人工资的逐渐提高有关。[③] 然而

---

① Instituto Brasileiro de Geografia e Estatistica, http://biblioteca. ibge. gov. br/visualizacao/livros/liv6686. pdf.

② Camarano, A. A. & Abramoway, R. , Êxodo rural,, envelhecimento e masculinização no Brasil, panorama dos últimos cinquenta anos, *Revista Brasileira de estudos de população*, 15 (2), Recuperado de. http://www. abep. nepo. unicamp. br/docs/rev_ inf/vol15_ n2_ 1998/vol15_ n2_ 1998_ 4artigo_ 45_ 65. pdf, 1998.

③ Instituto Brasileiro de Geografia e Estatística, População jovem no Brasil, *Estudos E Pesquisas Informao Demográfica e Socioeconmica*, 1999, http://biblioteca. ibge. gov. br/pt/biblioteca-catalogo? view = detalhes&id = 26686.

与此同时，可以观察到农村地区男性人口增加。这是一个世界性的移民过程，因为在农村劳作中男性劳动力占多数。

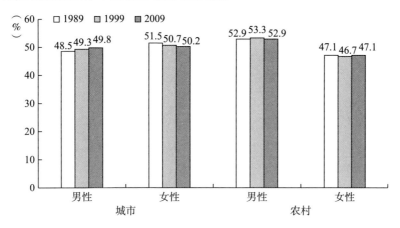

图 2 - 2 - 2　巴西城市和农村地区 15 - 24 岁男女青年人口比例

资料来源：PNAD/IBGE/Brazil。

二　青年生育能力的重要方面

城市和农村地区的特定生育率见图 2 - 2 - 3。正如贝尔特朗（Beltrão）等人[①]所指出的那样，1999 - 2009 年巴西的生育率一直在大幅下降，特别是在 15 - 19 岁的人群中，在年龄更大的群体中下降的趋势更为明显。但是，就青年而言，城市和农村地区的特定生育率仍然较高，农村地区的生育率最高。本章所分析的时间段中，1999 年 15 - 19 岁农村青年的特定生育率比城市青年的高出 40%；但到了 2009 年，这一比例降至 18%。20 - 24 岁的农村青年 1999 年的特定生育率比同年城市青年的特定生育率高出 49%；这一比例在 2009 年上升到 61%（见图 2 - 2 - 3）。

巴西生育率下降已成为研究的内容，尤其是需要找出每个妇女生育子女数减少的主要原因。其中最相关的是社会经济因素的方面，比如教育、城市化和接触大众传媒的机会，因为大众传媒可以传递现代价值观和信息，包括避孕、产妇死亡率、性传播疾病（STD）等。

---

① Beltrão, K., Camarano, A. A., & Kanso, S., *Dinâmica populacional Brasileira na virada do século XX*, (Brasília：IPEA, 2004).

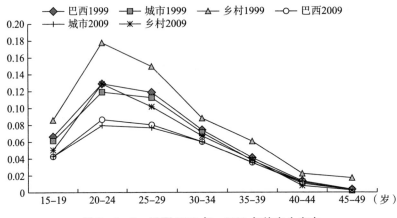

图 2 - 2 - 3　巴西 1999 年、2009 年特定生育率

资料来源：PNAD/IBGE/Brazil。

巴西青年女性生殖习惯的变化不仅与避孕有关，而且也与北部和东北部地区特有的"早期绝育"有关。根据巴西家庭福利协会/人口统计和健康调查（1997），[1] 到 20 世纪 80 年代，巴西已经成为使用避孕药具最多的拉丁美洲国家之一，避孕药具基本上指的是避孕药和绝育。

我们可以从图 2 - 2 - 4 中观察到，在金砖四国中，巴西和印度在 1997 - 2010 年每 1000 名 15 - 19 岁女性的生育率下降幅度比其他国家更大。同期，俄罗斯也出现了下降。在俄罗斯，24 岁以上的年轻女性生育率较高，然而自 1996 年以来整体生育率保持在较低状态，每名女性的生育数量为 1.5。[2] 中国在这段时期一直保持相对较低的生育率，因为中国的"独生子女政策"。[3]

青少年生育显然具有社会意义，无论是人口统计学意义上的，还是健康方面的，甚至是心理方面的。关于社会影响的讨论往往围绕着怀孕青少年所面临的社会经济劣势。政策分析人士最大的担忧之一是青少年中断学业，最糟糕的情况是过早地进入劳动力市场，特别是当这些青少年来自最

① BEMFAM, D. H. S. Brasil: pesquisa nacional sobre demografia e saúde; 1996. Rio de Janeiro: BEMFAM; Macro International, 1997.

② 参见联合国网站：http://www.un.org/esa/population/publications/behavior/partrepro.pdf。

③ UN, *United Nations Population Division*, *World Population Prospects* 2002（New York: United Nations Organisation, 2002）.

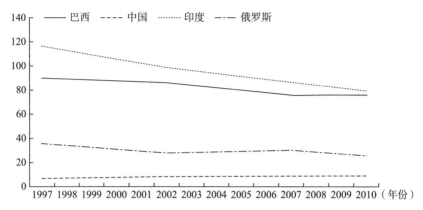

图 2 - 2 - 4　1997 - 2010 年金砖四国 15 - 19 岁青少年生育率
（每 1000 名女性生育数量）

资料来源：United Nations Population Division，World Population Prospects。

弱势的低收入群体时。①

　　在表 2 - 2 - 3 中，我们注意到，1999 年、2009 年，巴西城市 15 - 19 岁、20 - 24 岁的青年人中，收入最低的 20% 的人生育的比例有所上升。在农村地区，怀孕青年的处境要危险得多：1999 年，15 - 19 岁有子女的青年中有 53.2% 来自收入最低的 20% 的人群；而在 2009 年，这一比例实际上保持稳定，为 52.7%。同样，20 - 24 岁有孩子的农村年轻女性集中在收入最低的五分位数，1999 年，这一比例达到 52.6%，到 2009 年下降到 47.3%（见表 2 - 2 - 3）。

表 2 - 2 - 3　1999 年、2009 年巴西不同收入不同地区年轻女性生育比例

单位：%

地区	收入五分位数	年龄			
		15 - 19		20 - 24	
		1999	2009	1999	2009
城市	最低的 20%	29.2	31.5	21.9	25.6

---

① Medeiros, M., A maternidade nas mulheres de 15 a 19 anos como desvantagem social. In E. M. Vieira et al. （orgs.）, *Seminário gravidez na adolescência*, Rio de Janeiro：Ponto & Linha, 1998, pp. 74 - 91；Melo, A. V., Gravidez na adolescência：Nova tendência na transição da fecundidade no Brasil. In *Anais do x encontro nacional de estudos populacionais*, Belo Horizonte：ABEP, 1996, pp. 1439 - 1454.

续表

地区	收入五分位数	年龄			
		15 – 19		20 – 24	
		1999	2009	1999	2009
城市	次低的 20%	24.4	26.7	24.5	23.9
	中间的 20%	21.0	20.1	23.0	21.4
	次高的 20%	17.2	15.1	19.7	17.9
	最高的 20%	8.2	6.6	10.9	11.1
	合 计	100	100	100	100
农村	最低的 20%	53.2	52.7	52.6	47.3
	次低的 20%	23.0	22.9	24.0	25.2
	中间的 20%	10.8	13.2	13.3	15.8
	次高的 20%	8.0	8.8	7.3	8.1
	最高的 20%	5.0	2.3	2.8	3.6
	合 计	100	100	100	100

资料来源：PNAD/IBGE/Brazil。

从人口统计学的角度来看，巴西不断变化的生育模式也与家庭性质的变化有关，这种变化自 20 世纪 90 年代就开始了。根据卡玛拉诺等人的研究，[①] 这种变化主要与将性行为和生殖分割开来有关，也与避孕药具的广泛应用有关。此外，性革命使女性在社会中扮演了新的角色。这些变化的结果之一是降低了年轻人第一次发生性关系的年龄。从图 2 - 2 - 5 和 2 - 2 - 6 可以看出，1999 年、2009 年，在城市和农村地区，15 - 19 岁和 20 - 24 岁这两个不同的年龄组中，有孩子的夫妇的比例有所下降。然而，与此同时，在这两个年龄组中，无论是农村还是城市，单身母亲组成家庭的比例都有所上升。

对于青少年怀孕的生理和心理后果需要更深层次的思考。那些研究青少年怀孕的人认为这是一个关乎女性健康的问题，因为这不仅关乎生理因素，还关乎心理因素。毕竟，怀孕往往会对青春期女性的生活方式和社交

---

① Camarano, A. A. *et al.*, Um olhar demográfico sobre o jovem brasileiro. In *Juventude e política social no Brasil* (Brasília：IPEA, 2009).

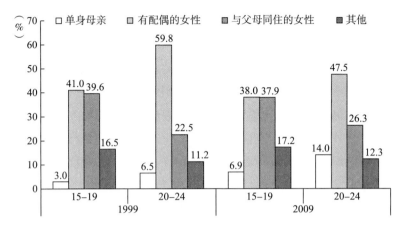

图 2 - 2 - 5　巴西城市地区不同家庭有孩子的年轻女性比例

资料来源：PNAD/IBGE/Brazil。

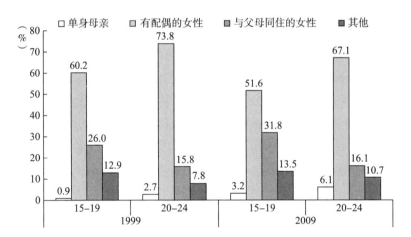

图 2 - 2 - 6　巴西农村地区不同家庭有孩子的年轻女性比例

资料来源：PNAD/IBGE/Brazil。

生活产生影响，并造成重大变化。从心理学角度来看，青少年经常忽视怀孕的风险，年龄越小越会忽视这种风险。[1]

---

① Bueno, G. Da M., *Variáveis de risco para gravidez na adolescência*, Dissertação de mestrado, Sociedade paulista de psiquiatria clinica（São Paulo, 2004）.

三 教育和工作：关于青年显而易见的事实

青年进入成年的过程与教育和就业有关。青年教育引起了巴西研究人员的注意，如斯波西托（1998），因为它与社会排斥，尤其是穷人的社会排斥有关。文盲仍然是一个问题，许多年轻人没有按照年龄对应的年级接受教育。除此之外，这年轻人还必须面对"不合理的校内/校外机制，如年龄和年级的不匹配以及强制性教育带来的低结业率"。① 根据巴西地理和统计研究所公布的结果，② 自 20 世纪 90 年代以来，6－14 岁儿童的上学比例几乎为 100%（1999 年为 94.2%，2009 年为 97.6%）。然而，对 15－17 岁的青少年来说，入学比例则不太乐观，2009 年入学比例为 85.2%，同时"接受不连续教育"的比例为 50.9%（那些在中学里就读年级与年龄相匹配的青少年的比例），与 1999 年的比例 32.7% 相比有明显提高。在巴西，区域差异仍然存在：1999 年，北部和东北部 15－17 岁的青年接受中学教育的比例分别为 39.1% 和 39.2%，这些比例远低于 1999 年南部的比例 42.1%（2009 年，这个比例上升到 60.5%）。

从 20 世纪 80 年代末到 21 世纪的头十年，巴西的入学率有了显著的提高，21 世纪的头十年，上学的青年比例增加了 20%（巴西地理和统计研究所）。在 1989 年至 2009 年间，农村地区的入学率增加了 26%，尽管农村家庭入学率仍然低于城市家庭，但这已是个巨大进步。同时，女性的入学率更高（巴西地理和统计研究所）。

直到 20 世纪 90 年代中期，巴西教育部（MEC）的教育政策和指导方针，以及州和市镇的教育政策与指导方针都缺乏连续性。每一项教育政策都表明与前几届政府制定的政策相割裂。③ 1996 年通过的《教育指导方针与

---

① Sposito, M. P., *Educação e juventude*, Documento básico do grupo temático educação e juventude apresentado em encontro preparatório à reunião dos países do Mercosul, estratégia regional de ntinuidade, da 5ª Confitea, Curitiba, 1998.

② 参见巴西地理和统计研究所（Instituto Brasileiro de Geografia e Estatistica）网站：http://biblioteca. ibge. gov. br/visualizacao/livros/liv6686. pdf.

③ Schwartzman, S., Os desafios da educação no Brasil. In S. Schwartzman & C. Brock（orgs.）, *Os desafios da educação no Brasil*（Rio de Janeiro: Nova Fronteira, 2005）; Franco, F. C., Alves, F., & Bonamino, A., Qualidade do ensino fundamental: políticas, suas possibilidades, seus limites, *Educação e sociedade*, 2007, 28（100）, pp. 989－1014.

基础法》（LDB）① 是教育政策"走走停停"最终走向终点的首批具体指标之一。这一时期的主要进步包括下放教育行政权力，给予市政当局更大的自治权，增加对公共教育的投资，重点普及小学教育，此外还通过实施评估制度跟踪这些法规的效果。这些进展使得有关教育结果的指标得到显著改善。②

　　青少年接受初等和中等教育的机会得到了改善，与此同时，学习质量等其他问题也被提上了巴西研究人员的议程。然而，令人担忧的是，根据调查青年人仍然没有普遍地接受小学和中学教育，甚至在他们的学习生涯中没有完成最基本的学业，即小学教育。还应强调必须处理教育不平等问题，特别是在城乡差距方面，因为教育机会显然会影响人生机会（图 2-2-7）。

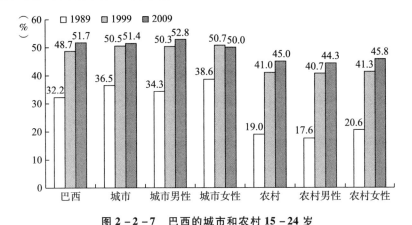

图 2-2-7　巴西的城市和农村 15-24 岁
人口的上学比例

资料来源：PNAD/IBGE/Brazil。

　　学校和劳动力市场之间紧密交织的关系也值得注意，特别是在处于工业化后期的国家，青年在很小的时候就开始从学校过渡到工作。在这个过渡时期，开始第一份工作可能意味着放弃学业；这种从学校走向劳动力市场常常是出于需要而非主动选择。因此，如果不研究青年与劳动的联系，

---

① 根据《教育指导方针与基础法》（1996），学前教育涵盖 6 岁以下的儿童，初等教育为 8 年（7-14 岁儿童和青少年的义务教育），中等教育为 3 年（这种教育水平的年龄应是 15-17 岁）。最近初等教育年限得到扩展，持续 9 年，6-14 岁的人口必须接受初等教育。

② Costa, M., Koslinski, M., & Costa, L., Educational inequality and social stratification in brasil. In L. Peilin, C. Scalon, M. K. Gorshkov, & K. L. Sharma (orgs.), *Social Stratification in the BRIC Countries Changes and Perspectives* (Peking, China: Social Sciences Academic Press (China), 2011).

就不可能对青年人群分析透彻。

图 2 - 2 - 8 显示了巴西、中国、印度和俄罗斯 15 - 24 岁的青年进入劳动力市场的情况。2006 年，中国青年男性、女性和巴西青年男性在劳动力市场的参与率最高，而俄罗斯青年女性和印度青年女性的参与率最低。

图 2 - 2 - 9 显示，在 1989 年、1999 年和 2009 年，巴西城市和农村地区拥有工作的青年比例差距并不是那么显著。所发现的差异基本上是在性别之间。尽管女性的劳动参与率有所提高，但 15 - 24 岁的青年男性在城市和农村地区的劳动参与比例仍然较大。年轻女性的参与率在城市地区提高了16.5 个百分点，在农村地区提高了 10.2 个百分点。

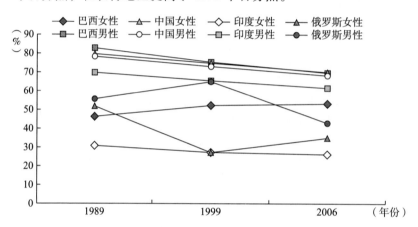

图 2 - 2 - 8 金砖四国 15 - 24 岁青年的劳动力市场参与率

资料来源：United Nations Statistics Dicision。

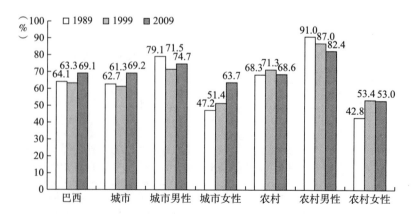

图 2 - 2 - 9 巴西城市和农村 15 - 24 岁青年的劳动力比例

资料来源：PNAD/IBGE/Brazil。

与此同时，年轻男性在劳动力市场的参与度下降了。无论在城市还是农村，1989－2009年，拥有工作的青年比例的下降是由于"只上学"的青年男女比例增加，"只工作"的青年男女比例下降。另一方面，在城市地区，把"上学和工作"结合起来的青年比例从15.4%增加到16.6%，在农村地区从9.2%增加到19.1%（见表2－2－4）。

表2－2－4　按性别、地区、工作和教育的具体类别
划分的巴西青年比例

单位：%

地区	分类	男性		女性		总计	
		1989	2009	1989	2009	1989	2009
	15－24						
城市	只上学	16.8	28.5	25.3	34.0	21.2	31.3
	上学和工作	17.5	17.8	13.3	15.4	15.4	16.6
	只工作	56.0	40.3	30.8	25.8	43.0	33.0
	既不上学也不工作	9.6	13.4	30.6	24.9	20.4	19.2
农村	只上学	6.2	19.3	13.8	33.3	9.8	25.9
	上学和工作	11.3	25.0	6.7	12.5	9.2	19.1
	只工作	78.3	47.3	35.1	22.9	57.9	35.8
	既不上学也不工作	4.1	8.5	44.3	31.2	23.1	19.2
	15－19						
城市	只上学	27.4	48.6	40.7	55.5	34.2	52.0
	上学和工作	22.3	20.7	15.8	16.2	19.0	18.4
	只工作	40.4	19.3	21.4	11.0	30.6	15.1
	既不上学也不工作	10.0	11.4	22.1	17.4	16.2	14.4
农村	只上学	9.7	30.9	21.8	52.9	15.3	41.1
	上学和工作	16.3	35.7	9.4	15.8	13.1	26.5
	只工作	69.4	26.0	32.8	10.7	52.4	18.9
	既不上学也不工作	4.5	7.4	36.1	20.6	19.1	13.5
	20－24						
城市	只上学	5.4	8.5	9.0	12.9	7.2	10.7
	上学和工作	12.4	14.9	10.6	14.6	11.5	14.8
	只工作	73.0	61.1	40.7	40.3	56.3	50.6
	既不上学也不工作	9.3	15.4	39.7	32.2	25.0	23.9

续表

地区	分类	男性		女性		总计	
		1989	2009	1989	2009	1989	2009
农村	只上学	1.5	4.3	3.8	9.6	2.6	6.8
	上学和工作	4.6	11.1	3.4	8.5	4.0	9.9
	只工作	90.2	74.8	38.0	37.7	65.1	57.0
	既不上学也不工作	3.7	9.8	54.8	44.1	28.3	26.3

资料来源：PNAD/IBGE/Brazil。

这是一个非常积极的趋势，因为它揭示了 15 - 24 岁的青年人在学校的时间更长，这表明学校工作的转变对学习没有那么大的影响。

然而，看到"既不工作也不上学"的青年男性比例的上升令人不安，尤其是在农村地区 15 - 19 岁和 20 - 24 岁这两个独立的年龄组。尽管年轻女性"既不上学也不工作"的比例高于年轻男性，但这种情况并不那么令人担忧，因为母亲和家庭主妇占了很大的比例，她们可能被视为暂时离开学校和劳动力市场。根据卡玛拉诺等人[①]的研究，在 15 - 29 岁的年轻女性中，有 2/3 的人在 2007 年之前已经成为母亲，她们既不学习也不进入劳动力市场。

2004 年，联合国金砖四国中的三个国家的数据显示，巴西 15 - 24 岁的失业青年比例最高，为 18%；俄罗斯为 17%，印度为 10.5%。巴西青年失业率如此之高与年轻女性的失业率有直接关系，2004 年年轻女性失业率为 23.3%，而这一年龄段的男性失业率为 14.2%。[②]

四　青年的死亡率、暴力和社会脆弱性

国家、地方和国际社会关注的另一个问题是暴力及其对死亡率的影响，特别是对青年男性的影响。暴力对青年的影响有很多方面，其中之一是儿童时期遭受的暴力，这使受害者在未来有可能成为犯罪者。青年暴力的另

---

① Camarano, A. A., Mello, J. L., & Kanso, S., Um olhar demográfico sobre os jovens brasileiros. In J. A. Castro et al. (orgs.), *Juventude e políticas sociais no Brasil* (Brasília: IPEA, 2009).

② 资料来源：联合国千年发展目标（MDG）（联合国）/UN。没有关于中国青年失业的信息。

一个特点是与家庭问题有关，同时与肯定暴力相关，认为暴力青年有一种男子气概[1]求助于武力和攻击来解决冲突。但并非采用辩论和语言上的攻击，而是推广使用枪支来解决冲突。[2] 与暴力有关的还有毒品贩运和酒精消费问题。它们对社会环境具有破坏性影响，直接影响到家庭暴力和对儿童、青少年的暴力行为。最后，缺乏有效控制和打击犯罪与暴力的机构增加了人们对法律的不信任，也增加了对警察的不信任。因此，暴力发生率成比例增加，但是人们感到有罪不罚，罪犯不用担心被抓住，他们的暴力行为最终得不到报应。然而，留给受害者的是一种缺乏保护的感觉，在条件有限的情况下，这可能导致人们用自己的双手寻求正义。[3]

由于受害者的数据是不精确的，包含误差和空缺，我们只分析杀人犯数据。注意，在图 2 - 2 - 10 中，除东南地区外，所有地区的青年谋杀率都有所上升。从 1999 年到 2009 年，东南部地区的年轻男性谋杀率下降了80%，而东北部地区则上升了 1.3 倍。年轻女性的凶杀率有所上升，但与同期男性相比仍处于较低水平。

在巴西，青年谋杀率以前只在东南部地区较高，现在除该地区外，其他地区也普遍较高。

按肤色划分，谋杀率让人们注意到年轻白人男性与年轻黑人/混血男性的不同。白人和黑人的杀人案有所减少，混血的杀人案有所增加。这一变化可能不是按受害者类型区分，而是按种族分类。无论如何，种族不平等在产生青年受害者方面十分明显（见图 2 - 2 - 11）。

不幸的是，暴力发生率可能比图中显示的还要大，因为有一些严重的问题并没有登记在案，包括一些本应被归类为他杀的死亡。[4] 总而言之，巴

---

① Breines, I., Connell, R., & Eide, I., *Male Roles: Masculinities and Violence, a Culture of Peace Perspective* (Paris: UNESCO, 2000).

② Nolasco, S., *De Tarzan a Homer Simpson: banalização e violência masculina em sociedades contemporâneas ocidentais* (Rio de Janeiro: ed. Rocco, 2001).

③ Abramovay, M. Castro, M. G., Pinheiro, L. C., Lima, F. S., & Martinelli, C. C., *Juventude, violência e vulnerabilidade social na América Latina: desafios para políticas públicas* (Brasilia: Edições UNESCO Brasil, 2002).

④ Fajnzylber, P., *Determinantes econômicos da criminalidade: notas para uma discussão*, Criminalidade, violência e segurança pública no Brasil: Uma discussão sobre as bases de dados e questões metodológicas apresentado em 5o encontro causas e determinantes e custos e consequências da violência e criminalidade, 2000.

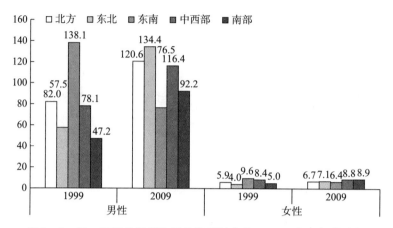

图 2 − 2 − 10　巴西按性别和居住地区划分的 15 − 24 岁青年谋杀率
（每 10 万人死亡的人数）

资料来源：MS/SVS/DASIS-Mortality Information System-SIM/IBGE（按死亡证明统计的
人数）。

西年轻男性中的谋杀率很高，受害者来自最弱势的社会群体。这当然是巴
西经济和社会发展的最大挑战与障碍之一。

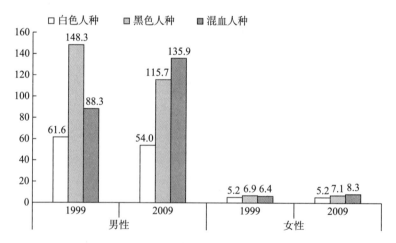

图 2 − 2 − 11　巴西按性别和肤色划分的 15 − 24 岁青年谋杀率
（每 10 万人死亡人数）

资料来源：同上图。

五 结论

青年在人口研究中获得了新的空间。公共政策制定者对其进行了研究，尤其是人口结构的变化、青少年生育率的变化，以及年轻男性的过早死亡。所有这些因素都对青年产生了或积极或消极的影响，并对他们进入成年后的生活产生影响。

年轻人被看作在一定时期内处于从属地位的发展不完全的人，然而，与此同时，人们期望这些年轻人脱颖而出，接受适当的教育，并有真正的机会进入劳动力市场。然而，并不是所有的年轻人都遵循这样的道路，因为教育和职业标准最终会过滤掉从青春期到成年生活过程中有效获得的各种机会。

在这一章中，我们看到巴西年轻人的发展轨迹因性别而异。年轻女性的正规受教育水平有所提高，而年轻男性仍在努力尽快参与经济活动——尽管根据最近的数据，许多人试图把工作和上学结合起来。同样值得注意的是，年轻女性通常会经历生育和婚姻，同时她们也会在社交中寻求自我肯定。她们必须在日常生活中扮演好所有角色，还要进入就业市场。

最后，犯罪率和暴力对青年死亡率有影响。这种情形涉及一大部分巴西青年。男性青年死亡率的显著增加不仅影响到巴西的人口结构，而且揭示了青年群体，特别是来自较贫穷地区和非白人青年所面临的社会脆弱性。

第三篇

文化、认同与价值观

社会生态与中国青年流行文化

孟 蕾 邱 晔

青年以多样化的方式彰显独特的群体性格和文化样式。在现代化转型进程中,青年及其亚文化受到政治、经济、社会、技术等多种因素的制约和影响。因此,对青年流行文化的研究无法将它从特定的社会生态中剥离出来。

中国青年流行文化的发展出现了一些显著的新特点。在各种力量的影响下,青年通过广泛参与创造了自身的某些流行文化,但在有些情况下其影响范围又远远超出了青年,扩散到整个社会甚至主流意识形态,成为具有一般意义的社会现象。

与 20 世纪 80 年代、90 年代相比,21 世纪以来中国青年流行文化与其社会生态之间出现了更为复杂的互动图景:国家和主流意识形态、市场力量、技术革命和青年自身这四个方面杂糅在一起,既彼此共生,相互促进,又存在紧张和冲突,具体表现在国家与文化产业、商业力量与青年流行文化、互联网与青年、流行文化与精英文化和官方意识形态等方面。

本部分从社会生态与青年流行文化之间的密切关系入手,通过分析上述各方之间的辩证关系来探讨当代中国青年流行文化的发展动力、表现形式、内在矛盾和社会影响等。

一 文化产业的兴起:国家政策与市场的相互融合

进入 21 世纪,中国经济加快发展。根据国家统计局的数据,2000 年中国人均 GDP 仅为 849 美元,到 2019 年中国人均 GDP 已经突破 1 万美元。伴随着经济的不断增长，中国目前已经进入大众消费的新阶段，社会的消费结构正在向发展型、享受型升级。在出口、投资之后，消费成为拉动经济增长的第三架马车，愈发受到整个社会的重视，并在国家经济发展政策中获得了战略性地位。

（一）文化产业①的官方地位不断上升

由于文化产业近年来快速发展，尤其是文化产业成为国民经济支柱性产业之后，原版分类方法已远不能满足产业发展的需求。国家统计局于2018年正式颁布了新修订的《文化及相关产业分类（2018）》。2018版中国文化产业分类的最大特点是与联合国教科文组织《文化统计框架—2009》相衔接、保持一致，便于中国文化产业与国际对标。

2018版中国文化产业分类继续沿用文化及相关产业的定义："为社会公众提供文化产品和文化相关产品的生产活动的集合"。根据这一定义，文化产业的生产活动范围包括两部分：第一，以文化为核心内容，为直接满足人们的精神需要而进行的创作、制造、传播、展示等文化产品（包括货物和服务）的生产活动。具体包括新闻信息服务、内容创作生产、创意设计服务、文化传播、文化投资运营和文化娱乐休闲服务等活动。第二，为实现文化产品的生产活动所需的文化辅助生产和中介服务、文化装备生产和文化消费终端生产（包括制造和销售）等活动。

中国文化产业的发展遵循了"政府驱动型发展模式"。改革开放以来，在国家政策的支持下，中国文化产业逐渐经历了萌芽、培育和蓬勃发展的不同阶段。1992年，"文化产业"这个概念第一次出现在国务院办公厅编著的《重大战略决策：加快发展第三产业》中。1998年文化部新设立了文化产业司。这一重要举措，标志着文化产业已由民间自发发展阶段进入政府致力推动的新时期。2000年10月，《中共中央关于制定国民经济和社会发展第十个五年计划的建议》发布，这是第一次在中央正式文件里提出了"文化产业"这一概念，表明文化产业已被列入国家发展战略。此后，中央

---

① 在中文里，"工业"（gong ye）和"产业"（chan ye）都对应"industry"。西方马克思主义法兰克福学派提出的"culture industry"概念在20世纪90年代以前的中国学术界被翻译为"文化工业"，强调的是其批判性的一面；而现在官方和经济学界使用的"文化产业"一词则强调的是其推动经济增长的积极功能。本章对于学术概念使用单数形式"culture industry"，而对实践概念使用复数形式"culture industries"。

政府（国务院、文化部以及相关部门）先后制定出台了一系列促进文化产业发展的政策和文件，涉及所有制结构、投资体制、财政与税收、进出口等多个方面。2009 年，中国第一部文化产业长期规划——《文化产业振兴规划》出台，标志着文化发展已上升为国家战略层面。党的十八大以来，国家注重培育发展具有发展潜力的文化产业，并出台多项政策来促进文化产业的发展，从促进文化消费、带动文化投资、扩大文化出口等多个层次，围绕文化休闲旅游、信息服务、影视动漫游戏等重点行业，不断推进出台新政策、指导意见，覆盖文化体制改革、文化企业创新发展、现代文化市场体系建设、文化精准扶贫、文化领域行业组织建设、文化工程建设、文化消费试点、文化金融合作、对外文化贸易等多个方面。

文化产业在国家发展战略中的地位不断提高，成为官方主流意识形态的一个组成部分。文化产业不仅在繁荣社会主义文化、满足人民精神文化需求、促进人的全面发展方面发挥了重要作用，而且在优化产业结构、创造就业机会、带动现代服务业、拉动对外文化贸易、促进国民经济增长等方面的作用日益凸显。

（二）中国文化产业发展的新动态

党的十九大提出"中国特色社会主义进入新时代，社会主要矛盾已经转化为人民日益增长的美好生活需要和不平衡不充分的发展之间的矛盾"，而文化产业的蓬勃发展正是意在满足人民群众的精神文化需求。国家统计局数据显示，2018 年，中国文化产业实现增加值 38734 亿元，比 2004 年增长 10.3 倍，2005 - 2018 年文化产业增加值年均增长 18.9%，高于同期 GDP 现价年均增速 6.9 个百分点；文化产业增加值占 GDP 比重由 2004 年的 2.15%、2012 年的 3.36% 提高到 2018 年的 4.30%，在国民经济中的占比逐年提高（如图 3 - 1 - 1 所示）。

从文化产业的发展机制看，市场机制已经开始发挥积极作用，现代文化市场体系的构建是未来文化产业政策的重点，但是体制性的束缚依然较大，出自市场本身的、内生性质的产业发展还没有普遍出现，体制性"松绑"和政策性推动还是文化产业发展的基本动力。此外，文化产业在中国还是一个有限开放的产业，跟国际资本市场的关联度不高，很多领域是限制准入的。

从文化产业的构成来看，在传统文化产业（包括出版、影视制作、音

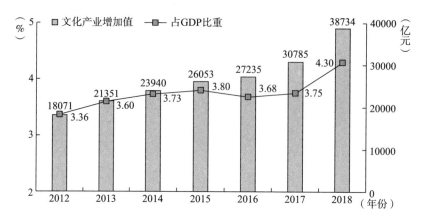

图 3 – 1 – 1　2012 – 2018 年中国文化产业增加值及占 GDP 比重

数据来源：国家统计局历年统计数据。

像、广告、文艺演出、会展、旅游等）不断发展和深化的同时，一些新兴的文化产业（数字内容和动漫产业、互联网服务等）也蓬勃发展。特别值得重视的是，随着互联网和通信手段的不断革新，网络与电视、新兴媒体与传统媒体逐渐相互融合，实现了彼此的产业结盟。

（三）文化产业（Culture Industries）与文化工业

"文化工业"（Culture Industry）的概念是西方马克思主义法兰克福学派霍克海默（M. Horkheimer）和阿多诺（Theodor W. Adorno）提出的。他们发现启蒙运动倡导的自由解放精神和理性精神正在走向自身的反面。理性的追求变成技术理性的机械化思维，自由的渴望体现为资本 – 市场的控制，人的创造性转变为"物化"的生存方式。[1]"文化工业"则是这一悖论最典型的体现。他们批判文化工业既是技术理性对文化控制的结果，也是文化被商品化的结果。为了生产出符合市场要求的大众文化商品，以专业化模式生产，并通过大众传媒推销，后果是文化和艺术的标准化和衰落。更为重要的是，这种看似提供多样选择的大众文化背后是晚期资本主义对人们思想意识形态的控制。法兰克福学派意在表达双重的文化要求：其一，不同于文化工业的娱乐性、感官化趋势，强调文化作品应该保持深度的美学探索和崇高的艺术追求。其二，不同于文化工业的机械复制、统一性，强调创造性和批判性的个性化思维的重要性。

---

① 刘怀光：《文化工业趋势下青少年流行文化解读》，《当代青年研究》2008 年第 2 期。

自市场化转型以来，中国原有的文化体制和格局发生了重大变化，经历了由单一革命文化和政治宣传文化向包括通俗文化、大众文化、娱乐文化和商品文化在内的多元文化发展，对文化的行政计划型管理和意识形态控制也在不断放松。当代我国文化艺术的商品性、娱乐性、技术性特征日渐突显，文化市场蓬勃发展，"文化工业"趋势清晰可见，文化消费已成为人们重要的消费方式。

在中国当前的语境中，"文化工业"被悄悄置换为"文化产业"。一个值得思考的问题是：我们是否还能够，或者在多大程度上能够依靠"文化工业"的理论范式来分析和批判今日的文化趋势，特别是青少年流行文化？与之相关的另一个问题是：青年文化在此背景下是否还具有相对的自主性和独立性，它与社会生态之间有着怎样的关系？

二 文化产业与青年流行文化

青年是流行文化的高度敏感者。著名文化人类学家玛格丽特·米德（Margaret Mead）将现代社会描述为年长者不得不向孩子学习他们未曾有过的经验的"前象征"（prefigurative）社会。[1]在文化的传承上，它表现为老年人的经验不断丧失其传承价值，而青年人则成为时尚的引领者。[2]在当下时代，传统的价值与秩序正快速瓦解，青年流行文化更是处在时代变化前端的"弄潮儿"。标新立异，追求个性表达，崇尚"另类"生存方式的青年流行文化开始大放异彩。

选择从文化产业的视角来看待青年流行文化，是因为流行文化已经成为现代人生存的一个基本维度，并且总是和文化产业密不可分；而青少年总是流行文化的敏感者和追逐者、消费者与创造者。一方面，中国文化产业近年的发展在很大程度上得益于它与青少年群体需求的密切结合，青少年拥有较充裕的闲暇时间、较充沛的精力、较强烈的好奇心和相互间容易

---

① 与之相对的是"后象征"（postfigurative）社会，即未来重复过去，人们的生活道路是世代接替的，依靠无以改变的文化来传递。参阅玛格丽特·米德《文化与承诺：一项有关代沟问题的研究》，周晓虹、周怡译，河北人民出版社，1987。

② M. Mead., *Culture and Commitment: A Study of the Generation Gap*, New York: John Wiley, 1970.

传递与追逐时尚的特性，时尚与创意最容易在青少年群体中产生、传播和发展。另一方面，青少年流行文化本身的发展也逐渐产业化，其政治色彩已经大为淡化，这也促生了现代市场经济社会所需要的意识形态——消费主义。因此文化产业不仅是体现当代青年流行文化发展的风向标，同时，青年流行文化也成为推动文化产业不断发展的加速器，两者相互震荡，相互影响。

（一）商业力量的巨大影响：迎合与操纵

1. 对青年文化的迎合

改革开放40多年来，经济的迅猛发展和消费市场的壮大，是导致当今青年流行文化现象产生的最大的外部环境。在现代社会中，由于生活节奏的加快，社会竞争的日益激烈，人际交往的物质化和经济化，普通人面对各种压力时需要舒缓和宣泄的渠道。而流行文化所具有的世俗性和娱乐性等特征恰好满足了这种需求。娱乐、消遣、感官的刺激成为文化商品的主要功能。

青少年既是制造和追随流行文化的主要社会群体，也是一个庞大的消费群体，潜存着巨大的市场空间，青年流行文化市场是获取商业利润的天然阵地。商业力量敏锐地捕捉到了青少年群体的各种需求。青少年对权威的反叛、对个性的表达、对新生事物的好奇、对新技术的追随、对明星的崇拜、对同伴群体的认同、对感情和性的渴望、对生活学业压力的释放，如此等等的需求都有相应的市场和文化产业领域来满足。资本的力量通过市场机制，将青年流行文化纳入了生产线式的商业流程。这无疑加速了流行文化的扩散和传播，也加快了审美迭代的发生，缩短了文化产品的流行周期。

在中国当前的文化产业中，对于青少年群体影响最大的是电视与互联网。在市场化改革中，中国形成了激烈竞争的几十家省级卫视。各电视台引进的西方、日韩和中国台湾地区的影视剧在青年群体中的影响力巨大。电视栏目中收视率最高的三类节目是综艺节目、选秀节目和相亲婚恋节目，而这些节目的主要观看者和参与者都是青少年群体。同时，由于互联网与电视的融合度不断加深，各大网站为了取得竞争优势，不断丰富网站内容，一方面大量购买（或未经授权播放）国内外热播影视剧和节目，另一方面积极推出自制内容，成为满足青少年文化需求的主要场域。

2. 对青年文化的操纵

感官化、娱乐化、伪个性化等是文化工业的首要特征。流行文化拒绝神圣，远离理想主义和英雄主义，摒弃"严肃"和沉重的主题，消解价值和意义，追逐平面化、零散化和享乐化。

商业的终极目标是盈利。传统经济中的销售量、注意力经济中的收视率和点击率都是衡量市场效益的最简单标准。有时市场反馈最好的，却是那些缺乏深度，甚至低俗的产品。从文化的品位来看，低层次的需求往往位于底端，受众的规模很大；而高品质的需求位于顶端，往往曲高和寡，出现"劣币驱逐良币"的现象。

获取高额商业利润是文化工业的根本目的，为此，它必然要求大工业生产。商业文化谋求利润的本质决定了商业运转过程中不会考虑太多关于青少年自身的深层次问题，批量生产出来的大量文化产品直接进入了青少年的日常生活。它所操纵和诱导的一些流行文化并不一定是青少年真正需要的，而是马尔库塞（Herbert Marcuse）所说的"虚假需求"（false need），即不是自主地而是被灌输接受和操纵的需求①。有的内容和价值倾向并不利于青少年的身心健康，容易造成青年文化的异化和新的社会问题。由于青少年群体尚未在行为和智识上成熟，并且容易受到同侪群体和小圈子的影响，一些无良的商业资本甚至不惜利用青少年的这种脆弱性，以过度的娱乐性和感官刺激，以及具有迷惑性和诱导性的价值信息来误导青少年的消费行为与价值判断来达到其商业盈利的目的。

（二）青少年的网络化生存：参与和创造

1. 青少年与网络融为一体

随着互联网技术的快速迭代、普及和在社会生活中的广泛应用，一种新型的文化样式——网络文化诞生了，它以青少年为参与主体，具有匿名性、方便快捷、自由平等、互动参与的强大优势。BBS论坛和在线社区、即时通信、社交网络、博客、微博、网络游戏、网络直播和网络消费等，让人目不暇接，虚拟世界与现实生活愈加紧密地结合起来。互联网使得文化走下了高高在上的经典文化的神坛，成为众生共同编织的世俗图样。

对于当代青少年而言，网络已成为他们日常生活场域中不可或缺的一部分。2019年中国未成年网民规模为1.75亿，未成年人的互联网普及率达

---

① 马尔库塞：《单向度的人——发达工业社会意识形态研究》，张峰、吕世平译，重庆出版社，1993。

到93.1%。截至2020年3月，中国网民总数已经达到9.04亿，其中40岁以下网民占到总体的65.5%，网民年龄结构表现出极强的年轻化特征（见图3-1-2）。

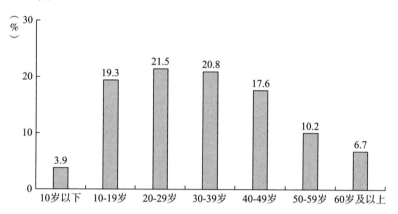

图3-1-2 中国网民年龄结构（截至2020年3月）

数据来源：中国互联网络信息中心2020年4月发布的《第45次中国互联网络发展状况统计报告》。

上网已经成为青少年的一种生存方式。他们通过网络实现工作、学习、娱乐休闲、社会交往、思维方式等多方面的重大变革。青少年的个性表达、集体认同、社会参与、流行文化的创造等方面也都在网络上得以实现。青少年网络活动以情感性为主，工具化程度相对较低，社会交往和休闲娱乐是最主要的上网目的（见表3-1-1）。

表3-1-1 青年网络活动的频率

单位：%

内容	从不	每月几次	每周几次	每天几次	几乎总是
与同学、朋友和家人联系（微信、QQ）	1.85	5.76	13.37	29.06	49.86
查看社交网络，如朋友圈、QQ空间	2.91	7.35	13.84	34.05	41.85
写作业、查单词	3.84	17.92	34.23	25.15	18.86
搜索资料和信息	3.95	18.99	33.46	22.55	21.05
网络购物、买东西	5.89	52.20	27.28	8.06	6.56
看电视剧或看电影，如腾讯视频、字幕组	7.10	23.58	39.62	18.03	11.67
听音乐，如虾米音乐	8.3	10.42	27.42	28.40	25.47

内容	从不	每月几次	每周几次	每天几次	几乎总是
刷微博	27.17	17.84	19.75	17.45	17.78
看小说、故事	27.46	26.40	24.71	12.99	8.44
上各种论坛和BBS，如知乎	33.98	22.86	21.47	11.83	9.86
看短视频，如抖音、快手	35.01	16.38	19.85	17.09	11.67
看新闻时事	9.69	24.52	34.39	21.59	9.81
评论或与别人讨论时事或社会问题	24.42	29.75	28.79	10.98	6.06

数据来源：2018年中国大学生追踪调查。

2. 草根参与的新社会空间

在网络时代，平民百姓参与文化表达和文化创造的积极性空前高涨。传统文化产业赖以发展的"大规模复制与传播技术"已经"个人化"和"分散化"，自媒体、VR虚拟现实技术等新技术形式的出现，让大众文化创造的潜力充分激发出来。

网络成为当代青少年进行社会参与的一种新渠道。传统大众媒体受资本、权力和文化精英的支配，传播的也是各种精英、成年人、官方和主流价值体系。而在网络空间中，个人享有更大的话语权，自由、开放、共享是其精神所在。网络打破了传统的中心产生内容的格局，使处在权力集团之外的"草根"和广大青少年也能够获得表述自己观点的机会，获得一种社会公共空间。

青少年既是网络信息的主要受众，也是各种内容的生产者。他们在网络上阅读、观看、传播、评论、讨论和创作等。在互联网上，青少年的个性、兴趣、爱好、叛逆性和创造性得以淋漓尽致的表现。通过网络，青少年可以分享信息、发表意见、交流经验、组织活动、形成社团，逐渐出现公共领域的雏形。

三 青年流行文化之典型案例分析

（一）"恶搞"文化：多重解构与建构缺失

1. 恶搞的诞生和盛行

1992年中国全面推进市场化改革后，物质主义逐渐膨胀的同时，青年文化领域里被精英知识分子和公共舆论批判为追求世俗、抛弃崇高。以1996年一部香港"恶意搞笑"电影为标志，中国出现了长达十多年的青少年"恶搞文化"（the culture of spoofing）现象，"恶搞"作品的制作者、接受者和传播者都以青少年为主，表达了他们的独特视角。借助于互联网，恶搞之风愈演愈烈，并与文化市场相结合蔓延到电影、电视、出版、音乐等多个领域，既吸引注目也引发争议。

恶搞文化据说是由日本的游戏界（称作"Kuso"文化）传入中国台湾，再经由中国香港传到中国大陆地区。对恶搞的一般理解为：以滑稽、搞笑、嘲弄、讽刺、恶作剧为主要特征的另类创作风格，以表达出创作者对某些事物（往往是权威的、经典的、主流的）的另类看法。它往往是反常规的、无逻辑的、反讽的、夸张的、戏剧性的行为、思想和语言，通常使用反常、戏仿、剪接、拼贴、极端化、明讥暗讽等手段，具有强烈的解构和颠覆意义。

在青少年的日常生活中，"恶搞"最兴盛的地方还是在互联网上，形式包括文本、FLASH短片、PS图片、动画、视频等；恶搞的对象包括流行歌曲、热门影视节目、中小学教材、古典名著、标志性图像（如奥运吉祥物）、主旋律影片/红色影片、革命英雄人物、官方新闻报道栏目、政府官员的话语、社会热门事件等。微博时代，新闻只有一天的生命周期，而恶搞文化的生命周期会持续一周、半月左右。在网民和媒体的推动下，恶搞文化正在滋养一种"依赖症"，人们依赖恶搞所带来的快感，但又反感恶搞的速朽与重复。恶搞是一个貌似轻松但很沉重的外壳，人们正在试图抛弃它但抛弃的过程会有些漫长。①

从总体上讲，青少年"恶搞"文化是他们借以寻找自我和表达自我的一种方式。它在现实中不断发酵，戏仿、嘲讽和解构的对象扩展到政治和社会生活的各个方面。这里有对政治教条的颠覆、对传统意识形态和主流话语形式的反讽、对传统社会秩序的反抗、对社会不公平现象的讽刺和青少年游戏娱乐心态的扩张。

---

① 韩浩月：《中国的网络恶搞文化正在发生变化》，《羊城晚报》2012年12月9日。

表3-1-2　青少年恶搞文化典型例子

年份	恶搞事件/现象	手段/形式	针对的对象	所消解/颠覆的意义/价值观	主要流行群体/社会影响	主流价值观/精英文化的态度
1997	《大话西游》，被视为恶搞始祖、被奉为后现代解构主义的经典	电影（中国香港）；对内容和叙述方式的彻底颠覆	中国古代经典名著《西游记》（故事情节及主要人物）	现实中的各种权威化身；抽象的道德教条	大学生群体；成为非常重要的文化现象，引发广泛争论；经典台词广泛流行	官方曾下令禁播；但受到部分文化精英的高度肯定
2005	《Q版语文》	网友写作，根据现实生活完全改写	官方的中小学语文课本（中外经典文学作品）	经典文学作品及其价值观	中小学生；从网上流传，变成正式出版的畅销书	家长、教师和专家感到愤怒和担忧；部分专家认为值得反思
2006	《一个馒头引发的血案》	网友个人业余制作的视频	著名导演巨额投资的电影大片	文化精英	网络青年；下载量远远超过电影本身	导演怒斥其无耻，扬言起诉
2008	几十个版本的奥运吉祥物	图片修改网络传播	官方奥运吉祥物	官方审美	网络大众	被认为侵权；消解了神圣性
2011	《宿舍新闻联播》	大学生自己表演、制作；模仿官方严肃的语言和模式	中央电视台《新闻联播》	不带有明显的批判色彩，属自娱自乐，由观看者自己解读	受到网络青年、大学生的追捧	比较宽容
2015	《煎饼侠》	恶搞电影，对多种华语喜剧类型进行吸收消化	恶搞明星，将屌丝文化与英雄主义相结合	在网络匿名泛滥的年代，演员均使用真名，自黑	受到网络青年的热捧，开启华语电影有史以来最为火爆的暑期档	褒贬不一，有些人肯定对主流文化的冲击，有些人斥之为烂俗商业片

2. 多重的挑战和解构

总体上看，青少年恶搞文化质疑并消解了权威、精英和主流意识形态的话语权，甚至对整个社会的文化变迁都起到了一定的推动作用。

"恶搞"戏仿、移植、篡改、重新拼装、直接颠覆原来的文本，将接受者的解释权推到极致，不再接受原有文本和权威的操控，实现了某种话语权的"革命"。这实际上是一场话语权弱势群体向意识形态权威、文化产品制造者和解释者、思想精英等话语操控者发起强烈冲击的文化民主化运动，使作为无权者和受控者的草根群体获得了一定的话语权，直指现实的表现力更是大获人心。网络聚合起来的草根性力量对话语等级与话语秩序形成颠覆和消解，草根的集体智慧直击某些权威话语中的荒谬之处，打破了原有的被精英阶层所垄断的权力话语的禁锢。"恶搞"不只是成人与青少年在文化上的断裂与对立，更是话语之间的交锋，表现出传统意识形态与当下流行文化、精英思想与草根意识、高雅与世俗、道德权威与戏谑反叛的多重对立关系。

3. 缺乏有深度的建构

但是，我们也不能过高估计"恶搞"的反抗与颠覆，它确实带有强烈的反叛和解构倾向，但归根结底还是草根的幽默、调侃、游戏和嘲讽。它在解构主流文化和大众文化的过程中，混杂着恶俗、幼稚、浅薄、油嘴滑舌等各种元素，而非真正具有思想深度的解构与颠覆，也没有真正建立起新的意义和价值体系。①

一方面，青少年的网络化生存，为他们打开新世界的视窗，也可能阻挡了他们"读万卷书、行万里路"的脚步。另一方面，娱乐型青年文化的快感原则，与商业和流行文化的功利原则不仅没有冲突，甚至是合而为一的。商业资本在恶搞的流行中发现巨大的利益，并对此起到了推波助澜的作用，把网络上青少年自发的恶搞素材转变为文化商品（如书本、电视节目、电影等），难以避免流行文化的消遣、片面和肤浅的特性。

因此，官方机构、某些文化精英、成年人（家长、教师）对恶搞现象严重担忧。他们认为，对民族文化经典的拆解、拼贴、戏说或者改写，使之平面化、商品化，消解了其原本的意义深度，张扬了感官刺激和情绪宣泄。

（二）电视选秀：大众参与的娱乐狂欢

1. 电视选秀的诞生与流行：从《超级女声》到《中国好声音》

中国内地选秀节目近年来的兴起源于2005年异常火爆的《超级女声》节目。此后电视选秀节目遍地开花，包括央视和地方卫视仿效的各种选秀节目不下百个。《超级女声》的诞生，被普遍视为中国电视和音乐界的奇迹。

---

① 陆玉林：《当代中国青年文化研究》，人民出版社，2009。

《超级女声》是湖南卫视和某娱乐传媒公司从 2004 年起共同主办的大众歌手选秀赛（后来改为《快乐女声》）。该节目模仿了《英国偶像》《美国偶像》等西方类似节目的制作形式并加以本土化。其颠覆传统的一些新颖规则，使之成为中国大陆最受欢迎的娱乐节目之一，在青少年群体中产生了前所未有的影响力，甚至引起国际媒体的高度关注。

"超女"引发了各路选秀节目风起云涌，选秀文化从超女一枝独秀到秀场满地开花。2012 年的《中国好声音》，又再次创造了选秀节目的收视神话。《中国好声音》是一档由浙江卫视联合星空传媒旗下灿星制作强力打造的大型励志专业音乐评论节目，源于荷兰节目 *The Voice of Holland*。《中国好声音》对此后的中国选秀节目乃至更广泛的综艺节目的发展轨迹都产生了深远的影响。

2. 电视选秀的基本特点

（1）前所未有的广泛参与性

选秀文化之所以能够迅速红火，很重要的一个原因就是不设任何门槛"海选"，接受任何喜欢唱歌的个人或组合报名。例如，《超级女声》的口号就是"想唱就唱、不限年龄、不限唱法、不限外形"，只要勇于参与就有可能成为名利双收的明星。此外，观众可以为自己喜欢的选手投票，成为主宰选手命运的重要因素。再者，选秀形成了青少年特有的"粉丝现象"。很多个性独特或唱功优秀的选手都拥有大量忠实粉丝，创造了属于小圈子的特有语言和风格。台上进行的是选手之间的竞争，台下的青少年观众则以各种方式进行拉票，展开另一种较量。

（2）高度的娱乐性和商业性

选秀节目的叙述方式，不外乎悬念、竞争、冲突、淘汰与选拔等。"个性化"的评委阵容（犀利、刻薄的评语）以及对选手个性、着装、造型的鼓励等都突破了传统电视节目的局限，高度的娱乐性成为其吸引眼球的法宝。无论是选手还是支持者，都可以在这里无所顾忌地释放自己的基本人性：喜怒哀乐爱恨、对成功的极度渴望、对失败的极力回避、嫉妒与心计、吹捧与迎合，都得以充分展现。这也在一定程度上满足了青少年对他人的窥视欲望。

电视选秀节目被深刻地打上了商业力量的烙印，商家与媒体是它的真正"导演"。作为商业品牌，"选秀"在电视媒介上体现出来的是电视节目，在唱片业中体现出来的是唱片，在演艺方面体现出来的是许多艺人。选秀文化在中国内地掀起了一场史无前例的"草根造星"运动，不仅改变了官办选拔专业歌手的传统方式，也改变了内地音乐市场被港台歌手占据主要地位的局面。

在电视选秀节目中获得巨大经济利益的公司包括：唱片和娱乐公司、电视台、赞助商、通信运营商、出版社等。从电视节目、艺人合约到唱片、图书、网络游戏等衍生商品，都是整个选秀文化产业链中不可或缺的一环。商家一方面迎合了青少年的社会心理需要，一方面又赚得了异常可观的商业利润。

3. 鲜明分化的社会评价

对青少年来说，选秀已不再是单纯意义上的娱乐节目，而是成为一种社会性的和文化上的重大事件。这一事件的参与主体、主要影响对象、活力来源都是青少年，但其社会影响却又远远超出了这一群体：家长、教师、普通民众、文化精英等都对它做出了鲜明的、或褒或贬的评价，政府也随之针对这类选秀节目出台了一系列限制政策，① 防止其过度娱乐化和对主流价值观的冲击。

批评者认为，电视选秀人为塑造了"一夜成名"的"神话"，导致青少年严重轻视和逃避知识学习、节目的娱乐性迎合了青少年的感官宣泄和寻求刺激、商业力量刻意诱导青少年盲目消费、高雅文化被肤浅的文化快餐所取代、加重了浮躁的社会风气和功利主义观念等。

褒扬者则认为，电视选秀为青少年提供了多元化的价值观和审美标准，符合市场经济的时代特征；释放了青少年的压力和焦虑；提供了前所未有的自我表达和参与机会，让青少年充分展现个性和创造力；在文化上"反哺"上一代，引领了时代潮流并推动社会变革；改变了话语权的分配甚至带有民主的色彩等。

---

① 国家广电总局规定，从 2006 年开始，报名选手需年满 18 周岁；海选不能直播、分赛区活动不得在当地省级卫视中播出等。从 2012 年起，要求地方卫视要对节目形态雷同、过多过滥的婚恋交友类、才艺竞秀类、情感故事类、游戏竞技类、综艺娱乐类、访谈脱口秀、真人秀等类型节目实行播出总量控制，以防止过度娱乐化和低俗倾向。要坚持把社会效益放在首位，坚持社会效益和经济效益的有机统一。

四　结论

（一）社会生态与青年流行文化

2000年之后，中国青年流行文化及其社会生态环境均发生了巨大变化。在青年流行文化中，市场这只"看不见的手"已经清晰可辨，而代表主流意识形态的官方态度复杂微妙。青年流行文化虽然具有一定的自主性，但已经不再仅由青年制造，而是各种社会力量相互作用的结果；反过来，它的不断发展也在某种程度上改变了外部社会生态。

一方面，国家、市场、技术和青年文化之间存在着明显的共生和相互促进关系；另一方面，青年流行文化、主流文化/国家意识形态和商业这几者之间也存在着不同程度的紧张和冲突。

1. 互动与共生

首先，文化产业在官方意识形态那里获得了高度的合法性，文化产业战略地位的形成表明国家和市场的高度结合，商业潜力得以释放，这为青年流行文化的发展提供了新的制度性空间。其次，在科技、商业和使用者的共同推动下，上网成为青少年的生存方式，为青年流行文化的发展提供了技术基础。再者，青年流行文化成为文化产业密不可分的一部分，具有技术化、市场化和娱乐化的趋势。它与商业模式、互联网充分结合之后具有以下特点。

就文化表达方式而言，青年流行文化具有广泛的草根性和参与性而区别于传统的文化表达形式（精英与大众、文本与阅读、演出与观赏的二元对立模式）。青少年不再是传统意义上的受众，而是一个创造性的参与者。就文化内容而言，青年流行文化注重的是个性的表达。在传统的文化形式中，文本、作品表达的仅仅是作者的个性。而在青年流行文化中，每一个参与者都希望自身的个性得到充分的表达，即便这种个性是商业力量塑造和操纵之下的。就文化功能而言，一方面，青年流行文化将娱乐和宣泄型的文化合法化，并使之成为文化的焦点。另一方面，青年流行文化具有比较强烈的挑战、解构和颠覆作用，往往指向传统的、父辈的、主流的、精英的价值观或是官方意识形态。

因此，青年流行文化的发展契合了国家倡导的文化产业发展战略，从需求的角度扩大了文化市场，推动了互联网的发展，使自身的表达和参与同社会变迁更密切地结合起来。

2. 冲突与变革

青年流行文化打破了传统文化的一些规则，动摇了传统文化的某些模式，传统意义上的精英、权威和神圣性等都受到了前所未有的质疑和解构。

在文化功能上，青少年与权威（家长、教师、文化精英、国家）在"娱乐"功能和"教育"功能之间产生了正面碰撞。前者在商业力量的支持下，将流行文化的娱乐性视为压力的释放和个性的表达；而后者则担忧流行文化中媚俗和误导的负面作用，强调对年轻人价值观的引导和积极塑造。

在代际关系上，青年流行文化愈发具有"文化反哺"的意义，体现出现代社会的"后喻"特征。文化工业及其影响下的流行文化，对于老一代人来说，是一个需要理解、消化、接受的新事物；而对于青年一代而言，则是与他们一起成长起来的一种生存方式。两者之间的冲突在所难免。

青年流行文化不仅挑战传统和主流价值观的某些内容，也挑战了文化生成过程的各个环节（创造、传播、解释），因而具有更一般性的社会意义。精英与大众、高雅与通俗、主动与被动、创造与接受，这些传统的二元对立都被部分地消解了，原来清晰的边界变得模糊，话语权垄断的格局被打破。

更为重要的是，青年流行文化的发展还导致了原来主流社会、精英群体乃至官方内部的分化。青年流行文化中某些重要的变革性因素得到了一部分文化精英的认可和支持，被视为符合时代发展的大趋势，导致了与保守力量的分歧；而其中一些受到商业操纵的、威胁到核心价值观的破坏性因素也受到另一部分文化精英的指责和批判。此外，代表国家意识形态的中央媒体和更为商业化的地方媒体也在对待青年流行文化的态度上发生分歧。

由于青年流行文化与其社会生态之间密不可分的联系，它已经成为反映中国整体社会变迁的"晴雨表"或"透射镜"。不同社会力量都把自己对中国社会发展的解读和期待投射到处于时代变革前沿的青年流行文化之上。

（二）对不同文化理论的回应

不同的理论对大众文化或青年流行文化的看法有明显差别，我们必须结合时代特征、中国国情和具体现象来反思它们的生命力和局限性。

在当下的中国，文化的技术化、商品化、产业化、市场化成为不可逆转的潮流。新兴"文化工业"尽管使人民群众在享受文化产品时有更多的选择自由，但法兰克福学派的批判视角仍然有重要意义。在法兰克福学派看来，文化工业使得文化原有的个性、旨趣及功能等发生了根本性的改变，文化失去了自律性和自主性，不再具有自由创造和审美精神的社会功能，而走向平庸和媚俗，迎合大众的需求和口味，最终不仅沦为赚钱的工具，而且成为意识形态隐蔽控制的形式。

青年流行文化中隐藏着矛盾和问题。青少年群体具有依附性和盲从的行为特征，他们的参与往往流于表面。个性化的表达即便不是商业模式的目的，也可能会被收编。理想的青年流行文化应该注重创造性的追求。

但与此同时，许多学者注意到了法兰克福学派蕴含的乌托邦式的艺术理想和漠视大众的精英主义立场。文化产业的技术基础是现代传媒。在早期阶段，它通过报刊、畅销书、广播、电视、电影等大众传媒创造流行文化时尚。而在当代，它通过互联网等新兴媒体进入了一个交互式的、广泛的大众参与时代。法兰克福学派的上述理想和立场在大众广泛参与的网络时代是不合时宜的。约翰·费斯克（John Fiske）针对"读者式文本"（readerly text）而提出"生产者式文本"（producerly text）的概念，读者能有自己的选择，就能够进行生产和再生产。[1] 青少年并不是完全被商业性的大众文化所控制，而是能够从中创造出新的文本。在文化生产商将青少年作为重要的消费对象并从中挖掘商机的时候，青少年其实也从大众文化中寻找可用于自身的物品、符号和行为方式。[2]

在对大众文化的看法上，英国伯明翰学派（Birminghan School）和德国法兰克福学派（Frankfort School）就截然相异。英国文化学派将通俗文化研究的重点落在了特定的文本形式和文化状况上，将各种新形式的文本都列为研究对象，开辟了文化研究的新空间。其代表人物之一雷蒙德·威廉斯（Raymond Williams）强调，文化是一个进程，不是单纯的社会产品的最高形式或是个人的天才创作。[3] 在他看来，文化是一种生活方式，它不仅表现

---

① 约翰·费斯克：《理解大众文化》，王晓珏、宋伟杰译，中央编译出版社，2006。
② 陆玉林：《当代中国青年文化研究》，人民出版社，2009。
③ 雷蒙德·威廉斯：《文化与社会》，吴松江、张文定译，北京大学出版社，1991。

了艺术和知识的价值与意义，还表现了习俗和日常行为的意义与价值。英国文化研究学派不仅仅是站在传统知识分子的立场去抨击资本主义的文化控制，还从平民主义和大众立场出发，发现民众参与和对话所具有的能动解码实践，[①] 对"精英立场"发出挑战。伯明翰学派倡导"共同文化"，主张取消精英与大众的对立、高雅与低俗之分，让文化在雅俗共赏中得到进一步的发展。该学派致力于挖掘当代大众文化中的激进潜能和受众的能动性，但与此同时也存在滑向文化民粹主义的风险。在后现代文化理论中，艺术与日常生活、高雅文化与大众文化之间的界限被更为彻底地消解，更具有平民化、民主化、反本质以及反等级的倾向。

就文化产业与意识形态的关系来说，法兰克福学派面对的是法西斯主义的极权和以美国为代表的晚期资本主义的文化统治。特别是在晚期资本主义时期，文化工业与意识形态紧密联系在一起，利用文化产品操控民众的头脑，潜移默化地构筑起资本主义意识形态的天罗地网，培植出维护现存社会秩序的顺从意识。[②]

而在中国，国家意识形态对文化商品化的态度经历了一个从强烈排斥到逐渐接受再到主动支持的过程。20世纪70、80年代青年流行文化因与官方意识形态相抵触而被作为"精神污染"或"资产阶级自由化"来批判；在21世纪两者之间的关系和谐、密切多了。[③] 在政府大力发展文化产业之时，文化的市场化和消费性成为官方与商业机构的共识。但另一方面，国家对于文化产业的态度仍然存在模糊地带和自我矛盾的现象，这是由于市场化的文化产业有时会构成对国家意识形态某些关键内容的消解和威胁。

从理论视角看，法兰克福学派、英国文化学派乃至后现代的文化理论都能在中国当下的青少年流行文化中找到批判的靶子或是支持的证据。总之，中国青年流行文化不仅成为折射各种社会价值观的透镜和各种社会力量的角逐场，也成为检验和运用各种文化理论的实验室。

---

① 陈晓明：《文化研究：后-后结构主义时代的来临》，载《文化研究》（第1辑），天津社会科学院出版社，2000。

② 姜华：《对法兰克福学派的大众文化批判理论的再认识》，《佳木斯大学社会科学学报》2001年第3期。

③ 陆玉林：《当代中国青年文化研究》，人民出版社，2009。

巴西青年的代际流变和身份认同

W. 韦勒　　L. D. M. B. 巴萨洛

　　每一代人都会勾勒新的赋予和解释现实意义的方式，创造出新的需求，这些需求逐渐设计和标记了历史与社会背景，形成新的社交形式和身份。新一代人对文化资本的占有具有连续性和不连续性、冲突和妥协的特点，这些冲突和妥协不仅具有动员意义，也体现了年轻一代表达自己的独特方式。

　　无论在定义上有多大的困难，有怎样的理解，青年都可以说既是一个社会范畴，又是一个研究范畴。因为青年嵌入在历史 - 社会的背景中，并与他人——无论是青年还是非青年建立关系。换句话说，身份形成的过程是由客观条件及其存在的关系特征所决定的。不同的社会实践文化和生活方式让我们看到，在社会形态中，青年具有多样化的社交形式，尽管青年的许多社会和政治行为可能具有相似的元素。[①] 理解青年需要重建和解释他们在所处的社会和文化背景下的具体行动。

　　从这个意义上说，卡尔·曼海姆[②]提出的世代理论为青年社会学分析提供了指导。它不认为"世代"是"年龄组"的同义词，而是把"世代"看作在某个时间和地点中个体相互作用的产物。在这个以不同世代共存为特征的时空界限中，意义、价值和解释被理解、维护、改写或抛弃，这是一个动态的、持续的过程，但只有相同年龄的个体才能分享。正如曼海姆引用平德尔（Pinder）所言："每个人都和与自己年龄相似或不同的人生活在

----

　　① Weller, W., *Minha voz é tudo o que eu tenho*：*manifestações juvenis em*，*Berlim e São Paulo*（Belo Horizonte：Editora UFMG，2011），p. 210.

　　② Mannheim, K.，*The problem of generation*，In K. Mannheim（orgs.），*Essays on the Sociology of Knowledge*（London：RKP，1952）.

一起，他们都面临着各种各样的可能性。但是对于每个人来说，'同一时间'都是不同的时间——也就是说，它代表了他自己的一个不同的时期，他只能与他的同龄人分享这个时期。"①

在曼海姆看来，世代获得了一种比单纯的时间序列更深刻的意义。曼海姆关于世代的概念引领了研究者关于社会过程和社会变化的多维视角。这也适用于他对青年作为社会变革的代理人的理解。②

本章基于这样一种假设，即年轻群体嵌入在世代的背景下，这在整个社会历史中呈现不同的特征。此外，政治、社会和文化背景，或间断或连续地在身份建构的过程中扮演着重要的角色，而身份建构正是特定时期一代人的特征。本章分析了在整个20世纪和21世纪初，对巴西几代年轻人影响较大的事件。本章明确了促成青年团体或青年运动的因素，以及这一阶段的青年与前几代人的关联和差异。

世代单元——卡尔·曼海姆③的术语——对同一问题发展出不同的观点、反应和政治立场。尽管处于相同的社会背景下，但因不同世代出生在不同的时期，这导致了社会行动者的多样性。另一个重要的特征是个人也会采取或创造不同的生活方式，即使生活在相同的社会环境中。

因此，我们首先假定青年属于同一个世代单元，因为他们在一定的政治、社会和文化背景下具有不同的特征。这些背景在一个世代的形成中起着重要的作用，促进了同辈人之间的身份认同，并与前几代人建立联系，其特点是某些特征具有连续性，而其他特征则具有间断性。下面我们将简要介绍这几代人的典型特征。

一　现代化的一代：20世纪20年代和30年代对现代化的不满和渴望

在实证主义和自由主义的传播中，1888年废除奴隶制，1898年共和国成

---

① Mannheim, K. , *The problem of generation*, In K. Mannheim (orgs.), *Essays on the Sociology of Knowledge* (London：RKP, 1952), p. 283.

② Mannheim, K. , *Diagnose of Our Time. Wartime Essays of a Sociologist* (London：Kegan Paul, Trench, Trubner & Co. , Ltd, 1943).

③ Mannheim, K. , The problem of generation. In K. Mannheim (orgs.), *Essays on the Sociology of Knowledge* (London：RKP, 1952).

立，是巴西在 19 世纪末的标志性事件。以欧洲为代表的文明提供了知识和文化元素，这些元素后来集中在巴西里约热内卢。影响民族文化发展的美学理论通过城市的港口传播开来。[1] 在 20 世纪 20 年代和 30 年代，巴西经历了政治、经济、社会和文化的变革，这引发了一场关于"巴西落后的原因和对改变这种落后并使巴西现代化的可能性"的讨论。[2]

城市居民对政府的不满，以及对变革的渴望，导致了这段时期政治和文化的繁荣。在这 20 年里，"巴西"似乎可以定义为在某种意义上是"现代国家"和"受欢迎的"[3]。我们将简要地研究两个相关的运动：尉官派运动（Tenentismo）和在 1922 年现代艺术周期间形成的现代主义运动。

20 世纪 20 年代，巴西社会的重要部门对国家的政治和经济发展的方向不满，促使年轻的军人采取了一系列措施，以对抗这种局势和重建政治格局。这场运动在历史上被称为尉官派运动，是一场由下级军官发起的反对政治和经济体制的起义。

那些组织这场运动的人，除了与军队有联系外，由于他们的家庭出身还有接受高等教育的机会，并与富裕阶层有联系。他们是一群追求政治革新和更大权力的理想主义青年；他们与霸权部门发生冲突，后者的政治权力来自共和党政府执政的早期。[4]

1922 年在巴西里约热内卢的科帕卡巴纳堡发生的第一次军队起义很快就被镇压了，并没有达到预期的效果。然而，1924 年在圣保罗发生的另一场剧变将尉官派运动变成了一场全国性的运动。[5] 这场运动在几个州都产生了影响，导致巴西北部和东北部地区的城市与农村发生了其他起义。但是，

---

[1] Martins, L., A gênese de uma Intelligentsia. Os intelectuais e a política no Brasil: 1920 a 1940, *Revista Brasileira de ciências sociais*, 1987, 2 (4), pp. 65 - 87/1 - 26.

[2] Fonseca, T. N. de L., Trilhando caminhos, buscando fronteiras: Sergio Buarque de Holanda e a história da educação no Brasil. In *Pensadores sociais e história da educação* (Belo Horizonte: Autêntica, 2005).

[3] 简单地说，就是在这种情况下，1917 年的大罢工使工商业陷于瘫痪，共产党成立（1922年），巴西科学院成立（1922 年），巴西教育协会成立（1924 年）。1922 年，巴西举办了"现代艺术周"，并且 Tenentismo (2010) 声名鹊起。

[4] Vianna, M. de A. G., Nelson werneck sodré e o tenentismo. *Revista Advir*, (27), 2011, pp. 45 - 53.

[5] Fagundes, P. E., Movimento tenentista: um debate historiográfico, *Revista espaço acadêmico*, (108), 2010, pp. 127 - 133.

很快这些起义又被政府镇压了，除了南大岛里约热内卢州的运动。[①]

1925 年，南方人与圣保罗州部分青年起义组织了"普雷斯特斯纵队"；在两年多的时间里，扩散了大约 25000 公里，传播了他们的政治和社会改革理想。当他们得出无法接管这个国家的结论时，在 1927 年解散了。

现代主义运动由年轻的知识分子、作家和艺术家发起，他们对文学、诗歌、绘画、建筑和音乐中盛行的美学原则提出了质疑。现代艺术周的组织者包括阿妮塔·马尔法蒂（Anita Malfati）、塔西娜·亚玛瑞（Tarsila do Amaral）和奥斯瓦尔德·德·安德拉德（Oswald de Andrade）——这一运动在 20 世纪二三十年代形塑了一代青年。年轻的画家如迪·卡瓦尔坎蒂（Di Cavalcanti）、维森特·多利戈·蒙特罗（Vicente do Rego Monteiro）和齐塔·艾塔（Zita Aita），以及作家如马里奥·德·安德拉德（Mario de Andrade）和普利尼奥 萨尔加多（Plinio Salgado）都支持这一运动。一段时间以来，他们一直在为国家的文化革新出谋划策。

1922 年举办的现代艺术周可以说是现代主义运动的顶峰。根据努内斯[②]的观点，现代主义者拒绝帕纳斯自然主义美学和以礼仪为特征的社会行为方式，也拒绝接受向权力妥协的知识分子。[③]

我们回顾一下这一时期的两个重要问题：第一，巴西是一个贫穷的国家，文盲很多，只有很少一部分人能够上学。从这个意义上说，年轻的现代主义者享有特权，与大多数人截然不同。第二个问题涉及女性的参与。尽管阿妮塔·马尔法蒂被认为是现代主义运动的发起者，但塔西娜·亚玛瑞被认为是现代主义运动的缪斯女神。这两名艺术家在当时都被人看作业余艺术家。阿妮塔·马尔法蒂 1917 年的展览将讨论现代性的知识分子聚集在一起。在这一时期，女性还没有投票权，也没有参与政治生活的权利，但这一运动和其他年轻女性取得的重要成就促成了后来巴西社会中女性角色的巨大变化。

尉官派运动的影响在整个 20 世纪 30 年代都有回响，它为 1930 年的革

① Xavier, M. F. 2011. A coluna Prestes e a política externa brasileira na década de 1920. As relações Brasil-Argentina. Masters dissertation. Universidade de Brasília. Brasília, Distrito Federal. Brasil.
② Nunes, B., Mario de Andrade: As enfibraturas do modernismo, *Revista Iberoamericana*, 1984, 50 (126), pp. 63 – 75.
③ Hulet, C. L., *Brazilian Literature*: 1920 – 1960: *Modernism*, Washington, DC: Georgetown University Press, 1975.

命、1932 年的女性选举权获得、1934 年的宪法颁布以及 1937 年 Estado Novo
（新国家）的建立奠定了政治基础。在文化领域，这些运动呼吁复兴，同时
又与过去决裂。各领域都想要推进现代化，并理解巴西身份，这让推崇尉
官派运动者和现代派十分欣慰。

尽管对于 20 年代和 30 年代的青年缺乏实证研究，但对政治和社会事件
的不满，以尉官派运动和现代主义运动为代表的事件一起构成了一个驱动
力，使得年轻人聚集在一起在争取改革，争取机构、思想、价值观和习俗
的改变。他们的目标是打破过去及对寡头政治的解释，对社会生活的各个
方面进行现代化的阐释。

二 克制的一代：40年代和50年代的镇压与叛乱

20 世纪 40 年代，巴西经历了新国家统治下的第一个威权时期（1937 -
1945 年），在此期间，政治示威被禁止。根据马丁斯[1]的观点，巴西吸收
了过去几十年开始的复兴精神和对民族特征的追求，并逐渐将文化问题纳
入其中。

为了组织巴西青年并培养其爱国意识，1940 年，独裁政府成立了"Ju-
ventude Brasileira"（巴西青年运动组织）。这是一个与童子军模式相同的国家
机构，其功能是对巴西青年进行道德、生理和公民教育。后因在政府出现的
几个问题，特别是在军事和教育部门，它在 1945 年被解散。[2]

全国学生联合会（UNE）是一个由年轻大学生组成的组织，成立于
1938 年，它与政府的关系不甚明朗。与此同时，学生们虽然参加了被严重
镇压的公众示威活动，但全国学生联合会得到了举办大会的公共资金。这
种矛盾可以在弗拉门戈海滩的建筑被占领时看到，这里成了全国学生联合
会设置在首都的总部。[3] 在 20 世纪 40 年代，全国学生联合会开始推动反对

① Martins, L., A gênese de uma Intelligentsia. Os intelectuais e a política no Brasil: 1920 a 1940,
   Revista Brasileira de ciências sociais, 1987, 2 (4), pp. 65 - 87/1 - 26.
② Schwartzman, S., *Tempos de capanema*, São Paulo, Rio de Janeiro: Editora da Universidade de
   Brasília, Paz e Terra, 1984.
③ Mendes Júnior, A., *Movimento estudantil no Brasil* (São Paulo: Brasiliense, 1982); Araújo,
   A. L. De., *Juventude e participação política* (dissertação de mestrado em ciências sociais) (Lond-
   rina: Universidade Estadual de Londrina, 2007).

政府的集会和示威；它主张结束新国家和国家的民主化。1942 年 7 月 4 日，大学生和中学生在巴西里约热内卢市举行的游行被认为是全国学生联合会的一个里程碑事件。[1] 第二年，学生对政府的反对和反战立场更加强烈。1943 年 11 月，学生们在要求释放一名大学生的游行中遭到残酷的袭击，2 人死亡，25 人受伤。[2] 1945 年，学生德莫克里托·德索萨·菲罗（Democrito de Souza Filho）被谋杀，这进一步增加了全国学生联合会对政府的敌对意识。随着巴西共产党（PCB）的武装分子成为全国学生联合会的成员，全国学生联合会开始受到政府的严厉镇压。20 世纪 50 年代，该组织作为政治行动者的进程被迫终结，转向聚焦学生和大学事务。[3]

20 世纪 50 年代，美国的生活方式通过电影在巴西广泛传播。巴西电影制片厂制作了音乐喜剧（Chanchadas），进口电影或模仿这一类型的电影广泛兴起。《昼夜摇滚》（*Rock around the Clock*）和《无因的反叛》（*Rebel without a Cause*）等电影被中上层阶级的青年视为年轻的象征。巴西"无因的反叛"的象征是牛仔裤、皮夹克和雷朋太阳镜等，这些在圣保罗中上层阶级和里约热内卢南部地区找到了基础。[4]

20 世纪 50 年代末，民族主义对吸收外国文化的反应促使新的文化运动出现，其中以波萨诺瓦音乐运动最为突出。这场运动通过几乎就像在说话一样的唱歌来表现反音乐的行为，它回应了年轻大学生和中产阶级的深切渴望，因为它脱离了进口音乐。[5] 波萨诺瓦在大学校园的演出中取得了巨大的成功，其融合的民族主义美学尤其令学生领袖们感到高兴，因为他们对进口音乐持批评态度，并刺激了"订婚曲"的发展。[6] 无论是下层人士还是

---

[1] Araújo, A. L. De., *Juventude e participação política* (dissertação de mestrado em ciências sociais) (Londrina: Universidade Estadual de Londrina, 2007).

[2] Carone, E., A luta contra o Estado Novo, *Perspectivas*, 1977, 2 (2), pp. 97 – 112.

[3] Mendes Júnior, A., *Movimento estudantil no Brasil*, São Paulo: Brasiliense, 1982; Araújo, A. L. De., *Juventude e participação política* (dissertação de mestrado em ciências sociais) (Londrina: Universidade Estadual de Londrina, 2007).

[4] Tinhorão, J., *Historia social da musica popular Brasileira*, São Paulo: Editora 34, 1998; Carmo, P. S. do, *Culturas da rebeldia: a juventude em questão* (São Paulo: SENAC, 2000).

[5] Brandão, A. C. & Duarte, M. F., *Movimentos culturais de juventude* (São Paulo: Moderna, 1990).

[6] Napolitano, M., A arte engajada e seus públicos (1955/1968), *Revista Estudos Históricos*, 2001, 2 (28), pp. 103 – 124.

上层人士，这两种音乐流派——摇滚和波萨诺瓦——都有崇拜者，即居住在大城市中心的年轻人，年龄在 17 - 25 岁。

这一时期的另一场创新运动与剧场有关，更具体地说，是 1953 年成立的实验剧场（experimental Arena Theater）和 1955 年成立并与共产党密切联系的圣保罗学生剧场（Sao Paulo Student's Theater）。这两个剧场于 1956 年合并，试图利用戏剧语言来培养人们对社会和政治冲突的集体意识。

除了文化领域，许多青年还通过巴西天主教行动组织（ACB）①响应罗马天主教会的呼吁。从 1948 年起，天主教青年大学生运动（JUC）和天主教青年学生运动（JEC）作为一个组织开始出现，并得到了全国青年的大力支持。然而，它们对天主教青年有何作用，研究者们有不同的理解。

虽然巴西天主教行动组织的领导人提倡传教行动，反对巴西社会的现代化和民主化变革，但天主教青年大学生运动的行动是根据环境来设计的，他们的目标是学生政治化。1959 年，天主教青年大学生运动为积极参与政治辩论和分析国家问题的青年大学生进行辩护；他们认为年轻人的行动应该以这些为基础。这种世界观使他们更接近左翼分子和好战的大学生。②

摇滚的广泛传播、波萨诺瓦和业余戏剧的发展、全国学生联合会和天主教青年组织的出现成为这一代青年的标志性事件。青年一代一方面吸收民族文化之外的元素并发展这些元素，另一方面，追求对人生的解释。

三 抗争的一代：20世纪60年代和70年代对独裁的反抗与斗争

20 世纪 60 年代和 70 年代是政治动荡的几十年。1961 年，总统雅尼奥·夸德罗斯（Janio Quadros）在以多数票当选仅 6 个月后就辞职了。在接

---

① 天主教行动是在几个国家以社团的形式产生的，目的是在天主教的戒律中重新将社会基督教化。它开始于庇护十一世（1922 - 1939）教皇的任期，并在庇护十二世教皇的任期（1939 - 1959）达到顶峰。在巴西，虽然这些原则自 20 世纪 20 年代就存在，但直到 1935 年巴西天主教行动组织成立后，教皇的意图才被整合到社会不同阶层的组织中，参阅 Paula, C. J. de, Conflitos de gerações：Gustavo Corção e a juventude Católica, *Horizonte*, 2012, 10 (26), pp. 619 - 637.

② Paula, C. J. de, Conflitos de gerações：Gustavo Corção e a juventude católica, *Horizonte*, 2012, 10 (26), pp. 619 - 637.

下来的两年里，巴西陷入了严重的经济危机，货币贬值、通货膨胀、外债增加，失业与生活成本提高并存。1964 年 4 月 1 日，军方夺取了政权，开始了一段独裁时期。长期以来宪法赋予的权利被废除，附带迫害、监禁、酷刑、新闻检查。音乐和学生运动成为巴西青年表达自己的方式。

20 世纪 60 年代的中上层阶级青年受到监视和控制，尤其是在巴西的里约热内卢和圣保罗。这些青年把音乐节视为抗议的载体。在反叛思想的驱使下，各种形式的文化表达引起了独裁政府的怀疑，在他们看来，共产主义者和颠覆分子正在利用艺术来腐蚀无辜的公民。音乐节，特别是那些涉及现代巴西流行音乐（MPB）的音乐节受到政治和社会秩序部（DOPS）的持续监视，因为这些音乐节聚集了大量青年，他们公开批评军事政权。

1961 年，全国学生联合会的流行文化中心（CPC）成立，使艺术的参与和美育的发展成为可能，并通过不同形式的艺术和抗议音乐影响了一大批大学生。政府把这些等同于颠覆性的宣传。吉拉尔多·安德烈（Geraldo Vandré）、纳拉·莱昂（Nara Leão）、埃杜·洛博（Edu Lobo）、卡耶塔诺·费洛索（Caetano Veloso）和吉尔伯托·吉尔（Gilberto Gil）等年轻的音乐家和歌手被视为具有危险性，破坏了公共秩序。[1]

1967 年，第三届唱片电视频道音乐节将"热带主义"运动推向前台，对所有形式的控制和意识形态的归属提出了质疑。"热带主义"确立了文化与政治关系。[2] 卡耶塔诺·费洛索和吉尔伯托·吉尔的歌同时激起了青年对政府的不信任和对他们思想的依附。法瓦雷托[3]说，"热带主义"运动代表

---

① Napolitano, M., Do sarau ao comício: inovação musical no Brasil (1959 – 1963), *Revista da USP*, 1999, (41), pp. 168 – 187; Napolitano, M., A MPB sob suspeita: A censura musical vista pela ótica dos serviços de vigilância política (1968 – 1981), *Revista Brasileira de história*, 2004, 24 (47), pp. 103 – 126; Garcia, M., A questão da cultura popular: As políticas culturais do Centro Popular de Cultura (PC) da União Nacional dos Estudantes (UNE), *Revista Brasileira de história*, 2004, 24 (47), pp. 127 – 162.

② Dunn, C., It's forbidden to forbid. The impact of the 1960's art movement Tropicalismo on Brazilian culture, *Americas* (English Edition), 14 (8), September – October, 1993, 45 (5), pp. 14 – 18; Coelho, C. N. P., A tropicália: cultura e política nos anos 60, *Tempo social*, 1989, 1 (1), pp. 159 – 176; Napolitano, M., A MPB sob suspeita: A censura musical vista pela ótica dos serviços de vigilância política (1968 – 1981), *Revista Brasileira de história*, 2004, 24 (47), pp. 103 – 126.

③ Favaretto, C. F., *Tropicália: Alegoria, Alegria* (3rd edn.) (São Paulo: Ateliê Editorial, 2000), p. 25.

了这一时期"最能表达巴西知识分子僵局的运动"。两位艺术家都反对意识形态监督，无论是来自政府还是来自左翼团体。

与此同时，从 1965 年开始，"青年卫队"（Jovem Guarda）的音乐组合很快就在同名电视节目的帮助下登上了热门的游行舞台。"热带主义"运动影响了这一时期的审美，包括男孩的长发、喇叭裤和两色裤子，女孩的迷你裙、宽腰带和长筒靴。它还"代表了国家层面的摇滚叛逆能量，向巴西引入了流行文化，创造了该国的第一批年轻偶像"。① 尽管有摇滚的影响和电吉他的创新使用，但"青年卫队"的歌词并没有包含"热带主义"运动对体制的批评。"青年卫队"采取的态度是更坚定地催生一种与当时的品位和生活方式相反的愿景，他们较少涉及政治事务，这使他们成为反对军政府镇压的组织的批评目标。②

我们在前一节已经介绍过，以全国学生联合会为代表的学生运动是 60 年代的抗争一代青年的主要写照。经过一段被定义为"右派扩张阶段"或"自由主义、精英主义全国学生联合会"③ 的时期后，全国学生联合会从 1956 年起由与左派政党（特别是巴西共产党）和天主教 JUC④ 的进步派领导人领导。全国学生联合会的结构变化是由职位空缺的增加和中产阶级学生进入大学所引起的。⑤

20 世纪 60 年代初，直到 1964 年 3 月的军事政变之前，全国学生联合会一直积极参加与教育有关的事务，例如大学改革、重要教育立法的实施和公立学校制度的维护。⑥ 然而，全国学生联合会也试图发挥"社会变革推

---

① Borelli, S. H. S. & Oliveira, R. A., Jovens urbanos, cultura e novas práticas políticas：acontecimentos estético-culturais e produção acadêmica Brasileira（1960 - 2000），*Utopía y praxis Latinoamericana*，50，2010，p. 59.

② 更多信息见佩代里瓦（Pederiva），2000。

③ Martins Filho, J. R., *Movimento estudantil e ditadura militar*：1964 - 1968（São Paulo：Papirus Livraria, 1987）.

④ 译者注：JUC 是教会举办的一个慈善机构，主要针对大学生，与军政府对抗。

⑤ 根据马丁斯（Martins Filho, J. R., *Movimento estudantil e ditadura militar*：1964 - 1968，São Paulo：Papirus Livraria, 1987, p. 36.）的研究，1945 - 1964 年的职位空缺增加超过 400%，从 27253 个增加到 142386 个。

⑥ Sanfelice, J. L., *Movimento estudantil：a UNE na resistência ao golpe de 64*，São Paulo：Cortez，1986；Fávero, M. de L. de A., *UNE em tempos de autoritarismo*（Rio de Janeiro：Editora UFRJ，1995）.

动者”的作用，① 参与更广泛的政治和社会议题。一些知名的行动包括参与文化和大众识字计划，② 工人斗争运动以及农民工运动。这些运动在农村工会的创立过程中发挥了重要作用。③ 在右翼团体中，全国学生联合会被视为“红色细胞”，开始受到严格控制，并在政变后被正式驱逐。位于巴西里约热内卢的全国学生联合会总部于 1964 年 4 月被纵火烧毁。在一些大学的会议场所遭到破坏，被视为“颠覆分子”的学生和教授受到迫害。

在军事独裁统治的头几年，全国学生联合会试图反对这一政权，在几个州的首府组织抗议、游行和罢工。在 1964 年和 1965 年，为了声援被捕的学生和被解雇的教授，反对专制的教育政策和镇压，全国学生联合会推动罢工。在全国范围也出现了示威活动，例如“反对独裁的全国斗争日”。④ 然而，防暴警察开始暴力镇压学生抗议，导致学生的死亡和被捕。1968 年 12 月 13 日，第 5 号制度法案正式颁布，它赋予了军事统治者绝对的权力。这开启了一个新的强烈镇压的时期，恐怖气氛在教授和学生中蔓延，导致他们转入地下并流亡。⑤ 直到 20 世纪 70 年代下半段，新的学生示威活动才出现，学生和民间的其他组织一起开始抗议独裁统治。

四　运动的一代：20世纪80年代参与建设一个新的巴西

20 世纪 80 年代的特点是政治上的开明，开端是 1979 年颁布了对政治流亡者和囚犯的大赦，1985 年结束了军事独裁，1988 年颁布了新宪法。此外，这一阶段的问题是经济问题、高通货膨胀率、效率低下及公共政策匮

---

① Mannheim, K., The problem of generation. In K. Mannheim (orgs.), *Essays on the Sociology of Knowledge* (London: RKP, 1952).

② Fávero, O., *Cultura popular e educação popular: memória dos anos 60*, Rio de Janeiro: Graal, 1983.

③ Martins Filho, J. R., *Movimento estudantil e ditadura militar: 1964 - 1968* (São Paulo: Papirus Livraria, 1987), p. 61.

④ Martins Filho, J. R., *Movimento estudantil e ditadura militar: 1964 - 1968* (São Paulo: Papirus Livraria. 1987); Sanfelice, J. L., *Movimento estudantil: a UNE na resistência ao golpe de 64* (São Paulo: Cortez, 1986).

⑤ Sanfelice, J. L., *Movimento estudantil: a UNE na resistência ao golpe de 64* (São Paulo: Cortez, 1986).

乏。由于这些问题，许多儿童和青年无法接受中等和高等教育；这使得打破贫困的再生产链条无法实现。失业和就业不足是这十年的消极标志，而民主化则是积极的标志。

在这十年里，一些巴西青年活跃在社会运动中。他们意识到有必要建设一些新的东西，能够从为辩论和抗议开辟空间的新政治制度中受益。成为一名激进分子被赋予了重要意义，不仅要在政治领域战斗，还要在由天主教会解放神学的相关团体中领导社会运动，包括增加公共教育运动、全国街头儿童运动、妇女运动、非洲后裔运动、生态运动和土地改革运动等等。

根据舍雷尔·沃伦①的研究，经济、政治、文化和意识形态的排斥在军队进行最严重镇压的那些年里得到了强化，从而推动了新集体组织的形成，这种组织既表达了一种生活方式，也表达了一种斗争方式。"新文化模式"的建立也代表了一种"群体内部日常实践民主化"的努力，以及"运动中女性和青年"的增加。② 这是"群众又回到广场上"的时期，③ 这种动员力量导致社区项目比个人项目还要多，来自农村和城市的青年也参与其中。尽管青年参与了这一时期的社会运动，但不能说是他们发起了这些运动。因此，他们中那些在 20 世纪 80 年代积极参加社会运动的人在那十年中没有发挥主角的作用。相反，作为社会运动和其他形式的集体行动的参与者，他们对国家的民主化进程做出了贡献，并对将新的主题列入政治议程发挥了作用，这些新的主题包括女性、非洲后裔、同性恋者和其他群体的需求满足。这些群体的需求不仅涉及社会、经济方面，而且考虑"全面重新制定文化标准"。④ 在 20 世纪 80 年代的政治、经济和社会背景下，民族摇滚音乐也反映出青年对政治秩序的道德质疑，以及试图改变社会。马德拉总结了这一时期的特征："在沉寂了 20 年之后，年轻人渴望出现在公众和媒体面前。在所有的艺术领域，年轻人都充满了活力，表达了参与民主进程

---

① Scherer-Warren, I., *Redes de movimentos sociais* (São Paulo: Loyola, 1993).

② Scherer-Warren, I., *Redes de movimentos sociais* (São Paulo: Loyola, 1993), pp. 56 - 57.

③ Rodrigues, M., *A década de 80: Brasil, quando a multidão voltou às praças*, São Paulo: Ática, 1992.

④ Bem, A. S. do, A centralidade dos movimentos sociais na articulação entre o estado e a sociedade Brasileira nos séculos XIX e XX, *Educação e sociedade*, 2006, 27 (97), p. 1152.

的愿望。这是一个对陈旧的政治实践、灾难性的经济计划、令人恼火的不平等暴力和根深蒂固的腐败提出质疑的时期。"①

可以说，巴西的摇滚音乐代表了民族音乐领域的一场革命，因为它表达了年轻人的情感，用某些音乐群体的音乐和歌词制造出强烈的认同感，其中包括"都市军团"②"帕拉拉马斯乐队"③和"踢踏乐队"④。然而，重要的是要指出，前几十年的文化运动，以及大型活动的组织，比如1985年举办的第一次里约热内卢摇滚音乐节，对20世纪80年代摇滚音乐的发展也起了决定性的作用。⑤这一时期的标志性歌曲有"踢踏乐队"的《食物》⑥，这首歌收录在1987年的专辑《耶稣在无牙之国没有牙齿》中。其中一段歌词是这样的："我们不只是想要食物，我们想要食物、乐趣和艺术，我们不只是想要食物，我们想要去任何地方的路。"这首歌反映了年轻人对自由休闲空间和社交活动的渴望。因此，由一些全国知名团体创作的歌曲成了年轻人不满和渴望改变的催化剂。即使有人批评他们不知道如何将歌词中所表达的观点转化为具体的行动，⑦他们⑧也指出了这段时期急需解决的社会问题，并毫不留情地予以谴责。上面提到的"踢踏乐队"专辑的标题，指出了缺乏医疗保健的问题，暗示在这个国家，即使是耶稣也没有牙齿。

五　后独裁时代：20世纪90年代新行动者和新青年文化的兴起

如前所述，拥有公共空间的表达权和示威权是这一代人的重要成就，

---

① Madeira, A., Rude Poetics of the 1980s: The Politics and Aesthetics of Os Titãs. In *Brazilian Popular Music and Citizenship* (Durham, NC: Duke University Press, 2011), p. 97.

② 译者注：Legião Urbana，巴西摇滚乐队。

③ 译者注：Paralamas do Sucesso，巴西摇滚乐队。

④ 译者注：Titãs，巴西摇滚乐队。

⑤ Sousa, 1994。

⑥ 译者注：Comida，在西语中译为食物。

⑦ 这是格罗波（Groppo），1996年对国家摇滚的评论。

⑧ Groppo, L. A., *O rock e a formação do mercado de consumo cultural juvenil: A participação da música pop-rock na transformação da juventude em mercado consumidor de produtos culturais, destacando o caso do Brasil e os anos 80* (Dissertação de Mestrado) (Campinas, SP: Universidade Estadual de Campinas, Instituto de Filosofia e Ciências Humanas, 1996).

他们寻求参与和行动的新途径。20世纪90年代的青年在几乎不受思想和政治立场审查的环境中社会化，在巴西民主化的早期，青年对政治丑闻和许多社会问题的意识日益增强。这始于20世纪90年代，当时的总统是在军事独裁之后由普选产生的。1992年，总统科洛·德·梅洛（Collor de Mello）上台一年多的时候，数百万巴西年轻人走上街头，要求弹劾总统。示威者被称为"Caras Pintadas"（彩绘的脸）。①

科洛总统因腐败被弹劾后，青年在学生运动和传统左翼组织中经历了一段时间的沉寂，但他们在政治和经济领域的行动在随后的几年里几乎没有受到影响。② 由于被埋没在政治行动者和社会运动的激进分子中，20世纪90年代的青年被称为"购物中心的一代"③,④ 也就是说，他们是转向消费、对政治和社会问题参与较少的一代，而这些问题是过去几十年里青年参与的中心主题。这也是休闲场所重新配置的时期，一些独立的电影院被关闭，在大型购物中心建立了影院综合体，设有一些电影院。然而，在一些大城市里，只有一小部分年轻人开始享受这种仅限于购物中心的新型休闲方式。影剧院集中在购物中心产生了一个将休闲进行重新空间化的过程，同时也产生了新的排斥形式，因为这些新的地方的票价很高。

在同一时期，我们看到了巴西青年在社会和文化变革中崛起的另一个阶段：居住在大城市周边社区的青年成为生活方式多样化的主角。其中最

---

① 在其他示威活动中，学生们还穿着黑衣服，脸上涂着油彩，要求在公共交通工具上免费乘坐，在电影院享受半价优惠。然而，正是从支持弹劾的示威中，媒体开始广泛报道"caras pintadas"和这一时期的学生运动。参阅 Mische, A., De estudantes a cidadãos: redes de jovens e participação Política, *Revista Brasileira de educação*, （05 - 06）, 1997, pp. 134 - 150.

② Sousa, J. T. P. de, *Reinvenções da utopia. A militância política de jovens nos anos 90*（São Paulo: Hacker Editores, 1999）.

③ 巴特尔斯提到了"代际"一词在公共媒体话语中的夸大使用。他认为，当某些具有高度可识别性和明显的行为特征被概括为某个特定社会的整个青年的意识状态时，总是存在风险。作者还强调，一般而言，媒体在公共领域中描述青年的方式对青年本身影响较小。青年文化经常以单一和简化的观点出现在媒体上。参阅 Bartels, I., Generation X. Zum inflationären Gebrauch des Begriffes Generation im aktuellen Mediendiskurs, *VOKUS — Volkskundlichkulturwissenschaftliche Schriften*, （2）, 2001.

④ Mische, A., De estudantes a cidadãos: redes de jovens e participação política, *Revista Brasileira de educação*, （05 - 06）, 1997, pp. 134 - 150.

引人注目的是朋克运动、黑暗风格①放克，②③嘻哈运动。④ 通过不同的审美归属，他们谴责城市生活的方方面面和城市面临的问题。嘻哈运动带有好战的特点，青年人在他们的社区开展社会和文化活动。这项工作是由说唱和霹雳舞团体创建的组织进行的。"随着街舞走向边缘，以及涂鸦、霹雳舞和说唱等新活动产生，一种被称为'社区工作'的新运动产生了。说唱对应于运动的音乐和娱乐部分，而嘻哈作为一个整体，不仅与艺术有关，也与这些年轻人的政治和社会活动有关。"⑤

　　20世纪90年代，新的社会角色出现在文化和政治舞台上。他们融入巴西民族时受到多种排斥和不平等对待。我们可以在非洲后裔以及离开农村试图在大城市获得更好生活的移徙者或移徙者的子女中看到这一点。他们所受的教育不稳定，向上层社会流动的机会很少。⑥ 与这些因素相结合，大城市的贫困社区居民的日常生活中存在的城市暴力成为90年代后半段说唱歌词的一个主题。说唱团体开始在他们的社区中扮演文化、社会和政治问题的对话者或调解者的角色，他们对有机知识分子有了归属感（这里指的是葛兰西）。⑦ 因此，他们不仅对嘻哈的核心元素（音乐、舞蹈和涂鸦）的传播做出了贡献，而且促进了社区工作和协会等的价值观的传播，提出

---

① Abramo, H., *Cenas juvenis: punks e darks no espetáculo urbano*, São Paulo: Editora Scritta, 1994.

② Herschmann, M., *O funk e o hip hop invadem a cena* (Rio de Janeiro: Editora UFRJ, 2000).

③ Dayrell, J., *A música entra em cena: O rap e o funk na socialização da juventude* (Belo Horizonte: Ed. UFMG, 2005).

④ Tella, M. A. P., *Atitude, arte, cultura e auto conhecimento: o rap como voz da periferia* (Dissertação de Mestrado) (São Paulo: PUC-SP, 2000); Dayrell, J., *A música entra em cena: O rap e o funk na socialização da juventude* (Belo Horizonte: Ed. UFMG, 2005); Weller, W., *HipHop in São Paulo und Berlin: Ästhetische Praxis und Ausgrenzungserfahrungen junger Schwarzen und Migranten* (Opladen: Leske + Budrich, 2003); Weller, W., *Minha voz é tudo o que eu tenho: manifestações juvenis em Berlim e São Paulo* (Belo Horizonte: Editora UFMG, 2011).

⑤ Weller, W. & Tella, M. A. P., Hip-hop in São Paulo: Identity, Community Formation, and Social Action. In I. Avelar & C. Dunn (orgs.), *Brazilian Popular Music and Citizenship* (Durham, NC: Duke University Press, 2011), p. 189.

⑥ Sposito, M. P., A sociabilidade juvenil e a rua: Novos conflitos e ação coletiva na cidade, *Tempo Social*, 1994, 5 (1-2), pp. 161-178.

⑦ Silva, J. C. G. da, *Rap na cidade de São Paulo: música, etnicidade e experiência urbana* (Tese de Doutorado em Ciências Sociais) (Campinas, SP: Unicamp, IFCH, 1998).

了对正规和非正规教育的需求。①

六　21世纪的一代：巴西青年中的互联网
和网络激进主义

　　从 20 世纪到 21 世纪，巴西社会各部门的技术术语进入人们日常生活的方式发生了巨大变化。在 21 世纪第一个十年结束时，可以确定这样一个群体，他们出生在一个使用信息和通信技术（ICT）的社会，在这个社会中，知识的传播是独立于过去几代人的，完全是一种崭新的情境。至少在工业化的西方，教学过程中的角色倒置和大量同辈人之间的直接传播表明这是社会历史上的一个新时期。我们还可以看到一些新的与尊重差异和身份有关的社会角色的兴起，例如，青年男同性恋和女同性恋群体、非洲后裔青年、逃亡奴隶群体的后代、居住在偏远的"黑人社区"的人有身体缺陷的人、年轻的女权主义者以及多个基于身份的利益群体。

　　信息通信技术使得发展通信网络成为可能，这一过程改变了社会交往的形式。通过网络空间，我们看到了一种新型互动的建构，在这种互动中，大量使用社交网络的年轻人分享思想、观点和立场。作为一个世代群体，他们重新定义了社会互动的形式。可以说，由于当代青年自然地掌握了技术语言，尤其是互联网中的技术语言，他们拥有了"这些年龄群体作为创新行为的创造者的真正自主权"，定义了"（私人）关系、群体形成和社会关系的新标准"。②

　　互联网必须被视为一个开发青年新的角色的空间，具有新的参与和动员方式。以互联网为基础的社交和社会互动过程对人类来说似乎是一种全新的东西，然而，它也投射出年轻人易变、肤浅和被动的思想，而这种思想很容易被老一代所吸收。普通人在油管（YouTube）上的成功是显而易见

---

① Weller, W., *HipHop in São Paulo und Berlin*：*Ästhetische Praxis und Ausgrenzungserfahrungen junger Schwarzen und Migranten*, Opladen：Leske + Budrich, 2003；Weller, W., *Minha voz é tudo o que eu tenho*：*manifestações juvenis em Berlim e São Paulo*（Belo Horizonte：Editora UFMG, 2011）.

② Gil, A. R., Generación digital：patrones de consumo de Internet, cultura juvenil y cambio social, *Revista de estudios de juventud*, （88）, 2010, pp. 201 – 221.

的。油管使廉价制作和家庭视频的传播成为可能，这些视频讲述的仅仅是普通的故事和日常生活中的故事。这表明了当代关系的表现形式为一个人将自己的日常生活公之于众来与观众分享。这确实是一个激进的变化，值得研究人员密切关注。

网络激进活动是最具创新性的社会互动形式之一。它是对传统交往形式的解构，是使用社交网络、讨论列表和其他基于网络的方式进行传播。相关的信息迅速传到了广大网民的手中，他们在街头和广场上的示威活动越来越多；青年希望表达他们的共同价值观、共同事业或共同立场。例如，网络战斗创造了行动、管理和参与的形式，而这些形式不符合传统媒体的选择和排名标准，仅以事实作为战斗的一个新维度。[1] 索萨[2]分析了网络上的反全球化运动和反全球化示威，她发现了不同的群体，有些群体与机构没有联系，有些群体在互联网上以一种非等级的方式组织起来，还有些群体批评传统的政治组织形式、政治与工会的联系、政治和党派的联系。这些群体是自我管理的，自主计划他们的行动，他们拒绝外部的指导。群体成员走到一起是因为他们有相似的想法或相同的结论。

线下参与基于在线招募，换句话说，人们通过虚拟邀请了解情况之后，就会参加公开的活动。这重申了互联网及其社会网络是一个社会事实，以及青年是基于内容创造或共享的新型社会互动的先驱。施密特[3]认为，一方面，在 20 世纪末期，青年对工会、政党等传统组织的参与减少了，而从 21 世纪初开始，青年在人权、女权主义、生态和环境等具体领域的参与增加了。

此外，互联网使跨国流动的迅速扩散成为可能。这种新形态的标志是交替全球化运动，被勒维[4]认为是我们这个时代最重要的社会运动。这一运动的表现形式包括召开世界社会论坛，在公开场合反对世界贸易组织

---

① Moraes, D., *O ativismo digital*, Covilhã, Portugal：BOCC — biblioteca online de ciências da comunicação /LabCom, Universidade da Beira Interior (UBI), 2001.

② Sousa, J. T. P. de, Os jovens anticapitalistas e a ressignificação das lutas coletivas, *Perspectiva*, 2004, 22 (2), pp. 451 – 470.

③ Schmidt, J. P., *Juventude e política no Brasil：a socialização dos jovens Brasileiros na virada do milênio* (Santa Cruz do Sul：Edunisc, 2001).

④ Löwy, M., Negatividade e utopia do movimento altermundialista, *Lutas Sociais*, 2008, 19 (20), pp. 32 – 38.

（WTO）和八国集团，世界妇女游行，农民通路运动，成立消除第三世界债
务委员会，发表人民全球行动宣言，以及成立支持公民的"征收金融交易
税以援助公民协会"（Attac）等。[①]

一方面，如果公众希望请愿或在线支持政治立场，可以有成千上万的
追随者，另一方面，对某种反应进行宣传的传统方式，例如在街上示威，
参与的青年人数要少得多，然而，我们不能说他们已经放弃了这种做法。
这些都是宣传反对某些力量或事件的传统手段，尽管今天只有少数青年公
开抗议，但我们也不能说他们已经放弃了这种做法。由中学生和大学生组
织的反对公共汽车票价上涨的游行值得注意。这些活动已经在几个州的首
府进行了十年。最近的示威活动有不少都是通过社交网络进行的动员，例
如，反对腐败、反对新的联邦林业法、反对暴力、反对歧视非洲裔青年，
这些活动在巴西随处可见。各种具体的、多元的和多样化的主题已经成为
动员的中心，它们把主要城市街道上的数百名学生聚集在一起。

因此，可以说，年轻的网络冲浪者追随的是新的国际团结和政治社交
形式，他们利用网络平台，共同规划行动，告知、阐明和讨论立场，并对
未来的动员和行动做出决定。

七　结论

巴西正在经历这样一个时期：有必要分析和理解在这个新世纪中成长
起来的那一代人所采取的集体行动以及他们所面临的挑战。我们的先辈留
下了无数的遗产和足迹，在整个 20 世纪不同世代身份构建过程中的事件，
使青年在文化、政治和社会领域所采取的行动产生了交集。换句话说，这
些事件是由青年触发的，并且在不同世代的形成过程中发挥了重要作用。
这些经历与每个时期的历史、社会和政治背景有关。这些被频繁触发的孤
立事件或被解释为孤立事件的行动，被捕捉并纳入多数人的意识时，它们
就成为整体的一部分，形成集体的表象，而这有时就是一代人所特有的。

[①] Löwy, M., Negatividade e utopia do movimento altermundialista, *Lutas Sociais*, 2008, 19 (20), pp. 32 – 38; Sousa, J. T. P. de, Os jovens anticapitalistas e a ressignificação das lutas coletivas, *Perspectiva*, 2004, 22 (2), pp. 451 – 470.

从曼海姆①的观点中，我们可以学习到："已知事物的整体被分成不同的部分，每个部分只参与集体经验中可能的表象的一个特定部分。然而，这些部分的集合构成了一个有机的整体，'存在于任何人的头脑中'，但在某种意义上，它是悬于群体之上的。"

---

① Mannheim, K., *Structures of Thinking* (London: New York, NY: Routledge & Kegan Pau, 1982), p. 209.

第四篇

消费与休闲

中国青年的消费模式

朱　迪

伴随着中国自 1978 年以来巨大的社会变迁，青年的消费模式和消费观念也发生了转变。这些转变首先同市场的扩大、商品种类的丰富有关，在中国独特的历史发展进程中，还同制度环境、自上而下的政策引导以及人民收入的水平和来源有重要关系。改革开放后至今，青年的消费观念大致经历了三个阶段：70 年代末期初步挣脱"勤俭节约"意识形态的束缚，到 80 年代较为浮躁的物质崇拜和消费分化，再到 90 年代至今的消费者主权的增强、"自我导向型消费倾向"（主要指追求个体的舒适和享乐的消费倾向，下文将详细解释）的上升、信息产品和服务的广泛使用并伴随着更为深刻的消费分化。

80 年代是青年的消费观念开始显著转型的时期。这一时期，改革开放的步伐逐渐坚定，政府开始认识到消费不再是生产的附庸，在开辟经济特区、鼓励多种经济发展的同时也关心人民的"生活方式"。1984 年 10 月，中共中央召开十二届三中全会，通过了《关于经济体制改革的决定》，第一次把生活方式问题写进了文件。《决定》指出："在创立充满生机和活力的社会主义经济体制的同时，要努力在全社会形成适应现代生产力发展和进步要求的、文明的、健康的、科学的生活方式。"这一文件精神既是对人民希望享受生活的迫切愿望的回应，也在一定程度上反映了当时比较浮躁的物质崇拜。吴翠萍将 20 世纪 80 年代至 90 年代中期青年消费观念总结为这几个特征：①从众消费的出现——追逐时尚潮流，对"自我"和"消费者"这些新概念的理解较为稚嫩；②现代消费观的兴起——传统的"粗茶淡饭、节衣缩食"的消费观日渐淡化，一部分青年尤其是沿海地区青年推崇的"四讲"（吃讲营养，穿讲式样，玩讲多样，用讲高档）生活方式逐渐向内地扩散；③时尚崇拜与消费误区——体现在超前型、炫耀型、崇洋型和攀比型消费，以及脱离实际收入的高消费和赤字消费。[①]

20 世纪 80 年代在经济迅速发展的同时，也出现了区域发展不平衡和贫富分化。沿海发达地区的青年和收入较高的青年追求"四讲"的生活方式，而经济落后地区和农村地区青年消费水平较低，文化消费的意识也不足。1994 年一个对农村的抽样调查显示，20% 最高收入的农户和 20% 最低收入的农户的教育、文化、娱乐等支出占总支出的比重仅相差 3 个百分点，且均不足 10%。[②] 在 20 世纪 80 年初期经济的蓬勃发展和制度存在很多漏洞的背景下，很多青年抓住生意机会而达到了"一夜暴富"；而大学生、公务员、教师和科学家勤勤恳恳却很难在生活上得到改善。这一时期社会的迅速分化带来的是炫耀消费和及时行乐观念在青年中的盛行。[③] "万元户"青年面对着迅速积累的经济资本和贫乏的文化资本有些手足无措，唯有以炫耀和奢侈消费来获得满足；在"同伴压力"下，很多农村青年来到城市、大学生辍学或兼职、公务员和教师下海，目的只有一个，那就是"淘金"——迅速致富。那时最脍炙人口的顺口溜是"上学的不如卖土豆的，搞导弹的不如卖茶叶蛋的"。传统的"万般皆下品，唯有读书高"的教育观似乎已经过时，教育和文化资本急剧贬值。因此可以说，20 世纪 80 年代是青年的消费观最为浮躁、迷茫的时期。

20 世纪 90 年代以来，中国的改革开放进入更加成熟的时期，私营经济和外资经济大幅度增长，房地产、金融、保险、信息技术和旅游业等新兴服务业繁荣发展，人民的收入来源和职业选择更加多元；各项制度也日渐完善，通过投机取巧获得一夜暴富的可能性越来越小。社会的和政治的结构对于个人消费行为的影响逐渐减弱，消费者的自主性越来越强。1992 年，政府为了刺激经济发展开始积极地鼓励消费，虽然经历过持续不断的调整，但"刺激消费、扩大内需"自此以后就保留在了官方话语中。[④]

[①] 吴翠萍：《改革开放 30 年与青年消费观念的变迁》，《中国青年研究》2008 年第 1 期。

[②] 吴翠萍：《改革开放 30 年与青年消费观念的变迁》，《中国青年研究》2008 年第 1 期。

[③] Kwong, Julia, "Ideological Crisis Among China's Youths: Values and Official Ideology", *The British Journal of Sociology*, 45 (1994): pp. 247 – 264.

[④] Zhao, Xin, Russell A. W. Belk, "Politicizing Consumer Culture: Advertising as Appropriation of Political Ideology in China's Social Transition", *Journal of Consumer Research*, 35 (2008): pp. 231 – 244.

在此背景下，青年对于"自我"和"消费者"的理解日益成熟，消费者主权的意识比较明显，生活方式和消费倾向趋于多元化。这一时期的青年中，出生于20世纪70年代末直至80年代的人，很大一部分为独生子女，成长于改革开放之后的中国，身处全球化的进程中，见证了巨大的社会变迁，他们的生活方式和价值观与上几代人有很大差异。学术上和日常生活中习惯称这一群体为"80后"。社会的发展使得这一代人的生活机会有了显著增加，但作为"421"家庭①的中坚力量，集万千宠爱于一身的同时却承担着比上几代人更沉重的责任。80后一代步入社会、组成家庭乃至逐渐成长为社会的中流砥柱也影响了当代消费模式的转型和新的消费倾向的兴起，比如结合炫耀、个性和享乐等的多元化消费诉求以及小资、波波族、LO-HAS（Lifestyle of Health and Sustainability，追求健康和可持续的生活方式）等多元生活方式。

回顾了青年消费行为和观念的变迁之后，本文将集中讨论当代青年消费模式的主要特征及分化，尤其是互联网发展背景下的青年新兴消费趋势。对于"青年"的定义，各国官方统计和学术界有不同看法。一种将青年定义为24岁及以下人群，如联合国的定义为15－24岁人群（在1985年"国际青年年"活动中所界定）②，英国国家统计局的定义是16－24岁人群③；另一种将青年定义为15－34岁人口，出现在很多国家的官方统计中，他们将35岁以下的人口或者户主作为一个统计群，如中国国家统计局④、美国人口普查局⑤和澳大利亚国家统计局⑥。此外，《2011年联合国世界青年报告》⑦也突破了1985年的界定，将研究对象的年龄划在了15－30岁。的

---

① "421家庭"即四个老人、一对夫妻和一个孩子。这是"独生子女"时代典型的家庭结构，夫妻双方均为独生子女，上有老下有小，承担着赡养双方父母和下一代的双重责任。

② 联合国青年议题：http://www.un.org/chinese/esa/social/youth/back1.htm。

③ Young People in Work－2012，http://www.ons.gov.uk/ons/dcp171776_257979.pdf.

④ 吴烨宇：《青年年龄界定研究》，中国青少年研究网，http://www.cycs.org/Article.asp? Category = 1&Column = 97&ID = 2，2003。

⑤ Callis Robert R.，Kresin Melissa. Residential Vacancies and Homeownership in the Fourth Quarter 2011. U. S. Census Bureau，2011.

⑥ Australian Bureau of Statistics，"Australian Social Trends，2004"，http://www.abs.gov.au/AUS-STATS/abs@.nsf/7d12b0f6763c78caca257061001cc588/58c63d8c5ba7af60ca256e9e0029079a.

⑦ The UN World Youth Report 2012，http://unworldyouthreport.org/index.php? option = com _ k2&view = item&id = 21&Itemid = 118.

确，随着人们受教育年限的增加和生活方式的多元化，很多人都在 25 岁甚至 30 岁以后才开始第一份工作或者组建家庭，这部分经济独立人群的生活机会才是很多青年研究的重点。本文关注的是青年的消费模式，同收入、受教育程度、职业都有一定关系，因此在实证分析中将青年定义为 15 - 34 岁人群。

在文献研究的基础上，本文将使用大规模全国调查数据进行实证分析，主要关注的消费领域是生活休闲消费和互联网相关消费。主要的数据来源是 2011 年中国社会调查（CSS 2011）、"2010 年 6 所 985 高校毕业生抽样追踪调查"①（以下简称 "985 高校调查"）以及 2017 年 "当代大学生就业、生活和价值观追踪调查"（以下简称大学生追踪调查）。CSS 调查由中国社科院社会学所主持，使用多阶随机抽样的方法，范围涉及 25 个省/自治区的城乡区域，调查对象为 18 周岁及以上的中国公民，有效样本量为 7036，所以该数据既有很好的城乡代表性又有较大的样本量。"985 高校调查" 从东南、华南、西南、西北、东北和中部地区各选取 1 所 985 高校，基于各校历届毕业生名单进行随机抽样，调查了这 6 所高校 2003 - 2010 年毕业生共 4655 人，样本中 "985 高校毕业生" 主要由 "80 后" 青年群体构成。大学生追踪调查选择具有典型代表性的 17 所高校作为调查样本点，样本点的选择考虑了高校等级（985 高校、普通高校和高职院校）、高校类型（综合类、理工类、文科类等）、高校地域分布（北上广、东北、华北、西北、西南、华中、华东和华南），2017 年调查共获得 13981 个有效样本，来自不同年级的本科生和研究生。

一　当代青年消费模式的主要特征及分化

同前几代青年相比较，当代青年的消费倾向更忠实于 "自我"，重视自身精神和身体的需求而不是如何给他人留下深刻印象。通过 2008 年对北京中产阶层人群的访谈，笔者发现年青一代体现出更显著的对于个体乐趣和

① "985 高校" 指 39 所中国著名高校，是中国政府在 "985 工程" 中想要打造成为世界一流学府和顶尖学府的高校（详见介绍 http://en.wikipedia.org/wiki/Project_985）。所以该调查人群主要由知识精英构成。

舒适的追求，并且想要同家人和亲密朋友分享乐趣和舒适，也试图鼓励父母和子女追求乐趣和舒适；而地位显示、炫耀消费则为次要的动机。[①] 这种"自我导向的消费倾向"也在市场研究中得到揭示。罗德公共关系顾问有限公司与信天翁联业商务咨询有限公司联手推出的《2011 中国奢侈品报告》[②]发现，对于年轻的消费者来说，购买奢侈品最主要的原因是出于"自我"的诱因；早在 2010 年发布的中国奢侈品报告中已经发现，"自我愉悦"是最重要的消费动机，"彰显身份、地位"次之，2011 年聚焦"80后"的报告更确定了这一趋势。这些研究发现更新了人们对中国一些"新富"或者中产阶级层衷炫耀性消费[③]的刻板印象，或者至少在当代中国年轻中产阶层的消费动机中，地位炫耀并非占主导地位。

相对于西方青年，当代中国青年的消费模式明显表现为一种"混合"的特征：他们在强调对于乐趣和舒适的追求的同时，也强调"量入为出"和家庭责任等较为传统的价值观，这些审美的和道德的辩护共同构成了一套独特的、具有不同表现形式的消费伦理。[④] 可以说，当代青年集中体现着新出现的消费动机与较为传统的价值体系的融合与冲突，因此可以作为转型社会消费模式研究的典型群体。

在信息时代，青年消费模式的另一重要特征是对于数码产品和互联网的广泛使用。最新的一些调查显示，年轻消费者普遍强调数码产品的娱乐功能以及社交媒体了解名人和资讯的功能，而社交和人际沟通的功能较弱，由此引发的思考是，通信设备和互联网到底是促进了人际交往、丰富了现实生活还是让年轻人陷入更加孤立的状态？

市场研究公司 Enovate 于 2011 年对中国一线和二线城市的 550 名 18 - 30 岁人群进行了调查，[⑤] 数据显示 92% 的被访者近期添置了新的移动设备

---

① Zhu Di, *Consumption Patterns of the Chinese Middle Class*：*In the Case of Beijin*, PhD Thesis, University of Manchester, Manchester, 2011.

② 详见《中国奢侈品消费者被指平均年龄比西方年轻 10 岁》，http：//life. caijing. com. cn/2011 - 11 - 29/111458711. html。

③ 参阅 Wong, Nancy Y. , Aaron C. , Ahuvia, "Personal Taste and Family Face：Luxury Consumption in Confucian and Western Societies", *Psychology & Marketing*, 15 （1998）：pp. 423 - 441.

④ Zhu Di, *Consumption Patterns of the Chinese Middle Class*：*In the Case of Beijing. PhD Thesis*, University of Manchester （Manchester, 2011）.

⑤ 详见 Young consumers go digital in China, http：//www. warc. com/Content/News/Young_ consumers _ go _ digital_ in_ China. content? ID = 40661dcc - 1c38 - 4f4e - 8eb4 - d8e99e2ff5bc。

或者电脑，其中智能手机的购买率最高。随着社交媒体（Social Media）和智能手机应用程序的发展，青年对于数码产品的使用也出现了新的特征。在拥有一台手机或者电脑的被访者中，76%的人主要用于娱乐目的，这不同于此前的调查结果。就日常活动来讲，浏览新闻和登录 QQ 最受欢迎。28%的被访者主要通过手机使用各种应用程序，而不是传统的沟通功能。当被问到如果一定要放弃，会选择手机还是电脑时，18－22 岁年龄组中 78% 的人选择后者，23－30 岁年龄组中只有 58% 的人做出同样选择。怪不得调查者得出结论"中国年轻的消费者走向数码化"，同时认为该调查结果一定程度上反映了当代年轻人现实（线下）生活的枯燥无趣。一个对上海大学生的随机调查结果[1]支持了这个结论，调查发现使用微博的大学生占到31.4%，使用微博的目的主要是关注名人和了解资讯，而发表评论、联系朋友、人际交往的目的较弱，说明微博促进人际互动的作用很有限。

而 CIC 和 GroupM 联合发布的《社交媒体时代的中国年轻消费者》报告[2]则持较为乐观的态度，该报告认为社交媒体的广泛使用促进了个人兴趣爱好等信息的分享，使得年轻人的线上和线下生活更紧密地结合起来。该报告也特别提到微博拉近了普通人和名人之间的距离，能够让普通人了解偶像/名人的生活方式，甚至鼓励年轻人追求自己的梦想。

当代青年的消费行为和消费倾向体现出了一些新的特征，但是这一群体内部存在着巨大的差异。消费模式的分化主要围绕着城乡和阶层两个结构，即城市青年和农村青年之间、中产青年和非中产青年（尤其是农民工）之间。总体上，中国的城市地区和农村地区在经济发展水平上有较大差距，因而城市青年和农村青年的消费倾向与消费水平也有很大差异。根据 20 世纪末的两个调查，吴翠萍发现城市和农村青年在注重实际的消费观念上没有太大差别，[3] 主要区别在于：（1）城市青年具有比较明显的品牌消费意识和比较强烈的投资意识，例如同意"购买大件商品要一步到位"的城市青年比农村青年高出 11.4 个百分点，同意"名牌产品的价格贵点也是应该

---

[1] 申琦：《上海大学生对微博的使用与评价研究》，《新闻记者》2011 年第 10 期。

[2] 详见 China's young consumers in the age of social media, http://www.ciccorporate.com/index.php? option = com_content&view = article&id = 790%3Acic-groupm-knowledge-chinas-young-consumers-in-the-age-of-social-media&catid = 52%3Aarchives – 2011&Itemid = 158&lang = en。

[3] 吴翠萍：《改革开放 30 年与青年消费观念的变迁》，《中国青年研究》2008 年 第 1 期。

的"的城市青年比农村青年高出约 8 个百分点；同意"能挣会花才是现代人"的城市青年高出农村青年 7.9 个百分点；（2）城市青年的超前消费意识强于农村青年，同意"借钱也要消费"的农村青年仅为 12.4%，而城市青年则达 60.3%，差异显著。

另外，农村——尤其是贫困农村——青年的符号消费更为显著。张文江对于西北农村青年的研究发现，一方面贫乏的经济资源限制了各种消费和事业发展；另一方面，结婚时却要进行"与平日节衣缩食相反的炫耀性消费"，因为结婚在农村"是对外关系的一次亮相，是露脸的好机会"。① 这可能暗示着，注重形象呈现的他人导向型消费倾向在农村青年或者社会底层青年中更明显，而注重个体乐趣和舒适的自我导向型消费倾向在城市青年或者中产阶层青年中更明显。

中国消费文化的兴起主要是在城市，都市又是消费文化最繁荣的地区。这首先同城市地区较高的经济发展程度和较广泛的全球经济文化联系有关，同时也跟中产阶层主要分布在城市地区有重要关系。中产阶层被广泛认为对当代中国的消费文化具有显著的影响。② 首先，他们是驱动消费最强有力的群体。③ 其次，他们的消费行为体现了新的品味和新的消费欲望。④ 前文提到的消费者主权的增强、自我导向型消费倾向、信息产品和信息服务的广泛使用在年轻的中产阶层身上更为明显。

"985 高校调查"中的样本毕业于名牌大学，很大程度上意味着稳定的收入和有前途的工作，然后逐渐跻身富裕、有地位、堪称社会中坚力量的中产阶层。他们中有 21% 的人拥有自己的私有住房（本人拥有产权），已婚毕业生的住房拥有率为 59%。在 985 高校毕业生中，青年总体、未婚青年和已婚青年的住房拥有率都高于中国城镇青年的平均水平，已婚毕业生的住房拥有率高于发达国家同龄已婚青年的住房拥有率，一定程度上反映了该群体职业和收入相对较好也较稳定。⑤ 但是同为名牌高校毕业生，其生活

---

① 张文江：《西部大开发环境下农村青年自我发展的影响因素分析》，《青年研究》2001 年第 7 期。

② 王建平：《中国城市中间阶层消费行为》，北京：中国大百科全书出版社，2007。

③ 零点公司：《中国消费文化调查报告》，北京：光明日报出版社，2006，第 462 页。

④ 零点公司：《中国消费文化调查报告》，北京：光明日报出版社，2006，第 5～6 页。

⑤ 朱迪：《"80 后"青年的住房拥有状况研究：以 985 高校毕业生为例》，《江苏社会科学》2012 年第 3 期。

机会和质量也有分化。分析发现，父母资助是影响青年住房拥有的最重要因素，而能够全部或者部分资助子女买房的大都为独生子女父母和经济地位较高或者来自城市地区的父母。另外，"有房无贷族"（本人拥有房产且没有房贷）生活得最安逸舒适，年平均休闲消费①支出最高，为13980元，样本中最高值甚至超过了每年40万；其次是"有房有贷族"（本人拥有房产但有房贷），平均每年休闲消费支出12665元；生活质量最低的是"无房族"（本人不拥有任何房产），平均每年休闲消费支出只有"有房有贷族"的一半，约6323元。

这些研究发现有两点启示。第一，青年消费模式的阶层分化更加复杂，不仅受到自身经济社会地位的影响，也受到父母家庭背景的影响。第二，虽然年轻的中产阶层有一定的文化、休闲消费的欲望，但是消费能力受到了购买住房、赡养父母等刚性支出的限制；而且青年更多地使用借贷消费（"超前消费"），这也并非表示青年比中老年更懂得享受，很大程度上反映了与收入不成比例的高房价以及独生子女赡养父母所带来的沉重负担。

城乡消费模式和不同阶层消费模式的交叉则集中体现在"新生代农民工"身上。城市和农村的巨大差异以及正在中国社会扩散的"消费革命"燃起了农村青年的物质欲望，正是这种对于商品的欲望驱使农民离乡背井到城市成为被剥削的劳动力。② "新生代农民工"（主要由"80后"青年构成）与老一代农民工最显著的差异就在于消费模式的转变。他们一方面在基本消费上节俭，尽可能储蓄汇钱回家；另一方面通过新的消费形式来融入城市，并尽可能从外显特征、日常消费和休闲娱乐上消除"农村人"的痕迹。③ 这种对于商品的欲望和消费模式的转变可能具有双向的后果：一方面，主体意识的形成主要建立在"消费"而非"生产"上，使得农民工群体的阶层意识没有得到很好的塑造；④ 另一方面，有助于"个体""独立、

① 休闲消费包括"娱乐交往""自身发展上的消费（如考证、参加培训等）""仪容修饰（购买化妆品、理发烫发等）消费""服装费（包括衣服、鞋、帽等）"以及"旅游"。
② Ngai, Pun, Subsumption Or Consumption? The Phantom of Consumer Revolution in 'Globalizing' China. *Cultural Anthropology*, 2003, 18 (4), pp. 469 – 492.
③ 谢培熙、朱艳：《新生代农民工消费研究述评》，《河海大学学报》（哲学社会科学版）2011年第12期。
④ Ngai, Pun, "Subsumption Or Consumption? The Phantom of Consumer Revolution in 'Globalizing' China", *Cultural Anthropology*, 18 (2003): pp. 469 – 492.

自主"意识的培养，也可能成为其在城市上升流动的渠道，"看似微小琐碎的消费实则在一点一滴地实现着农民工城市化的宏大主题"。[①]

但是，新生代农民工的消费领域和消费能力受到户籍制度以及自身贫乏的经济资本和文化资本的限制，他们的消费习惯转变能否真正帮助他们融入城市、身份认同能否通过消费重建都是疑问，[②] 反而可能更加强化了其"次等的生产主体性"。[③] 集体消费领域对于农民工的歧视则更为明显。政府通过户籍制度将城市中的人口分为常住人口和暂住人口，对于在城市中打工的暂住人口——农民工，城市无须承担其住房、教育、医疗和其他社会保障等集体消费资料，这种制度安排下的农民工权益难以得到有效保障，[④] 建立在权利和义务基础上的身份认同更是艰难。

二　比较视野下的青年生活和休闲消费

基于以上的讨论，本节的实证分析将主要从两个角度展开：（1）相对于中老年，当代青年的消费模式出现了哪些新的特点和趋势；（2）青年的消费模式如何被城乡和阶层两种结构所分化。

根据 CSS 2011，生活和休闲消费变量包括信息获取途径、主要出行方式和周末或节假日的休闲活动。这些行为和活动既包含人们如何获得物质产品和服务的信息，也包含主体如何使用和欣赏这些物质产品和服务的信息，因此能够反映经济资本和文化资本的双重建构，可以用来衡量生活方式和消费模式。

（一）青年同中老年消费的比较特征

在 CSS 2011 中，17 - 34 岁的青年样本为 1507 个，青年占总样本的35%。[⑤] 同 35 岁及以上的中老年相比，青年的受教育程度总体较高，集中

---

① 张晶：《趋同与差异：合法性机制下的消费转变——基于北京地区青年女性农民工消费的实证研究》，《中国青年研究》2010 年第 6 期。
② 张晶：《趋同与差异：合法性机制下的消费转变——基于北京地区青年女性农民工消费的实证研究》，《中国青年研究》2010 年第 6 期；余晓敏、潘毅：《消费社会与新生代打工妹主体性再造》，《社会学研究》2008 年第 3 期。
③ 余晓敏、潘毅：《消费社会与新生代打工妹主体性再造》，《社会学研究》2008 年第 3 期。
④ 谢培熙、朱艳：《新生代农民工消费研究述评》，《河海大学学报》（哲学社会科学版）2011年第 12 期。
⑤ 如无特别说明，之后的统计均为加权调整过的结果。

在初中、高中、中专、职高以及大专和本科（占总体的90%），而中老年的受教育程度集中在未上学和小学、初高中、中专和职高（占总体的90%）；青年居住在城市的比例较高，职业中产①的比例较高（21% VS 12%），个人收入水平也较高——青年约每年22530元、中老年约每年21615元。所以，青年比上几代人在受教育机会、职业机会和物质回报方面都有较大提高。这些背景信息有助于理解青年和中老年在消费模式上的差异。

从图4-1-1可以看出，对于青年和中老年来说，看电视都是最主要的信息获取途径，但是青年使用网络、收发短信的比例显著更高，分别为60%和22%。两个群体最少用的途径都是单位传达，说明单一的制度化信息传播渠道正逐渐被淘汰。但是，与亲友交谈仍是重要的信息传播途径，说明在当代中国社会初级社会关系在信息传播中仍有很大影响。对于青年来说，看报纸也是重要的信息获取渠道，甚至稍高于收发手机短信。这是由于购买手机成本较高还是青年倾向使用比较可靠的信息传播途径呢？下一节关于青年消费的内部差异将探讨这个问题。

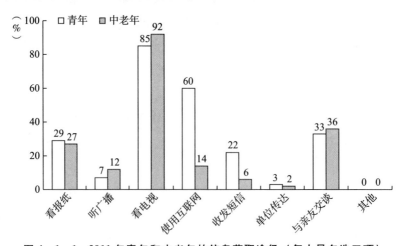

图4-1-1 2011年青年和中老年的信息获取途径（每人最多选三项）

注：1. 数据来源：2011年中国社会调查。

2. 数据使用了性别、年龄和城乡的加权。

3. 样本量：7030。

在主要出行方式上，乘坐公交车、步行都是青年和中老年最常用的，

---

① 定义详见第123页"青年生活休闲消费模式的分化"部分。

而三轮车、公务车都是最不常用的，使用私人汽车出行的比例也普遍较低，如图 4-1-2 所示。这说明总体上，中国的经济发展程度并不高，公共交通仍是中国人的主要出行方式。而认为中国是"自行车王国"的看法则有些过时。在当代，无论是青年还是中老年，自行车都是不太常用的交通工具，骑自行车为主要出行方式之一的人群分别占青年的 17% 和中老年的 20%。青年显著的特征表现在，相对较高使用摩托车/助力车/电瓶车、地铁的比例和相对较低的步行出行比例，较多地使用公交车和出租车。联系到青年较高的居住在城市的比例，该发现可以解释为青年的活动范围较广阔以及城市的配套基础设施较完善，另外青年对效率也有较高的要求；而相对较高的使用出租车的比例也反映了青年较高的收入和一种追求舒适、便捷的消费倾向。

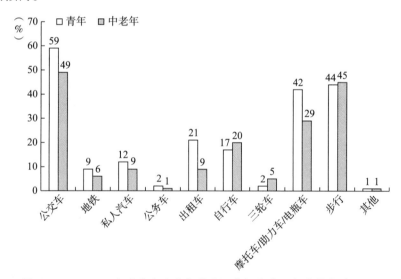

图 4-1-2 2011 年青年和中老年的主要出行方式（每人最多选三项）

注：1. 数据来源：2011 年中国社会调查。

2. 数据使用了性别、年龄和城乡的加权。

3. 样本量：7035。

在周末或节假日的休闲活动方面（如图 4-1-3），青年中高达 53% 的人选择玩电脑游戏和上网，这是青年休闲方式的最显著特征，体现了数码产品和高科技对于青年的吸引力。青年进行休闲活动的另一个显著特征是相对较高的外出观看电影、戏剧、表演和听音乐会的比例，为 14%，而中老年该比例仅为 5%。青年对于文化休闲活动的热衷同较高的受教育程度和较多地居住在城市地区有关，因为城市地区提供了较完善的文化消费的设施，同时对各种文化也较包容。也同所生活的社会文本有关——改革开放之前尤其是文化大革命时期，国家限制艺术文化活动的种类，因此中老年群体经历过很长时间的艺术文化空白或说单调时期，艺术审美的培养受到了制约，而当代社会的艺术文化活动丰富且多元化，提供了青年更优越的条件通过文化活动来获得审美欣赏和放松。

在图4-1-3中，我们也看到串门聊天仍是青年的主要休闲活动之一，选择此项的青年占其总体的37%，并且选择此项的中老年占其总体的51%，为中老年最主要的休闲活动。"串门聊天"是中国比较传统的社交方式。西方社会的社交一般通过某项活动进行，如郊游、聚餐、去酒吧等，而中国社会的传统社交一般内容较单一，主要目的和活动都是聊天。这同社交文化有关，西方社会的社交目的通常包括结识陌生人，往往要求活动本身也具有吸引力；而中国传统社交的目的通常是联络熟人感情，因此活动的内容不重要，重点是参与的人群，这就是为什么在中国的社会文本中，"串门聊天"能够单独成为一项休闲活动，并且青年和中老年群体选择此项的比例都相当高。但是我们也看到青年选择郊游/钓鱼/户外活动、外出旅游、

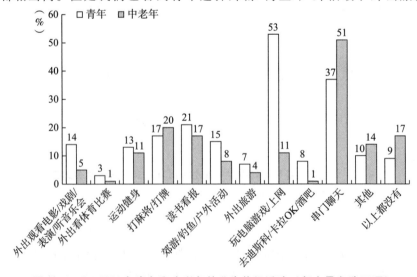

图4-1-3 2011年青年和中老年的业余休闲活动（每人最多选三项）

注：1. 数据来源：2011年中国社会调查。

2. 数据使用了性别、年龄和城乡的加权。

3. 样本量：7031。

去迪斯科/卡拉 OK/酒吧等的比例都比中老年高，分别为 15%、7% 和 8%，这一方面说明了青年业余休闲活动的丰富，另一方面也暗示着当代中国社交方式的转变和趋势——年轻人开始通过不同种类的休闲活动来结识陌生朋友、扩大社交网络。

（二）青年生活休闲消费模式的分化

由于 CSS 2011 数据中青年的样本较少，本文不进一步划分农民工和城市工人，而是将青年简单分为城市青年和农村青年、中产青年和非中产青年来考察消费模式的分化。城乡青年根据居住地类型划分，从居委会被抽到的青年样本为"城市青年"，从村委会被抽到的青年样本为"农村青年"。在中国这样一个发展中国家，建立在生产关系基础上的阶层是区分消费行为乃至其他很多领域的一个重要结构，[①] 这是很多社会学家的共识，有的也使用包括职业、收入、受教育程度的综合测量指标。[②] 本文的中产主要指的是职业中产。根据 CSS 2011 的职业分类，本文将"中产阶层"定义为：（1）国家机关、党群组织、企业事业单位负责人，（2）专业技术人员，以及（3）办事人员和有关人员；将"非中产阶层"定义为：（1）商业工作人员，（2）服务业工作人员，（3）农林牧渔水利生产人员，（4）生产工人和运输工人，（5）警察及军人，（6）其他职业，以及（7）没有工作。[③]

根据数据，城市青年占 57%，中产青年占 21%。城市青年的受教育程度较高，71% 的城市青年的受教育程度为高中、大专和本科，而 73% 的农村青年的受教育程度为初中、高中；城市青年从事中产职业和商业工作的比例也较高，个人收入也显著高于农村青年。中产青年的受教育程度集中

---

① 很多关于当代西方社会的研究也强调文化资本和社会资本在社会分层中的作用，如布尔迪厄 Bourdieu, P., *Distinction: A Social Critique of the Judgment of Taste* (translated by R. Nice) (Chesborough: Routledge, 1984); Chan, Tak Wing & John H. Goldthorpe, "Social Stratification and Cultural Consumption: Music in England", *European Sociological Review*, 23 (2007): 1 - 19; Chan, Tak Wing & John H. Goldthorpe, "Social Stratification and Cultural Consumption: The Visual Arts in England", *Poetics* 35 (2007), pp. 168 - 190., 但是本研究认为在发展中国家，劳动力市场的成果尤其显著，而且很多时候"中产"在中国的文本下代表一种品味，所以与职业的联系更为紧密。
② 李培林、张翼：《中国中产阶级的规模、认同和社会态度》，《社会》2008 年第 28 卷第 2 期，第 1 - 21 页；吕大乐、王志铮：《香港中产阶级的处境观察》，香港：三联书店，2003。
③ 由于没有工作的青年占相当比例（28.43%），他们的消费行为也是本文所关注的，所以将此部分青年归入"非中产阶层"。

在大专和本科，而非中产青年集中在初中和高中；中产青年的平均个人年收入为 53161 元，显著高于非中产青年的 14501 元。总的来讲，城市青年和中产青年在受教育程度、职业地位和收入方面分别高于农村青年和非中产青年，而且青年的经济社会地位由中产和非中产所区别的差异好像更大于城市和农村所区别的差异。

如图 4 - 1 - 4，城市青年和农村青年的信息获取方式大致相仿，都是看电视和使用互联网的比例最高，传统的单位传达、听广播的比例较低，足见现代信息工具的消费也已经渗透到农村。稍许差异在于，城市青年在使用互联网和读报纸的比例上相对较高，为 72% 和 38%，而农村青年在较传统的与亲友交谈上的比例相对较高。

在阶层差异上（如图 4 - 1 - 5），中产青年显著的特征是较高的使用互联网的比例和较高的读报纸的比例，分别为 90% 和 41%，而非中产青年这两项的比例分别为 52% 和 26%。两个群体通过收发手机短信获取信息的比例几乎一致。

从以上对于信息获取渠道的分析，我们可以看出当代青年消费的一些特征。第一，在青年群体中手机逐渐成为大众消费品，作为信息获取渠道来讲，手机的使用在城乡和阶层间的差异很小。第二，青年虽然逐渐远离传统的信息传播方式，但也并非完全接受现代化的媒介方式，例如手机短信很容易传播不负责任的信息；青年，尤其是城市青年和中产青年，更倾向通过可靠的现代化途径获取信息，如可以获取多方面信息的互联网和较为严谨的报纸。

就主要的出行方式来讲，如图 4 - 1 - 6，在城市和农村青年中占比例最高的都为乘坐公交车，分别是 62% 和 55%，两个群体选择步行的比例近似，而且也很高。城市青年显著的特征在于使用摩托车/助力车/电瓶车作为主要出行方式的比例相对较低（30%），而使用出租车、私人汽车和地铁的比例都相对较高，分别为 27%（农村青年为 14%）、16%（农村青年为 7%）和 15%（农村青年几乎为 0）。这一方面是由于在城市化过程中城市区域的不断扩张，另一方面体现了城市青年较高的收入水平和城市较好的基础设施建设。

由于出行方式跟地理空间、基础设施和生活节奏有很大关系，所以相对而言，出行方式由阶层所带来的差异则不是那么显著（如图 4 - 1 - 7）。中产青年的收入较高、对于效率的要求也较高，因此使用出租车、私家车和地铁等更为个性化和便捷的交通工具的比例相对更高，分别为 30%（非中产为

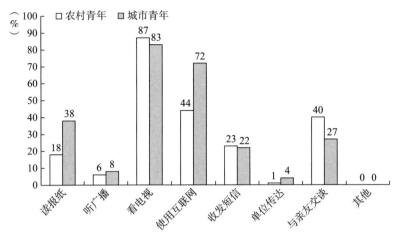

图 4 - 1 - 4　2011 年城市青年和农村青年的信息获取途径

(每人最多选三项)

注：1. 数据来源：2011 年中国社会调查。

　　2. 数据使用了性别、年龄和城乡的加权。

　　3. 样本量：1507。

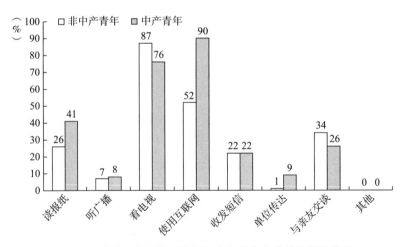

图 4 - 1 - 5　2011 年中产青年和非中产青年的信息获取途径

(每人最多选三项)

注：1. 数据来源：2011 年中国社会调查。

　　2. 数据使用了性别、年龄和城乡的加权。

　　3. 样本量：1502。

19%）、23%（非中产为9%）和18%（非中产为6%）；而使用自行车作为主要出行方式的比例相对显著较低，为8%，非中产选择自行车的比例为19%。

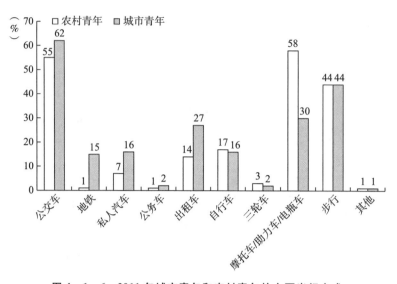

图 4 - 1 - 6 2011 年城市青年和农村青年的主要出行方式
（每人最多选三项）

注：1. 数据来源：2011 年中国社会调查。

2. 数据使用了性别、年龄和城乡的加权。

3. 样本量：1507。

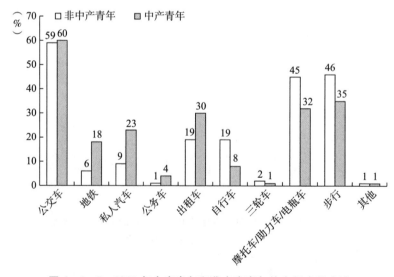

图 4 - 1 - 7 2011 年中产青年和非中产青年的主要出行方式
（每人最多选三项）

注：1. 数据来源：2011 年中国社会调查。

2. 数据使用了性别、年龄和城乡的加权。

3. 样本量：1502。

在周末或者节假日的休闲活动方面，城市和农村青年的差异较为明显，城市青年比农村青年更广泛地参与各项休闲活动，尤其是高科技和文化艺术类活动。如图4-1-8所示，虽然城市和农村青年选择比例最高的两项都为玩电脑游戏/上网和串门聊天，但是城市青年选择玩电脑游戏/上网的比例远远高于串门聊天的比例，分别为63%和25%，而农村青年选择串门聊天的比例最高，为53%，其次才是玩电脑游戏/上网，为40%。这一是体现了数码产品对于青年——无论身处城市还是农村——强大的吸引力，二是体现了农村居民在物质产品和服务获得上的局限性，使得其休闲方式仍较传统，青年在数码产品的使用上也受到了制约。另外，城市青年外出观看电影/戏剧/表演/听音乐会的比例也相对显著较高，为19%，而农村青年选择该活动的比例为7%。这同城市更加丰富、多元的文化活动和设施有关，也可能同青年的收入水平和在文化消费上的观念有关。除了这些显著的差异之外，城市青年比农村青年也更广泛地参与读书看报、运动健身、外出看体育比赛、郊游/钓鱼/户外活动、外出旅游和去迪斯科/卡拉OK/酒吧等休闲活动，但是在较传统的休闲方式——打麻将和打牌上，城市青年选择该活动的比例相对稍低，为14%，而农村青年为19%。

中产青年也是比非中产青年更广泛地参与这些休闲活动，如图4-1-9所示。两个群体选择玩电脑游戏/上网的比例都相当突出，分别占69%和49%，说明电脑游戏和互联网在青年群体中已经趋向大众消费。中产青年在各项休闲活动的参与率上都高于非中产青年，除了选择"打麻将/打牌""串门聊天""其他"和"以上都没有"的比例相对较低。

使用多元对应分析，我们可以更清晰地看到城市和农村青年、中产和非中产青年在休闲活动参与上的差异。在多元对应分析的二维空间内，城市和农村青年、中产和非中产青年的分布有相当的距离，表示这四种群体在休闲消费模式上存在一定分化。"中产青年"几乎参与所有的休闲活动，最接近"外出观看电影/戏剧/表演/听音乐会""外出旅游"和"外出看体育比赛"，所以这三项可以被认为是典型的"中产青年"休闲活动；其次接近"中产青年"的是"运动健身""玩电脑游戏/上网""读书看报""郊游/钓鱼/户外活动"。以上7项基本上是需要一定经济资本和文化资本的活动。而"非中产青年"更接近"不参与"这些休闲活动。"城市青年"在一定程度上与"中产青年"的消费方式接近，如"玩电脑游戏/上网""读书看

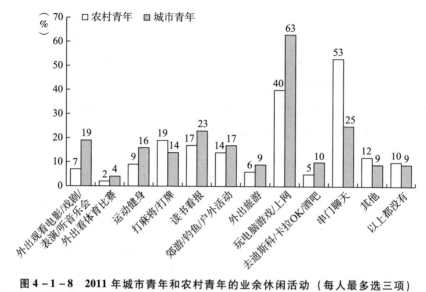

图 4 – 1 – 8 2011 年城市青年和农村青年的业余休闲活动（每人最多选三项）

注：1. 数据来源：2011 年中国社会调查。

　　2. 数据使用了性别、年龄和城乡的加权。

　　3. 样本量：1506。

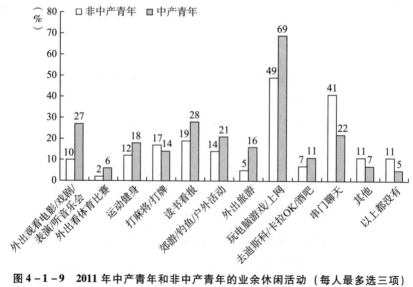

图 4 – 1 – 9 2011 年中产青年和非中产青年的业余休闲活动（每人最多选三项）

注：1. 数据来源：2011 年中国社会调查。

　　2. 数据使用了性别、年龄和城乡的加权。

　　3. 样本量：1501。

报"和"郊游/钓鱼/户外活动",但是也接近"不打麻将、不打牌""不去
迪斯科/卡拉 OK/酒吧""不外出看体育比赛""不外出旅游"等,这其中既
有与农村青年的区别,也体现了城市青年总体上较贫乏的休闲活动。而农
村青年更接近"其他""串门聊天"和"打麻将/打牌",基本上不参与那
些需要一定经济资本和文化资本的活动,与非中产青年的消费模式较为接
近但是仍有相当的距离。

三　互联网背景下的青年新兴消费

互联网时代催生了许多新的消费趋势,大学生作为容易接受新生事物
的群体,也被这些消费新趋势所影响。共享单车、网络贷款、校园跑腿等
走进校园,给大学生的生活带来便利和精彩,也使得校园生活改变以往
"象牙塔"的生活方式,而更加与社会生活接轨。本节将使用中国社会科
学院社会学研究所组织实施的 2017 年"当代大学生就业、生活和价值观
追踪调查",以信贷消费和共享经济为例,分析互联网背景下的青年新兴
消费。

(一) 对于信贷消费的参与

在被调查的样本中,20.39%的大学生表示使用过贷款或分期付款用于
日常消费(不包括学费书费)。具体来看,生源地为城市的大学生使用贷款
或分期付款的比例较高(21.17% vs 19.65%),家庭经济条件越好的大学生
信贷消费的比例也越高,父母月收入在 3000 元及以下的大学生中只有
17.63%的使用过,父母月收入在 3001－7000 元的大学生中有 20.32%的使用
过,而父母月收入在 20000 元以上的有 29.84%的使用过(见表 4－1－1)。

表 4－1－1　不同家庭经济条件的大学生使用信贷消费的情况

单位:%

是否使用过贷款/分期付款用于日常消费	父母当前月收入				
	3000 元及以下	3001－7000 元	7001－10000 元	10001－20000 元	20000 元以上
使用过	17.63	20.32	21.12	23.55	29.84
没使用过	82.37	79.68	78.88	76.45	70.16
合计	100	100	100	100	100

男性大学生使用贷款或分期付款的比例较高（22.94% vs 18.07%）；相比高职院校和985高校，普通高校使用贷款或分期付款的比例最高。随着年级的增长，大学生使用贷款或分期付款的比例显著增高，10.46%的本科一年级学生使用过，而到了本科二年级该比例就升至21.42%，到了研究生三年级该比例为30.29%。可能的原因是年级越高，大学生的开销和日常需求随之增长，并且风险认知和应对能力也会提高，从而选择信贷消费的比例更高。

在使用过贷款或分期付款的样本中，大多数大学生用过综合型电商平台信贷业务，占77.05%，也有一部分用过信用卡，占12.69%，而使用专业性分期购物平台或P2P贷款平台的大学生比例较低，分别占6.77%和2.75%，如图4-1-10所示。

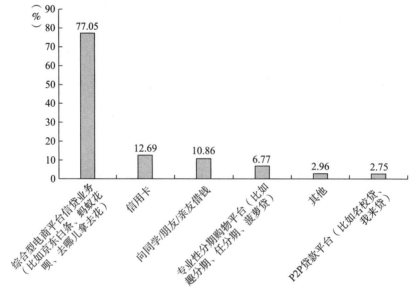

图4-1-10　大学生使用信贷消费渠道和平台的分布

在贷款或分期付款所支付的消费和投资项目中，从大学生总体来看，衣服所占比例最高，47%的大学生选择此项，其次为数码产品、鞋、化妆品，选择投资理财和创业的大学生比例最低。图4-1-11按照大学生总体使用贷款或分期付款于消费和投资项目的比例由高到低排列，其中也可看出性别差异。男大学生更高比例使用贷款或分期付款于数码产品（46%）、衣服（39%）、鞋（32%），而女大学生更高比例用于衣服（57%）、化妆品（41%）、鞋（34%），男大学生用于打游戏的比例也高于女大学生，但是男女大学生在学习、社会交往、旅游等消费中使用贷款或分期付款的比例差异不大。

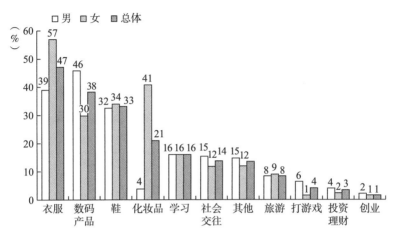

图4-1-11 大学生使用贷款或分期付款的消费和投资项目分布

在过去一年中，大学生贷款或分期付款的使用频率还是相当可观，38.66%的大学生表示使用过1次，40.74%的大学生表示使用过2-5次，有11.27%的大学生表示用过10次以上。信贷消费使用频率上的性别差异不大，男生在非常频繁的10次以上的频率中占比较高，男生和女生的该项比例分别为12.86%和9.42%。家庭背景较优越的大学生使用信贷消费的频率更高，在比较频繁的6-10次和非常频繁的10次以上的频率中趋势明显。以去年使用过10次以上信贷消费的大学生为例，父母月收入在3000元及以下家庭中有6.29%的学生使用过，父母月收入在3001-7000元家庭中有9.07%的学生使用过，父母月收入在7001-10000元家庭中有14.56%的学生使用过，而父母月收入在20000元以上家庭中则高达27.61%的学生使用过。

虽然总体使用频率可观，但大学生的借贷金额（或分期总额）并不高，占比最高的是一次借贷金额（或分期总额）1000元以下，比例为68.44%，其次是1000-2000元，比例为16.41%，而一次借贷金额（或分期金额）10000元以上的比例极低。

就使用过的最高一笔借贷金额（或分期总额）来说，大部分集中在半年以内的还款周期，其中，借款或分期周期为1周到1个月的占30.93%，借贷周期为 2 – 3 个月的占 18.35%，借贷周期为 4 – 6 个月的占 13.22%。

就这笔最高的借贷金额（或分期总额）的借贷利率来说（如表 4 – 1 – 2 所示），无利率的占 46.8%，年化利率 1% – 5% 的占 25.51%，也有一定比例的借贷利率较高，年化利率 5% – 10% 的占 5.79%，年化利率达 10% – 20% 的占 1.36%，因此，大学生中使用高利贷的风险仍然存在，并且还有 20.19% 的大学生表示未关注过年化利率，也反映了大学生对于借贷风险认知方面的不足。

表 4 – 1 – 2   大学生使用过的最高一笔借贷金融（或分期总额）的年化利率占比

单位：%

年化利率	比例
无利率	46.8
1% – 5%	25.51
5% – 10%	5.79
10% – 20%	1.36
20% – 50%	0.25
50% 以上	0.11
没关注过	20.19
合计	100

我们将借贷年化利率在 10% 及以上以及未关注过贷款利率的人群界定为"校园贷"高风险群体，将借贷年化利率在 10% 以下的人群界定为"校园贷"低风险群体。在高风险群体中，8.26% 的人在过去一年中使用过 10 次以上贷款或分期付款；虽然更多集中于 3000 元及以下的借贷，但一次借贷金额（或分期总额）为 6001 – 8000 元的占 2.31%，一次借贷金额（或分期总额）为 10001 元以上的比例接近 2%。这群大学生还倾向使用更长周期的借贷以缓解还款压力，就使用过的最高一笔借贷金额（或分期总额）来说，借贷周期为 1 周到 1 个月的仅占 24.79%，借贷周期为 7 – 12 个月的占 18.51%，12 个月以上的占到 13.88%，这些较长借贷周期所占比例均高于低风险群体的相应比例，如表 4 – 1 – 3 所示。

表 4 - 1 - 3　高风险群体与低风险群体使用过的最高一笔
借贷金融（或分期总额）的周期比较

单位：%

借贷周期	低风险群体	高风险群体
1 周以内	13.26	10.41
1 周到 1 个月	32.69	24.79
2 - 3 个月	18.28	18.51
4 - 6 个月	12.98	13.88
7 - 12 个月	14.73	18.51
12 个月以上	8.06	13.88
合计	100	100

分析发现，男性大学生使用较高贷款利率的比例较高，就使用过的最高借贷金额（或分期总额）来讲，男生使用借款年化利率10% - 20%的比例为1.8%，女生该比例为0.85%，男生使用借贷年化利率在20%以上的比例为0.53%，女生该比例为0.16%，但是女生未关注过贷款利率的比例高于男生，两者的比例分别为23.61%和17.23%。贷款利率的使用也存在家庭背景的差异，父母月收入越高，属于高风险群体的可能性越小。父母月收入在3000元及以下的大学生属于贷款利率层面高风险群体的比例为22.08%，父母月收入在3001 - 7000元或者7001 - 10000元的比例下降至21.08%和20.52%，父母月收入达到20000元以上，大学生属于高风险群体的可能性下降至17.68%。

此外，所处年级越低，未关注过贷款利率的比例越高，并且专科生未关注过贷款利率的比例高于本科生。本科一年级未关注过贷款利率的占19.89%，本科四年级，该比例下降至17.88%，到了研究生三年级，该比例进一步下降至11.43%，而专科一年级未关注过贷款利率的比例为29.38%，到了专科三年级下降至23.69%，但仍高于本科生的总体水平。这说明随着年龄和年级的增长，大学生的金融风险意识在逐渐增强，从而陷入"校园贷"的可能性在降低。而专科生的金融风险意识总体低于本科生，高校学生工作应当关注专科生群体，努力提升专科生的金融风险防范意识。

大学生的还款途径集中在从生活费中支出和通过兼职、奖学金等增加收入，分别有 75% 和 42% 的大学生选择这两项，也有 8% 的大学生表示会向父母、配偶/男女朋友或其他人要钱。分析还注意到，9% 的大学生选择"先偿还一部分"，2% 的大学生选择"向别的平台继续贷款"或者"先欠着再说"，这些是可能坠入"校园贷"陷阱的高风险人群。

就这部分还款方式可能陷入"校园贷"的高风险人群而言，女生的比例高于男生，分别有 11.83% 的女生和 8.63% 的男生属于高风险人群；来自农村的学生更可能是高风险群体，分别有 10.65% 的农村学生和 9.59% 的城市学生在还款方式上风险较高。父母收入越高，还款方式上属于高风险群体的可能性越小。有 22.85% 的父母月收入低于 7000 元的学生属于高风险群体，而父母月收入高于 10000 元的学生的风险可能性下降至 14.86%。此外，高职院校和普通高校学生的风险可能性高于 985 高校学生，高职院校、普通高校和 985 高校学生属于高风险群体的比例分别为 11.24%、11.65% 和 6.83%。可见，不同于使用借贷消费的可能性和借贷频率，借贷利率和还款方式高风险人群更多集中于家庭背景或高等教育背景较弱势的大学生，已有相关研究也指出了类似发现，需要引起教育工作者注意。

（二）对于共享经济的参与

调查分析了大学生在出行、住宿、生活服务和知识服务四个方面参与共享经济的情况。如图 4-1-12 所示，最近一年大学生参与出行类共享经济的比例最高，73% 的大学生使用过专车、顺风车、快车，72% 的大学生使用过共享单车；大学生也热衷使用免费的知识服务，62% 的大学生通过网络平台获得过免费的知识服务。而大学生参与住宿和生活服务类共享经济的比例相对较低，25% 的大学生通过网络平台预订过住宿，15% 通过网络平台预约过美容美发/洗衣/搬运等生活服务，22% 在网上买卖/租出（入）过二手物品，这主要跟预订住宿和生活服务同出行比起来频率要低有关，同时预订住宿和生活服务等也与旅游、美容、消费等生活方式有关。

此外，相对于使用免费的知识服务，大学生参与"知识付费"的比例较低，提供知识服务的比例就更低，22% 的大学生通过网络平台获得过付费知识服务，22% 的通过网络平台提供过免费知识服务，只有 4% 通过网络平台提供过付费知识服务。

虽然大学生使用各类共享经济的比例不同，但是就参与意愿来讲，大学生对于各类共享经济都表现出了较强烈的意愿。如图 4-1-13 所示，出

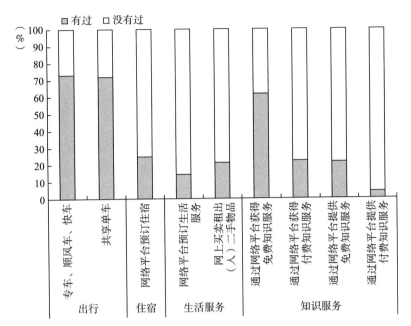

图 4-1-12　最近一年大学生参与各类共享经济的情况

行类共享经济的参与意愿最高，73%的大学生将来愿意使用专车、顺风车和快车，此外，也有52%将来愿意通过网络平台预订住宿，58%将来愿意通过网络平台为陌生人提供知识服务。作为"共享住宿"的提供方，大学生则显得比较迟疑，32%表示愿意通过网络平台提供自家闲置住房给陌生人住宿，另有44%的大学生表示不愿意、24%表示不确定。

这种"不确定"的态度也出现在了作为"共享住宿"的消费者和知识服务的提供者方面，31%的大学生表示"不确定"将来是否愿意通过网络平台预订住宿，32%的表示"不确定"将来是否愿意通过网络平台提供知识服务。调研中我们也发现，大学生表现出了对于共享住宿的疑虑，诸如陌生人和房子是否安全、交易是否可靠、房源信息是否真实，很多情况下还是连锁酒店更有保证；但也有大学生使用过共享住宿并强调其积极的一面，省了连锁酒店较昂贵的住宿费、能结交当地朋友、了解当地文化，这些有正面经验的大学生更愿意继续尝试。

总体而言，大学生认为基于网络平台的"共享经济"很方便，认同此特点的比例最高，74%的大学生选择此项，也有19%的大学生认同"价格便宜"，各有10%以上的大学生认同"绿色环保可持续""有趣/好玩""认

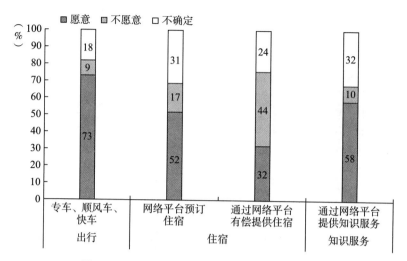

图 4 - 1 - 13   大学生参与各类共享经济的意愿

识更多人"。由于基于"消费者也是生产者"的理念，共享经济的服务质量可能并不是很大的优势，因此选择"服务质量好"的大学生比例较低，仅为 7%。业界及舆论也有争议，很多所谓"共享经济"的形式并非真正意义上的共享经济，因而在大学生看来也并没有什么特点，5% 的大学生选择此项，当然也有可能是因为并没有符合大学生对于新生事物的期待从而略感失望。

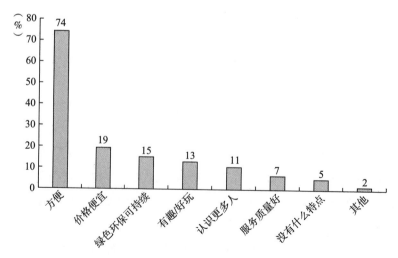

图 4 - 1 - 14   大学生认为通过网络平台提供的服务的突出特点

住宿类、生活服务类和知识类共享经济的选择比例较高，我们重点分析大学生在使用这些网络平台服务方面的差异。就通过网络平台预订居民家提供的住宿而言，性别差异不显著，但是女生愿意将来使用的比例较高，女生和男生愿意使用的比例分别为54.6%和48.11%，女生表示"不确定"的比例也高于男生，这反映出女大学生对于新鲜事物更感兴趣但同时担忧其伴随的风险而形成的一种矛盾情绪。使用共享住宿的大学生年龄差异不显著，平均年龄都为20岁。

分析进一步显示，使用过共享住宿的大学生明显更愿意将来继续使用。在最近一年使用过共享住宿的大学生中，86.1%的愿意将来继续使用，只有6.32%的表示不愿意；而在最近一年没使用过共享住宿的大学生中，只有39.83%的愿意将来使用，还有39.26%表示"不确定"，20.91%的大学生明确表示不愿意使用。在对于共享经济的突出特点的理解中，最近一年未使用过共享住宿的大学生更强调表面的一些特点，比如方便，而最近一年使用过共享住宿的大学生更强调深层次的特点并且认同比例总体较高，24.77%的认为"价格便宜"、16.58%的认为"有趣/好玩"、16.38%的认为"绿色环保可持续"、11.73%的认为可以"认识更多人"。这也可以解释近期有过共享经济体验的大学生，更深刻感受到共享经济带来的诸多益处和不可替代之处，从而参与热情更高。研究发现一定程度上暗示了以共享住宿为例的共享经济的发展路径，应当采取措施鼓励人们尤其热衷新鲜事物的年轻人去尝试，才能切实提高人们认同并参与共享经济的积极性。

就通过网络平台预约美容美发、洗衣、搬运等生活服务来讲，女生使用的比例高于男生，15.31%的女生预约过；家庭背景较优越的大学生使用比例也较高，城市生源大学生使用这些生活服务的比例高于农村生源，使用比例分别为17.52%和11.72%；父母月收入越高，大学生使用这些生活服务的比例显著更高，父母月收入在3000元以下的大学生使用比例仅为9.6%，父母月收入在7000－10000元的大学生使用比例增长至16.53%，而父母月收入在20000元以上的大学生使用比例则高达27.12%。

随着年级的增长，大学生使用网络预订生活服务的比例也呈增长趋势，本科一年级大学生的使用比例为10.19%，到了本科四年级增长到20.07%，到了研究生三年级增长到25.07%，可能与年级的增长带来的搬家、美容等生活需求也逐步增长并且时间压力也更重，再加上年级的增长也会增加一些额外的收入，所以高年级尤其毕业班的大学生更可能通过网络预约生活服务。

研究发现，知识付费的使用更多的与教育背景因素有关，总体而言，"学霸"参与知识付费的热情更高。首先，985高校大学生通过网络平台获得付费知识服务的比例最高，为28.64%，高于普通高校和高职院校的该比例。其次，学习成绩在同年级同专业的学生中为"优异"（综合成绩排名前10%）或"良好"（综合成绩排名前25%）的大学生使用知识付费的比例较高，分别为28.81%和23.68%，但是学习成绩"很差"的大学生使用知识付费的比例也很高，达到28.87%，可见从学业成绩来看，"学霸"和"学渣"对于知识付费的参与度都较高，但可能获得的知识内容、参与程度和参与动机有所差异。此外，随着年级的增长，大学生使用知识付费的比例也呈增长趋势，本科一年级大学生的参与比例为21.82%，本科三年级和四年级大学生的参与比例分别达到30.81%和33.55%。

四 结论

同中老年相比，青年的信息获取渠道体现出多元化、现代化的特征，单一制度化的信息渠道逐渐被现代化和高科技的信息获取方式取代，暗示着青年比中老年获得的信息和知识更丰富、视野更开阔。对于数码产品和互联网的偏好也体现在休闲方式的选择上，反映了青年对于乐趣和刺激性的追求；此外，在业余休闲活动中，青年也热衷观看演出和电影等，来获得文化和艺术的审美乐趣。青年倾向使用较快捷、个性化的交通工具，反映了较高的收入水平和追求舒适的消费倾向。

中产青年和城市青年倾向通过更能反映多方面信息的互联网和更为严谨的报纸获得信息，体现出一定的信息甄别意识和能力，当然也与中产青年和城市青年更容易获得/接触这些产品和服务有一定关系。出行方式的差异同地理空间和基础设施有很大关系，因此城市青年和农村青年的差异更显著，而中产青年比非中产青年更多地选择出租车、私家车和地铁，反映了中产青年更高的收入水平和对效率的要求。休闲活动参与的程度——而不是类型——是区分青年休闲消费的主要维度。可能的原因是城市较完善的相关设施和多样化的消费选择，以及中产青年热衷通过消费来获得审美和放松。这一发现更重要的是说明在当代中产和城市青年身上，也出现了一种类似西方发达国家中产阶级的"杂食"的消费倾向，而那种对于合法性文化或说高雅文化的偏好在当代青年群体中并不明显。

本文通过历史的、社会学的分析，揭示了青年消费的一些显著特征以及内部分化，暗示了中国社会的一些未来发展趋势。可以看出，青年表现出了与上几代人不同的消费模式特征，体现出了一些新的消费倾向，包括对于高科技产品和服务的偏爱以及对于感官乐趣、审美乐趣和生活舒适的追求。当然，他们也保留着一些相似的特征，如传统的社交方式以及对于较传统的信息获取途径和较实惠的出行方式的依赖。这些发现让我们看到了在全球化和转型国家的双重背景下，消费模式如何被社会文本所塑造，而使得青年身上表现出了传统性与现代性、乐趣和舒适的追求与节俭价值观的冲突与和谐。

研究也揭示了大学生互联网消费的一些新趋势。在互联网发展背景下，大学生主要使用综合型电商平台的信贷业务，而使用专业性分期购物平台或 P2P 贷款平台的比例较低，主要用于衣着打扮和耐用品消费，家庭背景较优越的大学生使用信贷消费的比例和频率都较高；但是，"校园贷"的风险依然存在，在使用过信贷消费的大学生中，贷款平台和还款方式维度上属于高风险的分别占 10% 左右，贷款利率维度上的高风险比例为 21.9%。大学生参与出行类共享经济的比例最高，其次是免费的知识服务，相对而言，参与住宿和生活服务类以及"知识付费"共享经济的比例较低；大学生对于共享住宿的参与显示出了比较迟疑和矛盾的情绪，但是有过积极体验的大学生更愿意继续参与，对共享经济的评价和理解更深刻。这些研究发现对于青年研究、高校学生工作以及互联网相关产业发展具有一定的启示意义。

巴西青年的休闲和社交

E. D. 阿尔梅达　　J. 戴雷尔　　P. 卡拉诺

对巴西年轻人休闲活动中的社会和文化习俗的研究，将有助于我们了解巴西年轻人及其生活方式。我们关注的是年轻人在没有社会义务的空闲时间里所做的事情，即那些较少被社会控制或高度程序化的活动。首先，我们试图阐明我们对青年和休闲之间关系的理解，然后通过描述和分析数据，给出一个关于获得和体验休闲的客观描绘。我们的分析还讨论了年轻人利用新的信息通信技术（ICT）享受的休闲时间。

对当代西方社会的研究表明，个人倾向享受的话要在他们不需要承担社会义务的时间段，参与活动的目的是满足不同的利益和需求。因此，我们认为社交是一种有趣的联系形式，是由围绕利益的互动所组成，这些利益推动着行动，并最终组成了社会。① 在这些社会中，休闲活动存在于私人生活和公共空间的不同部分。

埃利亚斯和邓宁②提醒我们"并非所有的空闲时间都是休闲时间"，因为在空闲时间，个人也需要完成非工作上的任务，必须完成社会义务和自我强加的义务；这类活动发生在空闲时间，但不一定是作为休闲活动来被体验的。

在业余时间，人们在宏观层面和环环相扣的各种因素制约的环境中开展非程序化的、控制程度没有那么高的活动。在这里，个人可以寻求对休

---

① Simmel, G., Sociabilidade: Um Exemplo de Sociologia Pura ou Formal. In E. Morais Filho (orgs.), *Georg Simmel*, São Paulo: Atica, 1983.

② Elias, N. & Dunning, E., *Deporte y Ocio en el Proceso de la Civilizacion*, México, Madrid, Buenos Aires: Fondo de Cultura Econômica, 1992b.

闲需求的回应，将不同的活动组合或并列在一起，而不受严格控制。通过这种方式，个体成为"游戏"的一部分。在这个游戏中，他们所做的决定要么以自我为中心，要么以他人为中心，也即个人或集体。[①]

休闲和自由时间的实践是由历史决定和制约的，它们促进了我们对不同社会形态的经济和文化动态的理解，并抓住了构成这些社会形态并使它们独一无二的时间和节奏。在这一点上，青年成为中心。我们完全同意马查多·佩斯（Machado Pais）的观点，他指出"那些不想谈论休闲的人应该停止谈论青年"。[②] 正是在休闲和闲暇的社会文化领域里，青年发展出了娱乐或有趣的活动；这里我们有机会捕捉青年作为一个群体内部的与年龄、世代有关的共同特征，但是异质性和多样性的迹象也很明显。正是通过这些活动，青年揭示了他们与社会经济文化、社会空间的不同的关系，以及他们与成人世界的价值观、规范和控制机制相联系并与之相互影响的方式。

巴西和欧洲的研究都发现，年轻人在空闲时间培养休闲活动和经历的重要性。布雷内（Brenner）等人[③]认为，了解年轻人与休闲之间的关系具有开创性的意义，因为它是物质和非物质生活的一部分，被年轻人体验、感知和经历。正是在这里，我们发现了进一步分析的潜力，以理解社会赋予青年自由时间的意义。正是在年轻人生活的动态中，我们认识到在闲暇和空闲时间生活的文化中将青年生活组织起来的各种因素。

佩斯[④]和布雷内等人[⑤]在强调自由时间和休闲活动在衡量社会文化世界的重要性时，表达了类似的观点。正是通过远离成年人及其掌控的社交机

① Elias, N. & Dunning, E., *A Busca da Excitação*, Lisboa: Difel, 1992a, p. 117.

② Pais, J. M., Lazeres e Sociabilidades Juvenis: Um Ensaio de Análise Etnográfica, *Análise Social*, XXV (108 – 109), 1990 b, pp. 391 – 644.

③ Brenner, A., Dayrell, J., & Carrano, P., Juventude Brasileira: Culturas do Lazer e do Tempo livre. In *Um Olhar Sobre o Jovem no Brasil*, Brasilia: Editora do Ministério da Saúde. Brasília: Fundação Oswaldo Cruz, 2008.

④ Pais, J. M., Lazeres e Sociabilidades Juvenis: Um Ensaio de Análise Etnográfica, *Análise social*, XXV (108 – 109), 1990 b, pp. 391 – 644.

⑤ Brenner, A., Dayrell, J., & Carrano, P., Juventude Brasileira: Culturas do Lazer e do Tempo livre. In *Um Olhar Sobre o Jovem no Brasil*, Brasilia: Editora do Ministério da Saúde. Brasília: Fundação Oswaldo Cruz, 2008.

构的保护、监视和直接控制的休闲活动，年轻人认识到建立自己的"诺莫斯"① 的可能性，这是一个对时间和经验的自我管理过程。即使在面对各种约束的情况下，年轻人也是在休闲、自由的领域中创造文化表达，制定礼仪，产生符号，决定生存方式和生活方式，形成多种多样的想象形式。最后，休闲时间是嵌入社会并融入社会结构的一种形式；它是一个潜在的时空范围，可以用来建构身份和发现人类潜能。

在休闲的社会中，个人进行的活动提供了令人愉快的刺激、表达，以及个人和集体成就的手段。② 对这些人来说，正是通过社交休闲活动，个人创造了某种自由意识，因为他们可以暂时逃离日常工作、社会义务、社会及体制对社会行为、情感和个人主体性表达的多重控制。

涉及"纯粹社交"或那些被称为"模仿"的活动产生愉快的情绪张力，让年轻人体验社会整合的同时而不必过度给出承诺。③ 这种通往融合的道路在社会方面是非常有效的，因为它们汇集了代表生活（感知生活）的各个时期，使青年能够确立价值、获取知识与经验，并扭转所做的选择，进行身份建构并行使自主权。通过休闲的实践和内容，年轻人可以巩固关系，消费和（再）生产文化产品，产生享受、审美感受和文化认同过程。

如果年轻人在休闲和自由时间领域的经验让我们更好地理解青年的状况和他们对待时间的方式，以及他们在哪里体验"未承诺的"社会融合的形式，那么通过这些我们还可以看到青年的其他维度，即那些限制他们的生活和经验的维度，如不平等和社会经济文化、阶级流动性有关，或由农村向城市相关的地理迁移带来的限制。私人或公共空间实施的休闲活动受到"构成主体和社区的物质生活条件与文化资本"的制约。④

---

① 译者注：诺莫斯，指源自地域的自我感知。

② Elias, N. & Dunning, E., *A Busca da Excitação* (Lisboa: Difel, 1992a); Elias, N. & Dunning, E., *Deporte y Ocio en el Proceso de la Civilizacion*, México (Madrid, Buenos Aires: Fondo de Cultura Econômica, 1992b).

③ Elias, N. & Dunning, E., *A Busca da Excitação* (Lisboa: Difel, 1992a); Elias, N. & Dunning, E., *Deporte y Ocio en el Proceso de la Civilizacion* (México, Madrid, Buenos Aires: Fondo de Cultura Econômica, 1992b): pp. 88 – 89, pp. 92 – 96.

④ Brenner, A., Dayrell, J., & Carrano, P., Juventude Brasileira: Culturas do Lazer e do Tempo livre. In *Um Olhar Sobre o Jovem no Brasil* (Brasilia: Editora do Ministério da Saúde. Brasília: Fundação Oswaldo Cruz, 2008): p. 31.

因此，为了使大众，特别是青年人能够享受闲暇和自由时间，并开发他们自己的潜力，必须保证这种行为是权利，而不是特权。我们的意思是这要作为一种社会权利得到保障，随着人们在享受构成现代公民权利的其他权利的同时，这种权利需要更加清晰和具体。在我们的案例中，巴西很晚才将休闲视为一种社会权利，1988 年的巴西宪法中它才被明确定义。

在回答了这些问题之后，我们继续呈现和分析巴西年轻人的休闲活动，本文试图强调我们社会形态的独特性以及其中的青少年状况。首先，我们先用一些社会人口统计指标突出巴西人口的总体特征，特别是年轻人的特征，这些数据使人们对休闲有了更广泛的理解。在此基础上，下一步我们将增加体育文化设施、基础设施和休闲实践的指标。这些指标直接影响了新一代的休闲，揭示了社会再生产核心过程中的一些特殊性。

一 巴西青年的人口统计学维度

在 2010 年的人口普查中，巴西总人口为 1.908 亿人，其中 45932295 人的年龄在 0 到 14 岁之间；15 至 24 岁的人口有 34236060 人；25 至 39 岁的人口有 46737506 人；40 至 54 岁的人口有 34983120 人；55 至 64 岁的人口有 14785338 人，65 岁以上的人口有 14081480 人。男性和女性之间有一个相对的平衡，比例约为 96∶100。15 至 29 岁占总人口的 25.8%，4900 多万人。如我们在第六章所看到的，青年人口的增长率正在下降。

虽然出生的男性比女性多（每 205 个新生儿中有 105 个是男性），但年轻男性的死亡率更高，特别是外部因素导致的死亡。2006 年，15 至 29 岁男性中约 77% 的死亡是由外部原因造成的，尤其是他杀。[1] 受影响最大的群体是 15 至 29 岁的年轻黑人男性。巴西社会与经济分析研究所[2]进行的一项研究表明，从 2001 年到 2007 年，50% 的巴西黑人青年死亡原因是他杀。在白人青年人口中，唯一主要的死亡原因是机动车事故（35.3%）。在特定的年龄组中，黑人男性的死亡率几乎能达到 10%，而在白人男性中，这一比例

---

[1] Camarano, A. A. et al., Um Olhar Demográfico Sobre o Jovem Brasileiro. In *Juventude e Política Social no Brasil* (Brasília: IPEA, 2009).

[2] IPEA, *Dinâmica Demográfica da População Negra* (Brasília: IPEA, 2011).

不到 4%。总而言之，虽然巴西白人的死亡集中在年龄较大的人群中，但巴西年轻黑人遭受暴力的比例明显较高，因此巴西黑人的平均预期寿命较低。

巴西青少年杀人率居高不下的现象，在时间和空间上都有着令人遗憾的巧合。谋杀率最高的地区是最贫困的地区和城市的边远地区，在年轻人中，这个比率在周末增加了 68.2%。[1] 因此，"死亡的地理" 在巴西的贫困地区与自由时间相遇，其标志之一就是这些地区在娱乐和文化方面缺乏公共投资，而这类地区主要由贫民窟和劣质住房构成。这其中反映出的极端的社会不平等不容忽视，其影响包括生活区域、经济维度以及机会的获得。

根据巴西地理和统计研究所（IBGE）的调查，[2] 因巴西政府没有为 15 至 17 岁的青少年人口提供普及教育，在 2009 年，这个年龄段中只有不到一半的人处于合适的受教育年级水平。在这种背景下，地区差异十分惊人：在东北部，只有 39.2% 的青少年在高中就读，而在 10 年前的东南部地区，这一比例为 42.1%。收入水平与接受中等教育的机会之间的相关性仍然很高：在最穷的 20% 的人口中，15 至 17 岁的青少年中只有 32% 的人在上高中，而在最富的 20% 的人口中，入学率为 78%。此外，18 至 24 岁的年轻人完成 11 年学习的比例很低（37.9%），这一比率是衡量教育制度有效性的国际指标。[3]

巴西地理和统计研究所的 2008 - 2009 年家庭预算调查显示，学习年限越长，家庭月平均支出越大，休闲娱乐活动支出也越大。[4]

我们社会形态的生产和再生产方式的一个特点涉及一个事实，即工作是许多年轻人生活的一部分，就有限的研究来讲，尤其适用于那些来自社会经济金字塔底层的人。数据表明，受教育程度低的年轻人在劳动力市场上因教育劣势受到显著影响，其中很大比例的年轻人将学习和工作结合在一起，却没有办法保证至少有一段时间专心致力于学习。在 18 至 24 岁的年轻人中，只有 14.7% 的人说他们只学习，15.6% 的人说他们要平衡工作和学习，只工作的占 46.7%。在 16 至 24 岁的年轻劳动人口中，

① UNESCO, *Juventude, Juventudes: O Que Une e o Que Separa* (Brasília: UNESCO, 2006).

② IBGE, *Síntese de Indicadores Sociais* (SIS). (IBGE, 2010a).

③ IBGE, *Síntese de Indicadores Sociais* (SIS). (IBGE, 2010a).

④ IBGE MUNIC, *Pesquisa de Informações Básicas Municipais* — MUNIC. IBGE, 2009.

22.2%的人每月最多只能挣到最低工资的一半（2009年1月最低工资标准为108.87美元），这表明这些年轻人中有许多人注定要从事非正规和不受法律保护的职业。

在巴西东北部，16至24岁的年轻人处于这种情况的人数甚至更多，为43.5%。其中26.5%的人一周工作45小时以上；尽管巴西劳动法规定每周工作时间为44小时，但经济活动人口的平均每周工作时间约为40小时。16至24岁的受教育程度较低的年轻女性在协调工作和学习方面存在更大的困难，她们更有可能从事非正式工作（约有69.2%）。调查还显示，根据肤色不同，女性参加非正式工作的情况也有所不同：44%的白人女性参加非正式工作；60%的混合种族的女性和54.1%的黑人女性（54.1%）参加非正式工作，显然比例更高。[①]

有更多的空闲时间并不一定意味着一个人有更好的条件来享受休闲时间和空间。我们发现相当多的年轻人既不工作也不学习。大多数认为空闲时间无所事事是社会凝聚力面临风险的主要原因，这些社会表征都集中在这些年轻人身上。[②] 统计数据证实了巴西古老的格言"空虚的心灵是魔鬼的作坊"的正确性。根据国家教育研究所（INEP）2008年全国家庭抽样调查（PNAD）的数据分析，有340万的年龄在18至24岁的年轻人既没有学习也没有工作，这占据了当时这个年龄段的2320万人口中的14.6%。[③]

由数据可见相当比例的巴西青年以各种各样的方式度过这样不工作也不学习的时期：对某些人来说，这一相对较长的阶段是对不同选择的训练和试验，也就是说，是一种"社会暂停"。[④] 对另一些人来说，把学习和工作结合起来，或者只工作不学习，这意味着青年认真地承担了某些通常只属于成年人的责任。[⑤] 这些情况反映了年轻人享受自由时间和休闲的不平等或差异化。

---

① IBGE, Síntese de Indicadores Sociais (SIS) (IBGE, 2010a): p. 156.

② Sorj, B. & Martuccelli, D., *O Desafio Latino-Americano: Coesão Social e Democracia* (Rio de Janeiro: Civilização Brasileira, 2008).

③ INEP, Na Medida — Boletim de Estudos Educacionais do INEP (6 edn., Vol. 3) (INEP, 2011).

④ Margulis, M. & Urresti, M., La Juventude és Mas Que Una Palabra. In M. Margulis & L. Ariovich (orgs.), *La Juventude es Más Que Una Palabra* (Buenos Aires: Biblos, 1996).

⑤ Sposito, M. P., "A Sociabilidade Juvenil e a Rua: Novos Conflitos e Ação Coletiva na Cidade", *Tempo Social*, 1994, 5 (1-2), pp. 161-178.

然而，我们也必须考虑到，还有许多年轻人要平衡学校和工作的需求，甚至早早辍学，融入经济体系。并不是所有这样做的人都是因为经济压力或家庭的强制要求，他们这样做是为了寻求更大的经济独立。在这种情况下，这将导致青年更有能力选择自己的休闲活动，他们可以把钱花在各种各样的商品和服务上面，比如去看电影，买 CD、DVD、书籍、杂志，参加体育活动，如去健身房，旅行或获得一台电脑、手机及其他消费品。

二　巴西市政当局的文化和休闲基础设施

如据统计，2009 年巴西共有 5565 个市政当局。[①] 据巴西市政当局研究概况报告显示，在 21 世纪的第一个十年中，巴西在扩大文化设施和扩大媒体渠道方面取得了进展。报告指出，这十年间城市网络电视的覆盖范围扩大，公共图书馆数量增加，居民对视听设备的所有率、多媒体资源获取率以及接入互联网的电脑数量均有所增加。这些资源可能有助于增加阅读和发展更广阔的文化视野，特别是对青年而言。同一项调查显示，市政当局的文化基础设施有所改善，这是由于博物馆、剧院等传统设施的扩张，小幅改善的还有电影院的建设。然而，应重点关注的是，这些设施的增加应发生在该国最贫穷的地区，这些城市在 21 世纪的第一个十年开始之前只有单一的或没有文化设施。尽管如此，几乎所有巴西城市的文化、体育和休闲基础设施的提供仍然非常不稳定。贫富差距的再生产表现在市政当局对文化、体育和休闲机会的不平等分配。这种基础设施更容易在人口较多的地区找到，特别是在社会经济比较发达的南部和东南部地区。

在巴西，体育被正式分为三种模式：教育体育、表演体育和体育休闲。[②] 根据巴西地理和统计研究所对各州府和城市[③]的调查，2008 年 69% 的城市中有教育体育，在 80.4% 的城市开发了体育休闲活动；然而，只有

---

① IBGE MUNIC, Pesquisa de Informações Básicas Municipais — MUNIC. IBGE, 2009.
② 教育体育包括学校课外体育、学校核心体育、学校设施的建设、扩建和维护、学校团队的赞助和维护。表演体育包括竞赛、地方运动队的赞助或维护、基层体育、设施的建设、扩建和维护、公共体育设施的提供。最后，体育和休闲包括针对儿童和青少年的活动、娱乐和休闲设施的建设、扩建和维护，这些是针对贫困社区、老年人和其他有特殊需求的群体（IBGE MUNIC, Pesquisa de Informações Básicas Municipais — MUNIC. IBGE, 2009.）。
③ IBGE MUNIC, Pesquisa de Informações Básicas Municipais — MUNIC. IBGE, 2009.

18%的城市发布了与表演体育相关的政策。仅有10.3%的城市专门提供针对残疾人的体育活动，特别是大部分存在于较大的城市。在我们的评估中，这一比例实在太低，尤其让那些为扩大这些针对身体和精神残疾的政策辩护的人感到担忧，因为这些政策是国家社会和文化发展的一个指标。同一项研究表明，一个城市的人口越多，民众能够获得的行动、项目、计划和设施的比例就越大。生活在小城镇和农村地区的巴西年轻人能够接触到的体育设施相对较少，相关的公共政策也不那么有效。

数据再次显示，巴西年轻人在闲暇时间的活动方式不同且状况不平等。我们已经考虑了他们在生活中所处的条件和限制，以及巴西政府和社会对不同青少年群体在休闲活动方面所提供的客观条件保障。

三　巴西年轻人的休闲和自由时光

学术界的青年研究，以及在国家机构或非政府组织内在进行青年研究过程中，有时会调查年轻人及其与休闲的关系。[①] 在学术领域之外，关于这些问题的第一次专门讨论是在21世纪的第一个十年中进行的，主要是以下非政府组织牵头进行：公民研究所、[②] 巴西社会与经济分析研究所[③]和联合国教科文组织。[④] 最近，巴西地理和统计研究所[⑤]和巴西社会与经济分析研究所[⑥]等国家机构对年轻人对文化和体育活动的看法进行了调查。然而，我们选择不去分析这项研究的结果，因为其过于定量，研究的角度让我们难以展开对话，而且他们的发现与我们的中心主题——年轻人休闲时间的娱乐方式——相去甚远。

现在我们将集中分析上述非政府组织进行的三项民意调查：《巴西青年

---

① Sposito, M. P. (orgs.), *Juventude e Escolarização* (1980 – 1998) (Brasília: INEP/MEC, 2002); Sposito, M. P., *Interfaces Between the Sociology of Education and the Studies about Youth in Brazil*, In M. Apple, S. Ball & L. A. Gandin (orgs.), *The Routledge International Handbook of the Sociology of Education* Abingdon (Routledge, 2010): pp. 405 – 413.

② Instituto Cidadania, *Perfil da juventude Brasileira* (São Paulo: Fundação Perseu Abramo, 2003).

③ IBASE & POLIS, Pesquisa, "Juventude Brasileira e Democracia", (IBASE/POLIS, 2006).

④ UNESCO, *Juventude, juventudes: O Que Une e o Que Separa* (Brasília: UNESCO, 2006).

⑤ IBGE, Síntese de Indicadores Sociais (SIS) (IBGE, 2010a).

⑥ IPEA, *Sistema de Indicadores e Percepções Sociais: Cultura*. Brasília: IPEA, 2010; IPEA, *Dinâmica Demográfica da População Negra* (Brasília: IPEA, 2011).

概况》①《巴西青年与民主：参与，公共与政治领域》② 以及《青年，青年，是什么让他们聚集在一起，又是什么将他们分离》。③ 这些研究突出了青年空闲时间活动的两个关键标志：那些主要发生在"家庭内部"的活动与那些发生在"家庭外部"的活动形成对比。

根据《巴西青年概况》④ 和《青年，青年，是什么让他们聚集在一起，又是什么将他们分离》⑤ 的研究结果，大多数接受调查的年轻人在"家中"进行的业余活动包括看电视、听广播/音乐、阅读（书籍或杂志）和帮忙家务。这两项研究都表明，在所有年龄组中，看电视是最常被提及的活动，这种选项在受教育程度较低、身处贫困社会阶层（D 和 E 阶层）、生活在农村地区的较年轻男性中更常见。第二大经常进行的活动是听广播/音乐，特别是 15 至 20 岁、受教育程度一般、居住在城市和都市地区、属于中上阶层（A、B 和 C 阶层）的男性较多进行。

年轻人们观看的电视节目主要有巴西肥皂剧（28.2%）、电影（19%）、新闻（18.1%）和体育节目（11.8%）。肥皂剧在各个年龄段的女性中均是最

① Instituto Cidadania, *Perfil da Juventude Brasileira* (São Paulo: Fundação Perseu Abramo, 2003); Brenner, A., Dayrell, J., & Carrano, P., Culturas do Lazer e do Tempo Livre dos Jovens Brasileiros. In *Instituto Cidadania: Retratos da Juventude Brasileira*, São Paulo: Fundação Perseu Abramo, 2005; Brenner, A., Dayrell, J., & Carrano, P., Juventude Brasileira: Culturas do Lazer e do Tempo Livre. In *Um Olhar Sobre o Jovem no Brasil*, Brasília: Editora do Ministério da Saúde (Brasília: Fundação Oswaldo Cruz, 2008).

② IBASE & POLIS, Pesquisa "Juventude Brasileira e Democracia" (IBASE/POLIS, 2006).

③ UNESCO, *Juventude, juventudes: O Que Une e o Que Separa* (Brasília: UNESCO, 2006); Martins, C. H. S. & Souza, P. L. A., Lazer e Tempo Livre dos (as) Jovens Brasileiros (as): Escolaridade e Gênero Em Perspective, In M. Abramovay, E. R. Andrade, & L. C. G. Esteves (orgs.), *Juventudes: Outros Olhares Sobre a Diversidade* (Brasília: Ministério da Educação; UNESCO, 2007).

④ 2002 年，该研究对来自巴西 25 个州的 15 至 24 岁年轻人开展了实地调查，通过对年龄和性别配额控制相关的变量进行随机样本。研究对 198 名城市年轻居民进行了访问，按地理位置（首都、内陆、城市和农村）和规模（小、中、大）进行了分层（Instituto Cidadania, *Perfil da juventude Brasileira*, São Paulo: Fundação Perseu Abramo, 2003, p. 6.）。关于青少年娱乐活动的数据由布雷内等人（2005, 2008）进行了分析。

⑤ 该研究在 2004 年 7 月访问了 10010 名 15 至 29 岁的受访者，按各阶层人口的比例分配进行分层。更多细节见 Martins, C. H. S. & Souza, P. L. A., Lazer e Tempo Livre dos (as) Jovens Brasileiros (as): Escolaridade e Gênero em Perspective. In M. Abramovay, E. R. Andrade, & L. C. G. Esteves (orgs.), *Juventudes: Outros Olhares Sobre a Diversidade* (Brasília: Ministério da Educação; UNESCO, 2007).

受欢迎，而年轻男性则更喜欢其他类型的节目。年轻人听的音乐类型如下：乡村音乐（18.4%），浪漫音乐和摇滚（10.6%），佛罗（Forró，9.9%）和室内小型桑巴（Pagode，8.3%）。[1] 不同的音乐在不同社会文化区域有不同的听众，它们常常是"文化杂交"过程的产物，经常交织在一起形成对立的动态——"现代与传统""学院派和流行""城市和农村""本地和全球"，以及来自不同种族和社会背景的文化元素，如原住民、葡萄牙、非洲等的杂糅。[2] 新一代年轻人不仅成为大众文化产业的被动消费者，他们也成为社会行动者和主角，这意味着他们促进这些产品的流通，并将其用于编织新的社交网和组织各种社群形式，这些现象在大都市和城市地区以及农村地区越来越明显。[3]

我们在阅读活动的分析中发现了显著的性别差异，年轻女性比男性阅读更频繁，在受过中等和高等教育的人群中更甚；居住在城市、都市和非都市圈地区，属于最富有的阶层（A 和 B 阶层）的人群也是如此。在做家务或打扫房间的空闲时间上，我们还发现了更显著的性别差异。这两项研究都发现，这种活动主要是由 17 岁以上，受教育程度较低，生活在农村地区，集中在北部、东北部和中西部城市地区的最贫困家庭（D 和 E 阶层）的年轻女性完成。这些活动，是例行性的，甚至是强制性的，[4] 是在年轻女性的"空闲时间"进行的，它们表明了家务劳动明确的性别划分。这些年轻女性

① UNESCO, *Juventude*, *Juventudes*: *O Que Une e o Que Separa*（Brasília: UNESCO, 2006）.

② Caldas, W., Revendo a Música Sertaneja, *Revista USP*, （64）, 2004, pp. 58 – 67; Cabral, C. S., Heilborn, M. L., Duarte, L. F. D., Peixoto, C. E., & Lins de Barros, M. (orgs.) (2005), *Família*, *Sexualidade e Ethos Religioso and Gravidez na Adolescência*: *Negociações na Família*, Rio de Janeiro: Garamond; Garcia Canclini, N., *Culturas híbridas*: *Estratégias Para Entrar e Sair da Modernidade*, São Paulo: EDUSP, 2006; Martins, J. de S., O voo do Cuitelinho—Suplementos—estadao. com. br, *Estadão*, http://alias. estadao. br/noticias/geral, o-voo-docuitelinho, 511171, 2010a; Martins, L., Custo da Internet no país ainda é alto, dizem especialistas, *Terra*, http://tecnologia. terra. com. br/internet/, 99a9eeb4bddea310VgnCLD 200000bb cceb0aRCRD. html, 2010b.

③ Martins, J. de S., O voo do Cuitelinho — suplementos — estadao. com. br, *Estadão*, http://alias. estadao. com. br/noticias/geral, o-voo-docuitelinho, 511171, 2010a; Martins, L., Custo da Internet no país ainda é alto, dizem especialistas, *Terra*, http://tecnologia. terra. com. br/internet/, 99a9eeb4bddea310VgnCLD200000bbcceb0aRCRD. html, 2010b.

④ Dunning, E., Sobre Problemas de Identidade e Emoções no Esporte e no Lazer: Comentários Críticos e Contra-Críticos Sobre as Sociologias Convencional e Configuracional de Esporte e Lazer, *História*: *Questões & Debates*, 2003, 39 (2), pp. 11 – 40.

承受了反映父权和专制社会的文化遗产的元素的影响，这些文化遗产作为主导价值观代代相传，在较贫穷地区的低收入家庭中作用特别大。

研究表明，家庭环境之外的休闲活动包括在特定的社会环境中寻找"愉快的紧张感"或"模仿的情绪"，[①] 即当被调查者回答他们是否参与"外出/和朋友见面"和"做运动"（尤其是足球）时，[②] 这两种活动男性比女性投入得更频繁。第一类多见于中下层阶级（C、D、E 阶层）中较年轻的男性，特别是农村地区，集中在巴西的东北部、中西部和南部。[③] 运动（尤其是足球）同时涉及社交、流动性和想象力的休闲活动，[④] 在 15 至 20 岁的读高中的男学生中具有参与的显著性，这些男孩来自各个社会阶层。

"外出和朋友见面"在年轻男性中更为常见，他们来自中下层阶级，尤其是那些生活在农村地区，集中在巴西东北部、中西部和南部地区的人。[⑤] 我们在这项活动中发现了性别差异。这项活动的核心元素在于关注年轻人的社交能力，和同伴之间要实现和平共处，其中寻找朋友是一个关键环节，它包括认同过程、选择、产生亲密关系和共同兴趣，以及由其他社会关系系统构成的社会活动空间：房子、街道、社区、村庄、学校、酒吧、俱乐部、健身房、体育等等。[⑥] 我们观察到的性别差异表明，众所周知的社会化

---

①　Elias, N. & Dunning, E., *A busca da excitação*, Lisboa: Difel, 1992a; Elias, N. & Dunning, E., *Deporte y Ocio en el Proceso de la Civilizacion*. México, Madrid, Buenos Aires: Fondo de Cultura Econômica, 1992b; Dunning, E. （［s. d.］）, Sobre Problemas de Identidade e Emoções no Esporte e no Lazer: Comentários Críticos e Contra-críticos Sobre as Sociologias Convencional e Configuracional de Esporte e Lazer, *História*: *Questões & Debates*, 2003, 39 （2）, pp. 11 - 40.

②　Brenner, A., Dayrell, J., & Carrano, P., Culturas do Lazer e do Tempo Livre Dos Jovens Brasileiros. In *Instituto Cidadania*: *Retratos da Juventude Brasileira*, São Paulo: Fundação Perseu Abramo, 2005; Brenner, A., Dayrell, J., & Carrano, P., Juventude Brasileira: Culturas do Lazer e do Tempo Livre. In *Um Olhar Sobre o Jovem no Brasil*, Brasilia: Editora do Ministério da Saúde. Brasília: Fundação Oswaldo Cruz, 2008; UNESCO, *Juventude*, *Juventudes*: *O Que Une e o Que Separa*, Brasília: UNESCO, 2006.

③　UNESCO, *Juventude*, *Juventudes*: *O Que Une e o Que Separa* （Brasília: UNESCO, 2006）.

④　Dunning, E. （ ［s. d.］）, Sobre Problemas de Identidade e Emoções no Esporte e no Lazer: Comentários Críticos e Contra-críticos Sobre as Sociologias Convencional e Configuracional de Esporte e Lazer, *História*: *Questões & Debates*, 2003, 39 （2）, pp. 11 - 40.

⑤　UNESCO, *Juventude*, *Juventudes*: *O Que Une e o Que Separa* （Brasília: UNESCO, 2006）.

⑥　DaMatta, R., *Carnavais*, *Malandros e Heróis*: *Para Uma Sociologia Do Dilema Brasileiro*, Rio de Janeiro: Zahar, 1983; Magnani, J. G. C., *Festa no Pedaço*: *Cultura Popular e Lazer Na Cidade* （São Paulo: HUCITEC/UNESP, 1998）.

过程在其中起作用，不同的文化价值观和不同的社会伦理期望存在于男性和女性的行为中。[①]

体育活动作为一种休闲活动，同时涉及社交、活动和想象力。[②] 公民研究所[③]的布雷内等人[④]和联合国教科文组织[⑤]的研究结果表明，年轻人在业余时间参与体育活动并不占主导地位。根据联合国教科文组织[⑥]的调查，10010 名受访者中超过一半的人（56.6%）表示他们没有进行任何体育活动。调查显示最受欢迎运动的是足球，其次是排球、武术、室内足球、徒步旅行和举重训练。这些活动在男性中参与的程度明显更为普遍，特别是在 15 至 20 岁，受教育程度较高，属于中上阶层，在城市和大都市区、集中在南部、北部和东南部地区的男性中更为普遍。[⑦]

研究发现了大量的性别差异，其中一个解释就是体育运动——作为一种实践活动或仅仅是为了娱乐——已经被认为是男性主导的领域，它成了男子气概和阳刚之气的构成因素。这成了一个时空概念，在这个时空里，巴西女性每天都在为获得和实践权利而斗争。在赢得这项权利的过程中，她们也在为维护性别和女性特质而斗争。此外，男性更频繁的体育活动导

① Brenner, A., Dayrell, J., & Carrano, P., Culturas do Lazer e do Tempo Livre dos Jovens Brasileiros. In Instituto Cidadania: Retratos da Juventude Brasileira (São Paulo: Fundação Perseu Abramo, 2005); Brenner, A., Dayrell, J., & Carrano, P., Juventude Brasileira: Culturas do Lazer e do Tempo Livre. In Um Olhar Sobre o Jovem no Brasil (Brasilia: Editora do Ministério da Saúde. Brasília: Fundação Oswaldo Cruz, 2008); Martins, C. H. S. & Souza, P. L. A., Lazer e Tempo Livre dos (as) Jovens Brasileiros (as): Escolaridade e Gênero em Perspective. In M. Abramovay, E. R. Andrade, & L. C. G. Esteves (orgs.), Juventudes: Outros Olhares Sobre a Diversidade (Brasília: Ministério da Educação; UNESCO, 2007).

② Dunning, E. ([s. d.]), Sobre Problemas de Identidade e Emoções no Esporte e No Lazer: Comentários Críticos e Contra-críticos Sobre as Sociologias Convencional e Configuracional de Esporte e Lazer, História: Questões & Debates, 2003, 39 (2), pp. 11 - 40.

③ Instituto Cidadania, Perfil da Juventude Brasileira, São Paulo: Fundação Perseu Abramo, 2003.

④ Brenner, A., Dayrell, J., & Carrano, P., Culturas do Lazer e do Tempo Livre dos Jovens Brasileiros. In Instituto Cidadania: Retratos da Juventude Brasileira, São Paulo: Fundação Perseu Abramo, 2005; Brenner, A., Dayrell, J., & Carrano, P., Juventude Brasileira: Culturas do Lazer e do Tempo Livre. In Um olhar Sobre o Jovem no Brasil (Brasilia: Editora do Ministério da Saúde. Brasília: Fundação Oswaldo Cruz, 2008).

⑤ UNESCO, Juventude, Juventudes: O Que Une e o Que Separa (Brasília: UNESCO, 2006).

⑥ UNESCO, Juventude, Juventudes: O Que Une e o Que Separa (Brasília: UNESCO, 2006).

⑦ UNESCO, Juventude, Juventudes: O Que Une e o Que Separa (Brasília: UNESCO, 2006): pp. 637 - 650.

致了"巴西传统的社会空间划分，即男性在公共空间有更大的流动性，而女性则更局限于家庭空间，在家庭以外的活动中流动性更小"。[①]

一些休闲活动涉及文化表达，以及年轻人走出家庭或社区，进入更开放、社会交往更复杂的空间。下面我们将讨论这些问题。公民研究所（2003）、[②] 巴西社会与经济分析研究所（2006）、[③] 联合国教科文组织（2006）[④] 和巴西社会与经济分析研究所（2010）[⑤] 的研究结果表明，最受年轻人欢迎的活动是看电影。

调查还显示，受访者参加古典音乐会、去剧院观看舞蹈、音乐表演的比例非常低，只有极少数人参观了博物馆的绘画、摄影等美术展览。这表明在巴西青年中布尔迪厄[⑥]所提出的那类文化资本总量较低，这在较贫穷的社会经济群体中尤其严重。

巴西社会与经济分析研究所的研究[⑦]有助于我们更好地理解这种情况，年轻人在获得文化休闲方面受到限制，因为他们中的大多数生活在缺乏"致力于文化和休闲的空间"的地区，他们谴责"文化设施集中在城市地区，那里的居民有更高的购买力"，文化休闲活动"缺乏能够降低成本的支持或赞助"和"缺乏公共安全"。

虽然我们没有关于在城市和自由时间内因闲暇而流动的年轻人的国家层面的数据，我们可以说，来自巴西社会最贫穷阶层的青年生活在物质性和象征性条件的限制之下，这阻碍了他们在城市和全国各地的流动。一系

①　Brenner, A., Dayrell, J., & Carrano, P., Juventude Brasileira: Culturas do Lazer e Do Tempo livre. In *Um olhar Sobre o Jovem no Brasil*, Brasilia: Editora do Ministério da Saúde (Brasília: Fundação Oswaldo Cruz, 2008): p. 34.

②　Instituto Cidadania, *Perfil da Juventude Brasileira* (São Paulo: Fundação Perseu Abramo, 2003).

③　这项研究是在 2004 年 7 月至 2005 年 11 月进行的，目的是为"针对青年的新政策、战略和行动"提供指标和来源。为此，采取了两种方法战略：（ⅰ）收集统计数据，并对 8000 名青年抽样调查；（ⅱ）一项以工作选择对话法为基础的质性研究，来自巴西 7 个都市地区的 913 名年轻人讨论了相关问题。

④　UNESCO, *Juventude, Juventudes: O Que une e o Que Separa* (Brasília: UNESCO, 2006).

⑤　IPEA, *Sistema de Indicadores e Percepções Sociais: Cultura* (Brasília: IPEA, 2010).

⑥　Bourdieu, P. A., *A Economia das Trocas Linguísticas, o Que Falar Quer Dizer* (São Paulo: Edusp, 1998).

⑦　UNESCO, *Juventude, Juventudes: O Que Une e o Que Separa* (Brasília: UNESCO, 2006).

列定性研究①指出，当年轻人寻找休闲活动时，他们在社区内的活动会受到限制。低水平的流动性也会产生社会后果，因为它减少了扩大社会网络和增加相关社会资本的机会。

流动性对社会互动过程至关重要，并为社会经验的多样化开辟了可能性。一个在休闲活动中四处活动的年轻人会接触到社会文化的多样性，从而扩展他的社交网络。社会空间的流动性使得起源于不同社会环境的特质得以相对化，并促进了城市生活所需的多种功能的交互发挥。可以说，在詹森②之后，流动性的实践成了近代晚期社会生活分析的核心。流动性和现代性具有两面性，塑造了当代青年的生活。

考虑到在城市中流动是年轻人获得自主权的过程的一部分，我们想指出的是，针对青年的公共政策应该以克服流动障碍为目标。从这个角度来看，城市流动是青年向成年过渡过程中的重要体验。利用空间和时间休闲的能力有助于家庭建立对其青少年成员独立体验公共空间和安全回家能力的信心。从这个意义上说，在城市流动的背景下进行休闲活动对于青年自主权的形成是至关重要的。在没有成年人陪伴的情况下，能够在城市中自由走动，这是获得权力的途径之一，就像十几岁时拥有自己的房间，后来拥有自己的住所一样。

但是，休闲并不仅仅体现在我们提到的社会和物理空间中，它还通过获取和使用信息通信技术来实现。鉴于物质和文化活动领域的迅速变化，新一代的成员在其中起着中心性和决定性的作用，下面我们将着手进行一项更全面的分析。

---

① Cordeiro, D. & Costa, E. A. P., *Jovens Pobres em Territórios de Precariedades: Deslocamentos do Olhar*, Apresentado em Congresso Internacional Cotidiano: Diálogos Sobre Diálogos (Niterói, 2008); Carrano, P. C., *Juventudes e Cidades Educadoras* (Petrópolis: Vozes, 2003); Dayrell, J., *A Música Entra Em Cena: O Rap e o Funk na Socialização da Juventude* (Belo Horizonte: Ed. UFMG, 2005); Santos, E. S. dos, Lazer, Infância e Juventude: Continuidades e Descontinuidades, *Revista Digital*, 2008, 13 (121); Weller, W., *Minha voz é Tudo o Que eu Tenho: Manifestações Juvenis em Berlim e São Paulo*, Belo Horizonte: Editora UFMG, 2011; Almeida, E. & Nakano, M., Jovens, Territórios e Práticas Educativas, *Revista Teias*, 2011, 2 (26).

② Jensen, M., Mobility among Young Urban Dwellers, *Young. Nordic Journal of Youth Research*, 2006, 14 (4), pp. 343 – 361.

四　巴西年轻人的休闲和信息通信技术

在过去的十年里，信息通信技术的出现极大地扩展了年轻人的休闲空间和时间。我们可以看到，年轻人越来越多地利用互联网来拓展和巩固关系，享受、消费，并赋予文化产品新的意义，从而产生了审美建构和文化认同的过程。如上一节所述，这些特征也存在于休闲和业余活动中。

本章并非要深入讨论信息通信技术及其与巴西青年的关系，这会在本书另一章中提及。我们想要强调的是这些技术在当代社会的存在及其使用的强化和扩展与一些理论家所说的"文化新状态"有关，它的"主要特征是扩大了我们寻求信息，以某种方式学习生活、感受和审视自我的领域"，[①]此外还为休闲开辟了特权空间和时间。这种文化新状态也被称为技术文化或网络文化。在这个过程中，年轻人可以被视为主体、行动者和偶像。他们越来越多地与技术互动，在这种交互影响中，他们参与自我生产，引导自己的行为，规划自己的人生。在这种背景下，大量研究证实了休闲占有重要地位，其中由政府指定巴西互联网指导委员会开发的《巴西信息通信技术使用研究：信息通信技术家庭和信息通信技术公司2010》[②]是本章的参考文献之一。

一项观察初步显示，青年[③]是2010年使用电脑最多的人群之一：在16至24岁的巴西人中，82%的人已经使用过电脑，而这个年龄段的76%的人已经上过网，在这方面没有发现明显的性别差异。不过在世代之间存在着巨大的差异，例如，在45至59岁的人群中，只有28%的人曾经使用过电脑，23%的人曾上过网。信息通信技术在年轻人的生活中非常普遍，61%的人每天上网。这当中有41%的人通常在家里上网，35%的人在私人经营的

---

① Fischer, R. M. B., O Estatuto Pedagógico da Mídia: Questões de Análise, *Educação e Realidade*, 1997, 22 (2), p. 62.

② 主要样本为23107户，数据收集时间为2010年8月至10月。它覆盖了整个巴西，包括农村地区。另外还选取了1500名互联网用户作为样本，要求最低置信水平为95%。有关研究方法和原始表格的详细信息，请参阅CGI, *Pesquisa Sobre o Uso Das Tecnologias de Informação e Comunicação no Brasil: TIC Domicílios e TIC Empresas* 2010, São Paulo: Comitê Gestor da Internet no Brasil, 2011. http://www.cgi.br。

③ 此项研究将16至24岁定义为"青年"，这与一般认为青年是15至29岁的分类不同。

网吧上网。在后一种情况下，由于存在上网费用将影响上网的频率。相对而言，只有8%的人能从工作场所连接到互联网。那些经常光顾网吧的人当中，有54%的人家里没有电脑，有23%的人家中没有互联网接入。

2010年，26%的巴西年轻人从未上过网，不过私人领域的上网率很高，比网吧等公共服务提供商的上网率要高。不同地区、教育程度、家庭收入、社会阶层的人群上网率存在显著差异。在最富裕地区的所有年龄组中，在受教育程度较高、收入较高的上层社会阶层中，都有较高的上网率。巴西互联网的高成本在一定程度上有助于解释所观察到的差异，尽管这些差异近年来有所下降，但巴西上网的成本仍是欧洲的两倍，[①] 这使下层阶级的"数字包容"变得困难，尤其是对贫困的农村地区的人来说。国家宽带计划的目标是在全国范围内提高数字网络的普及率，将计算机拥有量扩散进家庭，实行了一些降低接入成本、改善网络质量，以及其他相关措施，但实施得相当缓慢。令人担忧的是，在2010年的研究中大约四分之一的年轻人没有使用过电脑和互联网，如果我们考虑到互联网在日常生活中日益重要的地位，以及它与劳动力市场和整个社会所需技能的相关性，这就揭示了社会不平等的一个显著迹象。

正是在这一背景下，我们必须了解青年人利用信息通信技术的现状。根据巴西互联网指导委员会[②]的研究，绝大多数，即91%的巴西年轻人在空闲时间使用电脑和互联网进行休闲活动。最常见的用途是交流，有96%的人选择了这一选项。交流是青少年娱乐活动的重要组成部分，与社交能力有关，这方面包括发送和接收电子邮件（有82%的人选择），即时消息（有82%的人选择），尤其是现有社交网络的整合或参与社交网站，如欧库特（Orkut）和脸书（Facebook）（有82%的人选择）。其他活动参与度较低：使用推特（Twitter）等小型博客（18%）、创建或更新博客（15%）、参与讨论列表或论坛（12%）。社交网络的使用显然是由年轻人主导的，25至34岁的网民中，70%的人使用过社交网络，而65岁以上的网民中只有45%的人使用社交网络。

---

① Martins, L., Custo da Internet no País Ainda é Alto, Dizem Especialistas, *Terra*, http://tecnolo-gia. terra. com. br/internet/, 99a9eeb4bddea310VgnCLD200000bbcceb0aRCRD. html, 2010b.

② CGI, *Pesquisa Sobre o Uso Das Tecnologias de Informação e Comunicação no Brasil: TIC Domicílios e TIC Empresas* 2010（São Paulo: Comitê Gestor da Internet no Brasil, 2011）.

巴西青年在欧库特（Orkut）、脸书（Facebook）、领英（LinkedIn）、推特（Twitter）或油管（YouTube）等社交网络上的参与意义重大。这一现象在城市和农村地区的所有社会阶层和教育水平都能够观察到。目前，似乎每个经常上网的人都离不开这些资源。地域差异在其他休闲活动中十分显著，但在社交网络的使用中却不那么重要：在东北部，75%的互联网用户经常使用社交网络，这一指标在南部是70%，中部是70%，北部是68%，东南部是67%。尽管在接入网络方面存在明显的区域或阶层不平等，但社会网络已与所有区域青年的生活方式平等联系在一起。

正如前面所讨论的，青年的休闲首先是一种集体的文化体验，它指向同龄人群体文化的中心地位，并通过平等者之间的交流而发生。从这个意义上说，互联网有能力加强年轻人之间的交流，是一个与社交相关的空间。通过当前社会大量手机的被使用，这一维度得到了强化和扩大。

如今，手机是年轻人最常用的交流工具之一，它存在于日常生活的每一个时刻，就像电脑和互联网一样，对青年的社会生产有着重要的影响。根据调查，[①] 2010年16至24岁的年轻人中有79%拥有手机，这一比例高于这个年龄段的拥有电脑和互联网接入率。由于还有人使用亲戚朋友的手机，甚至是租来的手机，手机用户比手机拥有者还多。再强调一次，在手机使用方面存在多类显著差异，南部和东南部地区的使用指数更高，受教育程度高的人使用率更高，家庭收入和社会阶层高的人使用率更高，这类不平等模式在巴西十分普遍。然而，与拥有和使用电脑和互联网相比，手机使用的差别要小得多。

我们在考察手机的使用时发现手机超越了一般的接听和拨打电话的功能。71%的年轻用户用手机发短信，37%的人使用手机听音乐，29%的人使用手机发送图片和图像。此外，25%的人用手机观看视频，9%的人使用手机上网。后一种活动的用户数量相对较少，这可能与智能手机的高价格和移动服务的高成本有关。国际电信联盟[②]指出，巴西是南美洲入网率最低的国家之一，这一指标在世界上排名第121位。

---

① CGI, *Pesquisa Sobre o Uso das Tecnologias de Informação e Comunicação No Brasil*：*TIC domicílios e TIC empresas* 2010 (São Paulo：Comitê Gestor da Internet no Brasil, 2011).

② ITU, *Yearbook of Statistics*, *Telecommunication/ICT Indicators* (Chronological Time Series 2000 - 2009) (Geneva：International Telecommunications Union, 2010.

正如曼纽尔·卡斯特①提醒我们的，互联网（和手机）把人们带入一个公共的平台，在那里他们可以表达愿望和关注，分享他们的希望。从这个意义上说，网络文化似乎突出并产生了新的社交形式，增加了年轻人互相接触的潜力。在这种背景下，虚拟社区变得重要起来，如卡斯特所言，它们促进了诸如言论自由和网络自治等价值观，换句话说，"任何人都可以在互联网上找到自己的目的地，如果找不到，就可以创造和传播自己的信息，从而形成一个网络"。②

年轻人在与信息通信技术的关系中体验到的另一个休闲维度是文化活动的享受。巴西互联网指导委员会③显示，64%的年轻人用手机看电影或视频，40%的人用手机下载电影或视频，59%的人用手机下载音乐，49%的人在线玩游戏，28%的人用手机下载游戏，42%的人用手机听广播，41%的人用手机阅读杂志和报纸。10%的人参与模拟生活类的游戏，如第二人生。与此同时，66%的年轻人使用互联网搜索娱乐的信息。

同时，互联网也被用于文化生产。数字技术使集体创造成为可能，比如在家里建一个低成本的录音棚。根据利维④的研究，音乐家现在可以自己控制整个音乐生产链，而不需要以前在唱片业非常重要的中间人（如剪辑师、录音室音乐家、音响工程师、大型录音室、商店）。他指出，"网络文化的艺术证据是工作流、工作流程或事件作品，这些都不容易存储和保留"。⑤ 在开放生产模式的逻辑中，网络文化实践被理解为一种游戏，作者和作品都不重要，重要的是在特定的时间和空间点上进行集体活动——此时此地创作。⑥ 今天的年轻一代似乎遭遇了"创作危机"。信息通信技术的使用加强了这一趋势。数字融合和媒体接入的民主化成为政治需求，这推动了行政解决方案和投资，这是一个任何个体都可以做、写、编辑、干

---

① Castells, M., *A Galáxia da Internet: Reflexões Sobre a Internet, os Negócios e a Sociedade* (Rio de Janeiro: Jorge Zahar, 2003).

② Castells, M., *A Galáxia da Internet: Reflexões Sobre a Internet, os Negócios e a Sociedade* (Rio de Janeiro: Jorge Zahar, 2003): p. 49.

③ CGI, *Pesquisa Sobre o Uso das Tecnologias de Informação e Comunicação no Brasil: TIC Domicílios e TIC Empresas* 2010 (São Paulo: Comitê Gestor da Internet no Brasil, 2011).

④ Levy, P., *Cibercultura* (São Paulo: Editora 34, 1999).

⑤ Levy, P., *Cibercultura* (São Paulo: Editora 34, 1999): p. 147.

⑥ Levy, P., *Cibercultura* (São Paulo: Editora 34, 1999).

预、传播和参与形成的观念。知识产权是关于知识和文化自由流通的原则，这些相互矛盾的权利主张是我们这个时代的主要辩论主题之一。如果技术是新的，那么青年通过文化行动来确认自身状况的观点就不是新鲜的。在我们的假设中，今天发生的事情使"成人世界"的机构失去了他们的霸权，正在兴起的似乎是更深层次、更独立、更少受到控制和审查的文化行动。①

因此，受迪马泽迪耶②的启发，我们认为，无论是个体还是群体，在信息通信技术环境中体验的休闲是自我表达的一种表现。这是大量社会实践的来源，这些社会实践日益多样化、有吸引力和模糊化，即使它们在结构上受到限制和定义，对所有年轻人的日常生活也有越来越大的影响。

其中一个影响因素是身份的建构。根据赖斯（Reis）和赛尔斯（Sales）③的研究，一些社会网络代码提到并允许一种存在于普通世界方式的运作化，一种通过在线体验与他人建立联系的方式的运作化。例如，开发和合并欧库特（Orkut）用户的配置文件是通过自定义过程构建的，在这个空间中，人们可以发布文字、视频、图像和其他资源表达自己的喜好，用户在平台背景中以人的身份出现。④ 通过使用在线工具，人们的可及性似乎达到了最大化，这可能使个人属性和普遍属性曝光于众，同时也揭示了学校、工作以及相关群体的经历。人的扩大生产是通过可用的技术工具实现的，人的投射也是如此。网络空间的环境和资源区分了个体，各类元素铭刻在他们的个性中，铭刻在他们的身体中，或每个人的主观评价中。发生在互联网上的对话可以让我们看到网络用户的个性或不同群体的个性的具体特征。很明显，在线交流与现实环境有关。当面对网络时，这种情境会引起新的对话和态度，增加冲突或制造新的冲突，可以引发感情或拆散感情。因此，在网络环境中出现的符号使共有的经验更加复杂，从而使它们背后的关系

① Leite, E., Faça Você Mesmo: A Senha da Cultura Jovem, *Le Monde Diplomatique* (Brasil, 2009).
② Dumazedier, J., *A Revolução Cultural do Tempo Livre* (São Paulo: Studio Nobel: SESC, 1994).
③ Reis, J. B. & Sales, S. R., Juventude Contemporânea e Tecnologias Digitais: Uma Relação de Íntima Conexão *Presença Pedagógica*, 16 (2011).
④ Almeida, M. I. & Eugênio (orgs.), *Culturas Jovens: Novos Mapas do Afeto* (Rio de Janeiro: Jorge Zahar Editor, 2006).

网络更加多样化。①

因此，继卡拉诺（Carrano）和阿尔维斯（Alves）研究②之后，我们发现互联网和社交网络不仅牢牢地吸引着所有的年轻人，也可以看见其形成社会主体的空间。数字娱乐活动彰显并扩大了个体的好友网络，它们将强化社会和谐、增强个体自尊，并为社会纽带的形成提供机会。

从科学角度来说，持有片面的立场并不有趣，人们有时会存在吹嘘互联网的可能性，有时又会将其妖魔化，过度谴责互联网的局限性。正如费舍尔③提醒我们的那样，我们生活在一个复杂多样的技术环境中，它让我们更多地了解自己和世界，同时也引入了监视机制和匿名性，所有这一切在其强度和外延上似乎都是无法控制的。它是一种越来越复杂的社会机器，它的操作人员也在寻求指引、关怀、指导和培训。考虑到在青少年休闲活动中发现的与媒体相关的实践，我们重点要关注的问题不应以互联网产生的欣快感为导向，也不应以互联网产生基本人际和社会创新的能力为导向，也不应该拒绝技术，认为机器和人是相互孤立、互不相容的，或者仅仅认为互联网导致年轻人的私人生活被过度曝光，或者认为互联网侵蚀了"文化标准和道德价值观"。我们可以问，在信息通信技术的知识、权力关系和主观性模式的网络中，它如何有助于组织我们的视觉和身体体验？它如何参与新形式的控制，以及这些如何导致对新形式的反抗？它是如何被管理的？它是如何产生新的审美趣味、新的方式来象征和塑造我们自己的？从这些角度来看，我们可以说，互联网提供的可能性是潜在的，也是模糊的。以休闲为导向的媒体行为在青年生活和日常生活中可能产生的影响，在很大程度上将决定巴西青年作为一个整体得到的物质和象征性资源，从而以掌握知识工具的使用而不是被它所支配的角度，促进对信息通信技术的安全性和批判性使用。

① Reis, J. B. & Sales, S. R., Juventude Contemporânea e Tecnologias Digitais: Uma Relação de Íntima Conexão, *Presença Pedagógica*, 16 (2011).
② Carrano, P. & Alves, N., Jovens em Tempo de Web 2.0, *Presença pedagógica*, 18 (2012): p. 79.
③ Fischer, R. M. B., Técnicas de si e Tecnologias Digitais. In L. H. Sommer & M. I. Bujes (orgs.), *Educação e Culturas Contemporâneas: Articulações, Provocações e Transgressões em Novas Paisagens* (Canoas: Ed. ULBRA, 2016).

五 结论

数据分析表明，基本物质需求的满足与由此产生的享受和休闲活动的空闲时间之间有着密切的关系。只要有可能选择享受空闲时间和休闲的方式，品味和兴趣就会被激活，这是一个复杂的过程。最后，自由时间使休闲得以存在，它与克服眼前的物质需要有关。纵观西方历史，工人运动的斗争对减少工作时间做出了贡献，他们力求在征服物质需求和提高生产力的情况下，从物质生产系统中获得潜在的自由时间。

青少年的境遇是一种形式，社会把它归于生命周期的一部分，我们称之为"青春"。在很大程度上，"青年期"与"社会暂停"的概念联系起来，年轻一代通过义务教育、校外培训、休闲以及一系列其他活动来发展自己，这些活动构成了他们的习惯，形成了他们的价值观，能够在他们成年后被调动起来。我们的数据显示，教育要求和经验的推迟，以及进行培训和休闲时间的广泛获取，对绝大多数巴西青年来说只是幻想。在他们的日常生活中，数以百万计的青年在行使成年人该履行的职责和义务的同时度过青年阶段，如工作和养育子女。这些年轻人常常很难腾出空闲时间来休闲。

在过去二十年中，巴西在经济发展领域以及在同苦难和极端贫困做斗争方面取得了重大进展。然而，作为巴西资本主义的一部分，收入集中模型并没有使巨大的社会不平等得到有效缓解。在获得基本社会权利（教育、保健、体面的高薪工作和高质量的休闲活动）方面的区域不平等是巴西社会不公和现有经济秩序的持续后果。同样，我们发现了具体的性别和种族不平等，如身为女性或黑人意味着，一个人更有可能被迫生活在获得权利和生活质量的社会指标的最低水平。在为巴西青年制定与休闲有关的公共政策方面，应特别注意青年女性。仅仅扩大休闲活动的范围是不够的，还必须制定政策，支持腾出时间进行个人发展的努力，并支持她们在一系列休闲活动中进行选择。

我们已经在其他章节中讨论过，巴西青年人口在逐渐减少，这可能导致巴西在为青年人口提供保障和保护方面减少投资的情况。鉴于当前与青年有关的公共政策的制度化程度较低，并且大众对于西方世界所定义的

"普世权利"的不满（如与正当程序、教育、卫生和文化有关的权利），我们有理由担心最终政治和预算的重点会转移到其他人口群体中。正如我们在这本书的其他章节所讲述的，年轻黑人男性的具体处境非常严峻以及他们的谋杀率非常严重。

虽然政府承诺休闲是一项基本的社会权利，但由于整个国家缺乏连贯和全面的政策，使得国家宪法成了"纸老虎"。休闲权的定义是一种积极的法律和制度措施，但它一直未能显著改变国家对权利的制度保障。

从这一观点出发，我们十分担忧数以百万计的巴西青年在争取建立有意义而非不稳定的自由时间时所面临的许多经济、社会和文化限制。高质量的自由时间，对大多数年轻工人来说是一个遥不可及的梦想，但它却是从事休闲活动的必要条件，这些活动可以对个人和社会的发展进程做出多层次的贡献。

休闲活动与消费、生活方式，以及个人和集体身份的形成有关。国家在建设适当的基础设施和提供体育、休闲和文化设施方面的有限担当，为娱乐的商品化和消费社会的经济代理人投入提高生活方式开辟了领域。当然，购物中心是具有优越的地理位置、增强物质享受、提升品味标准化、打造生活方式的最佳场所，这些因素结合在一起，形成了年轻人的主观感受。在那里，有各种各样的娱乐活动，一方面是享受休闲时间，另一方面是进行基于市场行为的冲动购物。

数据还显示，大多数巴西年轻人在进入休闲中心和参加文化活动方面面临困难。来自低收入地区的年轻人很少在城市中流动，成为社区的"囚徒"，然而社区几乎没有或根本没有提供高质量的公共休闲。在公共交通不发达的城市，没有汽车或摩托车的年轻人只能以有限的方式体验城市。这在很大程度上解释了一个真正的"青少年乌托邦"，即获得驾照对18岁的人来说是一种象征，即使没有获得汽车的客观条件，甚至没有机会使用别人的汽车。城市的危险性也限制了青年的流动性，特别是在休闲和自由时间方面。在年轻人和他们的父母心中都有一张城市危险区域的地图。在这种情况下，由于文化定义限制了年轻女孩的行动，她们在城市中自主行动的可能性实际上更小，这一事实既反映了性别不平等，也进一步加深了性别不平等。

虽然本章的目的并不是广泛研究人们在其居所的休闲活动，但我们认为有必要提及一些由年轻人开发的替代方案，因为他们试图克服不断减少的免费娱乐设施的困境。他们发展出了社会网络和文化流通即体育、音乐、宗教等，这些活动促成了社交性和年轻人的生活方式，即便这类方式在经济和社会上被边缘化。通过这些做法，他们刷新了在一起休闲、享乐和文化生产的意义。

我们都认为，今天存在着多种年轻人的生活方式。在信息通信技术广泛发展进程中，青年是个体存在和社会剧烈变革的先锋。他们比过去享有更大的自主权，尤其是在所谓的"成人世界"的机制方面，他们可以成为自己的剧本和个体社会身份的创造者。在年轻人从机构获得的东西和每个人建构自己的文化储备和个人资历的能力之间，有一条双行道。

利用互联网进行大量的活动（人际交流、信息搜索、社交网络中的社交、网络游戏等），以及大量使用手机是编织年轻人社会网络的主线，这些网络定义了当前这一代人的生活方式。这些技术－科学－信息装置构成了世界各地年轻人现实生活的一个共同部分、一个关键的时空。在这里，建构年轻人主观意识的游戏正在上演。正是通过使用信息通信技术，年轻人形成了消磨空闲时间的神奇方式，形成了谈论自己、进行社会互动和产生社会认同的新方式。

自由时间、休闲和社交活动也属于社会学意义上的时间－空间范畴，可以产生诸多主观的东西，因此，这挑战了我们的社会学想象力。我们对巴西青年与休闲之间的关系还缺乏深入的研究。希望本章的思考有助于促进大家对所述社会过程相应理论的建立和进一步研究，同时希望能推进相关方法论的发展，使得在不同的社会和文化现实中对该过程的描述更加精确。

第五篇

教育与就业

中国青年的教育与就业

李春玲

过去几十年里，中国的经济增长和教育事业发展都极为迅速，这为当代中国青年的教育和就业创造了良好的社会经济环境，青年人接受教育的机会增长迅猛，就业领域不断扩展。但与此同时，经济改革持续推进市场化进程，教育机会和就业机会竞争日趋强化，当代青年所承受的市场竞争压力和社会风险远远高于其父辈们，教育机会的不平等、青年失业问题，尤其是大学毕业生就业难问题日益突出。如果要用一句话概括当代中国青年的教育与就业基本状况，那就是"机遇与挑战并存"。"机遇"就是前所未有的教育机会和前所未有的就业空间，而"挑战"就是前所未遇的竞争压力和不确定性风险。2020年初突袭而至的新冠肺炎疫情以及全球性的经济衰退，使青年人面临的不确定性风险进一步增强。

一 持续而快速的教育扩张

自1949年新中国成立以来，中国的教育事业得到迅速发展，教育规模得到了极大的扩大，教育机会得到了极大的增加。新中国成立前中国的教育事业非常落后，全国人口中80%以上的人是文盲，农村人口中文盲比重更大。全国学龄儿童入学率仅在20%左右。1947年全国高等学校在校生共15万人，1946年中等学校在校生共有179.8万人，小学在校生2285.8万人，若按当时全国4.7亿人口计算，平均每万人口中仅有高等学校学生3

165

人，中等学校学生 38 人，小学生 486 人。① 然而，经过半个多世纪的发展，中国人的教育机会得到极大增加。国家统计局公布的第六次人口普查数据显示，2010 年全国每万人口中大学文化程度的人有 873 人，高中文化程度的人有 3721 人，初中文化程度的人有 3792 人，小学文化程度的人有 2618 人。

图 5-1-1 列出了 1952-2019 年的各阶段升学率。虽然总体教育机会一直保持增长，但由于政府政策的影响，在不同时期，中国的教育机会增长有所波动。新中国成立最初 20 年（20 世纪五六十年代）基础教育和初级中等教育发展很快。1952 年小学学龄儿童入学率为 49.2%，即仅有大约半数的小学学龄儿童能进入学校读书，到 1965 年小学学龄儿童入学率猛增至 84.7%，到 1975 年小学教育已经基本普及（小学学龄儿童入学率达到 96.8%）。1957 年小学毕业生升入初中的比例为 44.2%，至 1965 年小学毕业生升入初中的比例猛增至 82.5%，1975 年初中教育接近普及（小学毕业生升入初中的比例达到 90%）。高级中等教育和高等教育在五六十年代虽然也获得了发展，但原有基础较差，能够上高中和大学的人仍为少数。"文化大革命"对高级中等教育和高等教育冲击很大，这一时期，政府推行了一系列的教育改革和整顿，导致教育系统出现混乱，教育发展出现停滞。初中毕业生升学率波动剧烈，1962 年初中毕业生升入高中的比例仅为 30%，而短短三年之后，1965 年初中毕业生升入高中的比例猛增至 70%，五年之后，1970 年初中毕业生升入高中的比例又猛跌至 38.6%，1975 年又回升到 60.4%，1978 年又跌至 40.9%。高等教育的状况也极为混乱，"文化大革命"的十年间，全国砍掉 106 所普通高等学校，教师队伍受到前所未有的破坏，大批校舍被占，教学仪器、设备、图书资料被严重毁坏，教学质量严重下降。

1976 年"文化大革命"结束，政府的教育政策出现了重大改变。1977年，全国高等学校恢复了停顿 10 年之久的统一招生考试制度。高考制度的恢复标志着中国教育改革和教育发展理念的转变，由此开始中国的教育体制越来越围绕着一套系统的考试制度而运转，整个教育系统逐步演变为一种严格的、逐级升学的考试体系，学校教育实际上成为精英人才的选拔机器。逐级升学考试制度的层层筛选之下，成功通过筛选的人因拥有较高学

---

① 陆学艺、李培林主编《中国新时期社会发展报告（1991-1995）》，辽宁人民出版社，1997。

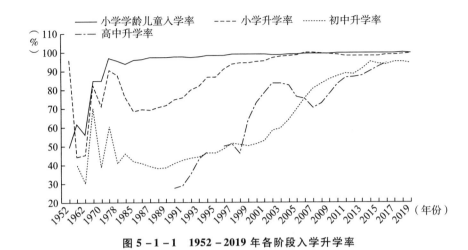

图 5 - 1 - 1　1952 - 2019 年各阶段入学升学率

历文凭并获得较高的社会经济地位，而在筛选过程中被淘汰的人则较少有机会进入社会的中上层。随着经济改革的推进，劳动力市场化水平的提高，文凭主义倾向的增长，教育促进社会公平的功能逐步弱化，而教育的社会分层功能越来越强化。

经济改革以来，中国教育事业的发展进入了一个新的时期，政府不断增加对教育的投入，教育设施不断改进，教育质量明显提高。不过，教育机会的增长还是有所波动。经济改革的最初十年，中学阶段教育机会持续下滑。1975 年小学毕业生升入初中的比例已达到 90.6%，而 1978 年则下降到 87.7%，1980 年下降到 75.9%，1986 年进一步下降到 68.4%。初中毕业生升学率也显示出相同的下滑趋势，1975 年初中毕业生升入高中的比例为 60.4%，1978 年猛然降至 40.9%，1980 年略回升为 45.9%，但之后继续下降，1985 年为 41.7%，1986 年为 40.6%，1987 年为 39.1%，1988 年为 38%，1989 年为 38.3%。中等教育机会下滑的主要原因是教育系统的市场化（学费及相关费用上涨）、社会控制系统的放松（户口制度松动而农村人口外出打工）以及经济领域的市场化（个体私营经济及其雇工出现），这些因素导致许多农村贫困家庭的子女放弃中等教育机会而外出打工挣钱，这一时期也出现了大量的童工现象。

1990 年以后，由于政府实施的一些措施，尤其是"希望工程"对贫困失学儿童的救助，以及劳动力市场的一些变化（如大批青壮年农民工进城打工而对童工需求下降）等，中学阶段的辍学现象得到部分控制，中等教育机会有所回升（见图 5-1-1 和图 5-1-2）。新一轮机会增长是从 1990 年开始的，到 1994 年前后，小学升初中、初中升高中的升学率基本恢复到 1978 年的水平。从总体趋势看，1990 年代以来，基础教育、中等教育机会供给的增长速度明显加快。到 2000 年，全国基本上完成了九年义务教育的普及工作，基本扫除青壮年文盲，初中毕业升学率超过 50%，高中毕业升学率达到 73.2%。至 2019 年，小学升学率和初中升学率分别高达 99.5% 和 94.5%，高中升学率在 2016 年达到了 94.5%。

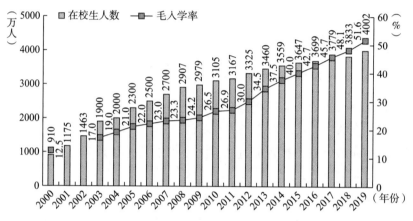

图 5-1-2　历年高等教育在校生规模和大学毛入学率

数据来源：教育部历年《全国教育事业发展统计公报》。

高等教育机会在 20 世纪 90 年代增长缓慢，直到 1999 年中国政府采取了大学扩招政策，高等教育规模急速扩张，高等教育机会迅速增长。图 5-1-2 显示，1999 年中国政府实施"大学扩招"政策之后，大学在校生人数猛增，2000 至 2019 年的 20 年间，大学在校生人数从 910 万人增长到 4002 万人，几乎增长了 3.4 倍。同时，大学毛入学率快速提高，从 2000 年的 12.5% 上升到 2019 年的 51.6%。

二　教育机会的代际递增

教育发展水平的年代差异以及政府教育政策的变化，使不同出生年代的人拥有不同教育机会，每一代人的升学机率和升学路径也有所不同。2019 年中国社会状况综合调查显示，随着教育扩张的推进，青年一代的教育机会迅速增长。

（一）九年义务教育普及

2011 年，中国全面普及九年义务教育，教育不再是精英阶层和富裕家庭的专有特权，而是人人可享的公共资源。特别是政府提供的免费九年义务教育，使"上不起学"的现象基本消除，有效弱化了基础教育领域的不平等。

图 5－1－3 显示了不同出生年龄组的人接受初中教育的比例变化，1924－1950 年出生人群只有不到三分之一接受了初中教育，随后年龄组人群接受初中教育的比例不断增长，其中 20 世纪 60 年代后期出生人群的比例由于"文化大革命"的影响而略有下降。从 1971－1975 年出生年龄组人群开始（即大约 1980 年代中期开始），中国初中教育普及水平逐步提高，2010 年以来，适龄青少年接受初中教育的比例已接近99%。

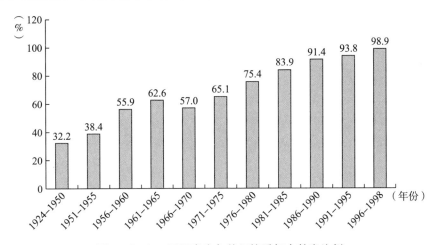

图 5－1－3　不同出生年龄组接受初中教育比例

数据来源：2019 年中国社会状况综合调查（CSS）。

（二）趋近普及的高中阶段教育

在九年义务教育得到普及之后，中国政府进一步提出了普及高中阶段教育的目标。进入 21 世纪以来，高中阶段教育普及率快速提高，到 2019 年，高中阶段教育毛入学率达到 89.5%。[①]

图 5－1－4 列出了不同出生年龄组接受高中阶段教育的比例，可以看出 20 世纪最后十年高中阶段教育的入学率快速上升。1981－1985 年出生年龄

---

① 新华社：《教育部：2019 年高中阶段教育毛入学率达到 89.5%》，https://baijiahao. baidu. com/ s？id＝1684876042080917595&wfr＝spider&for＝pc，最后访问日期：2021 年 11 月 20 日。

组和 1986 - 1990 年出生年龄组只有大约一半的人接受了高中阶段教育（42.3% 和 55.0%），五年之后的 1991 - 1995 年出生年龄组的相应比例比五年前上升了 14 个百分点，而 1996 - 1998 年出生年龄组则比前一个年龄组上升了 19 个百分点。从图 5 - 1 - 4 显示的增长趋势推测，2000 年之后出生年龄组接受高中阶段教育的比例将可能达到甚至超过 95%。

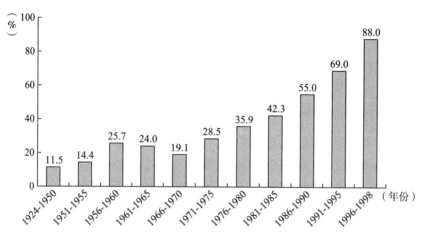

图 5 - 1 - 4　不同出生年龄组接受高中阶段教育比例

数据来源：2019 年中国社会状况综合调查（CSS）。

（三）高等教育大众化趋势

中国高等教育发展最快的时期是最近二十多年。1999 年中国政府实施"大学扩招"政策之后，中国高等教育"井喷式"飞速发展，高等教育的大众化水平不断提高，对中国经济社会翻天覆地的历史性变化起到人才和智力的决定性支撑。

高等教育规模迅猛扩张，给年轻人创造了更多的高等教育机会。图 5 - 1 - 5 列出了不同出生年龄组接受高等教育的比例。数据显示，从 1976 - 1980 出生年龄组开始，高等教育机会增长幅度加快，1976 - 1980 出生年龄组接受高等教育比例比之前年龄组提高近 8 个百分点，1981 - 1985 年出生年龄组比之前年龄组提高近 6 个百分点，1986 - 1990 年出生年龄组比之前年龄组提高 10.1 个百分点，1991 - 1995 年出生年龄组比之前年龄组提高近 13 个百分点，1996 - 2000 年出生年龄组比之前年龄组提高 15.4 个百分点。

根据美国学者马丁·特罗的研究，如果以高等教育毛入学率为指标，则可以将高等教育发展历程分为"精英""大众"和"普及"三个阶段，高

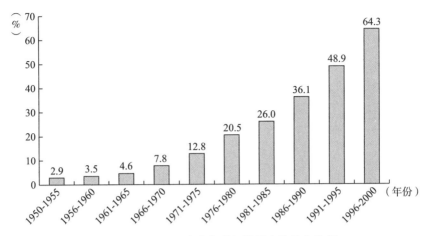

图 5 - 1 - 5　不同出生年龄组接受高等教育比例

数据来源：2019 年中国社会状况综合调查（CSS）。

等教育毛入学率在 15% 以下时属于"高等教育精英化阶段"，15% - 50% 为"高等教育大众化阶段"，50% 以上为"高等教育普及化阶段"。① 中国高等教育在 20 年间从"高等教育精英化阶段"快速越过"高等教育大众化阶段"，正在进入"高等教育普及化阶段"。

三　持续存在的教育机会不平等

教育事业的迅速发展使得青少年接受教育的机会越来越多，人们的教育水平不断提高，年轻一代在各阶段的升学率都迅速增长。然而，教育机会迅速增长并没有带来教育机会不平等的下降，相反，一系列的实证研究显示，高等教育机会的城乡不平等还有所上升，农村人口上大学的机会比例相对下降。社会公众和大众媒体越来越关注城乡教育不平等问题，"农村子弟上大学难""寒门难出贵子"的议论越来越多。

（一）基础教育领域的不平等

在基础教育领域，九年义务教育虽然得到普及，但是农村地区的儿童失学问题仍然存在。20 世纪 90 年代末，政府教育部门为了提高教育投资效

---

① Trow，Martin，"Twentieth-Century Higher Education：Elite to Mass to Universal"，*Higher Education Quarterly*，Vol. 66，Issue 1，2012，pp. 123 - 125.

益，大规模撤并农村中小学校，导致部分边远乡村儿童无学可上，或上学路途遥远而存在安全隐患，以及增加农村家长的经济负担，从而使农村失学儿童数量上升。近年来，在社会舆论压力下，政府取消撤点并校政策，恢复部分农村中小学和教学点，确保所有儿童有学可上。然而，这并未根本解决农村地区的儿童教育问题，农村留守儿童和流动儿童的教育问题仍然十分突出。目前中国有近3亿离开农村家乡进城打工的农民工，[①] 部分农民工父母由于收入低和居住条件差等原因，未能实现家庭的整体迁移，只好将孩子留在农村，交由孩子的祖父母、外祖父母或其他亲戚朋友照料，从而在农村地区出现了许多留守儿童。2015年数据显示，全国留守儿童约有6000万人，占所有农村儿童的37.7%，占全国儿童的比例为21.9%，这些留守儿童大多分布在中西部不发达地区，散布于因劳动力大量外出务工而日益荒凉凋敝的村庄，他们的教育升学面临很多问题。[②] 随父母流动迁入城镇的流动儿童的教育状况也面临许多困境。尽管控制农村人口向城镇流入的户籍制度近年来有所松动，但作为一项限制农村居民自由流入城镇完全享受城镇居民公共服务的刚性城乡分割制度，迄今为止仍然没有从根本上破题。这使大量流入城镇就业的农民工无法解决在城镇中的身份问题，无城镇户口的农民工无法享受子女教育等城镇基本公共服务和社会权利，从而，流动儿童因没有流入地身份而无法享受流入地的教育权利和待遇，要想获得与当地儿童同等的教育机会，流动儿童父母需花费更多代价。流动儿童在择校、学校教育和升学等三个方面的差别化待遇，使流动儿童教育机会大大少于当地户籍儿童。[③] 如何保证农村留守儿童和流动儿童公平接受教育，是涉及中国社会教育公平的一个关键问题。

九年义务教育存在的另一个突出的问题是教育设施、师资水平和教育质量存在巨大的城乡差距、区域差距和校际差距，而由此导致的教育不公

① 《2019年农民工监测调查报告》，国家统计局网站，http://www.stats.gov.cn/tjsj/zxfb/202004/t20200430_1742724.html，最后访问日期：2021年11月20日。
② 范先佐、郭清扬：《农村留守儿童教育问题的回顾与反思》，《中国农业大学学报》（社会科学版）2015年第1期；上学路上儿童心灵关爱中心：《中国留守儿童心灵状况白皮书（2015）》，2015。
③ 杨敏、赵梓汝：《城市流动儿童的教育公平问题研究——基于社会资源合理配置的社会学思考》，《学术论坛》2016年第2期；宋月萍、李龙：《我国流动儿童学前教育的区域差异：省域及城市层面的考察》，《中国人民大学教育学刊》2013年第3期。

平现象和社会问题，引起社会公众的诸多批评。除了城乡教育发展极不均衡外，在城市里，重点学校与普通学校的教学质量差距也带来大量的社会问题。优质中小学教育资源竞争十分激烈，不仅导致学生家庭教育负担不断加码，而且产生许多社会不公现象。

在九年义务教育得到普及的情况下，基础教育领域的社会公平问题已经不是入学率的问题，而是优质教育资源的公平分配问题。九年义务教育普及并不能消除基础教育领域的不平等，相反，基础教育领域的优质教育资源竞争更加激烈，来自富裕家庭、上层阶层和城市中产阶层家庭的孩子往往是择校竞争的优胜者，而大多数农村子弟和中下阶层子女，尤其是留守儿童和流动儿童成了落后者，在人生赛跑中"输在了起跑线上"。

（二）高中阶段教育的不平等

高中阶段教育机会分配的不平等问题一直受到极大关注，特别是城市家庭子女与农村家庭子女之间的教育机会不平等。一系列的实证研究结果发现，自改革开放以来，这一阶段升学机会的城乡差距持续扩大，特别是1999年大学扩招政策实施之后，高中阶段教育机会的城乡不平等上升更加明显。基于全国性调查数据的分析显示，排除人口数量变化和教育机会供应量变化，在性别、父亲职业和文化水平相同的条件下，这一阶段升学机率的城乡差距从20世纪70年代末至80年代前半期的1.9倍，增加到80年代后期至90年代前半期的2.5倍，再增长到90年代后期至21世纪开始后的3.9倍。进一步的研究还发现，高中阶段教育的分流成为教育分层的关键点。优势地位家庭的子女有更多机会获得优质教育，在初中毕业后，他们更多地选择进入普通高中，为高考做准备，他们也更可能进入比较好的大学获得高附加值的大学文凭，为获得较好的工作岗位奠定基础。中间及中间偏下阶层子女有较多机会考入二、三流大学，如果在中学阶段成绩太差而觉得考大学成功率较低，他们会选择中等职业教育，毕业后寻求一份技术工人岗位或低层白领工作。农民子女在初中阶段成绩太差（在农村学校这种情况很普遍）而考大学希望不大的情况下，只有部分人会选择中等职业教育，而多数人则放弃升学机会，离开学校外出打工，或者留在县城和集镇无所事事。这种教育路径选择显示出明显的阶层分化现象。

（三）高等教育的机会不平等

高等教育大众化发展趋势，使越来越多的农民子弟和中下阶层子女有机会进入大学学习，但是尽管如此，高等教育机会的城乡不平等和阶层不平等仍然持续存在，高等教育公平问题引发社会公众的强烈关注，特别是有关高等教育机会的城乡不平等问题，高考招生名额分配地区不平等问题，以及流动人口子女"异地高考"权益问题等。

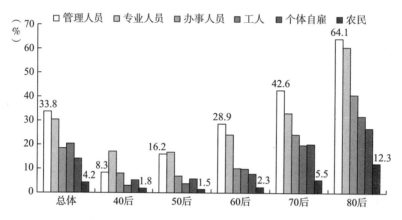

图 5 - 1 - 6　不同年龄段阶层子女上大学比例

数据来源：2019 年中国社会状况综合调查（CSS）。

　　另外，高等教育机会的阶层差异表现得十分突出，图 5 - 1 - 6 显示，管理人员子女接受高等教育机会最多，农民子女机会最少，管理人员子女上大学比例（33.8%）是农民子女上大学比例（4.2%）的 8 倍左右，两个阶层子女上大学的比例相差 29.6 个百分点。尽管随着时间推移，所有阶层子女上大学的机会都在增加，但不同阶层的人机会增加幅度不同，阶层地位越高，其子女上大学机会增加越快，而阶层地位较低，其子女上大学机会增加相对较慢。这导致了高等教育机会的快速增加并未缩小阶层之间的高等教育机会不平等。比如，管理人员子女与农民子女上大学的比例之差，随着时间推移在逐步扩大：在 40 后人群中两者之差是 6.5 个百分点，在 50 后人群中是 14.7 个百分点，在 60 后人群中是 26.6 个百分点，在 70 后人群中是 37.1 个百分点，在 80 后人群中是 51.8 个百分点。特别需要注意的是，80 后人群上大学的时期，正是"大学扩招"政策实施后的高等教育迅猛扩张时期，高等教育机会数量猛增，所有阶层子女上大学比例都获得了很大提高，但是，上大学比例提高最快的是两个优势地位阶层——管理人员和专业人员。管理人员子女上大学比例从 70 后的 42.6% 上升到 80 后的 64.1%，比例增长 21.5 个百分点；专业人员子女上大学比例从 70 后的

33.2%上升到80后的60.5%，比例增长27.3个百分点。办事人员子女、工人子女、个体自雇子女上大学比例从70后到80后分别增长了16.4、12和6.6个百分点，其增长幅度都远远低于管理人员子女和专业人员子女。而上大学机会最少的农民子女增长幅度也只有6.8个百分点。这表明，在高等教育快速扩张中，优势地位阶层受益最多，而较低阶层受益较少。

四　就业率和职业分布的变化

过去几十年来，与当今多数国家的青年相比，中国青年的就业状况相对较好，失业问题并不严重。经济快速发展为青年人创造了较多的就业机会和职业发展空间，工业化水平提高和城镇化推进也为青年就业者提供了职业上升流动渠道，尤其是为由农村进入城市的流动青年提供了发展机会。不过，近年来中国经济增长速度放缓，青年劳动力的失业率有所增长，大学毕业生就业难问题突出。

根据2019年中国社会状况综合调查（CSS）数据（见图5-1-7），18-34岁青年人口中，60%的人有稳定的工作，18%的人在学校读书，其余的22%的人处于不工作状态。这些不工作的青年人当中大多数依靠父母供养（12%），他们既不去学校读书，也不急于找工作，或者在找到满意工作之前不工作，他们中有接近四分之一的人处于不工作状态的时间超过三年，这些人被媒体称为"啃老族"，已经成为中国的一个社会问题。除了这些"啃老族"以外，还有7%的人正在找工作，他们可以算是正处于失业状态。另外，还有3%的人在为自己创业做准备。

与当今世界上的许多国家相比，中国青年人口的失业率并不算很高，但是青年人口的不就业率却持续提高。图5-1-8显示中国青年劳动力人口的就业率从2001年的86.0%下降到2015年的73.1%和2019年的73.8%，尤其是较低文化水平青年的就业率下降幅度较大。2001至2019年间，小学及以下文化水平和初中文化水平的青年就业率下降了约18个百分点，高中文化水平青年就业率下降了14个百分点。拥有大学文凭的青年人就业率下降幅度较小，但就业困难问题也日益突出。2001年之前，大学毕业生就业有较高的保障，除了一些特殊情况，极少会遇到失业问题。然而，1999年大学扩招之后，大学毕业生数量逐年快速增长，就业难问题凸显。图5-1-8

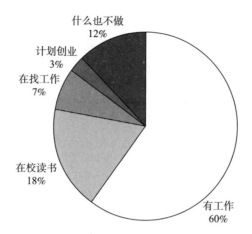

图 5 - 1 - 7　2019 年 18 - 34 岁青年人口的就业状况

数据来源：2019 年中国社会状况综合调查（CSS）。

显示大专文化水平青年的就业率在 2001 至 2019 年间下降了近 12 个百分点。大学本科和研究生学历及以上的青年就业率下降幅度虽然较小，但受经济因素影响不同年份就业率有较大幅度波动。

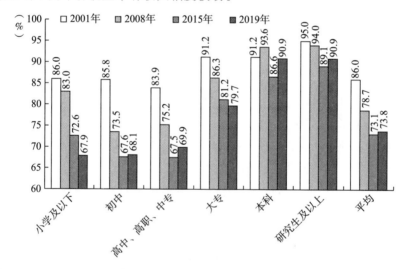

图 5 - 1 - 8　2001 - 2019 年不同文化程度 18 - 34 岁青年劳动力人口（排除在校生）就业率比较

数据来源：2001、2008、2015、2019 年中国社会状况综合调查（CSS）。

图 5 - 1 - 9 列出了 2019 年 18 - 34 岁青年就业者的职业分布情况。青年从业比例最高的两个职业是工人和农民，分别占 28% 和 24%；之后依次为

办事人员 16%，专业技术人员 15%，个体户小业主 10%，管理人员 7%。

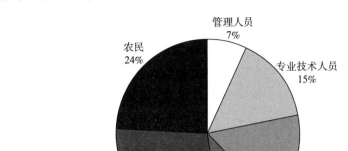

图 5－1－9　2019 年 18－34 岁青年就业者的职业分布

数据来源：2019 年中国社会状况综合调查（CSS）。

中国社会长期以来一直是以农村人口和农业人口为主，近二十年随着城镇化快速推进，农村人口比重持续下降，但至今仍占很大比重。国家统计局最新公布数据，2019 年农村人口占总人口比例为 40%。与此同时，农民是中国社会最大的职业群体，根据 2019 年中国社会状况综合调查数据（CSS），在全国就业人口的职业分类比例中农民所占比例最高，为 36%，而位居第二的工人所占比例（29%）比农民低 7 个百分点。但青年就业人口的农民比例低于全国平均水平约 12 个百分点，这说明越来越多的农村青年人不愿意留在农村从事农业生产，他们离开家乡进城打工，构成了数量庞大的新生代农民工群体，这一群体大约占青年人口的 40%。不过，在那些声称自己不是农民的青年就业者当中，还有相当比例的人做一些兼职农业。目前青年就业者当中，75.7% 的人"只从事非农工作"，10.1% 的人"从事非农工作但也务农"，2.8% 的人"以务农为主但同时也从事非农工作"，11.4% 的人"只务农"。

五　缺乏社会保障的非正规就业者

中国的市场经济是 1978 年开始经济改革之后才逐步建立的，劳动力市场也是伴随着经济改革推进而逐步发展起来的，各种劳动力市场制度、社会保障制度和劳工保护制度并不完善，这导致大量的青年就业者处于非正规就业状态，他们大多数就业于中小型私营企业或个体经营及自雇，就业状态不稳定，工资低，缺乏社会保障。

根据 2019 年中国社会状况综合调查（CSS），在 18 - 34 岁青年就业者中 58.9% 受雇于企业或各类机构（有工作单位），另外的 41.1% 是自雇者、个体或家庭经营者、自由职业者等（无工作单位）。无工作单位就业者多为非正规就业，缺乏就业稳定性和社会保障。其中约四分之一（25.1%）的人认为未来 6 个月有失业的可能。而有就业单位的就业者也不一定享有充分的社会保障和就业稳定性，他们当中约四分之一（24.9%）的人没有与工作单位签订任何形式的劳动合同，从而也处于缺乏保障的非正规就业状态。

图 5 - 1 - 10 比较了有工作单位和无工作单位青年就业者的社会保障状况。绝大多数无工作单位青年就业者缺乏社会保障，其中 69.2% 没有养老保险，21.4% 没有医疗保险，没有失业保险、工伤保险和生育保险的均有十分之九的比例。有工作单位的青年就业者的社会保障水平虽然高于无工作单位就业者，但其中也有一部分没有充分的社会保障，约五分之二没有养老保险，约七分之一没有医疗保险，没有失业保险、工伤保险和生育保险的比例均在 50% 左右。

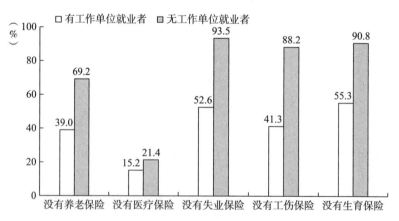

图 5 - 1 - 10　2019 年 18 - 34 岁青年就业者的社会保障状况

数据来源：2019 年中国社会状况综合调查（CSS）。

非正规就业者数量庞大是当前中国青年就业状况的一个突出特征，也是影响青年就业质量的一个重要因素。非正规就业者收入低，就业缺乏保障，工作时间长（平均每天工作 9 个小时），工作环境较差，缺少职业晋升空间。绝大多数非正规就业者是来自农村的进城打工者，他们当中 69.3% 的人持农业户口。这些新生代农民工由于收入水平低和职业上升流动机会少而难以在城市长期定居谋生，但他们又不愿意返回农村从事农业生产，这些青年人的前景令人担忧。

另一方面，近年来互联网经济快速发展，依托于互联网平台产生了大量的新兴就业岗位，大量的青年人涌入新兴就业领域，如快递小哥、网约车司机、淘宝店主、网络主播、网络小说作者等，这些新兴领域的青年就业者大多缺乏相应社会保障，处于高经济风险状态，成为当前社会的一个新问题。

六 城乡二元结构导致的就业不平等

中国社会长期存在的城乡差异对青少年的成长产生了极大影响，导致出生于城市与出生于乡村的青少年在生存境遇和发展机遇方面有着明显差异。大量的实证研究结果表明，城乡出身背景影响了青少年的教育机会，导致了城市与乡村青少年之间的教育不平等，城市家庭出身的青少年有更多机会接受高等教育，而大量农村家庭出身的青少年则较早离开学校进城打工。[1] 教育机会的差异又进一步导致就业机会和未来的发展机遇的差异，[2] 并最终导致青年群体的阶层分化。

1999 年大学扩招政策实施之后，由于高等教育迅速扩张、互联网及智能手机普及和城镇化浪潮，农村家庭出身的青少年有较多机会接触城市文化，许多人在城市读书、生活，也有越来越多的机会进入大学校园学习，城乡鸿沟有所缩小。但尽管如此，城乡差异和阶层差异所导致的社会分化依旧存在。接受了高等教育的都市家庭出身的青年（都市白领的主体人群）

---

① 李春玲：《教育不平等的年代变化趋势（1940－2010）——对城乡教育机会不平等的再考察》，《社会学研究》2014 年第 2 期；李春玲：《"80 后"的教育经历与机会不平等——兼评〈无声的革命〉》，《中国社会科学》2014 年第 4 期；吴愈晓：《中国城乡居民的教育机会不平等及其演变（1978—2008）》，《中国社会科学》2013 年第 3 期。

② 文东茅：《家庭背景对我国高等教育机会及毕业生就业的影响》，《北京大学教育评论》2005 年第 3 期。

与未能上大学的农村家庭出身的青年（新生代农民工），是当代青年群体中阶层分化的两端，前者是典型的"城二代"，后者是典型的"农二代"。2017 年中国社会状况综合调查（CSS）数据显示，城二代在新生代中所占比例为 20.8%，农二代所占比例为 52.4%，这两个群体是新生代中两个人数最多的群体，共占新生代人口的 73.2%。其余不到 30% 的新生代人口是中间群体，一部分是突破城乡差异而争取到上大学机会的农村家庭出身青年；另一部分是未能上大学的城市家庭出身青年。高等教育扩张使越来越多的农村家庭子女有机会上大学而突破了城乡差异导致的阶层分化，他们被称为"逆袭者"，在新生代中的比例为 16.3%。与此同时，城市家庭出生的青年也有部分未能搭上高等教育扩张的列车，成为"滞留者"，他们大多出身于城市中下阶层家庭，在青年人口中的比例为 10.5%。城二代、农二代以及逆袭者和滞留者构成了青年群体内部的社会经济分化图景，这种分化也展现于就业领域。

表 5 - 1 - 1 采用 2017 年中国社会状况综合调查（CSS）数据所做的回归分析，比较了城市家庭出身并接受了高等教育的青年（城二代）与农村家庭出身并未能接受高等教育的青年（农二代）在就业和收入方面的差距，显示了城乡二元结构对青年就业状况的影响。在经济收入方面，城二代就业者的年收入是农二代就业者的两倍，比农二代高出 27462.9 元；逆袭者比农二代高 15902.9 元，表明农村家庭出身的青年只要接受了高等教育，经济收益就会有很大提高，但是，与同样接受了高等教育的城二代相比，逆袭者年收入明显偏低（低 11560 元），这主要是由于逆袭者的大学文凭含金量较低，他们大多毕业于高职院校或三、四流的本科院校；滞留者虽然没有大学文凭，但他们的收入比农二代高 6224.9 元。

表 5 - 1 - 1　城乡差异导致的青年就业差异（回归分析结果）

自变量	因变量		
	年收入	就业率	未来 6 个月失业风险
常数	27423.1 *	1.096 *	0
参照组：农二代			
城二代	27462.9 *	2.402 *	− 0.783 *
逆袭者	15902.9 *	1.904 *	− 0.341 *
滞留者	6224.9 *	1.473 *	− 0.601 *

自变量	因变量		
	年收入	就业率	未来6个月失业风险
调整后 R^2	0.062		
-2 对数似然		4614.3	123.2
样本数	4078	4078	4078

注：显著水平 * = 0.005；"年收入"为线性回归系数；"未来6个月失业风险"为有序 Logistic 回归系数；"就业率"为 Logistic 回归优势比。

在就业机会方面，城二代的就业率优势比远远高于农二代，而失业风险远远低于农二代。模型常数项（1.096）显示农二代的就业率相当低，离开校园的农二代接近半数处于不工作状态，而绝大多数离开校园的城二代（超过70%）都有工作。逆袭者和滞留者的就业率优势比高于农二代但低于城二代，失业风险高于城二代但低于农二代，不过，逆袭者虽然就业率优势比高于滞留者但失业风险也高于滞留者。这说明城市家庭出身在就业方面具有某种优势，滞留者虽然没有大学文凭，但其就业稳定性高于有大学文凭的逆袭者，而滞留者就业率比逆袭者低，只不过说明滞留者比逆袭者更有条件啃老。收入与就业方面的差距预示着青年人口内部不同群体的未来发展机遇将要出现的分化。

七 结论

经济改革以来政府推行的教育扩张政策使当代中国青年获得了前所未有的教育机会，他们的平均教育水平明显高于前几代人。然而，教育机会的增多并未缩小教育机会分配的不平等，相反，城市与农村家庭子女的教育不平等还在继续扩大。教育的不平等进一步导致就业领域的不平等，较高教育水平青年拥有更多的就业机会和更高的收入，并更容易获得好的职业地位。此外，长期存在的城乡二元结构导致青年群体内部二元分化，来自城市家庭并接受高等教育的城二代青年与来自农村家庭且未能接受高等教育的农二代青年在就业机会、收入水平、就业稳定性等方面存在突出差异，这将进一步导致社会不平等的代际传递和阶层地位固化。

巴西青年的求学与工作[*]

M. C. 科罗查诺 M. 中野

青年与教育和工作之间的关系应该从更广泛的角度来理解，即理解过去几十年发生的变化，特别是在巴西这样的国家所发生的变化。在这一章，我们打算强调有关劳动和教育轨迹的问题，重点是 15 到 29 岁青年的小学和中学教育（进入大学之前）。这是一个具有探索性的课题，我们认为，分析当代巴西年轻人在教育和工作方面的经历，需要对巴西社会的人口、文化、经济、政治和社会等方面的变化有更广泛的理解。

年轻的巴西人正在步入中年，他们是在两种截然不同的工作环境中出生和生活的一代人。他们出生在 20 世纪 90 年代，那个时期经济不稳定，通货膨胀率高，正式工作和带薪工作减少，引入了劳动关系和报酬灵活性机制，并且收入减少，[①] 今天，他们所经历的情形是就业机会增加，特别是在正式岗位方面，21 世纪以来，正式岗位一直在增加，从宏观经济的角度来看，人民的收入也在增加。与此同时，这群人从初代开始，经历了一系列的教育制度改革，这些改革开始于 20 世纪 90 年代初，也就是 1988 年通过了所谓的"公民宪法"之后。

---

* 本章已在第三十二届拉丁美洲研究协会国际大会上陈述，并得到圣保罗研究基金会（FAPESP）的支持。

① Guimarães, N. A., "O Que Muda Quando se Expande o Assalariamento（Em Que o Debate da Sociologia Pode nos Ajudar a Compreendê – lo?）", *Dados*, 54（2011）, pp. 533 – 567; DIEESE, *A Situação do Trabalho no Brasil na Primeira Década Dos Anos* 2000, São Paulo: DIEESE, 2012.

这种新的情况使新项目的出现成为可能，但由于青年人自身的生活条件，他们面临的许多问题也不断重复出现。从这个角度来看，青年是社会中最敏感的部分，因为国家在工作和教育制度方面所经历的进步、困难和挑战对他们的影响是显而易见的。这是年轻人的发展轨迹持续不平等造成的。在这方面，本章也打算讨论区域、阶级、肤色或种族和性别不平等，这些因素形成了他们的教育和工作轨迹。无论综合考虑这些因素，还是单独来看，都会产生不同的求学和求职轨迹。

本章首先分析巴西学校与工作关系的特殊性，工作是表征青少年状况的核心层面。其次，我们将提供有关巴西年轻人当前活动的最新数据。接下来，我们将分析学习过程中的进步和挑战，以及年轻一代的工作条件。最后，我们将设法建立所呈现数据与一系列青年政策之间的主要联系，这些政策与学校与工作之间的关系有关。

一 学校、工作和巴西青年之间关系的独特性

青年与工作和学校的关系可以理解为一种社会结构，它在时间和空间上有显著的变化，这取决于个人在社会结构中的位置。从历史来看，生活、知识和工作交织得十分紧密，以至于这种关系已经失去其意义。而新的关系是资本主义制度构成的核心；随着就业和人口受教育程度的提高，需要一个从学校过渡到工作的通道。青少年的状况本身就是这一过程的起源，在这一过程中，青年有一段致力于学习和推迟工作的时期。这种情况最初影响着特权社会阶层的男性，直到 20 世纪才扩展到其他阶层的人群。在这个世纪里，可以观察到许多关于"青年期暂停"概念的转变；不仅是延迟和中止，还有个人和社会生活的不同过程，如性、工作、文化和政治参与等。从这个角度来看，"青年的经历开始变得有意义，而不仅仅是为成年做准备"。[1] 在某种程度上，即使在像巴西这样的国家，工作本身也是年轻人思想的一部分。在贵族和资产阶级生活方式的支配下，青少年似乎强烈坚

---

① Abramo, H. & Branco (orgs.), *Retratos da juventude Brasileira: análises de uma pesquisa nacional*, Sao Paulo: Fundação Perseu Abramo, 2005, p. 43.

持着工作这一理想的生活方式。[①]

当我们考虑教育系统和就业市场在不同社会背景下的组织方式时，就会发现学校和工作之间关系的重要变化。在发达国家，从学校到工作的过渡过程中，分析与反思密切相关。在 20 世纪 70 年代末开始的入学大众化和带薪工作的危机与转型背景下，青年社会学研究中这一话题显得尤为重要。在这种背景下，过去几十年的主要情况是：刚开始，义务教育阶段结束后，几乎立即获得一份固定工作，慢慢地，求职过程变得不稳定，而且更艰难，更漫长。[②] 虽然不同的研究反驳了就业（和失业）问题在这一时期的中心地位，但不可否认的是，向成年期过渡的轨迹可预测程度较低，并且存在可逆性，这些都与工作危机有关，并导致了对"非线性轨迹"或"溜溜球轨迹"的讨论。[③]

在巴西，非线性轨迹一直是职业过程的一个特征，而且不仅在年轻人中如此。与欧洲国家不同的是，巴西保护和支持失业者的制度仍然非常弱，人们有时在有保障的正式部门工作，有时在非正式用工活动中工作，他们通常被称为"bicos"（临时工）。[④] 事实上，巴西就业市场上大多数青年工作总是不稳定，他们穿梭于各个工作场合，不断地"凑合"以"谋生"。

在巴西，完成义务教育之后就业并没有成为主流趋势。学校和工作之间的关系有两个重要特征：过早进入就业市场和边学习边工作。[⑤] 在 20 世纪 70 年代的欧洲，年轻人进入就业市场的问题显得十分重要，应理解为"与非连续的学校轨迹重叠的紧张和可逆的职业轨迹"。[⑥]

试图了解巴西年轻人与工作和学校关系的研究始于 20 世纪 70 年代。在此

---

① Abramo, H. & Branco (orgs.), *Retratos da juventude Brasileira：análises de uma pesquisa nacional*, Sao Paulo：Fundação Perseu Abramo, 2005.

② Dubar, C., "Réflexions sociologiques sur la notion d'insertion", In B. Charlot & D. Glasmann (orgs.), *Les jeunes, l'insertion, l'emploi*, Paris：PUF, 1998, pp. 29 – 36.

③ Pais, J. M., *Ganchos, tachos e biscates：jovens, trabalho e futuro*, Porto：Âmbar, 2001.

④ Guimarães, N. A., "Por uma sociologia do desemprego：contextos societais, construções normativas e experiências subjetivas", *Revista Brasileira de ciências sociais*, 17 (2002), pp. 104 – 121.

⑤ Hasenbalg, C., "A transição da escola ao mercado de trabalho", In C. Hasenbalg & N. V. Silva (orgs.), *Origens e destinos：desigualdades sociais ao longo da vida*, Rio de Janeiro：Topbooks, 2003.

⑥ Tartuce, G. L., *Jovens na transição escola-trabalho. Tensões e intenções*, São Paulo：Annablume, 2010.

之前，研究人员的核心关注点是年轻的中产阶级学生，而不是工人阶级。① 只有通过大众媒介传播、增加工作机会和获得信贷等方式扩大公共教育和消费能力，才能使既不是学生也不是同时学习和工作的青年拓展身份。在 20 世纪 80 年代，新的研究试图了解工人阶级学生的发展轨迹、年轻人工作的重要性以及"青年"身份的构成。②

通过分析巴西人口普查（1970 至 1980 年）和全国家庭抽样调查（PNAD）的国家官方统计数据，一项研究表明，在整个 20 世纪 70 年代，青年的一个重要部分是开始以一种更"现代"的方式进入社会，无论是通过学校、工作还是娱乐。③ "青年"的身份被扩大到社会的更大范围。与此同时，生产领域和学校教育也发生了重大变化；这并没有对雇用"未成年人"、儿童产生消极影响，因为青少年以及青年主要进入第二产业工作。④ 在 20 世纪 80 年代，尽管有一段经济衰退的时期——在这段时间，比较"有活力"的部门失业率急剧上升，未充分就业人数上涨，以及"工人阶级的生活条件恶化"。与成年人尤其是成年男性相比，青年受到的失业冲击较小。值得注意的是，越来越多的青少年在城市工作中经常受到质疑。经常出现的观点是："在分析中应将儿童和青少年的工作（如对女性工作的分析），看作社会生产过程的一个组成部分"。⑤ 1986 年和 1992 年进行的一项研究表明，除了生存需要或家庭支持外，青年劳工主要将收入用于个人消费——购买衣服和鞋子，投入文化、休闲活动，或者用于学习。⑥ 随后对青

---

① Tartuce，G. L.，*Jovens na transição escola-trabalho. Tensões e intenções*，São Paulo：Annablume，2010，p. 73.

② Madeira，F. R.，"Os jovens e as mudanças estruturais na década de 70：questionando pressupostos e sugerindo pistas"，*Cadernos de pesquisa*，58（1986），pp. 15 – 48.

③ Madeira，F. R.，"Os jovens e as mudanças estruturais na década de 70：questionando pressupostos e sugerindo pistas"，*Cadernos de pesquisa*，58（1986），pp. 15 – 48.

④ Madeira，F. R.，"Os jovens e as mudanças estruturais na década de 70：questionando pressupostos e sugerindo pistas"，*Cadernos de pesquisa*，58（1986），p. 22.

⑤ Madeira，F. R.，"Os jovens e as mudanças estruturais na década de 70：questionando pressupostos e sugerindo pistas"，*Cadernos de pesquisa*，58（1986），pp. 15 – 48.

⑥ Madeira，F. R.，"Os jovens e as mudanças estruturais na década de 70：questionando pressupostos e sugerindo pistas"，*Cadernos de pesquisa*，58（1986），pp. 15 – 48；Madeira，F. R. & Bercovich，A. M.，"A 'onda jovem' e seu impacto na população economicamente ativa de São Paulo"，*Planejamento e políticas públicas*，18（1992），pp. 1 – 28.

年劳工的研究也认同这一观点。[1]

20 世纪 90 年代的危机导致在正式岗位工作的青年人数不断上涨的趋势出现逆转。在这十年中，青年人口增长了 32%，而正式岗位减少了 14.8%。[2] 数据显示，养家糊口的人失去了工作，例如男性户主失去工作，从而影响了整个家庭。这些变化数据可以从越来越多的妻子或女性户主进入就业市场中看到。[3] 20 世纪 90 年代后半期，就业机会的减少对青年的打击最大，2005 年后，失业率开始下降，但失业率对青年的负面影响状况并没有好转。

在这种背景下，关于教育和职业技能的作用以及青年进入就业市场的议论得到了公众的注意。人们进行了一系列的研究，试图表明，青年在找工作时面临着越来越多的困难，尤其是一份"真正的工作"——这是年轻人在不同场合使用的一种表达。工作仍然是一个中心范畴，产生了新的和不同的意义，反映了年轻人所处的专业背景、发展轨迹和社会环境。[4]

---

[1] Corrochano, M. C., *Jovens olhares sobre o trabalho*: *um estudo dos jovens operários e perárias de são bernardo do campo* (Mestrado em Educação), São Paulo: USP, Faculdade de Educação, 2001; Corrochano, M. C., *O trabalho e a sua ausência*: *narrativas juvenis na metrópole*, São Paulo: Annablume, 2012; Dauster, T., "Uma infância de curta duração: trabalho e escola", *Cadernos de pesquisa*, 82 (1992), pp. 31 – 36; Abramo, H., "Considerações sobre a tematização social da juventude no Brasil", *Revista Brasileira de educação*, 5 – 6 (1997), pp. 25 – 36; Martins, H. H. T., "O jovem no mercado de trabalho", *Revista Brasileira de educação*, 5 (6), 1997, pp. 25 – 36; Sposito, M. P., "A sociabilidade juvenil e a rua: Novos conflitos e ação coletiva na cidade", *Tempo Social*, 5 (1 – 2), 1994, pp. 161 – 178; Sposito, M. P., "Algumas reflexões e muitas indagações sobre as relações entre juventude e escola no brasil", In H. Abramo & Branco (orgs.), *Retratos da juventude Brasileira. Análises de uma pesquisa nacional*, São Paulo: Instituto da Cidadania/Fundação Perseu Abramo, 2005, pp. 129 – 148.

[2] Hasenbalg, C., "A transição da escola ao mercado de trabalho", In C. Hasenbalg & N. V. Silva (orgs.), *Origens e destinos*: *desigualdades sociais ao longo da vida*, Rio de Janeiro: Topbooks, 2003.

[3] Montalli, L., *Rearranjos familiares de inserção*, *precarização do trabalho e empobrecimento*, Apresentado em Encontro Nacional de Estudos Populacionais, 14, Caxambu, http://www.abep.nepo.unicamp.br/site_eventos_abep/pdf/abep2004_137.pdf, 2004.

[4] Corrochano, M. C., *Jovens olhares sobre o trabalho*: *um estudo dos jovens operários e perárias de são bernardo do campo* (Mestrado em Educação), São Paulo: USP, Faculdade de Educação, 2001; Guimarães, N. A., "Trabalho: Uma categoria-chave no imaginário juvenil?", In H. Abramo & P. P. Branco (orgs.), *Retratos da juventude Brasileira*: *análises de uma pesquisa nacional*, São Paulo: Instituto da Cidadania/ Fundação Perseu Abramo, 2005; Tartuce, G. L., "Jovens na transição escola-trabalho", *Tensões e intenções*, São Paulo: Annablume, 2010.

正是在这种背景下，上学的机会才得以扩大，使得人们对学校与工作之间关系的理解更加复杂。"在学校教育造成的社会流动性危机中，存在着一种模糊性，认为学习会带来一个更美好的未来。这与青年在当下发现学习没有意义形成对比。"这种模糊性在那些无法在学校以外的环境中社会化的青年中变得更加明显。

过去三十年进行的研究集中在一点上，所有的研究都发现，只学习或同时进行学习和工作的年轻人的比例显著上升，与此同时，许多只工作或不学习也不工作的年轻人的比例也显著上升。然而，青年同时在学校上学和进入劳动力市场工作的现象仍然存在，青年读书的时间延长，但我们也同时看到的是，青年进入就业市场的途径并没有发生巨大的变化。①

二　学校和工作：最近的数据

尽管存在着严重的教育质量问题，尤其是小学教育的持久性问题，以及进入中学的机会减少问题，但学校正日益成为巴西年轻人生活中不可或缺的一部分。但是，正如前面所说，尽管学校越来越重要，但这并没有消除持续的青少年劳动，以及非法的儿童和青少年劳动。国家立法规定 16 岁为最低就业年龄，禁止 18 岁以下从事最危险、最不健康的工作以及成为童工。尽管童工在过去几十年里有所减少，但该现象仍然存在。虽然这个问题不是本章的研究目标，但有必要强调，在 2010 年的人口普查中，巴西约有 160 万 10 至 15 岁的儿童和青少年仍然在工作。

2010 年，15 至 29 岁的青年人口中有 35595010 人（57%）属于经济活跃人口（EAP）。②③　然而，青年的参与程度却因年龄的不同而有很大的差异。自 20 世纪 80 年代以来，学校教育不断扩大，到了 20 世纪 90 年代，不

---

① Camarano, A. A. (orgs.), *Transição para a vida adulta ou vida adulta em transição?*, Rio de Janeiro：IPEA, 2006；Hasenbalg, C., "A transição da escola ao mercado de trabalho", In C. Hasenbalg & N. V. Silva (orgs.), *Origens e destinos：desigualdades sociais ao longo da vida*, Rio de Janeiro：Topbooks, 2003.

② 根据巴西地理和统计研究所（IBGE），经济活跃人口（EAP）是由年龄在 10 到 65 岁之间的人组成，他们在研究的参照中被划分为就业或失业。根据 IBGE 的数据，活跃比例是经济活跃人口与 10 岁以上人口的比例。

③ IBGE, Instituto Brasileiro de Geografia e Estatística, 2010.

同的分析强调经济活跃人口中 15 至 17 岁青少年的减少不仅与学校教育的扩张有关，也与当时劳动力市场的不利演变有关。[①] 从 2000 年开始的经济形势变化增加了就业机会，这些变化似乎表明，至少对于这个年龄段的青年来说，教育的大力扩张和刺激学校教育持久度的政策有助于解释劳动力参与率下降的原因，然而，这并没有消除大量青年边学习边工作的现象。

不同年龄组人群的入学率和参与率在经济活跃人口中呈现两极分化，这是学习和工作之间的不同表现模式、地区、家庭收入、性别和肤色/种族的差异造成的。正如已经观察到的，这些模式不是线性的，中学毕业后进入劳动力市场，研究人员展示了如何用不同的工作和学习情况来标记这些模式。

在巴西，只有少数年轻人能够全身心地投入学习中去：根据 2009 年全国家庭抽样调查的数据，只有 13.5% 的人进行全日制学习，而绝大多数人（55.2%）只工作或正在找工作。约 17.9% 的学生在同一年同时工作和学习。图 5 - 2 - 1 清晰地显示了区域差异。北方和东北地区的全日制学生比例较高，而南方和东南地区的全日制工作或正在找工作的学生比例较大。在北方和东北地区合法就业适龄青年的参与率下降，而在东南、南部和中西部地区上升；这证实了对地区劳动力市场的动态分析。特别是当经济扩张时，经济活跃地区往往能迅速吸收更多的劳动力，并提供比经济不活跃地区更好的条件。

在 15 至 17 岁的学生中，全日制学生的人均家庭收入水平在 1995 年至 2009 年期间都有所提高，在极度贫困人口中更为显著，从 1995 年的 30% 上升到 2009 年的 57%。[②] 尽管如此，不平等仍然存在，因为那些非贫困人口完全投入学习的机会更大，在 2009 年，他们中有 68% 的人完全投入学习。在 1995 年至 2009 年间，这个年龄段的青年只工作的比例在赤贫人群中大幅

---

① Hasenbalg, C., "A transição da escola ao mercado de trabalho", In C. Hasenbalg & N. V. Silva (orgs.), *Origens e destinos: desigualdades sociais ao longo da vida*, Rio de Janeiro: Topbooks, 2003; Sposito, M. P., *Os jovens no Brasil: Desigualdades multiplicadas e novas demandas políticas*, São Paulo: Ação Educativa, 2003.

② 卡斯特罗（Castro, J. A., "Juventude: demografia, pobreza e desigualdade, educação e trabalho", Apresentado em Fórum de Trabalho Decente para a Juventude, Brasília, 2012.）认为，2009 年 9 月，家庭人均月收入低于 67 雷亚尔（32 美元）的家庭属于非常贫困，而家庭月收入高于 465 雷亚尔（230 美元）的家庭则不属于贫困范畴。

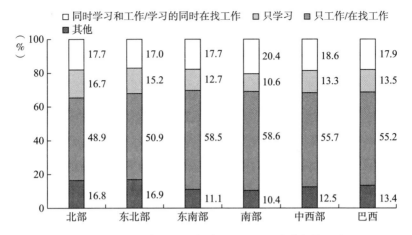

图 5 - 2 - 1   2009 年巴西及各地区 16 至 19 岁青年按工作和
学习分类统计情况

资料来源：IPEA，2012；PNAD/IBGE。

下降，从 27% 降至 7%。1995 年，24% 的赤贫青年同时工作和学习，而
2009 年这一比例为 21%。在这个年龄组中，既不学习也不工作的人数略有
减少，赤贫人口从 20% 降至 16%，非贫困人口从 6% 降至 4%。

下一个年龄段，18 至 24 岁，情况则非常不同：在非贫困人群中，只工
作占主导地位，这一比例从 1995 年的 48% 上升到 2009 年的 50%。但是，
极度贫困的青年在进入职场时面临很多困难。对他们来说，在这段时间内，
只学习的青年从 10% 上升到 16%，工作和学习兼顾的青年从 7% 上升到
9%。然而，求职困难是显而易见的：那些既不工作也不学习的青年从 39%
上升到 46%，而那些全职工作的人从 44% 下降到 28%。2009 年，只有 12%
的非贫困人口既不工作也不学习。

即使不进行讨论，巴西人也有一个共识：工资水平影响了青年的工作
和学习行为。但是，当前的工作环境也取决于其他变量，例如，属于不同
时代的青年，在区域多样性、社会阶层、性别和肤色的作用下出现的多重
不平等。总的来说，在过去的二十年里，青年在教育中花费了更多的时间，
但是工作并没有相应减少，仍然是他们生活的一部分。在这方面，我们接
下来将朝两个方向推进：第一，更好地评价已经取得的进展，并认识到巴
西扩大教育的局限性；第二，更仔细地调查青年在工作领域做了什么。

三 基础教育：更多的机会和持续的扭曲

20 世纪 90 年代是巴西教育入学人数增加的一个里程碑。由于在 90 年代初实施了一项"改革"，巴西教育体系得到了重大改善。不少关注贫困人口的社会政策都将提高入学率作为评价标准之一，如学校奖学金（bolsa escola）这样的收入转移项目，该项目后来被纳入家庭奖学金（bolsa familia）。普及基础教育①的结果之一是显著降低了青年文盲②率：2009 年 15 至 24 岁的青年中只有 1.5%是文盲（1992 年超过了 8%）。③

在 1992 年至 2009 年间，15 至 29 岁的所有群体的总入学率④都有所上升，年龄较小的群体上升幅度较大，而年龄较大的群体上升幅度较小。在 15 至 17 岁的人群中，这一比例从 59.7%上升到 85.2%；18 至 24 岁的从 22.6%上升到 30.3%，25 至 29 岁的从 5.8%上升到 12.2%。在此期间，15 至 17 岁青少年的净入学率⑤也有所上升，从 18.2%上升到 50.9%。另一个显示改善的指标是"教育差距"，⑥ 在 15 至 17 岁的青年中，这一差距从 1992 年的 4%下降到 2009 年的 2.8%；这表明，该年龄组已接近完成国家八年学习目标。然而，我们不能对指出的所有改进都过于乐观。教育和工作领域的历史问题并没有消失。总入学率和净入学率的对比表明，15 至 17 岁的青少年从小学系统中上升的流动性并不乐观。这种情况与辍学率较高以

---

① 巴西的学校教育由基础教育和高等教育组成。本章的研究范围是基础教育，分为三个层次：幼儿教育，学制为 5 年（0 至 3 岁为托儿所，4 至 5 岁为学前班）；小学教育是自 1988 年以来唯一的义务教育，如今从 6 至 14 岁持续 9 年（6 至 10 岁为小学教育 I；11 至 14 岁为小学教育 II）；中等教育，2009 年开始实行义务教育，2016 年通过法律普及（15 至 17 岁为通识教育和/或专业化教育）。

② 根据巴西地理和统计研究所的说法，文盲率是指不知道如何用母语阅读和书写简单信息的人口百分比。此处是按某一特定年龄组所有成员的比例计算的。

③ IBGE, Instituto Brasileiro de Geografia e Estatística, 2010.

④ 根据巴西地理和统计研究所的说法，总入学率是某个年龄段中所有参加某种程度学习的人口总和，除以该地区相同年龄的人口总数。

⑤ 根据巴西地理和统计研究所的说法，净入学率是在适当年龄上学的人口比例。

⑥ 教育差距，"结合巴西人当前的年龄范围，该指数衡量的是平均受教育年限低于目标受教育年限（8 年）的人仍需接受教育的总年限"（这个目标近期上调到了 9 年）。参阅 Castro, J. A., "Evolução e desigualdade na educação Brasileira", *Educação e sociedade*, 30（108）, 2009, p.678.

及对教育成就的期望值较低有关，这些因素导致了进入高中的机会减少。

数据显示，18 至 24 岁的青少年被认为是适合接受高等教育的年龄组别，而在 2008 年，只有 15.9% 的青少年在接受高等教育或已完成高等教育。另有 19% 的人没有完成小学教育，12.7% 的人仍在上中学或大学预科，其余 3.9% 的人在上小学。相比之下，33.4% 的高中毕业生没有接受高等教育。[①]

北方和东北地区与东南、南方或中西部地区有很大的不同，例如，2009年，前两个地区的平均受教育年限分别为 8.9 年和 8.6 年，而后三个地区的平均受教育年限分别为 10.3 年、10.1 年和 10 年。2009 年，巴西东南部 15 至 17 岁青少年的净入学率为 60.5%，北部仅为 39.1%。在 18 至 24 岁的人群中，这一差距仍然很大，南方为 19.2%，东北部为 9.2%。

农村地区的问题要严重得多。东北部地区 15 至 24 岁青年的文盲率（4%）是南部、东南部和中西部地区（1%）的 4 倍。然而，在农村地区，北部和东北部地区的文盲率（8%）是南部地区（1%）的 8 倍。15 至 17 岁（农村为 35.7%，城市为 57.3%）和 18 至 24 岁（农村为 4.3%，城市为 18.2%）人群的入学率也存在同样的不平衡。

除地域外，同时也可以用肤色和种族来表示学校和工作轨迹。黑人青年（黑色和棕色人种）收入较低，集中在较贫困的地区，平均比白人青年学习的时间少。一项利用 1929 年至 1974 年的数据进行的研究表明，纵观整个 20 世纪，白人和黑人的平均受教育水平都在提高，然而，他们之间的差异在几代人中保持绝对稳定，[②] 这揭示了学校系统中种族劣势的历史延续模式。

在恩里克斯（Henriques）最初的研究将近 40 年之后，巴西文盲率的变化是毫无疑问的。1992 年至 2010 年，文盲率有所下降，其中白人青年从 4.5% 下降到 2.6%，黑人青年从 13.4% 下降到 7%，两类人群文盲率的差异也在下降。由于 20 世纪 90 年代中学教育开始普及，这一差距有所缩小，但它并没有消失。从巴西的各地区来看，不平衡现象在 15 至 24 岁的年轻黑人中再次出现。东北部地区黑人青年的文盲率是东南部、南部和中西部地区

① INEP, *Na Medida — Boletim de Estudos Educacionais do INEP*, 6 edn., Vol. 3, 2011.
② Henriques, R., *Desigualdade racial no Brasil: Evolução das condições de vida na década de 90*, Rio de Janeiro: IPEA, 2001.

的 18 倍。2009 年，15 至 17 岁黑人青年净入学率为 43.5%，白人青年净入学率为 60.3%。在 18 至 24 岁的黑人青年中，净入学率为 8.3%，白人青年为 21.3%。

除了地域和肤色/种族差异外，家庭收入在青年接受教育和继续接受教育方面也起着重要作用。尽管对一些人来说，工作和学习可能是他们在形成身份的过程中做出的选择，但只有一小部分青年能够实现脱产学习，而且，虽然受教育年限增加，但他们进入劳动力市场的时间似乎并没有随之推迟。因此，正如哈森巴尔格所警告的那样，这两个特征——过早进入劳动力市场以及学习和工作的结合——标志着从学校到工作的过渡，特别是对于那些来自社会较贫困阶层的人。[①]

此外，进入劳动力市场的时间推迟以及接受高于平均受教育年限的教育水平，也强烈反映在青年工作后获得的收入上面，如图 5-2-2 所示。

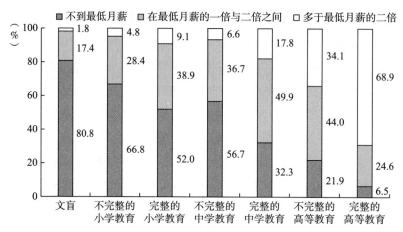

图 5-2-2　16 至 19 岁的在职青年按教育程度及第一份工作月薪分类情况
资料来源：IPEA，2012；IBGE。

人均家庭收入的不平衡与教育有关：在最贫困的 20% 的家庭中，15 至 17 岁的青少年中只有 32% 接受了中学教育，而在最富的 20% 的家庭中，这一数字为 77.9%。

---

① Hasenbalg, C., "A transição da escola ao mercado de trabalho", In C. Hasenbalg & N. V. Silva (orgs.), *Origens e destinos: desigualdades sociais ao longo da vida*, Rio de Janeiro: Topbooks, 2003.

2009 年，家庭人均收入达到最低工资一半的 18 岁人口中，小学教育完成率为 58.9%，而家庭人均收入超过最低工资二倍的小学教育完成率为 93.3%。[1] 这一数据表明，上学和完成率与收入有直接的、非常密切的关系，未来的收入是受教育程度的反映。这个过程中似乎存在一个恶性循环，导致不断产生贫困，除非制定公共政策干预、扭转这一趋势，否则情况难以好转。尽管像"家庭奖学金"这样的项目打开了贫困青年的视野，提高了他们进入教育系统的可能性，并且使他们能够持续在学校读书，但这些措施并没有扭转这一趋势。

除了地域、肤色/种族和收入问题外，巴西的情况和大多数资本主义国家一样，在分析教育系统中入学率和完成率不平衡时要考虑的一系列变量还包括性别问题。从 1992 年到 2009 年的数据指出了男性和女性受教育的差异。1999 年，15 至 17 岁青少年的中学净入学率为 15.1%，2009 年为 45.3%。同一年龄段的女性分别为 21.3% 和 56.7%。1999 年，18 至 24 岁青年男性受高等教育的比例为 4.2%，2009 年达到 12.2%，女性分别为 4.9% 和 16.5%。可见，青年女性比青年男性接受了更多的教育，然而，这并没有使得女性参与更多的工作领域活动，或有更好的工作或薪水。

在 2008 年，大约有 120 万 18 至 24 岁的青年人完成了中学教育，其中女性占 74.7%。[2] 未完成中学教育的女性是因为进入了婚姻或选择生育。

因此，目前的数据表明，一旦解决了入学问题，下一个挑战就是如何保持学习的连续性。自 20 世纪 90 年代中期以来，在 6 至 14 岁年龄组中，几乎所有儿童都上学（1999 年为 94.2%，2009 年为 97.6%）。然而，在 2009 年，巴西 15 至 17 岁的青少年中只有 50.9% 接受了中学教育，而在北部和东北部地区，这一比例分别为 39.1% 和 39.2%。2009 年，巴西 18 至 24 岁的人口中，受过至少 11 年教育（完成中学教育）的仅占 37.9%，在巴西东南部，18 至 24 岁的人口中完成中学教育的比例为 44.0%，东北部这一比例则为 31.8%，地区不平衡现象再次出现。

我们可以观察到与接受中等教育有关的严重问题。近年来，入学率有

---

①　Corbucci，P. R.，"Dimensões estratégicas e limites do papel da educação para o desenvolvimento Brasileiro"，*Revista Brasileira de educação*，16（48），2011，pp. 562 – 584.

②　INEP，*Na Medida — Boletim de Estudos Educacionais do INEP*，6 edn.，Vol. 3，2011.

所提高，辍学率有所下降，但巴西公立学校的录取率几乎停滞不前，1999年和2009年的录取率分别为73.7%和73.5%。2011年，超过840万人进入中学；在2010年，超过三分之一（34.5%）的人是在非适龄的情况下接受教育。根据巴西阿尼西奥·特谢拉教育研究院统计，[①] 如果所有适龄的15至17岁的学生都能入学，就会增加200万名学生。造成这种差额的原因有很多：与学校不兼容的工作、学校里没有学位、家和学校之间的距离、由于缺乏兴趣而辍学，以及适龄学年的不足。

就青年、学校和工作之间的关系而言，关于中等教育的辩论十分激烈，因为传统上中等教育提供职业教育和培训。历史上，围绕这种教育水平的结构一直存在争议。这些都与不同的社会项目和青年权利愿景有关。这一争论涉及体力劳动和智力劳动，涉及基础教育、人文教育和职业教育。造成这种对立的原因之一是，劳动力市场的需求是否应该得到回应。另一个需要探讨的问题是，是否应该终止中学教育，职业教育取而代之。这涉及贫困群体的权利，影响他们通过接受高等教育而继续学业。

随着时间的推移，政府组织的中等教育就像钟摆一样在两点之间摇摆，有时与职业教育联系更紧密，有时与更普遍的人文教育联系更紧密。无论在哪种情况下，专业教育体系都会受到这种对立的冲击，有时是由于贫困青年的存在，有时是由于富裕青年的存在。数据显示，2010年有800多万人接受中等教育，而只有不到100万人接受中等职业教育，这就足以了解当前的紧张局势！

解决中学教育问题的措施包括扩大学校的招生范围，努力提高小学和中学教育的质量，认真对待学生学习进程的问题，例如，许多本应完成小学教育的学生仍然未完成而停留在这一水平。中学教育仍然是一项重大挑战；巴西在2009年修订了宪法，要求在2016年实现中等教育的普及。[②]

数据显示，巴西近几十年来采取了重要措施，然而，"改革"似乎不足以结束与地域、肤色/种族、性别和收入问题相关的巨大不平衡，这一事实同样体现在教育领域，包括中等教育和高等教育。

---

① INEP, *Na Medida — Boletim de Estudos Educacionais do INEP*, 6 edn., Vol. 3, 2011.

② Lima, L. C. A., "Da universalização do ensino fundamental ao desafio de democratizar o ensino médio em 2016: o que evidenciam as estatísticas?", *Revista Brasileira de estudos pedagógicos*, 92 (231), 2011, pp. 168 – 184.

四 工作中的青年

正如我们所看到的，学校教育和进入劳动力市场之间不存在线性关系，因为青年会有选择地进行工作分配，并且非教育因素也会产生影响。[1] 向巴西青年提供的就业机会非常多样化，一般看来与较高的教育水平相差甚远。与教育数据显示的情况类似，他们的职位、工资和工作量再次反映了阶级、性别、肤色/种族和地区的不平衡。

2009 年，全国家庭抽样调查的数据显示，在 16 至 24 岁的青年人中，有 42.0% 的人在劳动力市场上是正式雇员，而在 25 至 59 岁的成年人中，这一比例为 36.6%（见表 5 - 2 - 1）。[2]

表 5 - 2 - 1 2009 年 16 至 24 岁青年人及 25 至 59 岁成年人的
职位（包括北部的农村地区）

职位	年龄群体			
	16 - 24（岁）	比例（%）	25 - 59（岁）	比例（%）
正式雇员	6957861	42.0	24829560	36.6
军人	129159	0.8	143927	0.2
公务员	254666	1.5	5795618	8.5
非正式雇员	4989276	30.2	9141817	13.5
正式雇用的家庭工人	113277	0.7	1834045	2.7
非正式雇用的家庭工人	859822	5.2	3922970	5.8
个体经营	1476591	8.9	14820984	21.8
老板	134433	0.8	3398766	5.0
自产自销的工人	404378	2.4	1910652	2.8
自用自建的工人	8629	0.1	59978	0.1
无工资工人	1219846	7.4	1983244	2.9
合计	16547935	100.0	67841561	100.0

资料来源：巴西社会保障部（2012），PNAD/IBGE，2009。

---

[1] Naville, P., *Essai sur la qualification du travail*, Paris：Rivière, 1956；Tartuce, G. L., "Jovens na transição escola-trabalho", In *Tensões e intenções*, São Paulo：Annablume, 2010.

[2] 在这个案例中，使用这个年龄范围主要有两个原因：一是 16 岁是合法的工作年龄，二是数据的可用性。

　　然而，从事危险工作的青年（16 至 24 岁）的比例明显高于 25 至 59 岁的成年人：30.2% 的青年从事非正式工作，[①] 而 25 至 59 岁的成年人从事非正式工作的比例仅为 13.5%。此外，青年在公共就业方面的人数很少（见表 5 - 2 - 1）。

　　青年人自主创业的比例很低（8.9%），而且青年群体中创业者的比例比 25 - 59 岁成年人群体中创业者的比例低得多（见表 5 - 2 - 1）。这并不意味着劳动力市场形势更加动荡，相反很可能完全符合劳工法的条款。来自联邦政府小型企业援助计划（MEI）的数据显示，参加该计划的人中有 31.1% 的人年龄在 29 岁以下，[②] 但仍有相当一部分青年人独立工作，没有社会保障。联邦政府小型企业援助计划是一个旨在促进低收入创业者就业关系规范化的项目。事实上，获得社会保障是向青年提供的工作质量的一个相关指标，这对整体人口来说也是必不可少的。

　　在更遥远的未来，由于人口结构的改变，巴西年轻人面临的劳动力市场压力将会更小。[③] 但是，这往往会降低活跃工人数量与社会福利受益人之间的关系，对社会保障制度的财政平衡产生不利影响。这一人口问题可能在不久的将来造成几代人之间的紧张，需要运用政治手段来解决。从这个角度来看，将社会保障扩展到这一部分，可以确保更好地保障工作人口和退休人员。[④]

　　然而，巴西的年轻人很少能享受到社会福利，不安全感占主导地位。[⑤]社会福利部利用 2009 年全国家庭抽样调查的数据进行的一项研究表明，16

① 就业登记是一种工具，它在更广泛的正式劳动力市场中确定雇主和雇员之间的关系，在这个系统中，国家机构、雇主、工会和一些机构相互作用。它还帮助国家跟进工作合同，核实劳动法规的遵守情况，以及支付最低工资、福利等。在正式注册的工作中工作并不总是意味着工作质量更高。最近，一些研究者开始质疑就业登记的象征意义，尤其是在当前的背景下，正式工作合同、非正式工作以及合同的范围都存在巨大差异，参阅 Guimarães, N. A., "O que muda quando se expande o assalariamento (em que o debate da sociologia pode nos ajudar a compreendê - lo?)", *Dados*, 54 (2011), pp. 533 - 567.
② BRAZIL, Brasília, Ministry of Labor, "Entrepreneur Portal", http://homologacaomei. receita. fazenda. gov. br, 2012.
③ Camarano, A. A. (orgs.), *Transição para a vida adulta ou vida adulta em transição?*, Rio de Janeiro：IPEA, 2006.
④ OIT, *Trabalho decente e juventude no brasil*, Brasilia：Organização Internacional do Trabalho, http://www. oit. org. br, 2009.
⑤ 根据社会福利部的说法，当人们从事不纳税、不享受福利、没有特殊保险待遇的工作时，他们被认为是不受保障的。

至 24 岁无保障的青少年比例高于 25 - 59 岁的成年人。约 60.18% 无保障的青年月收入低于最低工资标准，而另一个极端是 0.9% 的青年的月收入达到最低工资标准的 5 到 10 倍。16 至 24 岁的青年女性在劳动力市场上的参与度更低，与男性相比，她们受到的保障也更少。从种族因素角度看，40.27% 的白人青年和 59.21% 的黑人及混血儿青年从事无保障的劳动。与富裕的南部和东南部地区相比，在北部和东北部地区，未受保障的青年比例更高。

在年龄和职位方面也有很大的差别。通过比较 15 至 17 岁、18 至 24 岁和 25 至 29 岁的年龄群体，随着年龄的增长，我们发现各年龄群体从事有保障的工作的机会也会增加。年龄在 15 到 17 岁之间的年轻人从事的工作被认为是质量最差的，这可能不仅与从事正式工作的法律障碍有关，也与他们缺乏经验有关。[1] 在 18 至 24 岁和 25 至 29 岁年龄组中，正式工作合同占多数。在这种情况下，似乎人年龄越大，越容易获得有资质的职位，然而，这些年龄组不仅包括那些早早开始工作的人，而且包括那些第一次参加工作的人。当将可变的收入纳入分析时，我们看到较贫困的青年进入劳动力市场的时间最早，被分配的劳动也最糟糕。来自高收入家庭的青年进入劳动力市场的时间较晚，一般是在他们 18 岁的时候，他们的职位也更有可能得到社会保障。

随着工作时间的增长，白人青年更快地过渡到更稳定的状况，而黑人青年的情况相对更糟。就年轻女性而言，进入正式劳动力市场的女性比例与年轻男性相似。然而，年轻女性从事的不稳定工作有以下特点：她们更有可能从事家务劳动（如女佣和清洁工）或成为无薪工人。[2]

在过去的十年中，尽管存在一些地区差异，但整个国家正式部门就业机会的扩大是显著的。在最富裕的南部和东南部都市地区——圣保罗、贝洛奥里藏特和阿雷格里港，16 至 24 岁青年人的正式就业在 1999 年至 2009

---

① Castro, J. A., "Juventude: demografia, pobreza e desigualdade, educação e trabalho", Apresentado em Fórum de Trabalho Decente para a Juventude, Brasília, 2012; Gonzalez, R., "Políticas de emprego para jovens: entrar no mercado de trabalho é uma saída?", In J. A. Castro, L. M. Aquino & C. C. Andrade (orgs.), *Juventude e políticas sociais no Brasil*, Brasília: IPEA, 2009.

② Corrochano, M. C. et al., *Jovens e trabalho no Brasil: desigualdades e desafios para as políticas públicas*, São Paulo: Ação Educativa, Instituto IBI, 2008; OIT, *Trabalho decente e juventude no brasil*, Brasília: Organização Internacional do Trabalho, http://www.oit.org.br, 2009.

年间保持在60%左右。在较贫穷的东北部城市累西腓、萨尔瓦多和福塔雷萨，这一比例约为40%。①

最近的研究表明，不同的家庭收入水平、性别、肤色/种族和地区，年轻工人每天工作的时间长短和收入是不同的。尽管在人生的这个阶段学习很重要，但年轻人的工作日和成年人一样长。根据《就业与失业调查》（PED），在圣保罗市区，2009年工人的平均每周工作时间是42小时，38.1%的工人超过了法律规定的正常工作时间44小时。16至24岁的青年工作时间相似：平均每周41小时，其中35.1%超过了44小时。巴西各工会发起运动，要求将每周正常工作时间减少到40小时。他们的理由是这会影响工作创造力，主要是对工人的身体和心理健康产生消极影响，减少其社交和活动的时间，如学习、休闲和社会参与。②

至于失业，尽管所有的变量都可以用来解释观察到的差异，但在巴西几个不同的历史时期中，青年都是受失业影响最严重的群体。③ 在巴西，正规劳动力市场的强劲增长尤其引人注目。虽然经济增长不足而无法为所有人提供就业机会，但它对改善年轻人进入劳动力市场的条件至关重要。

20世纪90年代，在工作机会减少的背景下，巴西青年受到的影响最大，甚至在2005年总体失业率趋于下降之后也没有明显改善，直到2012年，这种情况才有了实质性的改变。2012年，18至29岁的人失业率仍是30至60岁的人的2.8倍，而且这一比例近年来并没有下降。④ 因此，青年失业率所反映的多重不平衡值得引起注意。

根据2010年的人口普查，经济活动人口中约8%并不活跃，但在15至29岁的青年人中，这一比例达到了15%，约420万青年。最年轻的一组青

---

① DIEESE, *A situação do trabalho no Brasil na primeira década dos anos* 2000, São Paulo: DIEESE, 2012.

② DIEESE, *A situação do trabalho no Brasil na primeira década dos anos* 2000, São Paulo: DIEESE, 2012.

③ Gonzalez, R., "Políticas de emprego para jovens: entrar no mercado de trabalho é uma saída?", In J. A. Castro, L. M. Aquino & C. C. Andrade (orgs.), *Juventude e políticas sociais no Brasil*, Brasilia: IPEA, 2009; OIT, *Trabalho decente e juventude no brasil*, Brasilia: Organização Internacional do Trabalho, http://www.oit.org.br, 2009; Tokman, V., *Desempleo juvenil en el cono sur: causas, consecuencias y políticas*, Santiago: Fundación Friedrich Ebert, 2003.

④ Castro, J. A., *Juventude: demografia, pobreza e desigualdade, educação e trabalho*, Apresentado em Fórum de Trabalho Decente para a Juventude, Brasília, 2012.

少年（15 至 17 岁）非活跃率最高，并且随年龄增长而下降。在 25 至 29 岁的人群中，他们的情况最接近 25 至 59 岁的成年人。

失业率与家庭收入密切相关。极度贫困青年的失业率是青年平均失业率的 2 倍多。然而，2009 年，在 15 到 17 岁的年龄段中，极度贫困人口的失业率为 26%，而非贫困人口的失业率仅为 19%（见图 5 - 2 - 3）。随着时间的推移，获得更多的教育机会和收入支持项目可能会对年龄较小的赤贫青年产生积极影响，并有助于减小他们与年龄较大的青年的失业差距。

数据表明，尽管在过去几十年里，16 至 24 岁的青年有更多的工作机会，但与 25 至 59 岁的成年人相比，他们仍然面临着就业方面的重大障碍。在分析这个问题时，不仅要考虑他们人生中的某个时间点，还要考虑他们在社会结构中所处的不同和不平衡的地位。更广泛的数据显示，当与收入、性别、肤色/种族和地区等变量相关时，不平衡会成倍增加。对于最贫穷的年轻人、女性、黑人，以及生活在国家最贫穷的地区尤其是农村地区的人来说，他们面临的最大困难是寻求获得有更多保障、更高的工资和更合适的工作时间（包括允许他们继续接受专业教育的时间）的就业机会。

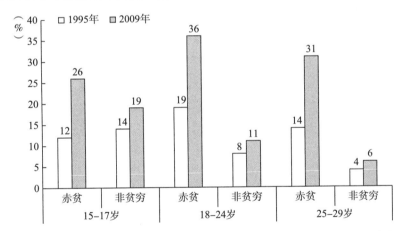

图 5 - 2 - 3 1995 年和 2009 年巴西根据年龄范围和收入划分的失业率对比
资料来源：IPEA，2012；PNAD/IBGE。

五　结论

面对我们所提出的问题，我们可以得出这样的结论：尽管面临着巨大的挑战，但在学校完成率，以及在年轻人进入各级教育系统方面，巴西都取得了重大进展。然而，即便是在增加正式劳动力市场就业机会的情况下，在为青年人准备就业工作安排的政策方面仍旧没有什么进展。

公共部门针对年轻人的项目集中于提高教育水平和技能。正如数据所示，尽管这些项目在提高青年教育水平和技能方面发挥了重要作用，但不应该混淆青年群体中存在的大规模求职的现象以及青年就业不受管控的性质。

虽然无法在本章对《体面劳动议程》的项目进行详细分析，但其提出的问题通常很少与青年工作和工作条件有关，而是关注这个阶段教育在生活中的中心地位。然而，重要的是对这些提案进行广泛的公开讨论，并将其转化为具体行动。在这些提案中，工作是一个核心议题。目前在针对青年的公共政策中，有关工作的议题很少，是时候做出改变了。①

联邦政府运行的一系列项目主要关注劳动力市场或与劳动力市场有联系。我们意识到为年轻人制定结构性就业政策还有很长的路要走。职场上目前流行的重点项目十分聚焦，它们需要有限的时间资源和针对性的参与者，与将工作和青年视为一个整体的问题无关。

此外，我们也没有看到任何建议能够考虑年轻人与工作、学习或两者之间的不同关系。青年在政府和非政府倡议方面没有多大的影响力，这一群体的工作条件、工作日、流动性以及薪资问题也很少成为公共讨论的议题。但即便如此，青年人的生活状况也在朝着积极的方向发展。

---

① Corrochano, M. C. & Abramo, L., "Juventude, educação e trabalho decente: a construção de uma agenda", *Linhas críticas*, 47（2016），pp. 10 – 21.

第六篇

性、婚恋与家庭

中国青年的恋爱、婚姻、家庭与性

田 丰

青年时期是一个人在生理、心理上从稚嫩走向成熟的关键人生阶段。随着年龄的增长，除了学习和工作之外，恋爱、婚姻和家庭成为每一个青年人必须面对的人生议题。尤其是在改革开放三十多年之后的中国，无论是社会结构和社会制度，还是社会观念和伦理道德，都发生着深刻的变化，而对处于人生观、世界观、价值观正在形成阶段的青年人而言，经历恋爱、婚姻和家庭的过程，也是他们对自己的人生进行重新审视、重新思考、重新定位的过程，从此意义上讲，青年人的恋爱、婚姻和家庭不仅带有时代的烙印，也是自我选择的结果。

一 社会政策与青年婚恋

当代中国处于快速变革的社会转型时期，人口结构变化、高等教育普及、婚姻法规变革对青年人的恋爱、婚姻和家庭影响尤为深刻。

首先，青年独生子女数量和比例增加改变了婚姻市场的结构。

自20世纪70年代以来，随着计划生育政策的持续执行，独生子女数量不断增加，根据国家统计局公布的数据，独生子女数量已经超过1亿人。在青年人口中，独生子女的比例也不断增加，据2005年1%人口抽样调查数据初步估算，在1975年之后出生的年轻人中，70后青年独生子女比例尚不及15%，80后青年群体中独生子女比例超过19%，在90后青年群体中，独生子女比例接近三分之一（见图6-1-1）。随着独生子女占青年人口比例的不断增加，独生子女已然成为青年中不可忽视的人群。

　　有研究者结合人口模型，通过分孩次总和生育率所隐含的递进效应来估计独生子女的数量和结构，估计了中国计划生育政策实施 40 年来的独生子女人口数量，并结合多主体模拟方法，对截止到 2015 年的中国"双独"家庭、"单独"家庭和"非独"家庭的分布比例进行估计。研究发现到 2015 年，中国独生子女人口规模为 2.246 亿，占同期出生人口的 43%。其中城镇独生子女人口规模 1.939 亿，农村独生子女人口规模 3075 万人。在 40 岁以下人口的城镇家庭中，"双独"家庭占 11.9%，"单独"家庭占 40.8%，"非独"家庭占 47.3%。在 40 岁以下人口的农村家庭中，"双独"和"单独"家庭仅仅占家庭总数的 5%，"非独"家庭占 95%。这一分析结果表明，独生子女对中国婚姻市场的影响很大，特别是对城镇的 90 后青年人而言，独生子女身上的特点也将反映在恋爱婚姻家庭各个方面。

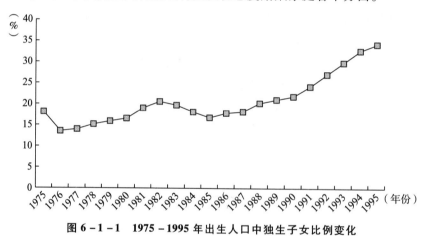

图 6 - 1 - 1　1975 - 1995 年出生人口中独生子女比例变化

　　独生子女大规模的出现从微观上改变了原有的婚姻市场结构。其一，青年在择偶过程中面对的是以独生子女为主的群体，从择偶对象的角度来看，必须考虑独生子女配偶或者非独生子女配偶在未来可能带来的潜在影响，比如双方都是独生子女家庭的养老负担。其二，独生子女多出生于城市家庭，非独生子女多出生于农村家庭，两者在社会地位和经济实力上存有显著的差别，从而改变了青年人在择偶时的策略，比如一部分经济条件较好的城镇独生子女更倾向于选择家庭条件相似，经济实力相当的独生子女。

　　其次，高等教育的普及化成为生命历程变革的重要影响因素。

　　1999 年高等教育扩招以来，中国每年新录取大学生数量快速增加，从

1998 年的 108 万人，增加到 2012 年的 685 万人，高等院校招生规模扩大了
5.3 倍；从高考的录取率来看，从 1998 年的 34% 快速增加到 2012 年的
75%，高考录取率也提高了 1.2 倍（见图 6-1-2）。一般来说，高等教育
毛入学率在 15% 以下时属于精英教育阶段，15%-50% 为高等教育大众化
阶段，50% 以上为高等教育普及化阶段，在部分地区，如北京、上海等地，
高等教育的录取率超过了 90%，甚至有人认为未来中国高考录取率可能达
到 100%，这意味着高等教育已进入普及化阶段。一般而言，一个国家和地
区高等教育从精英化转移至普及化通常需要用 25-30 年左右的时间，但中
国实际上仅用了短短 18 年的时间，就基本实现了高等教育普及化，越来越
多的青年更容易有机会接受高等教育，其中 80 后青年群体是获益最大的群
体，从参加高考的年龄推算，80 后青年是第一拨受到高等教育扩招影响的
青年群体，其进入大学的几率也远远高于之前的 70 后青年。

对于 90 后和 00 后的青年而言，他们高考录取率甚至还要高于 80 后。
最新公布的数据显示，2018 年的高考录取率已经超过了 81%，而 2018 年是
第一批 00 后大规模通过高考，进入大学的第一年，这意味着 90 后和 00 后
的恋爱婚姻家庭生活也不可避免地增加了高等教育这一环节，对他们的生
命历程有很大的潜在影响。

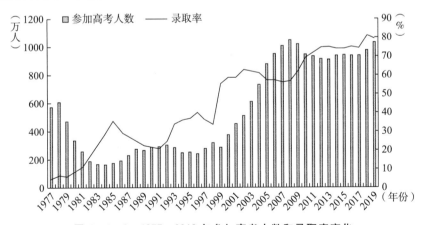

图 6-1-2　1977-2019 年参加高考人数和录取率变化

当代青年从高等教育普及化中受益的同时，也改变了生命历程的时间
表，尽管中国法律已经允许高等学校的学生在就学期间结婚，但并没有便
利的客观条件，绝大部分大学生青年在就学期间结婚的可能性不大。随之

带来的后果是青年人口结婚年龄不断延迟。

最后，婚姻相关法规变革带动了青年恋爱、婚姻观念的改变。在 20 世纪，中国法律仍然规定男女青年同居不具有合法性，高等学校在校大学生结婚需要得到学校的批准，这些法律条文的背后实际上将青春期男女之间的恋爱和婚姻视为"社会问题"，这些行为也违反了主流的社会规范。随着社会文化开放程度的不断增加，人们恋爱婚姻自由权利得到社会主流价值观的尊重，进入 21 世纪以来，中国政府顺势而为，先后修订了相关的法律条文。2001 年修订《中华人民共和国婚姻法》，规定同居不再违法，但禁止有配偶者与他人同居。2003 年通过《婚姻登记条例》，实现了婚姻登记管理向婚姻登记服务的转变。2007 年通过《关于高等学校在校学生计划生育问题的意见》，规定学生结婚无须学校批准，进一步放松了对青年人口的婚姻限制。这些法规的修订意味着中国社会规范的巨大变革，反映了中国社会发展过程中青年恋爱婚姻观念和行为的变化趋势。

独生子女群体的大规模出现、高等教育普及、婚姻法规变革三个方面虽然从表面上与当代青年恋爱、婚姻和家庭没有直接联系，却是我们在分析当代青年的恋爱、婚姻、家庭和性等内容时必须考虑的影响因素，也可以说是当代青年恋爱、婚姻和家庭背后不可忽视的影子。

二 当代青年的恋爱与择偶

青年，正处于情窦初开的美好年华，男女之间油然而生的好感和爱恋正是青春萌动的身体意识。在人们成长过程中，早恋是一种较为普遍的行为和现象，但在中国以往正统的话语体系中，倡导晚婚晚育，而早恋和早婚早育被视为青年社会问题之一。青年男女之间的爱恋往往成为遮遮掩掩、羞于启齿的事情，尤其是学校和家长不能接受，时至今日，对很多学校和家长而言依然如此。随着物质生活条件的改善和营养状况的提高，青年人口生理成熟的年龄不断被提前。加之，互联网络日益普及，青年人能够更早、更多地接触到与男女情爱相关的信息，在心理上出现早熟的可能性也更大。故而，主流的社会话语体系与客观的青年人身心成熟程度之间出现了一定程度的背离，而一味阻拦、禁止青年人相互爱慕的习惯性做法已经难以收到理想的效果，反而会适得其反。风笑天在 2004 年的一项以 18 - 28

岁青年群体为调查对象的研究结果显示，他们的真实恋爱年龄比期望恋爱年龄早两年左右。如果把期望年龄视为社会主流话语体系教化的结果，那么这一研究结果证明了主流的社会话语体系与客观的身心成熟程度之间的背离。[①]

青年心智和生理成熟年龄的提前改变了他们的择偶和性行为方式。在高等教育普及的前提下，他们的青春期大部分是在学校度过的，在选择配偶的方式上，从同学或者其他同龄人中寻找自然而然地成为最为普遍的途径。即便是没有上大学的青年人，比如农民工群体，他们也很早离开家乡外出务工，脱离了原有的家庭环境，在工作地通过自身的社交网络与新结识的同龄人相恋是顺理成章的。中国社会科学院社会学研究所2008年五城市家庭调查数据分析显示，20－35岁的已婚青年中有56.1%是夫妻双方自己认识的，这证明自身的社交网络已经成为青年人择偶最重要的途径。

大学校园里普及的网络增加了青年群体通过网络择偶的可能性，特别是近几年婚恋网站和交友网站的兴起，诸如世纪佳缘、百合网等以婚恋交友为目的的网站通过与电视媒体的合作，开办了诸如"非诚勿扰""百里挑一"等相亲栏目，扩大了网络交友择偶这一路径的影响力。中国社会科学院社会学研究所2008年五城市家庭调查数据分析显示有2.2%的青年夫妻是没有其他路径，就是通过网络相识并结婚的。当然这只是最终成功结婚的比例，通过网络相恋的比例应该远高于此。新近的研究发现，当代青年农民工使用手机上网的比例有明显的攀升，他们也能够借助网络新媒体来实现自己的择偶愿望。也有调查发现随着网络时代的不断发展，青年一代选择恋爱对象出现虚拟化特征，互联网有助于虚拟人际圈子扩大，带来的负面效应是现实人际圈子缩小，恋爱观念虚拟化呈现恋爱对象选择的高频率与匹配合适的低概率对立。

从择偶标准来看，中国青年人的选择标准始终与时代变化紧密相连，有一句顺口溜非常鲜明地反映了择偶标准的时代特征："50年代重政治，60年代重成分，70年代找解放军，80年代找大学生，90年代'跟着感觉走'。"[②]青年择偶标准从20世纪50、60年代注重政治身份方面的影响，

---

① 风笑天：《城市在职青年的婚姻期望与婚姻实践》，《青年研究》2006年第2期。

② 陈晨：《当代青年恋爱与婚姻状况分析》，《中国青年研究》2007年第7期。

逐渐转化到 70 年代注重时代树立的青年军人偶像，再到 80 年代看重配偶的知识文化背景，到 90 年代所谓的 "跟着感觉走"，说明择偶的标准不再局限于某一特定的标准和框架，而是看重自己的亲身体验，择偶标准呈现多元化的特点。而中国青年在择偶过程中也体现出婚姻市场的特点，尤其是男性和女性择偶标准存在着经济和社会地位的婚姻梯度差。一般来讲，门当户对是最佳选择，但女性在选择配偶时希望能够找到经济收入、受教育程度和职业地位较高的男性，男性对女性经济收入、受教育程度和职业地位的要求则相对较低。择偶标准的确定实际上与一个时代婚姻匹配的结果往往是一致的。中国社会科学院社会学研究所 2008 年五城市家庭调查数据分析显示，在 20－35 岁的已婚青年中，有 76.6% 的夫妻双方两家在结婚前社会地位相似，有 60.7% 的夫妻双方两家在结婚前经济地位相似，有 14.8% 的男方家庭社会地位较高，有 25.6% 的男方家庭经济地位较高，而女方家庭社会地位较高的比例为 8.6%，女方家庭经济地位较高的比例为 14.8%，均显著低于男方家庭。也有研究者研究发现门当户对虽对婚姻满意度并没有显著影响，却使得夫妻双方共同决定家庭事务的概率显著更高，也显著提升受访者对家庭经济状况以及工作的满意度，最终拥有更高的生活满意度，选择 "门当户对" 的婚姻可能更多的是考虑经济收益而非感情诉求。

与同龄人交往和网络交友的兴起加快了青年恋爱、择偶途径的开放性和择偶标准的多元化，却并不意味着依靠传统社会网络的熟人介绍、相亲等恋爱择偶途径的消亡。事实上，在中国人口城市化的过程中，现代社会快节奏的城市生活给男女青年带来了很大的工作压力，反而使得他们在工作之后，虽然已经到了谈婚论嫁的年龄，却无暇顾及自己的终身大事。一些非常优秀的女性青年在婚姻市场中受到婚姻梯度的影响，难以找到合适的恋爱对象，最终成了 "剩女"。这时，与传统相亲形式较为接近的男女青年结识途径成为他们恋爱、婚嫁的必要手段，中国社会科学院社会学研究所 2008 年五城市家庭调查数据分析显示，有 40.8% 的青年夫妻是通过亲友介绍相识的。但此种意义的相亲与传统相亲有着严格的区别，传统相亲是媒妁之言父母之命，当代青年相亲更像是快餐式 "消费"，更多的是为了快捷、方便地接触到合适的婚恋对象。有研究者使用 2015 年 CGSS 调查数据分析发现，受教育程度对女性结婚率产生消极作用，教育年限也使得女性容易错过传统上认为的"适婚年龄",在婚姻市场中处于劣势地位。社会信任程度对女性结婚率产生积极作用,社会信任感强的女性则更倾向于与他人交往,有助于找到可信赖的伴侣。

因而,从恋爱和择偶状况来看,当代青年男女生理和心智的成熟年龄提前、社会开放性的增加、大学网络的普及等因素都预示着他们恋爱、择偶的范围、方式、标准出现多元化的趋势。同时,快节奏的城市工作和生活环境,给当代青年带来沉重的压力,对一些"剩男剩女"而言,相亲成为青年恋爱菜单中一道难以言表的开胃菜。

大城市出现大量"剩男剩女"的情况,也可以解释为城市婚姻市场的失衡,在婚姻梯度差的影响下,一部分较高经济收入水平和学历的女性难以找到与之相对的男性配偶,另外还有一部分经济收入和学历较低的男性也难以找到与之相对的女性配偶。失衡的婚姻市场也造就了另外一个词汇——"经济适用男",它的意思是说,在难以找到经济社会地位均较高的男性配偶时,选择一个经济社会地位相当的,或者经济社会地位足以满足基本要求的男性配偶。这意味着以往高不成、低不就的择偶态度正在向更加实用的"差不多就行"的择偶态度转化。

三 当代青年的婚姻与性

在婚姻关系缔结的过程中,情感是最为重要的因素之一。与以往相比,当代青年生理和心智的成熟更早、受教育年限更长、与同龄人接触和交友恋爱的机会更多、择偶标准更趋多元化,进入婚姻年龄更晚,婚前性行为和婚前同居现象更为普遍,这意味着青年人在婚姻关系缔结之前有更多的选择,故而,传统伦理道德中男女婚姻和性行为同步的现象部分地被婚姻与性不同步的现状所取代。婚姻与性不同步也意味着当代青年不再拘泥于婚姻形式,更加注重结婚之后的情感质量,对缔结婚姻关系双方的亲密度和忠诚度要求越来越高,感情的结合是婚姻双方之间互爱、平等和信任的基础。中国社会科学院社会学研究所2008年五城市家庭调查数据分析显示,青年认为夫妻感情好、相互尊重、性生活满意和婚姻幸福的比例均超过97%(见表6-1-1)。

表 6 - 1 - 1　20 - 35 岁青年夫妻生活状况

单位：%

题目	非常符合	比较符合	不太符合	非常不符合
你们夫妻感情好吗？	56.43	42.22	1.22	0.14
您配偶尊重您吗？	60.62	37.62	1.49	0.27
您对你们夫妻的性生活满意吗？	54.51	43.17	1.91	0.41
你们的婚姻幸福吗？	56.83	41.27	1.76	0.14

　　政府倡导、接受高等教育、沉重的工作生活压力等构成了当代中国青年结婚年龄不断推迟的主要影响因素。此外，有一些青年男女追求婚前自由、轻松、时尚的生活，不愿意轻易地进入婚姻、组建家庭、生儿育女。根据人口普查资料的分析，女性初婚峰值年龄从 1982 年的 25 岁推迟到了 2010 年的 27 岁，男性峰值年龄也相应地从 1982 年的 26 岁推迟到了 2010 年的 27 岁。[①] 而与西方社会中婚姻年龄推迟伴生着单身比例较大上升不同，中国社会中婚姻年龄推迟并没有导致大规模的单身青年比例上升，中国社会仍然是属于普遍婚姻的婚姻模式。中国社会科学院社会学研究所 2008 年五城市家庭调查数据分析显示，31 - 35 岁的青年人口中未婚比例仅为 5.0%，而 36 - 40 岁人口中未婚比例仅为 1.3%。造成中国普遍婚姻的婚姻模式的主要原因有两个：从文化上讲，中国历来重视家庭的组建，无论是"先立业后成家"，还是"修身齐家治国平天下"的训教，都把成家视为人生轨迹中不可或缺的一部分；从经济支持上讲，西方社会年轻人结婚必须依靠自身赚取足够的经济收入来支撑结婚成家的费用，而中国社会年轻人结婚则大多依靠家庭和父母的资助，故而能够在年轻时凑集相应的结婚成家费用。总之，文化上和经济上的差异造成虽然中国青年的结婚年龄有所推迟，但并没有出现大量的单身人口。

　　需要注意的是，最近 20 年来，青年人口中未婚者比例显著上升，2000 年，20 - 24 岁人口中未婚者的比例为 68.05%，而 2017 年同一年龄组中未婚者比例增加到 81.51%；25 - 29 岁人口中未婚比例由 2000 年的 16.71% 上升到 2017 年的 36.01%，增加了一倍；同样，30 - 34 岁的未婚群体也在扩

[①]　韦艳、董硕、姜全保：《中国初婚模式变迁——基于婚姻表的分析》，《人口与经济》2013 年第 2 期。

大，占比从 2000 年的 4.43% 上升至 2017 年的 11.56%。这说明我国 90 后青年结婚推迟的迹象还在持续，而 80 后中也存在着大龄未婚人口。

青年人口初婚年龄延迟存在着一定的城乡差异，尤其是对大城市的青年而言，婚姻背后还需要强有力的物质支撑，其原因在于中国青年在婚后大部分会脱离各自的父母家庭，组建自己的小家庭。中国社会科学院社会学研究所 2008 年五城市家庭调查数据分析显示，53.8% 的 20－35 岁已婚青年夫妻俩独立居住。而成家的背后就意味着需要购买属于青年夫妻自己的独立住房，而近年来房价高企，在大城市购买住房需要具备相当的经济实力，购买住房的经济压力直接影响一些青年因为没有住房而难以找到合适的结婚对象。甚至，对一些经济收入处于较低水平的青年人而言，购买住房的经济压力转嫁到他们的父母身上，成为几个家庭的共同负担。考虑到住房对婚姻的重要影响，随着 90 后步入成年和适婚年龄，婚房观成为学者关注的主题，一项基于 2017 年中国大学生追踪调查（PSCUS）的研究发现：在 90 后大学生中，有 68.5% 认同"无房不婚"，拥有自己的住房是结婚的前提条件；有 31.5% 认可"无房可婚"，没有自己的住房也可以结婚。这表明，90 后婚房观受生活所在城市、家庭经济条件以及个体特征因素的交错影响。

对农村青年而言，在 20 世纪 90 年代打工潮兴起后，城市生育文化观念影响和外出打工种种的不便利性，导致外出务工的农村青年结婚年龄出现了延迟的趋势。尤丹珍、郑真真通过对农村劳动力流出地的调查，比较深入地研究了外出经历对农村妇女初婚年龄的影响，发现有外出经历的妇女的初婚年龄明显大于没有外出经历的妇女，向城市的流动提高了农村妇女的初婚年龄。[①] 靳小怡等通过对农村流动妇女在城市的社会网络和社会融合程度的定量调查发现，社会交往、居住环境和在城市的滞留时间对其初婚年龄均存在显著影响。[②]

但在农村结婚年龄延迟并不是单向度的，逆向发展的早婚近年来也开始增多。实际上，早婚是中国社会组建婚姻家庭的重要传统之一，在 1949 年之后才被逐步限制，应当说，直到计划生育政策实施之前，仍然是一个较为

---

① 尤丹珍、郑真真：《农村外出妇女的生育意愿分析——安徽、四川的实证研究》，《社会学研究》2002 年第 6 期。

② 靳小怡等：《社会网络与社会融合对农村流动妇女初婚的影响——来自上海浦东的调查发现》，《人口与经济》2005 年第 5 期。

普遍的现象。随着我国城市化和工业化进程的加快，早婚现象在农村地区总体上正在逐步消失，但在部分农村地区，早婚现象近年来又开始死灰复燃。有研究认为，90后外出务工青年早婚的原因主要有村民的趋从效仿心理、奉子成婚、父母对子女以及其自身成家立业的期盼、相关部门监管缺位等。[①]

婚姻年龄的推迟最大的影响是导致婚前性行为和婚前同居现象增多，这些现象的增多首先改变了政府、社会、家庭和个人对婚前性行为和婚前同居现象的接纳程度，性观念的开放程度也有所增加。根据相关调查结果，青年男女对婚前性行为的接纳程度相对较高。一项以北京市6所重点高校的450名大学生为调查对象的调查结果显示：有18.50%的被调查者承认有过婚前性行为，72.84%的被调查者认为社会上婚前性行为现象是很普遍的；30.39%的被调查者赞成婚前性行为，44.87%的被调查者表示如果不造成不良后果，婚前性行为是可以接受的；38.13%的被调查者表示婚前性行为可以增进恋人感情，因而可以接受；58.51%的被调查者表示能够接受性伴侣单一且固定的婚前性行为。[②] 一项针对北京80后和90后青年的调查数据显示，性已成为调节当代青年婚姻关系的一个重要因素，性生活质量成为衡量婚姻质量的重要标准，存在年龄、婚姻状态方面的差异。具体表现：性的满足不再必须以婚姻的方式来获得，婚前性行为已经较为普遍，半数以上的青年不认为婚前性行为是可耻的，说明当代青年对性行为的容忍度相比之前有所提高。青年人普遍认为和谐的性生活是维系婚姻的重要因素，80后对性的重视程度明显高于90后；已婚者（近八成）重视程度明显高于未婚者（近七成）。另外一项北京市大学生调查显示[③]：大学生可以接受婚前性行为、婚前同居和未婚先孕的比例均大于60%，13.36%的大学生发生过婚前性行为，大学生首次发生性行为的平均年龄为19.25岁，相当于大学二年级；在有性行为的大学生中，每次性行为均采取避孕措施的比例为58.78%，14.29%的学生或其伴侣发生过意外妊娠。

---

① 吕倩：《90后农村外出务工青年早婚现象研究——基于皖北L村的个案研究》，《天水师范学院学报》2012年第4期。
② 孔晓牧等：《北京市416名大学生婚前性知识态度行为调查》，《中国学校卫生》2007年第9期。
③ 郭静、张爽：《北京市大学生婚前性行为及避孕知识需求调查》，《中国公共卫生》2011年第7期。

其实不仅仅是大学生态度的改变，从民间的态度来看，婚前性行为从为人所不齿也逐渐被大部分青年男女所接受。从官方的态度来看，2001年修订后的《中华人民共和国婚姻法》规定同居不再非法，也从社会制度层面为婚前性行为和婚前同居现象开绿灯。从性作为人类生理的基本需求的视角来看，《婚姻法》的修订无疑是社会开放程度提升的标志，但也对婚前性行为和婚前同居现象的增多起到了推波助澜的潜在作用，特别是在中国性教育和生殖健康知识普及相对滞后的情况下，婚前性行为和婚前同居带来的未婚先孕、流产等损害青年女性身心健康的现象也在增加。因而，如何加强青春期青年的性教育，普及生殖健康知识，反而成为当前政府和社会亟待解决的重要问题。

总体上，随着社会开放程度的增加，当代青年在初婚年龄不断延迟的同时，婚前性行为和婚前同居的现象不断增加，社会制度对婚前性行为和婚前同居态度发生转变，个人对婚前性行为和婚前同居的态度也趋于接纳。

四　生育与家庭

中国文化中素来有对家庭极为重视的传统，比如"家和万事兴"强调家庭关系和睦对于工作、事业、生活等各个方面具有决定性的影响。因而不难想象，即便是在日益开放的当代中国，青年人群中同居、单身等家庭相关的社会现象司空见惯，却没有改变主流社会对家庭生活的强调，如果一个青年人在一定年龄之后仍未结婚，会被常人视为异类，背负相当大的社会压力。在组建家庭之后，生儿育女仍然被视为家庭的基本功能之一，尽管这一基本功能在长期严格的计划生育政策之下已经发生了非常大的改变，当代青年的生育意愿基本转变，传宗接代、养儿防老的思想不再是主流，但生养子女依旧被看作一般家庭不可或缺的部分。中国社会科学院社会学研究所2008年五城市家庭调查数据分析显示，30－40岁的人口中没有生育孩子的夫妻比例仅仅只有7.3%。但值得关注的是90后的生育意愿处于下降趋势，一项来自重庆的调查数据显示，从60后、70后、80后到90后，生育意愿处于不断下降的过程中，尤其是生育多个子女（3个及以上）的比例下降最为明显，而不愿意生育子女的比例也出现了倍增的趋势，可以预测，在90后青年中没有子女的夫妻数量和比例都会出现比较明显的增加（见表6－1－2）。

表 6 - 1 - 2 不同特征女性的理想子女数

单位：%

特征	类别	0 个	1 个	2 个	3 个及以上	合计
代际	60 后	0.3	8.6	84.2	6.9	100
	70 后	0.1	10.5	83.3	6.1	100
	80 后	0.7	13.9	83.1	2.4	100
	90 后	1.8	15.1	81.8	1.3	100

　　由于我国育龄妇女初婚初育间隔的集中度很高，间隔很短，当代青年初育年龄的上升主要受初婚时间推迟的影响。研究发现 90% 的育龄妇女在婚后的 30 个月以内生育。同时，未婚先孕的现象突出，有 16.1% 的育龄妇女初婚初育间隔小于 8 个月。[1] 实际上，在初婚年龄不断延迟的前提下，作为婚姻后续事件的初次生育年龄也就难以更改了，更不要说一些年轻人或为了享受自由的生活，或为了打拼自己的事业，主动或者被动地延迟生育计划，当然这一延迟也直接体现在他们自身的理想初育年龄上。有调查数据表明[2]，当代中国城市青年的平均理想初育年龄是 25.87 岁，平均实际初育年龄为 25.79 岁；其中男性和女性的平均理想初育年龄分别为 26.67 岁和 25.53 岁，平均实际初育年龄分别为 26.62 岁和 25.44 岁。这意味着中国青年对于生育年龄的把握与他们现实的状况是基本一致的。

　　使用人口普查的数据可以直观地表达不同代际青年人生育年龄的变化。从年龄与生育率的比较来看，从 2000 年到 2010 年年龄与生育率也产生了显著变化。首先从峰值年龄来看，2000 年、2005 年和 2010 年还比较接近，都集中在 24 岁附近。但是从峰值的集中程度来看，差异非常明显，2000 年的峰值集中程度最高，2005 年较弱，2010 年的峰值集中程度最弱（见图 6 - 1 - 3）。这意味着从 2000 年到 2010 年之间妇女的生育模式可能产生了比较大的变化，不仅是生育年龄的集中程度下降，也意味着其生育数量和生育水平的相对降低。[3]

---

[1] 李玉柱、姜玉：《80 年代以来我国妇女初婚初育间隔变动分析》，《西北人口》2009 年第 3 期。

[2] 宋健、陈芳：《城市青年生育意愿与行为的背离及其影响因素——来自 4 个城市的调查》，《中国人口科学》2010 年第 5 期。

[3] 傅崇辉等：《从第六次人口普查看中国人口生育变化的新特点》，《统计研究》2013 年第 1 期。

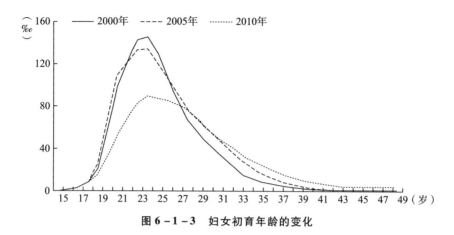

图 6-1-3　妇女初育年龄的变化

即便是生儿育女，当代青年一般也不再愿意生养超过两个的子女。这一方面是中国严格计划生育政策对整个社会生育水平的约束仍然存在，超生会带来罚款和其他处罚。另一方面是在现代中国社会中养育过多子女的经济成本和时间成本往往也是青年们难以负担和不愿负担的。因而，青年们的生育意愿有了较大的转变，从相关调查结果来看，城市青年的理想生育子女数量多为两个。调查结果显示理想子女数的平均值为 1.61 个，2 个孩子也被认为是最理想的子女数，占被访者的比例为 59.27%，理想子女数选择 1 个孩子的被访者比例为 39.94%，认为不要孩子最理想和 3 个及以上孩子最理想的被访者比例较小，分别为 0.24% 和 0.55%。

理想生育子女数的变化很大程度上与中国从一个传统的农耕社会转化为现代的工业社会有关，同样在转变过程中的还有家庭结构。从家庭生命周期的视角来看，青年人离开父母家庭的年龄越来越提前，其背后的原因之一是高等教育的普及，接受高等教育的年轻人大部分都离开父母家庭进入高等学校，原因之二是大规模以外出务工和寻找就业机会为主的人口流动。上述两个原因使得数以亿计的青年人离开了父母家庭。而青年离开父母家庭标志性的事件是他们成立了自己的小家庭，而以往中国青年人会在结婚后与父母或多或少地居住一段时间，现今的情况是，青年男女在结婚后立刻离开父母的家庭。这样的做法很大程度上造成了中国家庭规模小型化和家庭结构核心化。还有一个副产品，就是父母家庭的空巢化，当然，这与计划生育政策有关，父母家庭生育子女数量的减少，直接导致他们进入空巢家庭的时点提前。

　　根据相关对已婚独生子女居住安排的研究发现，有三分之一的独生女婚后选择单独居住，另有三分之一选择与自己的父母居住。① 从家庭来看，四成双独家庭选择独立居住，这一比例与双非家庭几乎相等。对于双独家庭的父母，如果他们想要与子女共同居住，可能没有足够的空间。是否选择共同居住的决策主体是年轻夫妻，父母在决策中属于从属地位。从共同居住的影响因素来看，父母身体状况不影响居住安排，说明决策中父母的需求很少被考虑到，而主要考虑的是年轻夫妻的需求，尤其是照顾其子女的需求。影响年轻夫妻个人居住意愿的最主要因素是学历因素，现实需要是子女照顾，二者结合形成对父母共同居住的需求。而父母能不能共同居住取决于母亲的就业，而与子女就业无关。或者说母亲是否具备流动性是能否共同居住的重要因素，子女的住址是稳定的，从而说明在代际形成父母根据子女需要选择"从子居"或者"从独居"，年轻夫妻较少考虑父母的需求，而选择"从父居"。

　　婚恋观念的变革直接影响到青年人的家庭形态和家庭模式，多代共处的大家庭模式不再普遍，大部分青年都处于夫妻核心家庭之中。中国社会科学院社会学研究所 2008 年五城市家庭调查数据分析显示，35 岁及以下的青年人家庭属于主干家庭和联合家庭的比例只有 5.6% 和 0.6%。传统家庭生儿育女的功能不再获得普遍的认同，不愿意生育养育子女的丁克家庭在大城市中也较为常见，甚至出现了一些连婚姻也不要的单身一族。中国社会科学院社会学研究所 2008 年五城市家庭调查数据分析显示，35 岁及以下的青年人处于单身家庭的比例为 22.7%。情感要素在家庭婚姻中重要性提高，一旦出现情感破裂，青年家庭则难以为继。考虑到现代社会中生活压力不断增加，身为独生子女的青年对他人的包容性不足，青年对自我价值日益看重，也更注重内心世界对婚姻的感觉，同时，当前社会对离婚的宽容程度不断增加，离婚手续越来越简化，离婚已经不再是为人所不齿的事情，80 后青年家庭出现婚姻解体和家庭破裂的可能性增大，家庭稳定性下降，家庭破裂更为常见。2006 年 15 - 35 岁曾婚人口中离婚人口所占比例为 13.26‰，2007 年为 14.16‰，2008 年为 15.24‰，2009 年为 16.26‰，

① 丁仁船、张航空：《家庭经济因素对已婚独生女居住安排的影响》，《西北人口》2013 年第 1 期。

2010 年进一步增加到 16.51‰（见图 6 - 1 - 4）。婚姻和生育等被传统社会视为人生必然要经历的生命事件，在当代青年人的眼里却是"宁缺勿滥"的选择，离婚也不再完全是家庭的悲剧，而是对生活方式的重新抉择。

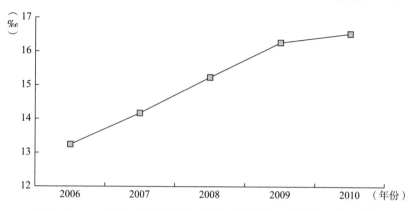

图 6 - 1 - 4　2006 - 2010 年 15 - 35 岁曾婚人口中离婚人口所占比例

从不同年龄队列的离婚和再婚比例变化来看，离婚比例在近 20 年间有较大幅度的上升，同时再婚比例也有所上升（见表 6 - 1 - 3）。尤其是在 35 岁以下 80 后和 90 后年龄群体中离婚和再婚比例持续增加，说明青年代际的婚姻存续时间更短，婚姻稳定性更差，婚姻解体的速度更快，但 80 后和 90 后又有可能在较短时间内重新进入婚姻状态，"闪婚闪离"的现象较为常见。

表 6 - 1 - 3　2000 - 2015 年 20 岁以上经历过婚姻事件的人群中离婚者和再婚者的比例

单位：%

年龄组（岁）	年份（年）							
	离婚者				再婚者			
	2000	2005	2010	2015	2000	2005	2011	2014
20 - 24	0.67	0.64	0.81	1.26	0.56	0.51	0.59	1.21
25 - 29	0.93	0.97	1.33	1.75	1.03	0.95	0.91	1.20
30 - 34	1.30	1.40	2.07	2.53	1.84	1.82	1.42	2.07
35 - 39	1.58	1.64	2.39	3.03	2.57	2.61	2.04	2.63
40 - 44	1.56	1.80	2.39	2.99	3.02	3.05	2.42	3.06
45 - 49	1.22	1.62	2.38	2.65	3.14	3.27	2.39	3.10
50 - 54	1.03	1.16	2.06	2.44	3.45	3.24	2.48	3.05

年龄组（岁）	年份（年）							
	离婚者				再婚者			
	2000	2005	2010	2015	2000	2005	2011	2014
55－59	0.90	0.90	1.44	2.00	3.67	3.37	2.31	2.79
60－64	0.79	0.74	1.04	1.35	4.07	3.45	2.23	2.68
65 及以上	0.61	0.54	0.68	0.81	4.04	3.39	1.87	2.20

五　结论

当代中国青年的变化与中国社会经济和人口构成的变动息息相关，如果脱离了这一大背景，对青年人恋爱、婚姻、家庭和性的分析可能就失去了意义。从根本上讲，中国青年的任何变化都可以解释为是中国社会环境和社会结构变化的一部分。

爱情作为人类社会永恒的主题，在任何时候都能够引起人们的注意，中国人的爱情观和对待青年人恋爱的看法正在逐步从妖魔化中走出来，那种把高中生大学生谈恋爱看作青年种种社会问题源头的观点只能是学校禁锢学生行为，压制学生以学习为导向的方法和策略而已。当然，我们不可否认学校缺乏对青年人的正确的恋爱、择偶的思想观念教育，导致很多青年人在进入成年社会之后缺乏正确的感情态度和择偶标准，但现实社会中的种种经济压力也是青年恋爱观和择偶观趋于现实的重要原因。

中国社会新一代青年中可能出现的一个趋势是恋爱、婚姻和性的分离。造成这一现象的主要原因不是人们观念上的重大变化，而是人们生命历程的重大改变，比如婚姻年龄的延迟。婚姻年龄的延迟直接导致青年在婚姻之前有更多的机会去接触异性，产生爱情，因而恋爱和婚姻在时间序列上就被剥离成两个不同的阶段。青年流动性和社会交往网络的扩大很大程度也增加了人们恋爱婚姻的选择机会。也正是因为结婚年龄的延迟，青年有婚前性行为的概率也在增加，当然必须要承认，这一现象与中国人被灌输的传统伦理道德相违背，却符合青年正常的生理需求。结婚年龄的延迟也不可避免地带来生育年龄的延迟，这一方面是政府政策导向的结果，另一方面也是社会压力增大的结果。

从婚姻稳定性来看，以往必须维系婚姻的看法在 80 后和 90 后身上已经难以寻找到市场，他们对婚姻的态度更加开放，尊重自我内心、不将就，一旦对婚姻满意度下降，就有可能离婚，这类现象较为突出，这也导致了他们离婚和再婚的比例均有所增加。离婚和再婚比例的增加并不意味着 80 后和 90 后不需要婚姻，反而可以看作是他们追求婚姻质量的结果。

总的来说，在青年恋爱、婚姻、家庭与性的研究中，需要有这样一个态度：青年人种种变化很大程度上是我们社会以往树立的各种各样标准导致的结果，在之前的错误标准和错误观念的引导下，想象中青年的生活与现代社会青年人正常的生活显然是不一致的。而所谓的变化，只是社会从偏轨回归到常态，青年人也逐步回归到一个正常的状态，仅此而已。

巴西青年的性和生育

M. L. 埃尔伯恩

在 21 世纪的第二个十年里，巴西大约有 1.92 亿居民，其中年龄在 15 到 24 岁之间的人有 3400 万多一点。如果我们把年龄在 25 岁到 29 岁之间的人（目前被定义为"年轻的成年人"）算上，2010 年人口普查中青年的总数将达到总人口的 26.8%。

一 社会多样性环境中的青年人的性与生育

巴西青年以极端的多样性为特征，表现出这个国家特有的差异和社会不平等。在家庭问题上，巴西社会呈现一种合理的统一婚姻模式，三分之一的家庭是由非正式的结合组成的。根据法律定义，在巴西，正式的婚姻和非正式的结合在道德上并没有什么区别。从 20 世纪 60 年代的平均每名妇女生育 6.4 个孩子，到 21 世纪 10 年代的平均每名妇女生育 2.1 个孩子，巴西的生育率已出现大幅下降；因此，我们着重强调家庭规模的巨大变化以及对年轻人期望的变化。

人口增长的下降是由于没有系统的公共政策来促进生育计划。与此同时，巴西社会在过去三十年中经历了家庭关系的重大变化，这些变化影响了性别和代际关系，并经历了性实验。

堕胎虽然在巴西是非法的，[①] 但在生育率下降的过程中仍是重要原因

---

① 巴西刑法允许在三种情况下终止妊娠：强奸、对妇女的健康造成威胁和无脑畸形。围绕每一案件的法条都是激烈争论的对象，特别是在宗教领域。

之一,[①] 还有一部分女性在很小的时候就被绝育。[②] 巴西文化对执法官员的腐败非常宽容,这导致了两种截然不同的情况:可以承受高成本的私人诊所的女性可采用快速和安全的流产方式,而大多数拥有资源更少的女性流产方式十分危险,会严重损害她们的健康,甚至导致其死亡。[③]

关于青年的社会学研究强调了在巴西青年极为多样化的环境中产生的社会嵌入和价值观的多元性。表现在健康和优质教育的不平等分配上深刻的社会差异,导致了社会的足够多样化,在这社会中青年是多样化的。社会等级制度在阶级、性别、种族和地域出身方面影响着年轻人的经历。

有几项研究,特别是定性研究,采用了将青年视为一个过程的分析视角,而不是将巴西青年的概念作为一个有着明确界限的固定年龄群体加以界定。由于与后工业主义相关的社会变化开始要求年轻人接受更高的教育水平,青年的概念发生了重大转变,同时可获得的就业机会也减少了。从规范的观点来看,青年开始被视为人生的一个阶段,致力于学习,推迟生育,以便更有资格进入就业市场。这种现象被称为青年期延长。这种新观念的一个突出例子是将25至29岁的人纳入青年相关政策范围。若按这种方式划分青年,则与主流模式相去甚远。这种划分方式对富人和中产阶级很有意义,但没有考虑到大多数穷人的现实,他们的青年期被压缩了,早早就过渡到成年阶段。[④]

具有相同生理年龄的人有非常不同的社会年龄。进入成年生活的方式极其多样化,在当代是可逆和不可逆相互交织的,这一点与过去大相径庭。

---

① Martine, G., "Brazil's fertility decline, 1965 – 1895: A fresh look at key factors", *Population Development Review*, 22 (1996), pp. 47 – 75.

② Berquó, E., "Ainda a questão da esterilização feminina no Brasil", In K. Giffin & Costa (orgs.), *Questões da saúde reprodutiva*, Rio de Janeiro: Editora Fiocruz, 1999, p. 468.

③ Olinto, M. T. A. & Moreira Filho, D. de C., "Fatores de risco e preditores para o aborto induzido: estudo de base populacional", *Cad. saúde Pública*, 22 (2006), pp. 365 – 375; Monteiro, M. F. G. & Adesse, L., *Magnitude do aborto no Brasil: uma análise dos resultados de pesquisa*, http://www.ccr.org.br/uploads/eventos/mag _ aborto. pdf, 2007; Menezes, G., Aquino, E. M. L., & Silva, D. O., "Aborto provocado na juventude: Desigualdades sociais no desfecho da primeira gravidez", *Cadernos de saúde pública*, 22 (2006), pp. 1431 – 1446.

④ Heilborn, M. L. & Cabral, C. S., "Parentalidade juvenil: transição condensada para a vida adul-ta", In A. A. Camarano (orgs.), *Transição para a vida adulta ou vida adulta em transição?*, Rio de Janeiro: IPEA, 2006.

当代青年社会学著作的传承强调进入成人生活的社会过程的意义，其显著特征仍然是居住/婚姻和职业/财务自主的里程碑式的转变。这些转变与几代人之间关系类型的变化有关，导致青年在经济上不一定独立的情况下有更大的自主权，从而推迟离开原生家庭，晚些开始自己的婚姻和生育生活。

然而，对于巴西的贫困青年来说，在年轻的时候生育并不一定会带来麻烦。巴西的生育率下降主要发生在 25 岁至 34 岁之间的人群中，但青年生育率仍然很高，这表现在青少年怀孕上。特别是在过去的十年里，有学者对这一现象产生了强烈的关注，他们认为这是一个社会问题。关于是否有必要规范青少年的性行为和进行对于生育的公开辩论源于对该国贫困和社会不平等增长的担忧。[①] 他们将青少年性行为的退化作为一个论据，用来解释青少年生育，以及生育对青少年成长轨迹的负面影响，如导致贫困加剧和城市暴力。[②]

在巴西，围绕生育的激烈辩论集中在一个年龄段，在很长一段时间里，这个年龄段被认为是女性生育的理想年龄。青少年生育的现实在拉丁美洲由来已久，在中美洲最为明显。[③] 巴西也不例外。近几十年来，由于生育率下降和出生时预期寿命增加，人口的年龄结构方面经历了快速转变。自1970 年以来，青年人口的增长节奏出现了下降，同时老年人口的增长速度加快。[④]

从 20 世纪 80 年代开始，15 至 19 岁人群的生育率确实有所上升。与 20 岁至 24 岁人群的生育率的下降相比，这一点显得尤为重要。[⑤] 然而，自

---

① Heilborn, M. L. & Cabral, C. S., "Teenage pregnancy: From sex to social pathology", In P. Aggleton & R. Parker (orgs.), *Routledge Handbook of Sexuality, Health and Rights*, London/New York: Routledge Taylor & Francis Group, 2010.

② Oliveira, J. C., *Perfil socioeconômico da maternidade nos extremos do período reprodutivo*, Rio de Janeiro: Fundação IBGE, 2005; Vieira, A. G., "A Assustadora Multiplicação Dos Carentes", *O Globo*, 2005, p. 7; Relógio, B., *O globo*, Rio de Janeiro, 11 de maio, Primeiro Caderno, Opinião, 2005, p. 6.

③ Gupta, N. & Leite, I. C., "Adolescent fertility behaviour: Trends and determinants in Northeastern Brazil", *International Family Planning Perspectives*, 25 (1999), pp. 125 – 130.

④ Baeninger, R., "Demografia da população jovem", In N. Schor et al. (orgs.), *Cadernos juventude, saúde e desenvolvimento*, Brasília: MS, 1999, 1st edn., pp. 19 – 29.

⑤ Camarano, A. A., "Fecundidade e anticoncepção da população jovem", In *Jovens acontecendo na trilha das políticas públicas*, Brasília: CNPD, 1 (1998), pp. 109 – 133.

2000 年以来，情况发生了变化，青少年群体的生育率有所下降。[①] 我们可以用常识来推测，以前青少年特定生育率的增长可能是由于其他年龄组的生育率下降，这使得我们对年轻女性的理解是她们的怀孕率过高。从另一个角度看，所谓的"过早为人父母"是一种向成人生活的浓缩过渡。

我们使用了来自格拉瓦德（GRAVAD）研究的经验材料，[②] 该研究调查了有和没有所谓的早期生育的青年轨迹。参与研究的近 5000 名青年人中大多数人没有孩子，我们也观察了年轻父母的轨迹，以此突出这个年龄段不同的经历。

二　有关性和性别的价值观

对于青年的新的社会期望，加上在教育中所花的金钱和时间的增加，有助于产生新的青年特征。青春期的特征是各种各样的转变，其中与伴侣发生性关系的转变最为显著。然而，开始性行为并不局限于涉及生殖器的关系，也不局限于第一次性关系。相反，这是一个个人体验和吸收参照群体的性文化的过程，这在青春期和青年时期得到加强。[③]

根据文化背景，女性婚前性行为已被社会接受。直到几十年前，拥有被视为反常的特定伴侣的年轻男性才被允许，甚至鼓励进行性体验，然后有恋爱关系的年轻女性开始性体验。

青春期通常被认为是人生的一个阶段，在这个阶段中，青少年与家庭之间建立自主权的过程得到加强，同时也是他们试图将自己定义为独一无二的时期。在这个阶段，青年体验到的情感关系拓宽了他们的社会联系范围，超越了家庭和他们已经建立的朋友网络。关于性的复杂学习与社会环境中存在的性别代码密切相关，个人嵌入其中，性知识得以拓展。与性和性别角色相关的表征、价值观和行为在整个青春期得到巩固。主要是家庭

---

① Berquó, E. & Cavenaghi, S., "Increasing Adolescent and Youth Fertility in Brazil: A New Trend or a One-Time Event?", A Presentado em Annual Meeting of the Population Association of America, Philadelphia, Pennsylvania, 2005.

② Heilborn et al. (orgs.), *O aprendizado da sexualidade: reprodução e trajetórias sociais de jovens Brasileiros*, Rio de Janeiro: Garamond, 2006.

③ Gagnon, J. & Simon, W., *Sexual Conduct: The Social Sources of Human Sexuality*, Chicago: Aldine, 2005.

和同龄群体来传递这些价值观。近几十年来，与家庭有关的自主权的进步，强烈地将青年暴露在同龄人群体的文化中。

在这种情况下，青年人无法避孕，为此青少年的性关系发生了重大变化。女性要为怀孕负责，男性对"计划生育"的参与被遗忘，而政府的政策收效甚微。学校的性教育可能导致在性关系中采取避孕和保护措施，并监管青少年的生活，但这种教育是不够的，其受众非常少。唯一的例外是传播艾滋病毒/艾滋病的具体信息。不幸的是，这些信息没有明确说明如何防止意外怀孕。由于宗教（天主教和五旬节派）的影响，关于青少年性行为的公共对话也遭遇挫折。然而，我们的研究已经有可能消除关于这一现象的一些传言：①"少女怀孕"不是滥交的结果——一个反复出现的常识；②在较贫困的人口阶层中，由于缺乏教育或专业的观点，生育似乎是一种社会愿望，而这不仅仅是缺乏避孕知识的结果；③相对而言比较少见的情况是，中产阶级女性如果意外怀孕，她们会堕胎（对于那些可以负担得起的女性来说，这种做法虽然要私下里进行，但十分安全），①即使她们怀孕到足月，也不会像最贫穷的妇女那样让她们的学业受到损害。

性和性别在本质上是复杂的。直到几十年前，处于稳定关系中的人还可以长时间保持贞洁。② 随着时间的推移，身体接触变得更加亲密和多样化，而保持女性的贞洁仍然长时间内是一个重要的价值。如今，巴西的习俗导致形成了稳定的两性关系和其他形式的青年关系。稳定的关系已经有了自己的现实，现在被看作是青年在情感和性方面的实验阶段，而不再被看作是准备结婚的阶段。女性第一次性行为年龄的下降（在过去的二十年里下降了大约两年）是一个很好的指标。与常识所认为正确的观点完全不同：性启蒙不是那么早发生的，而是发生在一个非常有结构的，甚至是严格的环境中，特别是在男女关系方面。

虽然失去童贞不再是女性的耻辱，但女性仍然有一定的道德童贞的需求，社会要求女性对性采取被动和天真的态度，这种思想观念对如何与伴

---

① Menezes, G. et al., "Aborto provocado na juventude: desigualdades sociais no desfecho da primeira gravidez", *Cadernos de saúde pública*, 22 (2009), pp. 1431 - 1446.

② Azevedo, T., "Namoro à antiga: Tradição e mudança", In G. Velho & S. Figueira (orgs.), *Família*, *psicologia e sociedade*, Rio de Janeiro: Campus, 1981, pp. 219 - 276.

侣处理性或避孕问题产生影响。[1] 男人和女人间的性关系是自发的结果。[2]
联邦政府有关艾滋病毒/艾滋病的宣传活动（如学校项目）在鼓励初次性行
为使用安全套方面取得了相对成功。然而，在整体的关系中，安全套的使
用并不能够一直持续。母性是女性特质的一个重要部分，这反映在巴西女
性上表现为其在很小的时候就想象着生第一个孩子的场景（与发达国家相
比）。因此，这使我们能够理解为什么15至24岁之间的生育率没有下降。

三　年轻父母的经历

这项研究主要面向在调查时已有性行为的青少年。总调查样本中93%
的男性和81.6%的女性参与了这项研究。[3] 年轻男性开始性行为的年龄中位
数为16.2岁，年轻女性为17.9岁，这与巴西青年珍视性行为的社会观念背
道而驰。[4] 在这项研究中，青少年性伴侣有怀孕情况的比例在女性中是
29.5%，在男性中是21.4%。

父母的社会身份地位明显受到性别的影响：它遵循了爱情/婚姻市场的
结构化，并受到性别规范的制约，这种规范假定了夫妻之间的不对称性。
一些差异，如年龄和养家的能力，可以体现一对夫妇的社会地位。

在我们的女性受访者中，34.8%的人至少有一个孩子，而受访男性中至
少有一个孩子的比例为16.5%。[5] 对有过为人父母经历的年轻人的轨迹进行
分析后发现，70.3%的女性和48.4%的男性在20岁之前为人父母。15岁之
前的怀孕情况是巴西媒体关注的焦点，但只有1.6%的年轻女性和0.6%的

---

[1] 问卷调查集中在情感－性轨迹中的某些事件上，尤其是那些有助于构建轨迹并能让受访者
拥有良好回忆的事件。因此，我们研究了第一次和最后一次性关系，第一次持续三个月或
更长时间的关系（有性关系），第一次结合，第一次分居，第一次和最后一次怀孕，第一
个和最后一个孩子，第一次终止妊娠（小产或流产），以及现在的伴侣。男性和女性回答
了同一套问题。

[2] Bozon, M. & Heilborn, M. L., "Iniciação à sexualidade: Modos de socialização, interações de gênero e trajetórias individuais", In M. L. Heilborn et al. (orgs.), *O aprendizado da sexualidade: reprodução e trajetórias sociais de jovens Brasileiros*, Rio de Janeiro: Garamond, 2006.

[3] 共有4634名青少年接受了家庭调查，其中47.2%为男性，52.8%为女性。

[4] Bozon, M. & Heilborn, M. L., "Iniciação à sexualidade: Modos de socialização, interações de gênero e trajetórias individuais", In M. L. Heilborn et al. (orgs.), *O aprendizado da sexualidade: reprodução e trajetórias sociais de jovens Brasileiros*, Rio de Janeiro: Garamond, 2006.

[5] GRAVAD, "Pesquisa de Adolescentes no Brasil", http://www.portal.saude.gov.br, 2006.

年轻男性有这种情况。①

　　有孩子的青年有一组特定的社会学和人口学特征，生殖过程加速导致他们迅速进入成年生活。他们与来自富裕阶层的青年形成对比，在富裕阶层的青年中我们可以观察到这种转变的延伸，一般是通过延长学习时间和/或留在父母家里。这类群体的青年生活，在少数情况下，以分娩结束，而在大多数情况下，以引流产结束。②

　　我们查阅的文献提到，由于婚姻关系不稳定，单身母亲的数量在增加，这加剧了社会困难，增加了贫困人口。有人还说，生育妨碍了青年完成学业，从而减少了他们将来获得较好工作的机会。③ 广为传播的结论是，过早生育是导致贫困的一个因素。然而，一些人认为，低教育水平和贫困不是过早生育的结果，而是原因。从象征意义的角度分析，选择成为父母似乎是贫穷青少年的一项生活计划。④ 青少年过早发生性行为和缺乏避孕方法也被认为是导致青少年怀孕的原因，但很少有人会考虑青年在获取信息和避孕方面的困难。以避孕为目的的保健政策是从计划生育的角度组织起来的，主要针对有正式关系的成年女性。

　　教育统计数据清楚地显示了有孩子和没有孩子的青年之间的差别。前

---

① Aquino, E. M. L. et al., "Adolescência e reprodução no Brasil: a heterogeneidade dos perfis sociais", *Cadernos de Saúde Pública*, 19 (2003), pp. 377 – 388.

② Menezes, G., Aquino, E. M. L., & Silva, D. O., "Aborto provocado na juventude: Desigualdades sociais no desfecho da primeira gravidez", *Cadernos de saúde pública*, 22 (2006), pp. 1431 – 1446.

③ 巴西的青年和性研究有选择学校作为调查地点的习惯，参阅 Abramovay, M. & Castro, M., *Juventude, juventudes: o que une e o que separa*, Brasília: UNESCO, 2006。然而，这不是一个合适的环境，因为大多数青年都没有上学。用小样本进行的调查倾向收集来自极端不同城市的个体，参阅 Abramo, H. & Branco (orgs.), *Retratos da juventude Brasileira: analyses de uma pesquisa nacional*, São Paulo: Fundação Perseu Abramo, 2005。我们对同辈、对青少年性行为形成的影响缺乏认识。这个群体在涉及性道德的主题（其中我们强调同性恋恐惧症主题）发表意见方面变得越来越重要。

④ Dadoorian, D., "A gravidez desejada em adolescentes de classes populares", *Dissertação de Mestrado em Psicologia*, Pontifícia Universidade Católica do Rio de Janeiro, Rio de Janeiro, 1994; Costa, T. J. N. M., "A maternidade em menores de 15 anos em Juiz de Fora (MG): Uma abordagem socioantropológica", *Praia vermelha: Estudos de Política e Teoria Social*, 7 (2002), pp. 154 – 183; Cabral, C. S., Heilborn, M. L., Duarte, L. F. D., Peixoto, C. E., & Lins de Barros, M. (orgs.), *Família, sexualidade e ethos religioso and gravidez na adolescência: negociações na família*, Rio de Janeiro: Garamond, 2005.

者的教育水平普遍较低：几乎一半的人只接受过不完整的中小学教育。在高中和大学阶段的学生中，尚未经历过为人父母的比例更高（见表6－2－1）。然而，怀孕和孩子的出生在很大程度上是在调研中断和/或结束之后发生的。

表6－2－1　根据是否有为人父母的经历，按教育水平和性别分类的
18至24岁青年比例（不包括处女）

单位：%

教育水平	为人父母的经历					
	女性		P值	男性		P值
	有	没有		有	没有	
青年的教育水平			0.0000			0.0000
不完整的小学教育	41.7	10.5		47.2	23.3	
完整的小学教育	33.1	23.8		35.0	26.8	
高中	23.1	34.6		15.4	30.7	
大学	2.1	31.2		2.3	20.2	
母亲的教育水平			0.0000			0.0000
不完整的小学教育	68.2	35.6		61.1	43.6	
完整的小学教育	16.7	17.9		15.2	16.2	
高中	12.3	25.2		21.7	22.1	
大学	2.8	21.4		2.1	18.0	
n	702	1298		296	1743	

资料来源：GRAVAD，2002。调研对象为阿雷格里港、里约热内卢和萨尔瓦多18至24岁青年。

　　母亲的教育水平也存在这种显著的差异。作为社会阶层的代表，该调查显示，至少有一个孩子的年轻人中，68.2%的女性和61.1%的男性的母亲只接受过不完整的小学教育。相反，有孩子的年轻人中，只有2%多一点的母亲拥有大学学位。具有向上受教育流动性的青年——即比其母亲受教育水平更高的青年——在没有子女的青年中所占比例最高（见表6－2－2）。在有孩子的人群中，教育水平低的母亲和青年所占比例最高。向上的教育流动是推迟生育的一个重要因素，母亲的教育水平也是如此（见表6－2－2）。

　　当我们考察家庭人均月收入指标时，[①] 再一次发现，较早生育的群体在社会等级中的地位较低。在有孩子的青少年中，只有不到五分之一的人仍在接受正式教育。一个重要的比例是在劳动力市场进行有偿劳动的比例，尤其是男性的比例（75%）。在青年生殖方面存在一种消极的协同作用，青年离开学校和作为收入创造者的状况缩短了其向成年生活过渡的时间。

　　在这个场景中，我们加入了与性有关的事件，这些事件标志着时间上连续的一系列事件，标志着贫穷青年的社会轨迹。这种重叠的一个很好的例子是性启蒙和进入劳动力市场的年龄中位数十分接近。如果我们调查所有的受访者，对于年轻男性来说，第一次性关系发生在16.2岁，而第一份工作或第一次有偿劳动发生在16.1岁（置信区间95%：15.9－16.2）。对于年轻女性，我们发现她们开始性行为的平均年龄为17.9岁，开始工作的平均年龄为16.9岁（置信区间95%：16.8－17.1）。

　　男性从中学一年级就开始大规模地辍学。造成学业中断的主要原因有：工作的需要、不断的失败、在学校停滞不前、对学习缺乏兴趣以及搬家。对于导致青年开始工作的原因，父母和学生意见不一：前者认为，青年想以给家庭带来的经济帮助来证明自己，而后者则认为挣钱可以"买他们喜欢的东西"。

表6－2－2　根据是否有为人父母的经历，按教育流动性和性别分类的18至24岁
青年比例（不包括处女）

单位：%

教育流动性	为人父母的经历					
	女性		P值	男性		P值
	有	没有		有	没有	
			0.0000			0.0000
母亲：不完整的小学教育／青年：不完整的小学教育	30.3	8.2		33.4	19.0	

[①] 我们创建了一个4个层次的分类以组成家庭人均月收入变量：收入很低（90雷亚尔及以下），收入低（91－180雷亚尔），平均收入（181－540雷亚尔）和高收入（每月540雷亚尔以上）——在田野调查的时段，每月最低工资标准为180雷亚尔。这一指数是根据对有关家庭收入组成的开放式问题的回答拟定的。

教育流动性	为人父母的经历					
	女性		P 值	男性		P 值
	有	没有		有	没有	
母亲：不完整的小学教育/ 青年：完整的小学教育	22.8	14.9		20.8	15.4	
母亲：不完整的小学教育/ 青年：高中或大学	13.3	19.6		5.3	14.6	
母亲：完整的小学教育/ 青年：不完整的小学教育	5.5	1.0		4.9	3.5	
母亲：完整的小学教育/ 青年：完整的小学教育	7.5	6.8		7.8	7.9	
母亲：完整的小学教育/ 青年：高中或大学	6.3	15.9		4.4	10.1	
母亲：高中或大学/ 青年：不完整的小学教育	2.2	1.2		7.3	1.3	
母亲：高中或大学/ 青年：完整的小学教育	5.4	6.4		7.2	7.0	
母亲：高中或大学/ 青年：高中或大学	6.7	26.0		8.9	21.2	
n	702	1298		296	1743	

资料来源：GRAVAD，2002。调研对象为阿雷格里港、里约热内卢和萨尔瓦多18至24岁青年。

当我们考虑阶层因素，而不是单纯的生殖问题时，留在学校和进入职场之间的关系则会尖锐得多。当我们比较来自受欢迎阶层的无子女青少年的教育和工作轨迹时，这些考虑得到了证实。无子女的和有子女的群体都有断断续续的教育轨迹，以中断为标志，这些中断往往是由于工作的"需要"或"愿望"。[①]

简而言之，获得第一次有偿劳动的经验和发生第一次性关系，大约发生在同一时间，这在允许年轻人从家庭获得更大的自主权方面是很重要的，但却不会影响关系的互惠情况——这对于生育是至关重要的。

① Heilborn, M. L. et al., "Aproximações socioantropológicas sobre a gravidez na adolescência", *Horizontes antropológicos*, 8 (2002), pp. 13-45.

四　家庭接纳过程

即使是暂时的，生育也会形成一个新的家庭核心。性行为不再局限于已婚者。值得注意的是，在具有较高的教育水平、更容易获得避孕方法和引流产的可能性较大的青年中，我们并没有发现性启蒙和婚姻生活的巧合，当与正式的婚姻相比时，我们也没有发现预期的生育过程。[①]

年轻人离开父母家的过程在男女之间有着不同的节奏：男性比女性要慢。如果我们把所有接受采访的人都算上，81%的年轻男性在接受采访时仍与至少一位家长或监护人住在一起，而75%的女性则稍早离开父母的家。我们观察到，超过一半的年轻夫妻不和自己的父母或监护人住在一起。

在我们描述的生活场景中，夫妻关系的形成只是一种可能性，这对某些人来说比其他社会角色更有约束作用。[②] 这不仅仅是孤立特征的并列，如低教育水平和低收入，相反，来自下层阶级的家庭会形成一个特定的社会视野。[③] 其中涉及家庭纽带的价值观，连同物质条件，导致家庭被认为是一个集体，每个人都应该参与其中。

因此，性别和年龄结合起来构成家庭生活中的地位和属性。儿童和青少年通过参与家务劳动或增加一些家庭收入，对家庭的日常生活做出贡献。因此，我们可以肯定，家庭产生了一种社会化进程，这种进程没有明确区分成人的某些特性与儿童或青少年的某些特性。对于一个16岁的年轻女性来说，过早生孩子可能不会使她在如何照顾孩子的日常生活上产生困扰。对相当比例的巴西年轻女性来说，从小就主要负责家务是一种现实，没有

---

① Bajos, N., Gine, L., & Ferrand, M. (orgs.), *De la contraception à l'avortement*: *sociologie des grossesses non prévues*, Paris: INSERM, 2002.

② Dadoorian, D., "A gravidez desejada em adolescentes de classes populares", *Dissertação de Mestrado em Psicologia*, Pontifícia Universidade Católica do Rio de Janeiro, Rio de Janeiro, 1994; Heilborn, M. L. et al., "Aproximações socioantropológicas sobre a gravidez na adolescência", *Horizontes antropológicos*, 8 (2002), pp. 13 – 45; Costa, T. J. N. M., "A maternidade em menores de 15 anos em Juiz de Fora (MG): Uma abordagem socioantropológica", *Praia vermelha*: *Estudos de Política e Teoria Social*, 7 (2002), pp. 154 – 183.

③ Duarte, L. F. D., *Da vida nervosa nas classes trabalhadoras urbanas*, Rio de Janeiro: Jorge Zahar, 1986; Fonseca, C. L., *Família*, *fofoca e honra*: *etnografia de relações de gênero e violência em grupos populares*, Porto Alegre: Editora da UFRGS, 2000.

其他如获得高等教育并最终进入劳动力市场的选择；可以想象，青年在父母家中获得自主权的可能性集中在生育和配偶关系上，对女性来说尤其如此。

　　这些变化通常归因于个体化的过程。在巴西这样一个庞大而多样化的社会中，不同的社会阶层所产生的影响是不同的。一方面，性的过程是"自主化"的，另一方面，存在特定的社会约束，无论是与阶级还是与性别相关的约束。当前与伴侣进入性行为的形式，是在青春期和青年时期经常经历的，是这种复杂的现代化习俗过程的一个例子。正如我们所看到的，性生活不再局限于婚姻。然而，与伴侣发生性行为是在一系列里程碑式的事件中逐步完成的，在这些事件中，男性和女性扮演着不同的角色（如拥有稳定的关系）。①

　　表6-2-3提供了理解与伴侣发生性关系的社会因素和个人经历。

表6-2-3　根据是否有为人父母的经历，按性启蒙特征和性别分类的
18至24岁青年比例（不包括处女）

单位：%

性启蒙特征	为人父母的经历					
	女性		P 值	男性		P 值
	有	没有		有	没有	
性启蒙年龄*			0.0000			0.0208
早	46.5	18.4		38.7	27.7	
中	31.0	38.0		36.9	41.0	
晚	22.5	43.6		24.4	31.3	
性启蒙阶段伴侣之间的年龄差异			0.0113			0.3589
伴侣年龄较小	0.7	2.5		9.4	9.6	
同龄（年龄差小于等于1岁）	19.5	26.5		56.8	50.4	
伴侣年龄较大（年龄差2至4岁）	36.4	35.7		22.3	23.9	

---

① Bozon, M. & Heilborn, M. L., "Iniciação à sexualidade: Modos de socialização, interações de gênero e trajetórias individuais", In M. L. Heilborn et al. (orgs.), *O aprendizado da sexualidade: reprodução e trajetórias sociais de jovens Brasileiros*, Rio de Janeiro: Garamond, 2006.

续表

性启蒙特征	为人父母的经历					
	女性		P 值	男性		P 值
	有	没有		有	没有	
伴侣年龄大得多 （年龄差 5 岁及以上）	43.4	35.4		11.5	16.1	
性启蒙之前的交流并使 用避孕措施			0.0000			0.0003
有交流并使用避孕措施	38.6	58.8		30.7	35.7	
有交流但未使用避孕措施	11.2	9.7		7.3	5.8	
使用避孕措施，但无交流	15.1	19.6		21.4	35.7	
没有交流，也未使用避孕措施	35.1	11.9		40.5	22.8	
n	702	1298		296	1743	

资料来源：GRAVAD，2002。调研对象：阿雷格里港、里约热内卢和萨尔瓦多 18 至 24 岁青年。

女性和男性的性启蒙时间被定义为早、中、晚，[①] 根据年龄呈现差异，但标志着一个更多样化的图景，而不是公众想象中的青年性行为。女性生育和过早发生性行为之间的联系是非常重要的，并使人们注意到巴西文化中有关避孕规范的不稳定性。关于避孕的弱社会化在伴侣间表现在开始性行为之前很少互相交谈，最重要的是，使用避孕用具的责任仍然由女性承担。因此，我们可以说，关于生育的性自主过程是不完整的。[②] 在巴西的例子中，青春期的生育率在 2010 年之前一直居高不下，显然，这是青春期的女性不能正确使用避孕用具而导致的结果。

---

① 我们创建了一个进入性生活的年龄类型学，早、中、晚，以性启蒙的中位年龄作为参考。在此，年龄界限对于男性和女性是不一样的。在男性中，较早的组别是在 14 岁或以下，这约占了受访者的四分之一；中间组年龄在 15 至 16 岁之间，占男性样本的 50%；较晚的组别首次发生性关系的年龄在 17 岁以上。在女性中，较早的组别年龄为 15 岁或以下，占 28%；中间组第一次发生性关系时为 16 至 17 岁，占被调查者的 36%；最后是 18 岁或 18 岁以上，占被调查的女性样本的 36%。这些比例指的是性启蒙的受访者（Bozon, M. & Heilborn, M. L., "Iniciação à sexualidade：Modos de socialização, interações de gênero e trajetórias individuais", In M. L. Heilborn et al. (orgs.), *O aprendizado da sexualidade*：*reprodução e trajetórias sociais de jovens Brasileiros*, Rio de Janeiro：Garamond, 2006）。

② Heilborn, M. L., In the fabric of Brazilian sexuality, In C. E. Bose & M. Kim (orgs.), *Global Gender Research*：*Transnational Perspectives*, Albany, NY：Routledge Publishers, 2009, pp. 239 - 248.

在避孕行为方面，那些与性启蒙伴侣保持持久关系的女性有显著的变化。① 年轻女性在第一次发生性关系时会采取保护/避孕措施；然而，在持续的性行为发生过程中，避孕规则被放宽，最终导致 28.8% 的怀孕率。

这些最初的伴侣是潜在的配偶。在通过母性来巩固成年女性身份的社会环境中，即使是非正式的婚姻也受到重视。这种渴望的另一面是这样一个事实，即这种伴侣关系的组成，加上女性避孕的责任，增加了在物质和象征性资源已经很少的情况下就性问题进行谈判的困难。

如果不提及一些角色的行动，例如所涉及的两个家庭的行动，就无法理解青年父母关系。85% 的年轻人会在第一次怀孕时怀到足月，而孩子大多在其 19 岁之前出生。在成为母亲的女性中，有一半的人在发现自己怀孕之前就期待着这段关系能发展成婚姻，而近 40% 的年轻男性对这段关系没有任何打算。

怀孕的消息引发了一系列的谈判，涉及双方的家庭，这可能导致安排正式的婚姻。青年也会向他们的父母求助，这样他们父母通常就会支持其未来孙子的到来（26.2%）。当家庭听到这个消息时，他们的反应是积极的（大约 70%）。我们强调，过去常见的把女儿从家里赶出去的做法，现在已经不常见了。这表明性道德方面的一个重要变化，也表明代际和家庭关系的变化。为人父母绝对会推动夫妻关系；这种情况占所有案例的 51.4%，这是加上年轻女性已经和她们的伴侣住在一起的情况。青年伴侣双方的家庭，尤其是母亲，给青年伴侣重要的支持：接纳他们，承担费用，照顾孩子。

在低于中产的阶层中，家庭的欢迎程度甚至达到了在家里让出房间的程度。渐渐地，房间变大，青年小家庭成为独立的家庭，这在城市棚户区十分普遍。在中产阶级的青年中，婚姻并不是青年生育过程中最受重视的部分，相反，他们优先考虑的是继续接受教育。

在父母身份对青年学习和工作轨迹的影响方面，有一半的人在为人父母时不在学校系统内；怀孕导致约 15% 的女性最终放弃学业。将近三分之

---

① Marinho, L. F. B., *Entrada na sexualidade e práticas contraceptivas: A experiência de jovens em três capitais Brasileiras*, Tese de Doutorado em Saúde Coletiva, Instituto de Saúde Coletiva/Universidade Federal da Bahia, Salvador, 2006.

二的男性（65.4%）在孩子出生之前就已经工作了，同样比例的女性在孩子出生时没有从事任何有偿活动。

为人父母会对构建自我的过程产生影响，这与家庭的价值结构直接相关。年轻女性和男性都会发生变化，但这取决于社会阶层。在下层阶级的年轻男性中，父权的确立被视为成熟和负责任的标志，也是社会的标志。在这些阶级中，为人父母代表着进入成年生活的过程的强化，甚至是巩固：家庭的供养者由此构成。下层社会的年轻女性的话语与男性的话语几乎是对称的：她们不再是女儿，而是认同"女性""母亲"的身份。这对她们职业生涯的影响比对社会环境中年轻男性的影响更大。建立一个家庭，一个正式的婚姻和工作（对男性来说）似乎是从原生家庭解放出来的基础，尽管原生家庭通常仍会提供某种帮助。

在中产阶级中，根据我们进行的人种学比较，[1] 青年在家庭中的地位并没有移位。在这个阶级中，青年的话语围绕着一种心理学上的偏见，这种偏见使得为人父母的主观体验比强调获得与成年有关的新地位更为重要。

五　性和艾滋病毒

在巴西，20 世纪 80 年代初发现了第一批艾滋病病例，主要集中于在成年男同性恋、静脉注射吸毒者和血友病患者中。当时，人们认为巴西将被这种流行病摧毁。然而，由于国家、非政府组织和同性恋运动领导人的共同努力，这种预测几乎完全被逆转了。[2]

在政府和非政府领域内建立国家政策的背景下，巴西提出了一项可以成功推广到全世界的防艾滋病（病毒）的战略。该战略包括免费发放避孕套、匿名和免费检测、开展电视宣传活动（98% 的巴西家庭拥有电视）和免费发放药物。

---

① Bozon, M. & Heilborn, M. L., "Iniciação à sexualidade: Modos de socialização, interações de gênero e trajetórias individuais", In M. L. Heilborn et al. (orgs.), *O aprendizado da sexualidade: reprodução e trajetórias sociais de jovens Brasileiros*, Rio de Janeiro: Garamond, 2006.

② Parker, "R. G., Civil society, political mobilization, and the impact of HIV scale-up on health systems in Brazil", *Journal of Acquired Immune Deficiency Syndromes and Human Retrovirology*, 52 (2009), pp. S49 - S51.

　　大约 30 年后的今天，巴西出现了一种稳定的流行病学特征，集中在一些易感染艾滋病毒的人口亚群中。1980 年至 2011 年 6 月，巴西共计通报艾滋病患者 608230 例（男性 65.4%，女性 34.6%）。近年来，性别比例差有所下降。据估计，自 2004 年以来，15 至 49 岁人群中的艾滋病毒感染率稳定在 0.6%。然而，在青年人群中，自艾滋病流行以来，感染率有上升的趋势。2010 年，15 至 24 岁的青年中艾滋病新发病例为每 10 万人 9.5 例，男性为 11.1 例，女性为 7.8 例。[①]

　　年轻的男同性恋者是最脆弱的群体。2002 年至 2007 年，与男性发生性行为（MSM）的年轻男性中艾滋病毒感染率从 0.56% 上升到 1.2%。接触男同人群的比例从 1988 年的 31.8% 上升到 2010 年的 46.4%。

　　根据巴西卫健委 2007 年和 2008 年进行的两项研究，年轻人对艾滋病毒感染的方式有丰富的知识。这些研究探讨了青年预防传染性疾病的行为。此外，根据 2008 年对巴西人口的知识、态度和行为进行的研究，与其他年龄组相比，15 至 24 岁的青年人拥有最多的随意性关系。这也是在所有情况下，无论是与临时伴侣还是固定伴侣，使用安全套最多的人群，也是从官方和其他分发项目获得免费安全套最多的人群（41.4%）。学校是获得安全套的第二重要场所，仅次于卫生服务场所。约 63% 的巴西学校将性传播疾病和艾滋病列为重点教学内容。[②] 格拉瓦德（GRAVAD）的研究发现，在性信息的来源中，学校是艾滋病知识获得普及的一个重要途径，尤其在学校的健康和预防计划方面（SPE）。[③]

六　结论

　　青年和生育只能在更广泛变化的背景下加以理解。年轻人的性行为发

---

① Ministério da Saúde, Secretaria de Vigilância em Saúde, & Departamento de DST, "AIDS e Hepatites Virais", *Boletim Epidemiológico*, Brasil: Ministério da Saúde, 2011.

② Pascom, A. R., Pati, M. R. A., & Simão. M. B. S., "Pesquisa de conhecimentos, atitudes e práticas na população Brasileira de 15 a 64 anos 2008", Brasília; Ministério da Saúde, Secretaria de Vigilância em Saúde, Departamento de DST, "Aids e Hepatites Virais", 2011.

③ Cabral, C. S. & Heilborn, M. L., *Avaliação das políticas sobre educação sexual e juventude*: da conferência do cairo aos dias atuais, Apresentado em Oficina de trabalho, Rumos para Cairo + 20: Compromissos do Governo Brasileiro com a Plataforma da Conferência Internacional sobre População e Desenvolvimento, Brasília, 2010.

生了重大变化。一方面，男性和女性性关系的时间性和女性相对的主动预期之间存在一种近似，另一方面，在婚姻之外发生性关系的可能性方面发生了文化上的变化。然而，避孕措施和它们的表现并不同步，计划生育政策没有把年轻单身女性纳入，它们仍然主要面向已婚妇女。女性绝育的文化从一开始就被证明是控制生育的一个明确和有效的手段，这种文化仍然盛行。

年轻的父亲和母亲是在一种复杂的情况下形成的，在这种情况下，习俗的变化对家庭产生了很大的影响，但并没有导致破裂或危机。在当代，我们看到几代人生活在一起，而早期生育现象与代际关系的变化有关，并加强了家庭联系和团结。

第七篇

社会态度与政治价值观

中国新生代的价值观变迁与国家认同意识

李春玲

2018 年 12 月 18 日《人民日报》为庆祝改革开放四十周年而发表的社论，把改革开放称为"新的伟大革命"，"书写了一个国家繁荣发展的壮丽史诗，激荡起一个民族生机勃勃的复兴气象，不仅深刻改变了中国，也深刻影响了世界"。①在改革开放中成长起来的中国新生代，② 既受这一历史性巨变的影响而形成了独特的社会性格，也成为这一历史性巨变的推动者、引领者，在这一历史性巨变中打下了他们的代际烙印。80 后青年是在改革开放政策开始实施之后出生，伴随着改革开放的深化进程成长，既受益于经济社会迅猛发展而带来的生活水平快速提高，也承受了市场化全面推进带来的前所未有的竞争压力，同时，他们作为使用互联网的先锋群体，充分展示出与前辈群体不同的态度与行为倾向，并通过互联网及各种新媒体发声，代表着中国新生代的崛起。随之而来的 90 后，是在更加富足、宽裕的生活环境和更加宽容、自由的社会氛围中成长的真正互联网的一代，他们的成长历程伴随着中国全面融入全球化和"中国崛起"的步伐。具有更开阔视野、更加自信和更多元取向的 90 后，现今正在取代 80 后成为中国新生代的主流。00 后们也在追随着 90 后的步伐迈入新生代大潮，虽然他们中的多数人还未离开学校走向社会，但是他们所创造的青少年文化已经成为社会、经济、文化等多个领域创新的重要源泉。改革开放造就了中国新生

---

① 《人民日报》社论：《在新时代创造新的更大奇迹——庆祝改革开放 40 周年》，2018 年 12 月 18 日头版头条。

② "中国新生代"是指 1980 年之后出生的人，其主要人群是 80 后和 90 后。

代，中国新生代也是改革开放的生力军和先锋队。

改革开放不仅改变了人们的生存机遇，也改变了人们的价值观念与行为模式。伴随改革开放成长的中国新生代，共同经历了上述的一系列重大社会变迁，不可避免地在价值观念和行为模式等方面与前辈群体产生差异。罗纳德·英格尔哈特在其影响广泛的代际价值观演变理论中提出了"社会化假设"，其意是指青少年时期的生存环境和成长经历决定了一个人的基本价值观，这些基本价值观在成年以后不易发生大的改变，不同代际因成长环境不同而出现了价值观念的代际差异，代际更替使青年一代价值观念逐步取代老一代的价值观念，推动整个社会的价值观念转变。英格尔哈特把这种代际价值观演变称为"静悄悄的革命"（the silent revolution），[①] 他对欧洲社会和所有发达工业化社会的价值观研究，以及随后对全球 43 个国家的世界价值观调查[②]证实，在当今世界上的所有社会，随着工业化推进和经济增长以及代际更迭，人们的价值观都在发生着"静悄悄的革命"。改革开放以来的 40 年，中国的经济社会变迁跨越了其他国家历经百年的变化，生活水平的快速提高加之独生子女政策、教育迅猛扩张、互联网普及和人口流动大潮，使中国新生代的成长环境与前几辈人有了翻天覆地的改变，新生代与前辈群体的价值观代际差异更加突显。中国新生代所引领的价值观变迁不是渐进式的"静悄悄的革命"，而是一场大张声势、引人注目的变革，其变化速度常常令前辈群体瞠目结舌。虽然其中也不乏超前过激、异类越轨的元素，引发老一代人的担忧和指责，但主流趋势仍是推动社会进步、开放、创新、宽容、平等的力量。

---

① Inglehart, R., *The Silent Revolution: Changing Values And Political Styles Among Western Publics*, Princeton NJ: Princeton University Press, 1977; Inglehart, R., *Culture Shift in Advanced Industrial Society*, Princeton NJ: Princeton University Press, 1990; 罗纳德·英格尔哈特：《现代化与后现代化 43 个国家的文化、经济与政治变迁》，社会科学文献出版社，2013。

② 世界价值观调查（World Values Survey，简称 WVS）是一项旨在研究公众的价值取向并探索其如何随时间与社会政策变迁而变化的全球性调查。WVS 最早由英格尔哈特等人发起，后来发展为世界社会科学网络联盟成员单位共同协作执行的全球性调查项目，目前覆盖了 100 多个国家 90% 左右的全球人口。WVS 从 1981 年第一次调查开始至今已有 30 多年的历史，目前正在实施第七轮调查。

一 消费观念和行为的快速转变推进
传统消费模式转型

中国新生代与前辈价值观及行为差异表现得最为突出也最引人争议的一个方面是消费观念和行为。十几年前,当 50 后、60 后和 70 后是消费主流人群时,中国家庭经济行为最突出的一个特征是注重"预防性储蓄"而约束当下消费,[①] 以至于经济专家们认为需要刺激人们的消费欲望;当 80 后进入消费市场时,开始出现"月光族",贷款购房的"房奴"和贷款购车行为逐步流行;现今,90 后成为消费市场的新宠儿,00 后也正在消费市场中崛起,虽然大多数 90 后和 00 后还在上学读书没有收入,即使打工挣钱也所获不多,但他们的一些超前消费行为,吸引着商家的眼球、大众媒体的热议。

80 后之前的几代人大多难以接受贷款消费,有钱才能消费,甚至挣了钱先存钱再消费,认为这才是节俭持家的良好品德。然而,新生代所崇尚的是先消费再挣钱还债的消费模式。贷款购房是 80 后的普遍选择,虽然这在某种意义上是投资行为而非单纯的消费行为,随后采用分期付款方式购买汽车等大件昂贵耐用品逐步盛行;90 后和 00 后则开始把贷款消费和分期付款运用于日常消费。据中国社会科学院社会学研究所 2017 年中国大学生就业、生活及价值观追踪调查,20.4% 的大学在校生在日常消费中使用过贷款或分期付款,其中,77.1% 是在网购平台上使用贷款或分期付款;38.7% 最近一年中使用过一次贷款或分期付款,40.7% 使用过 2 - 5 次,9.3% 使用过 6 - 10 次,11.3% 使用过 10 次以上。这些数据显示,超前消费在新生代中的 90 后和 00 后中蔓延,中国人从保守消费到超前消费就发生在十多年间的几代人身上。十年前经济专家认为中国人过高的储蓄率和过低的消费率会降低经济增长动力,而现今人们则在担心青年群体快速增长的消费率会导致过度消费和个人及家庭负债率高企引发金融风险。[②]

---

① 李辉、徐会奇:《城乡居民消费行为比较研究》,《经济经纬》2011 年第 3 期。
② 朱翠萍:《人口年龄结构对消费的影响:中国城镇的实证研究》,《云南财经大学学报》2014 年第 2 期。

伴随经济增长、生活水平提高而来的消费社会兴起，是推动超前消费行为流行的一个重要动力，但同时，价值观念变迁是消费行为转变的更深层次的原因。英格尔哈特认为，在物质匮乏环境中成长的老一代人更注重追求经济安全保障，而在生活日渐富裕环境中成长的青年一代更注重主观幸福感和快乐体验。这种价值观转变体现在消费方面，就是新生代的消费选择更倾向于"满足生活品质追求、情绪满足、感官刺激、彰显个性等需求"，[①] 在满足基本生存需求的同时，新生代更加注重休闲娱乐消费以及精神、文化层面的体验。2017 年中国社会状况调查有关家庭消费支出方面的数据反映了这种变化趋势（参见图 7 - 1 - 1），80 后和 90 后在文化、娱乐、旅游支出和衣着支出上大大高于 70 后、60 后和 50 后，同时在通信支出上也远多于前辈群体。在物质生活日渐富裕环境中成长的新生代，对于生活有了更多元化的、非物质性的追求，这也成为我国消费需求升级、产业结构转型的推动力。

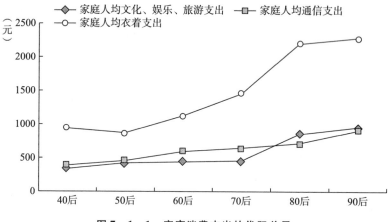

图 7 - 1 - 1　家庭消费支出的代际差异

数据来源：2017 年中国社会状况综合调查（CSS）。

二　社会宽容度的明显提高推动新婚恋观兴起

改革开放不仅使人们的经济行为和消费观念发生变化，同时也松动了

[①]　马执中：《"90 后"消费需求研究与趋势分析》，《工业设计研究》2017 年第 5 期。

传统的社会伦理规范。中国社会在开放过程中变得更加多元化，个人自主选择的空间逐步扩大，一些新的社会现象和小众群体的另类行为开始出现，常常引发社会争议，甚至导致矛盾冲突。这是所有现代社会所不可避免的，尤其在快速社会变迁时期，新事物、新观念、新行为层出不穷，人们对新事物特别是异类行为的宽容度也体现了价值观变迁。在英格尔哈特的代际价值观演变理论中，社会宽容度是测量传统价值观向现代价值观演变的一个重要指标。[①] 所谓社会宽容，主要指对较为反常的、背离一般社会规范（但未违反法律、不损害他人利益）的某种社会现象宽容。缺乏宽容的社会往往会陷入各种宗教的、文化的、社会的以及政治的冲突中，而适度的社会宽容度有利于促进社会和谐进步。[②] 传统的、封闭的社会往往要求人们遵守极为严格的社会规范，对少数群体的异类行为容忍度较低；现代的、开放的社会因广泛的文化融合和大范围的社会交往，人们的观念和行为趋向于多元化，社会宽容度较高，个体的自主性得到更多尊重。

改革开放大潮给中国社会带来许多新生事物，其中不乏一些与传统伦理规范相左、被以往人们认为是大逆不道的行为和观念，相较于前辈群体，新生代成员对这类社会现象表现出更高的宽容度。2017 年中国社会状况综合调查数据显示（参见图 7-1-2），社会宽容度总体变化趋势是越年轻的代际群体宽容度越高，但 80 后和 90 后的社会宽容度增长更加明显，如对于婚前同居和同性恋的宽容度提高幅度特别大，90 后则对艾滋病患者和不同宗教信仰者的宽容度上升幅度较大。社会宽容度的提高为个人生活选择创造了自由空间，给予新生代成员尝试新的行为方式、新的生活理念的机会，同时也推进了社会伦理观念的变迁。在这一方面，新生代迈进速度最快也最让老一代人瞠目结舌的行为表现在婚恋和性观念领域。[③] 改革开放前甚至改革开放最初二十年，婚前性行为和婚前同居都被认为是不能接受的羞耻行为，即使现今也只有约 30% 的 40 后和 50 后以及约 40% 的 60 后能接受婚

---

① 罗纳德·英格尔哈特：《现代化与后现代化 43 个国家的文化、经济与政治变迁》，北京：社会科学文献出版社，2013。
② 马得勇：《东亚地区民众宽容度比较分析》，《北京行政学院学报》2008 年第 5 期。
③ 李春玲：《青年群体中的新型城乡分割及其社会影响》，《北京工业大学学报》（社会科学版）2017 年第 2 期；李春玲：《社会变迁与中国青年问题——中国青年社会学的关注点及研究取向》，《青年探索》2018 年第 2 期。

前同居者，而 80 后和 90 后则 70% 接受婚前同居者，婚前性行为更是被普遍认同。婚恋和性观念的代际差异经常引发青年一代与老一代人的矛盾冲突，"剩女现象"以及不断增长的大龄青年"不婚"情况让父母们担忧，[1]而"父母逼婚"又导致了青年人的"婚恋焦虑"。[2]生育观念的转变速度同样让人吃惊，传统的中国生育观是多子多福，为此政府实施计划生育政策控制人口增长，但"一胎"政策改为"二孩"政策后，却发现 80 后和 90后大多不愿意生育二孩。新生代所推动的社会宽容度增长和新婚恋观兴起，代表着中国社会日益走向开放、自由，个人的自主性得到更多的尊重。

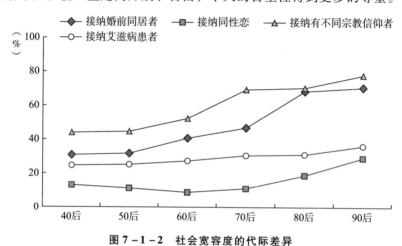

图 7 - 1 - 2 社会宽容度的代际差异
数据来源：2017 年中国社会状况综合调查（CSS）。

三 社会参与的逐步增长促进社会共治共享

英格尔哈特的代际价值观演变理论认为，从物质主义价值观向后物质主义价值观转变的一个重要标志就是人们的社会参与意愿增强，社会参与行为增多。秉持物质主义价值观的人们最为关注的是个人的物质需求和经济利益保障，随着生活水平提高、基本物质需求得到保障，人们越来越关

---

[1] 张巍：《大都市单身青年"婚恋焦虑"现象调查及成因分析》，《当代青年研究》2014 年第6 期；孙沛东：《相亲角与"白发相亲"——以知青父母的集体性焦虑为视角》，《青年研究》2013 年第 6 期。

[2] 杨佳佳：《"父母逼婚"现象的社会学解读》，《当代青年研究》2014 年第 6 期。

注社会公共事务，随之后物质主义价值观兴起，社会参与普遍提高。作为互联网的一代和高文化素质的一代，中国新生代的社会参与意愿明显高于前辈群体。[①] 2017 年中国社会状况综合调查数据也充分反映了这一点（参见表 7-1-1）：新生代对社会政治事务的关注度明显高于前辈群体，80 后和90 后"经常浏览网上政治新闻"的比例较 70 后及之前的代际群体有大幅度提升，90 后"与他人或网友讨论政治问题"的比例则上升幅度惊人；同时，新生代参与社会公益活动和志愿者活动的比例较前辈也有明显提高，特别是90 后参与度提升较大。目前，我国社会组织的参与度普遍不高，但 90 后人群参与"文体娱乐等联谊组织"和"民间社团"的比例较前辈群体有明显提高。新生代对于文化类社会组织或非正式组织的参与热情不断高涨，90 后和 00 后青少年的文化参与几乎"撑起中国文化市场的半壁江山"。[②]

表 7-1-1 社会参与的代际差异

单位：%

	经常浏览网上政治新闻	与他人或网友讨论政治问题	参加政府/单位/学校组织的志愿者活动	参加自发组织的社会公益活动	参加文体娱乐等联谊组织	参加民间社团	参加职业团体	参加校友会
40 后	5.7	8.1	2.8	5.3	4.9	2.9	1.1	5.0
50 后	9.0	8.2	3.6	9.3	4.3	2.5	1.6	9.0
60 后	18.6	8.6	6.2	14.2	3.8	3.6	3.2	15.1
70 后	32.3	12.2	8.7	16.8	4.3	5.3	6.0	23.6
80 后	46.1	17.5	11.0	17.9	4.3	6.0	8.3	33.8
90 后	49.4	27.8	22.7	22.1	13.5	12.0	9.0	46.9

数据来源：2017 年中国社会状况综合调查（CSS）。

由于互联网在新生代群体中高度普及并在其社会生活中发挥越来越重要的作用，新生代的社会参与往往与社交媒体紧密联系。一些基于社交媒体而形成的特定人群、特定关注点的网上社交圈，实际上成为新型的、低

---

① 李春玲：《"80 后"社会群体特征及变迁（专题讨论）——"80 后"现象的产生及其演变》，《黑龙江社会科学》2013 年第 1 期；刘宏森：《改革和发展进程中的青年参与》，《青年探索》2018 年第 1 期；董小苹：《1992—2012：中国青少年的社会参与》，《青年研究》2013 年第 6 期。
② 刘宏森：《改革和发展进程中的青年参与》，《青年探索》2018 年第 1 期。

成本的、非正式的社会组织，为新生代提供了社会参与的平台，比如校友群、家长群和同行/同事群等。越来越多的80后和90后上了大学，大学校友微信群和朋友圈在新生代中十分活跃、普及率较高，成为青年人社会交往、互通信息的重要渠道，也为他们提供了共议公共事务、参与社会事务的非正式渠道。同行/同事微信群、朋友圈也发挥着同样的作用，虽然主要是服务于工作业务，但也强化了人际互动、信息传播，成为社会参与的辅助渠道。近年来，随着大多数80后成为父母，90后也开始生儿育女，80后和90后的家长微信群、朋友圈十分活跃，在涉及教育和青少年成长环境等公共事务方面发声，成为提升社会治理水平、改进公共服务质量的有效推动力量。

改革开放为新生代创造了越来越多的社会参与机会，而新生代不断提高的社会参与意识也有助于国家发展和社会进步。[①] 党和政府提出的"共建共享"社会治理的发展目标，需要广泛的社会民众，特别是青年群体的社会参与。2017年国家颁布的《中长期青年发展规划（2016－2025年）》，将青年社会融入与社会参与作为十个重要的青年发展领域之一，这将进一步提高新生代的社会参与意愿，拓展青年的社会参与内容与途径，使青年人在社会发展与建设中发挥更大的作用。

四　在中国崛起、走向世界的进程中提升文化自信

在中国新生代的成长历程中，全球化与中国崛起也是产生深远影响的重大历史事件，新生代因此而形成了他们的"家国情怀"。改革开放40年使中国脱离了贫穷、落后国家行列，成为快速发展的新兴经济体大国，经济体量排名世界第二，国家位置从世界的边陲走向了世界的核心。中国的新生代见证了这一过程，或者说，他们伴随这一过程成长，在这一过程中形成了他们对世界的看法和对中国的定位。对于新生代来说，有两个标志性事件对他们的世界观产生了深远影响。其一是2001年中国加入世界贸易组织，其二是2008年在北京举办奥运会。中国加入世界贸易组织开启了中

---

① 时昱、沈德赛：《当代中国青年社会参与现状、问题与路径分析》，《中国青年研究》2018年第5期。

国经济融入全球化的进程，中国制造走向世界，中国的经济成就引人注目，中国作为一个经济大国在世界上崛起，刚刚进入就业领域的 80 后赶上了"与国际接轨"的浪潮，世界的大门向他们开启。2008 年北京奥运会是快速发展的中国向世界展现成就的舞台，80 后作为其中的主要参与者切身感受到了祖国的兴旺发达，"光荣与梦想""自豪与信念"是许多参与其中的 80 后的感悟体验，中国新生代的大国心态由此而生。随后 90 后新生代的全球化历程，不仅伴随着中国制造走向世界，而且开始了中国留学生、中国游客、中国消费者和中国投资者走向世界，中国成为真正的世界大国，新生代的大国心态进一步发展。

　　伴随全球化与中国崛起而成长的中国新生代形成了更加开放和自信的世界价值观。2015 年中国大学生追踪调查有一个提问："身为一个中国人，您感到自豪吗？"90 后大学生的回答充分体现了他们的自豪感，41.1% 和43.5% 的大学生选择了"非常自豪"和"自豪"，14.3% 感觉"一般"，仅有 0.8% 和 0.3% 选择"不自豪"和"非常不自豪"。这种自豪感最强烈地表现在文化方面，图 7 - 1 - 3 显示，90 后大学生对于国家成就最自豪的方面是"悠久的中国历史"及"文化和艺术"，其次是"经济成就"和"科学成就"。

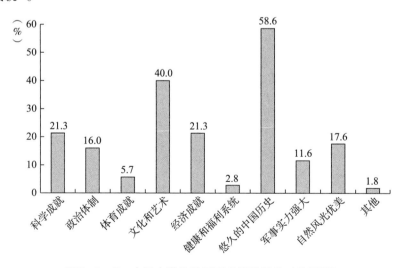

图 7 - 1 - 3　中国大学生对国家成就的评价（选两项）

数据来源：2015 年中国大学生追踪调查（PSCUS）。

国家自豪感和文化自信激励起中国新生代的"民族复兴大任"。习近平总书记提出"实现中华民族伟大复兴"的"中国梦"目标，并在十九大报告中要求"培养担当民族复兴大任的时代新人"。中国新生代正在成为实现"中国梦"的担当者。中国新生代的"中国梦"不仅仅是"个人发展与生活幸福"，他们所追求的"中国梦"最核心的内涵是国家富强与民族复兴。①

五 爱国主义和政治热情高涨交织于经济风险担忧上升

中国改革开放的40年历程是在较为平稳有利的国际环境中实现高速经济增长和生活水平快速提高，给青年人思想观念带来的变化是去政治化、文化多元取向和消费主义兴起。然而，近年来国际和国内形势发生了很大变化，这导致中国新生代的社会政治态度出现了一些新的变化趋势。自2008年金融危机以来，中国经济出现了增长放缓的趋势，与此同时，在国际领域出现了反全球化浪潮，中美贸易摩擦愈演愈烈，国际争端层出不穷。在内外两种因素的作用下，中国新生代的爱国主义情绪不断升温，对政治事务的关注度不断提高，同时未来经济风险意识有所增强。

中国大学生追踪调查（PSCUS，Panel Survey of Chinese University Students）显示，自2015年以来中国大学生的爱国主义情绪不断增长。该调查基于包括5项指标构成的国家认同感量表，测量了2015年以来中国大学生的国家认同感的变化趋势。② 如图7-1-4所示，2017年之后，大学生的国家认同感显著增强，2020年新冠肺炎疫情突袭而至，使他们的爱国热情达到了最高点。一个有意思的现象是，在2015年和2017年，受西方文化影响较大并且有较多机会出国交流的精英大学学生，国家认同感水平明显低于其他大学学生和高职院校学生；但是2017年之后，精英大学学生国家认同感水平

---

① 吴倩：《中国梦与美国梦的比较研究——基于对中美青年大学生的调查分析》，《青年研究》2018年第5期。

② 国家认同感测量包括5个问题：①当别人批评中国人的时候，我觉得像是在批评我自己；②我经常因国家现存的一些问题而感到丢脸；③我经常为国家取得的成就而感到自豪；④如果有下辈子，我还是愿意做中国人；⑤不管中国发生什么事情，即使有机会离开，我也会留在中国。答案选项包括"很不符合""不太符合""比较符合""很符合""不好说"，分别赋值为-2、-1、1、2和0分，5道题得分加总为国家认同感综合得分。

快速上升，到 2020 年，精英大学学生国家认同感水平高于其他大学学生和高职院校学生。爱国主义情绪高涨背后的动力，一方面是官方强化爱国主义舆论宣传，但更主要的推动力是近年来国际环境的变化、国际争端的多发，以及中国面临越来越大的外部竞争压力，即使对外来文化宽容度更高、具有较多全球化意识的精英大学学生也深受其影响。

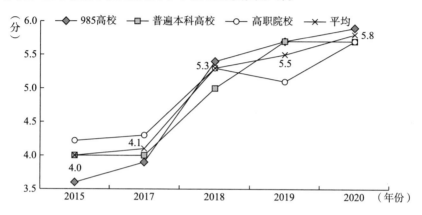

图 7 - 1 - 4　2015 - 2020 年大学生国家认同感变化

数据来源：2015 - 2020 年中国大学生追踪调查。

在爱国主义情绪高涨的同时，青年人对社会政治事务的关注度也在提高。以往多年的调查数据显示，中国 80 后、90 后和 00 后青少年政治价值观的一个主要特征是政治冷漠，① 相对于国家大事和政治事务，青少年对娱乐文化和消费有更大的兴趣。然而，近年来这种状况正在发生变化，青年大学生对社会政治事务的关注度不断提高。中国大学生追踪调查显示，在 2019 年，66.6% 的大学生表示"对政治有关的事情""很感兴趣"或"比较感兴趣"；61.1% 经常"主动地阅读或搜索政治、社会类新闻报道"。虽然主动表达意见的比例不算太高——17.6% 在社交媒体上"转发、转述或与亲朋讨论别人对公共事务的言论"，11.3% "撰写过对公共事务的评论或参与讨论"。以往对于"过好个人生活，不过问政治"这种陈述多数人会表示赞同，但现今 71% 的大学生表示"不同意"或"不太同意"。社交媒体兴

---

① 孙兴春：《对当代青年的"政治冷漠"现象的分析与思考》，《中国青年研究》2006 年第 9 期；韩星梅：《大学生政治冷漠的表现形式》，《决策与信息旬刊》2013 年第 11 期；张铤：《大学生政治冷漠的表现、成因及教育对策》，《教育探索》2014 年第 8 期。

起还使青年人的政治效能感快速提高，越来越多的青年人通过社交媒体表达他们对公共事务的看法，引起舆论关注，影响公共事务的决策。42.4% 和46.6% 的大学生认为"我觉得自己有资格评价政府行为"和"我觉得自己有能力参与公共事务的决策"；对于"政府不会在乎像我这样的人有何想法"的说法，57.9% 的大学生表示"不同意"或"不太同意"。

上述调查还显示出，国内经济增长放缓和国外贸易争端加剧，使青年人对近期可能发生的经济风险和社会问题的隐忧在增长，新冠肺炎疫情突袭而至后这种感知进一步强化。2019 年青年人的经济风险意识达到历年的高点：32% 的大学生认为中国近年可能发生"金融危机"；48.7% 认为可能发生"高失业率"；28.1% 认为可能发生"经济增长速度大幅下降"；50% 认为可能发生"物价大幅上涨"；39.9% 认为可能发生"房地产业泡沫破裂"；新冠肺炎疫情突袭而至后的 2020 年 3 月，这几项比例分别上升 2 - 3 个百分点。另外，对社会问题的隐忧也在增长，分别有 29.8%、32.5%、25.8% 和 23.8% 的大学生认为可能发生"社会信任度大幅下降""社会群体间利益冲突的激化""大规模的生态环境灾难""严重的公共卫生事件"，新冠肺炎疫情突袭而至后上述比例分别上升约 2 个百分点。此外，国家安全的忧患意识也比较高：40.6% 认为可能"领土领海争端升级"；28.6% 认为可能"'藏独'、'疆独'等民族分裂活动加重"。不过，在政治稳定方面，绝大多数大学生认为中国将保持政治稳定，但也有 15.3% 认为可能发生"大规模的政治风波"。

六　结论

中国新生代，出生在改革开放时代的 80 后、90 后和 00 后，作为具有较强代际身份认同和与老一代有鲜明价值观代际差异的"社会代"，其观念与行为既影响当下的文化时尚潮流，又预示着价值观变迁的未来走向。

中国在 20 世纪 70 年代末开启的改革开放进程，使经济、社会、文化变迁进入快速通道，数十年的发展历程跨越了其他国家历经百年的演变过程，由此导致的代际差异更为突出，青年一代与老一代人的观念和行为冲突更为凸显。互联网普及、新媒体和自媒体兴起以及新兴科技快速更新换代，使青年人在许多相关领域具有相对优势并引领发展方向，这让他们拥有了前所未有的社会、经济、文化影响力，从而改变了传统的代际关系模式，青年人从单向的被管制教育的被动接受者，演变为新技术、新事物的传播者和教导者，观念变革的引领者和推动者。①

当前，中国改革开放历经 40 年进入了一个新的时代，国际和国内环境也发生了重大变化。在国内，经济增速放缓，经济风险上升，给新生代的未来发展前景带来了多种不确定因素。在国际领域，中国与西方国家之间文化及意识形态对立凸显，中美贸易争端升级，全球化进展受阻，也给中国新生代的价值观念带来多重冲击。新时代给新生代提出了新挑战，民族复兴大业任重而道远，新生代的个人发展道路也将进入新的轨道。新生代中的 80 后多已为人父母迈向中年，他们在以新的理念养育第二代独生子女的"新新人类"，并在抉择要不要生育二孩；90 后已成为新生代的主力，在国内经济增速放缓和国际竞争激化的环境中，他们必将面临更加激烈的市场竞争压力，但蓬勃发展的互联网经济又为他们打开了创新创业的新空间；00 后们大多还未离开校园，正沉溺于在互联网世界中创新属于他们的青少年文化，他们虽然还未离开校园走向社会，但作为一股消费势力已在社会经济领域中崛起，引领消费趋势和文化时尚。国家发展的新时代，社会、经济、文化变迁的新浪潮，又在形塑新时代的新生代，加速的代际更迭，推动着社会的进一步发展。

① 李春玲：《改革开放的孩子们：中国新生代与中国发展新时代》，《社会学研究》2019 年第 3 期；周晓虹：《中国青年的历史蜕变：国家与社会关系的视角》，《江苏社会科学》2015 年第 6 期；黄洪基：《走向前台：当代青年文化发展的景象与趋势——读〈新媒介·新青年·新文化：中国青少年网络流行文化现象研究〉》，《青年学报》2017 年第 3 期。

巴西青年的政治文化和政治价值观

M. 巴奎罗　　R. A. 巴奎罗

15 – 29 岁的人群占巴西人口的 26. 9% 。[①] 依克劳斯科夫[②]的观点来看，这意味着青年的公民身份问题已经成为当代拉美社会的一个战略问题，其政治文化和政治价值观对于巴西社会的政治发展至关重要。在下面的部分我们讨论这些问题：首先，我们基于斯波西托[③]的研究来定位关于青年和政治文化的研究。其次，考虑到这些结果和其他重要研究，我们试图对青年政治文化建设提出质疑。最后，我们总结巴西青年政治价值观的变化，以及在巴西建设民主的青年公民文化所面临的挑战。

一　巴西政治进程与青年

在过去三十年里，有一个反复出现的问题受到了巴西社会科学家们的关注：为什么尽管选举民主已制度化，但巴西所建立的政治形象仍然是混合性的？这是因为民主进步并没有与社会和政治的发展同步吗？这种情形导致的结果之一是催生了一种政治文化，这种文化限制了国家和社会之间

---

① IBGE, Instituto Brasileiro de Geografia e Estatística, 2010b.

② Krauskopf, D. , Dimensiones criticas en la participación social de las juventudes. In S. Balardino (org.), *La participación social e política de los jóvenes en el horizonte del nuevo siglo* (Buenos Aires: Clacso, 2000) .

③ Sposito, M. P. (orgs.), *Juventude e escolarização* (1980 – 1998) (Brasília: INEP/MEC, 2002); Sposito, M. P. , *O estado da arte sobre juventude na pós-graduação brasileira: educação, ciências sociais e serviço social* (1999 – 2006) (Vols. 1 – 2) (Belo Horizonte: Argumentum, 2009) .

的共和关系。①

在这种情境下，必须认识到，仅仅靠经济增长来改变仍然具有排他性质的传统发展模式是不够的，相反，应该努力评估哪种模式的增长具有重要意义，特别是能够为广大人民创造平等机会并产生积极的社会成果的增长。②

因此，社会科学家面临的挑战是对巴西盛行的发展和民主建设模式进行批判性的理论探讨。为了评估巴西的民主进程，有研究将传统上被认为是次要的理论维度纳入了这个模式。其中一个概念与政治文化有关。③ 这些研究认为，尽管不能否认制度的重要性，但制度的作用是相对的；制度的意义取决于背景环境。例如，"不存在可以迁移或实施的'最佳制度'。首选的制度是在考虑背景条件、地点和所处阶段等因素下适应能力更强的制度"。④ 忽视情境的特殊性和独特性，就会导致巴西一样的情况：尽管民众压力不断，且有日益增长的趋势，但改革仍无法改变代议制民主的基本性质。

因此，在过去的几十年里，巴西民主制度一直面临着如何改善其代议制度以促进民众的包容性的挑战，并有可能在未来一段时间内持续受到这一挑战。如果达不到目标，将导致政治文化脱离民主原则，并维持有害的政治实践——生理学唯心主义、庇护主义、世袭主义和个人主义盛行。具体来说，世袭制在巴西仍然是一种普遍的做法。然而，这并不是巴西独有的；无论新民主国家的意识形态或政权如何，似乎都受到了世袭制的影响，削弱了这些国家为民主提供坚实基础的动力，因为它在国家政策制定中营造了一种不信任的环境。总之，这些做法促成了一种政治文化，在这种文

① Garretón, M. A. (Coord.), *La gran ruptura*, Lom Ediciones, Santiago de Chile: Institucionalidad política y actores sociales en el Chile del siglo XXI, 2016.

② Chandrasekhar, C. P. , *Impact of Trade Liberalization in the Labour Market of India*, Mimeo: ICTSD (International Centre for Trade and Sustainable Development) (Ginebra, 2006).

③ Baquero, M. , A cultura política na agenda da democratização na América Latina. In M. Baquero (orgs.), *Cutura (s) politicas (s) e democracia no século XXI na América Latina*, Porto Alegre: Editora UFRGS, 2011; Krischke, P. J. , Perfil da juventude Brasileira: Questões sobre cultura política e participação democrática, *Revista internaciional interdisciplinar interthesis*, 2004, 1 (2), pp. 1 – 27; Moises, J. A. , *Democracia e confiança: porque os cidadãos desconfiam das instituições políticas?* (São Paulo: EDUSP, 2010).

④ Nohlen, D. , Instituciones y cultura política, *Postdata*, 13 (2008), pp. 27 – 28.

化中，公民对政治制度的不信任程度日益加深。

这一背景影响了20世纪80年代和90年代确立的社会科学的主导范式，该范式认为正式程序是民主进程中的一个先决条件。以超越这些正式程序为目标的政治文化方法重新出现，这种方法以政治体系中的公民为关键分析单元。在这种方法中存在着在民主建设过程中发挥重要作用的亚文化。考察青年在政治中的作用，就考察了这些亚文化中的一种。

20世纪80年代末，彼得·舒瓦茨①就预警了人口爆炸对全世界的影响，他认为，这可能会加深年轻人的新感觉，而这种感觉将在21世纪初强加在年轻人身上，这不仅因为人口爆炸会是一个全球现象，而且因为它与青年会产生更紧密的联系。青年群体对他们的国家可能有益，也可能无益，这取决于社区、学校、家庭和青年自身开发这一代人的潜力的能力。考虑到青年的人数，他们似乎有能力对巴西和其他地方的社会和政治制度施加压力。

然而，青年并不是一个同质化的群体，而是由性别、种族、教育水平、生活质量、家庭背景、消费机会或消费排斥等因素划分的类别。雷吉略②说，"在世界上没有任何地方的青年是一个同质的群体，能够被划分为一组固定的类别……他们的身份是流动的、短暂的、突变的，可以灵活地划分为不同类别，有时还会发生妥协，这一点足够令人惊讶"。

凯尔③的研究认为，更合适的说法应是"青年们"。从这个角度来看，青年是根据性别、社会阶层和种族、经历划分的；因此，不存在"少年本质"。有必要了解青年的特殊性，以及他们在不同的空间和不同的社会角色所建立的关系。

青年在社会环境中的存在及其产生的强大力量，对社会和政治科学、社会学、教育学等方面的知识生产提出了挑战。人们动员起来，了解青年对政治、知识和公民能力的各种反应，对社会和政治参与的倾向与态度，对民主的信念和价值观。

---

① Schwartz, P. , *A arte da previsão*, Rio de Janeiro. Editora Scritta, 1995.

② Reguillo, R. , El año dos mil. Ética, política y estéticas: Imaginarios, adscripciones y prácticas juveniles. Caso mexicano. In H. J. Cubides *et al.* （orgs. ）, *Viviendo a toda*: *jóvenes*, *territórios culturales y nuevas sensibilidades* （Bogotá: Siglo del hombre/DIUC, 1998）, p. 58.

③ Keil, J. M. , Dos jovens contestadores aos jovens de hoje. Um uma nova forma de participação na pólis. In M. Baquero （orgs. ）, *Democracia*, *juventude e capital social no Brasil* （Porto Alegre: ed. UFRGS, 2004）.

在当前巴西民主建设的背景下，从政治文化的角度来看，我们的关键问题是：青年在这一进程中扮演什么角色？他们如何在政治舞台上构建自己的取向、规范、信仰、态度和行为？什么样的政治文化正在形成？我们将在下面回答这些问题。

二　青年与政治文化研究：青年与政治生产的语境

1999—2006 年，巴西在社会工作、教育和社会科学领域的研究生项目对青年进行的研究①结果显示，青年研究不再是一个新兴领域，因为已经发现了 1500 多项研究。

一项关于青年和教育的最新研究建立了一份 1980—1998 年在教育领域进行的科学研究的清单。② 卡拉诺③分析了关于"青年与政治参与"的研究，发现这一时期只有 23 项研究。这些研究主要集中于青年在政治参与方面的实践、价值观和表现，主要以 20 世纪 60 年代和 70 年代的分析模型为基础。这些具有历史性质的研究试图考察学生在军事政权时期的动员情况。另一种类型的研究集中在以公民对自己角色的肯定为标志的后独裁时期，这些研究在 20 世纪 90 年代尤为突出。研究者调查了青年参与或不参与社会和政治问题的动机，研究重点是政治社会化进程和公民概念的发展。当时，卡拉诺④警告说，教育领域需要进行"一系列研究来理解在 20 世纪 90 年代末的巴西社会中，青年政治出现或没有出现的几种形式"。

斯波西托和科尔蒂⑤分析了"青年和新兴主题"（包括青年和政治）的研究，认识到需要增加新的维度，改变调查的重点，从而产生了一个更广阔的视角。他们强调需要对青年与制度的关系进行更深入的探讨，研究青

---

① 作者在这一"超前的"研究中认为青年的年龄在 15—29 岁。
② Sposito, M. P. (orgs.), *Juventude e escolarização* (1980 - 1998) (Brasília: INEP/MEC, 2002).
③ Carrano, P. C., Jovens e participação política. In M. O. Sposito (org.), Juventude e eescolarização (1980 - 1998) (Brasília: MEC/INEP/COMPED, 2002).
④ Carrano, P. C., Jovens e participação política. In M. O. Sposito (org.), Juventude e eescolarização (1980 - 1998) (Brasília: MEC/INEP/COMPED, 2002).
⑤ Sposito, M. P. & Corti, A. P. De O., A pesquisa sobre juventude e os temas emergentes. In M. P. Sposito (orgs.), *Juventude e escolarização* (1980 - 1998) (Brasília: MEC/INEP/COMPED, 2002).

年的新文化模式。用他们的话来说，"这不仅是关于学生的，而且是关于青年的，这有助于促进知识的进步，产生关于青年状况各方面的信息"。① 根据阿夫拉莫的说法，大多数研究发现很难将青年作为研究对象。他们仍然被认为是有问题的（对他们自己和社会来说），"青年几乎很少能够形成研究问题，因为一般来说，青年群体和政治行动者之间没有交流的空间"。② 因此，作者建议对青年的研究应该从试图取消分析对象资格的态度中解脱出来，青年应被视为用行动反映建议的主体，并应被视为可以与之进行交流的对话者，尽管当下的社会趋势和他们提出的解决方案是矛盾的。换句话说，必须促进青年的政治和公民参与。

公民参与一直被认为是一个重要的问题，因为它与从政治层面了解人类行为有关。在《理想国》一书中，柏拉图③向人们灌输了培养优秀政治家所必需的人类品质。亚里士多德在《政治学》④ 中指出了根据人口的特性来建立国家和宪法的重要性。托克维尔⑤认为，没有公民就不会有民主，如果公民对政治不感兴趣就不会有民主。如同我们所看到的，公民必须在社会中扮演重要角色并不是最近才受到重视，然而，巴奎罗⑥警告称，在巴西很少有研究探讨这个问题，主要是因为主流的研究方法从宏观层面来介入。但是，已经有学者做出努力，试图了解社会的民主建设和巩固过程，研究公民及其参与政治社会化的个性发展过程。也就是说，他们关注公民社会在民主进程中的作用，认为公民社会是有能力对权力交替的不同进程产生影响的公民集合。⑦

---

① Sposito, M. P. & Corti, A. P. De O., A pesquisa sobre juventude e os temas emergentes. In M. P. Sposito (orgs.), *Juventude e escolarização* (1980 – 1998) (Brasília: MEC/INEP/COMPED, 2002), p. 205.

② Abramo, H., Considerações sobre a tematização social da juventude no Brasil, *Revista Brasileira de educação*, (5 – 6), 1997, pp. 25 – 36.

③ Platão. , *A República* (5th edn.) (São Paulo: Atena, 1955) .

④ Aristóteles, *A política* (Rio de Janeiro: Tecnoprint, 1990) .

⑤ Tocqueville, A. de, *A Democracia na América* (3rd edn.) (Belo Horizonte: Itatiaia, 1977) .

⑥ Baquero, R. V. A. et al., Representações sociais de jovens acerca de democracia, cidadania eticipação: Um estudo de cultura política juvenil. In M. Baquero (orgs.), *Cultura (s) política (s) e democracia no século XXI na América Latina*, Porto Alegre: Editora UFRGS, 2011.

⑦ Baquero, M. & Sisson Filho, A., Paradigma de converse: sistemas de crenças e o processo eleitoral de 1982 em Porto Alegre/RS, *Revista instituto de filosofia e ciências humanas*, 13 (1985), pp. 239 – 253.

　　具体来说，关于巴西青年政治文化和价值观的研究在"青年研究及其与政治的关系"一章中进行了讨论，① 这一章出现在关于研究生项目中青年研究的最新进展的出版物中（1999—2006 年）。13 项研究的主题是"政治文化、政治社会化与社会资本"，是青年与政治研究的子主题之一。据作者说，这一子主题的研究结合了一些调查研究。这些研究由这章其中一个作者指导，以政治文化、社会资本、政治社会化、政治参与、民主、公民等理论为基础。研究的中心问题是：在当今的背景下，青年的政治文化是什么？社会化机构——家庭、学校、宗教机构和大众媒体在这种文化的形成和社会资本的发展中扮演着怎样的角色？

　　国家机构（IBGE、INEP、ISER、Fundação Perseu Abramo、SEDUC-CE）和国际组织（Latinobarómetro、联合国儿童基金会、联合国教科文组织）扩大了这组研究的范围。由巴奎罗指导的对高中青年的研究，探讨了其中三个研究，② 尤其是学生之间的政治价值观和行为差异。

　　施密特③和扎内蒂④对巴西青年政治文化的开创性研究使用了国家水平调查研究法。梅洛⑤证实了 540 名 14—22 岁学生对消费的态度和认知。另一

① Sposito, M. P., Brenner, A. K., & Moraes, F. F. de, Estudos sobre jovens na interface com a política. In M. P. Sposito (orgs.), *O estado da arte sobre juventude na pós-graduação Brasileira*: *Educação*, *ciências sociais e serviço social* (1999 – 2006), (Belo Horizonte: Argumentum, 2009): Vol. 2, pp. 175 – 212.

② Lucas, J. I. P., *Juventude e antipolítica no Brasil. Um estudo de cultura política e ideologia* (*tese de doutorado em ciência política*), Porto Alegre: Universidade federal do Rio Grande do Sul, 2003; Nazzari, R. K., *Capital social*, *cultura e socialização política*: *A juventude Brasileira* (*tese de doutorado em ciência política*), Universidade Federal do Rio Grande do Sul, Porto Alegre, 2003; Cunha, P. R. C. D., *A participação do banco mundial na formação cidadã dos jovens cearenses* (dissertação de mestrado em ciência política), Universidade Federal do Rio Grande do Sul, Rio Grande do Sul, 2005; Silveira, A. F., *Capital social e educação*: *Perspectivas sobre empoderamento da juventude de porto alegre* (dissertação de mestrado em ciência política), UFRGS, Porto Alegre, 2005; Schmidt, J. P., *Juventude e política nos anos 1990*: *Um estudo de socialização política no Brasil* (dissertação de mestrado), Universidade Federal do Rio Grande do Sul, Porto Alegre, 2000.

③ Schmidt, J. P., *Juventude e política nos anos 1990*: *Um estudo de socialização política no Brasil* (dissertação de mestrado), Universidade Federal do Rio Grande do Sul, Porto Alegre, 2000.

④ Zanetti, H., *Juventude e revolução*: *Uma investigação sobre a atitude revolucionaria no brasil* (dissertação de mestrado em ciência política), Brasília: UNB, 1999.

⑤ Melo, J. M., O consumo enquanto prática de cidadania ativa. In *Alunos do cefet-al*: *realidade ou possibilidades*, João Pessoa: UFPB, 2000.

组研究本质上是定性的，并采用了案例研究。[①] 法里纳[②]的主要研究目的是确定学校对初中生政治文化的影响程度，而苏亚雷斯[③]的研究分析了中等和高等教育的影响，以及家庭、宗教和大众媒体对年轻女性与政治的关系的影响。桑托斯[④]调查了在教学机构中进行的特定项目对个人政治观念形成的影响，克莱恩[⑤]试图了解高中生对民主的态度。

在下一节中，我们将通过对社会科学研究生研究项目的分析，以及基于研究中获得的数据，在青年政治文化背景下，讨论这些研究的结果，并对其进行补充。

三 政治文化建设

政治文化的概念最初是由加布里埃尔·阿尔蒙德[⑥]提出的，这一概念产生了一种民主理论，强调集体的历史经验、取向和公民的态度，并用来解释不同政治制度的民主表现之间的差异。在一些研究者看来，政治文化是民主发展中最重要的变量。在诺伦[⑦]的研究中，他认为一个国家的宪法精神

---

① Farina, M. B., *O papel da escola frente ao processo de democratização do Brasil：um Estudo de caso sobre cultura política eas dimensões de civismo e cidadania entre as novas gerações* (dissertação de mestrado em sociologia política), Universidade Federal do Ceará, Fortaleza, 2005; Soares, L. M. S., *Universidade e participação e política：um estudo de caso com os estudantes da escola de serviço social da UFRG* (dissertação de mestrado em serviço social), Rio de Janeiro: UFRJ, 2002; Santos, P. L., *Procuram-se bons alunos. a ação participativa filantrópica contemporânea.* Dissertação de mestrado, UFB, Salvador, 2003; Klein, A. M., *Escola e democracia：um estudo sobre representações de alunos e alunas de ensino médio* (dissertação de mestrado em educação), Universidade de São Paulo, São Paulo, 2006.

② Farina, M. B., *O papel da escola frente ao processo de democratização do Brasil：um Estudo de caso sobre cultura política eas dimensões de civismo e cidadania entre as novas gerações* (dissertação de mestrado em sociologia política), Universidade Federal do Ceará, Fortaleza, 2005.

③ Soares, L. M. S., *Universidade e participação e política：um estudo de caso com os estudantes da escola de serviço social da UFRG* (dissertação de mestrado em serviço social), Rio de Janeiro: UFRJ, 2002.

④ Santos, P. L., *Procuram-se bons alunos. a ação participativa filantrópica contemporânea*, Dissertação de mestrado, UFB, Salvador, 2003.

⑤ Klein, A. M., *Escola e democracia：um estudo sobre representações de alunos e alunas de ensino médio* (dissertação de mestrado em educação), Universidade de São Paulo, São Paulo, 2006.

⑥ Almond, G., Comparative political system, *The Journal of Politics*, 18, 1956, pp. 391 – 409.

⑦ Nohlen, D., Instituciones y cultura política, *Postdata*, 13, 2008, pp. 27 – 47.

和民主发展的现实之间存在着差距。

构建政治文化模型的主要目标是解释基于个人态度的民主发展过程，这是在不同政治制度中观察到的。强调制度和宪政安排的方法与强调社会文化特征的方法背道而驰。[1]

对特定政治制度下公民的态度和行为模式的分析，可能比分析经济和结构因素的传统理论模型更有助于理解民主的稳定性。这些模式可以通过调查研究来可视化。通过对某些态度的分析，可以评估哪些倾向支持批判性个性哪些倾向支持民主。态度变量可以产生重要的信息，使我们能够描述公民的特征。基于这一论点，阿尔蒙德[2]进行了研究，以理解在民主稳定的背景下公民政治假设的构建。

政治文化不仅包括公民对日常问题的看法，还包括政治期望和行为。这些期望影响了公民在政治舞台上的心态。例如，这就解释了为什么公民会倾向重视（或不重视）民主原则。与此同时，政治期望有助于形成政治本身，就像人们作为集体成员其行为要在政治体系中被认为是可行和合法的。

这种民主设计可以在经济和政治发展水平高的社会中看到。从这个角度来看，不能把民主移植到政治不稳定的国家或那些传统上容忍度低的国家。因此，对民主方法的断章取义往往会产生一种混合的政治文化，这一点在巴西已得到证实，从而影响到民主运作的可能性和形式。我们同意章[3]的观点，他认为发达国家正式制度的高效运行是由于非正式制度的存在和支持，而这些非正式制度并不总是可见的。例如，重视民主程序的习惯，即参与性的政治文化。因此，旨在理解不断变化的态度、价值观和信仰的研究可以为发展更民主的政治文化做出贡献。

四 巴西的政治文化：历史特征

与欧洲国家相反，巴西政府从来都没能够讲述出属于自己的历史，因

---

[1] Lipset, S. M., *Political Man: The Social Bases of Politics* (Baltimore: John Hopkins University Press, 1981).

[2] Almond, G., Comparative political system, *The Journal of Politics*, 18 (1956), pp. 391 – 409.

[3] Chang, H. J., Understanding the relationship between institutions and economic development — some key theoretical issues. In *Instituições e desenvolvimento econômico*, Viçosa: Der & De-ufv, 2007, p. 18

为巴西的价值观是从西方国家输入的。巴西的国家结构在文明社会建立之前就已经发展起来了，相反，西方民主国家的社会结构先于国家建立，而国家的结构保证了公民权利的加强并使国家对人民负责。巴西滥用"国家主权"的后果是政治文化制度化，这种文化一方面内化了西方价值观，另一方面存在不稳定的社会和经济现实中。事实上，为了理解巴西的历史特殊性，有必要回顾一下政治的意义和现存社会关系的性质。对巴西历史的分析表明，政治和经济的不稳定以及威权主义的遗留影响阻碍了公民政治文化的发展。

相当多的巴西古典作家［奥利维拉·维亚纳（Oliveira Viana）、阿泽维多·阿马拉（Azevedo Amaral）、格雷罗·拉莫斯（Guerreiro Ramos）等］采用了文化视角。他们认为，巴西社会的结构与庇护主义和个人主义有着内在的联系，也与巴西公民所谓的自主动员能力、要求问责制和政治进程的改变有关。

这些作家认为，国家演变的历史为不满、退缩和政治冷漠等价值观对政治效能产生负面影响奠定了基础。在这种背景下，国家没有能力进行能够产生公民文化的结构改革，这导致国家和社会之间断裂。

20世纪50年代，技术官僚国家的制度化并没有从根本上改变整个环境，它继续促使公民退出政治舞台，使国会在决策过程中无法发挥重要的作用，并使所谓的"行政部门过分庞大"制度化。奥利维拉·维亚纳①认为，这只能通过集权体制的制度化来解决，这种体制能够产生一个真正的民族国家。综合而言，这种技术官僚国家并没有消除庇护主义、个性化和社团模式，因此导致了世袭制国家的制度化。②

根据布阿尔克·德·霍兰达③的观点，基于巴西的政治历史形成的四大要素影响了巴西的政治文化、价值观和公民政治信仰：（1）缺乏自治，也就是说，缺乏社区的团结和自发形式的政治组织；（2）缺乏能动性的价值取向，这是由于人们为不可接受的现实寻找外部原因，而不是试图改变它们；

---

① Viana, O., *Problemas de organização e problemas de decisão: O povo e o governo（edição póstuma）*（Rio de Janeiro: Record Cultural, 1974）.

② Uricoechea, F., *O minotauro imperial: A burocratização do estado patrimonial Brasileiro no século XIX*（São Paulo: Difel, 1978）; Faoro, R., *Os donos do poder*（Rio de Janeiro: Globo, 1989）.

③ Holanda, S. B. de, *Visão do paratso*（Rio de: Brasiliense, 1992）.

（3）政治思想，这种政治思想会阻止分裂，使人的思想更加保守；（4）政治利益以激情为主导，而不是理性推理。

20 世纪 80 年代，罗伯特·马塔①的研究推动了文化方法的发展，他在研究中得出结论，公民身份建立在人格主义、垂直身份和积极法律的基础上。在作者看来，巴西社会可以被称为混合社会，因为它结合了以自然法则为基础的水平身份（特别是西方社会）和以传统和文化连续性为主流的非西方社会的垂直身份。因此，巴西的政治经验一直受到专制政府的支配。尽管公民社会能够发挥重要作用，但威权主义不允许建立公民社会。1992年，尽管政治运动促成了对科洛·德梅洛总统的弹劾，但公民社会在政治上缺乏的信任仍无法建立。这种情况在 20—21 世纪之交基本没有改变。

莫伊塞斯②认为，由于巴西存在混合政治文化，一种被称为"矛盾选民"的重要人群出现了，也就是说，他们普遍支持民主，认为民主是最好的制度形式，但同时，他们也对政治制度表现出不信任和犬儒主义。在这种情况下，政治机构软弱无力，缺乏公信力。

选举程序的制度化是民主的核心，然而，在巴西，选举程序并没有提供政治效能感、包容的公民意识和更多的参与选择，换句话说，选举民主并没有产生公民政治文化。

当公民感觉不到政府政策的保护时，社会就会出现问题。结果是公民对政治产生消极的态度，而对未来的不确定感和不安全感又加剧了这种倾向。当这种倾向被认为是正常的，它就会产生犬儒主义、敌意和政治顺从。与此同时，人与人之间和机构之间的不信任被制度化，结果是特权主义和政治调解的政治价值观盛行。

腐败植根于社会和政治，它重新设计了政治价值观，从长远来看，会导致公民的政治权利被剥夺，在我们的研究中，就显示了青年的政治权利被剥夺。这种情况使巴西青年产生了既不受保护又被遗弃的感觉。在国家的行动中，他们看不到能够改善其社会和经济状况的主动行动。因此，青年往往会创造自己的公民身份，这种身份通常与国家相抵触。这表明理解

---

① DaMatta, R., Reflexões sobre o público e o privado no Brasil: um ponto de vista perverso, *Cadernos de ciências sociais*, 3 (1993), pp. 51–62.

② Moises, J. A., *Democracia e confiança: porque os cidadãos desconfiam das instituições políticas?* (São Paulo: EDUSP, 2010).

青年如何构建政治观念的重要性。

五　青年政治文化、规范和价值观：参与的视角

对青年社会参与的质疑使我们对民主的未来和巴西社会的发展产生疑问，因为今天的青年能够对社会及其机制的连续性或变化起决定性作用。[1]

关于青年参与的研究告诉我们，青年并不总是变革的领导者，而是作为变革的最初受益者或受害者，组成了一个始终对变革敏感的群体。[2]

2001 年，拉丁美洲研究中心（NUPESAL-UFRGS）在阿雷格里港进行了一项关于政治社会化的研究。基于 600 名年龄在 15 - 21 岁的受访者样本，研究发现在参与传统（正式）和非传统（面向社区和非政治）的运动方面，青年人的政治动员在减少。数据显示，45% 的年轻人没有动力参加与他人合作的活动。在传统的社会运动参与方面，78% 的青年对政治参与不感兴趣，也就是完全没有参与任何政治活动。

鲁特·巴奎罗利用 1999 年和 2002 年阿雷格里港青少年政治社会化的调查数据，分别对 520 名和 600 名 14—23 岁的受访者进行了抽样调查。参与社会、体育和文化活动的人数占多数，参与传统和非传统政治活动的人数在减少，参与新的社会运动和面向社区的活动的人数在增加。[3] 库尼亚[4]、卢卡斯[5]、西尔韦拉[6]和阿劳约[7]在巴西不同城市进行的研究显示了类似的

---

[1] Novaes, R., Juventude e sociedade: jogos de espelhos. Sentimentos, percepções e demandas por direitos e políticas públicas, *Revista sociologia especial ciência e vida*, São Paulo, 2007.

[2] Gauthier, J. H. M., *Uma pesquisa sociopoética: o indio, o negro e o branco no imaginário dos pesquisadores da área de educação*, Florianópolis: UFSC, 2001.

[3] Baquero, R., Jovens e a participação sociopolítica — em que paradigma de participação suas ações se inserem? In R. Baquero (orgs.), *Agenda jovem: o jovem na agenda*, Ijuí: Unijuí, 2008, p. 145.

[4] Cunha, P. R. C. D., *A participação do banco mundial na formação cidadã dos jovens cearenses* (dissertação de mestrado em ciência política), Universidade Federal do Rio Grande do Sul, Rio Grande do Sul, 2005.

[5] Lucas, J. I. P., *Juventude e antipolítica no Brasil. Um estudo de cultura política e ideologia* (tese de doutorado em ciência política), Porto Alegre: Universidade federal do Rio Grande do Sul, 2003.

[6] Silveira, A. F., *Capital social e educação: Perspectivas sobre empoderamento da juventude de porto alegre* (dissertação de mestrado em ciência política), UFRGS, Porto Alegre, 2005.

[7] Araújo, A. L. De., *Juventude e participação política* (dissertação de mestrado em ciências sociais), Londrina: Universidade Estadual de Londrina, 2007.

模式。值得注意的是，这些研究揭示了青少年参与新的社会运动（生态、女权主义等）和面向社区的新的活动类型，例如参加非政府组织。

然而，重要的是要将梅斯特尔（Meister）提出的关于参与面向社区的协会纳入考虑。作者根据协会功能和目的将其分为两类：一类是寻求社会影响的协会，另一类是表达性的协会。前者是为了解决社会基础设施不足的问题，如水资源、污水和卫生。后者由志愿者组成，他们聚集在一起，满足成员在文化、体育或娱乐上的兴趣。[①] 这里的研究表明，青年的参与主要与体育和文化活动（表达性的协会）有关。

施密特说："20世纪某些形式的青年参与在减少，世纪之交与社会政治和文化环境相关的具体行动中人权、女权主义和生态方面的介入越来越多。这些结果证实了罗纳德·英格尔哈特（Ronald Inglehart）关于青年后物质主义态度增长的论点。"[②]

为了理解限制年轻人参与传统或非传统政治活动的原因，有必要评估他们解读政治的态度。2002年研究人员在巴西的不同城市进行了调查，其中包括对这一主题的开放式问题。这些研究[③]显示的关于青年如何构建他们的政治制度的结果令人不安。所有研究中接受调查的青年都表现出对政治的负面看法，无论是在制度（政党）方面还是在结构（政府）方面。这些数据与人们普遍对民主的积极看法形成了对比。正因为如此，它明确了伊斯顿[④]提出的两个维度，即对民主的广泛支持（一般的、情绪化的、普遍积极的）和对政治制度的具体支持（私人的、与评价和表现有关的）。基于政治体系的可信度和合法性，第二个维度让我们对青年关于政治的信任有了一些了解。

① Sirvent, M. T., *Cultura popular y participación social*：*Una investigación en el barrio de mataderos* (*Buenos Aires*), Buenos Aires：Editora Miño Dávila, 2004.

② Schmidt, J. P., *Juventude e política nos anos* 1990：*Um estudo de socialização política no Brasil* (dissertação de mestrado), Universidade Federal do Rio Grande do Sul, Porto Alegre, 2000, p. 245.

③ Lucas, J. I. P., *Juventude e antipolítica no Brasil. Um estudo de cultura política e ideologia* (*tese de doutorado em ciência política*), Porto Alegre：Universidade federal do Rio Grande do Sul, 2003；Baquero, C. M. J., A democracia e o capital social na América Latina：Brasil — para além do debate acadêmico, *Política na América Latina*, 2002, 1 (30), pp. 838 – 858；Nazzari, R. K., *Capital social, cultura e socialização política*：*A juventude Brasileira* (*tese de doutorado em ciência política*), Universidade Federal do Rio Grande do Sul, Porto Alegre, 2003.

④ Easton, D., *A Systems Analysis of Political Life*, Chicago：University of Chicago Press, IL, 1965 – 1979.

六 信任维度

民主制度所依据的各项原则的前提是，政府对公民的福利、对法律的公平和公正、对行动的透明、对公民都有可能参与在政治层面负有责任。从这些原则衍生出的一个潜在的观点是：不遵守这些原则的政治制度，其政治合法性将受到质疑。

直接影响公民对政治制度信任的一个因素是他们对政治腐败程度的感知。腐败行为会系统地破坏民主政治的原则，并导致人们对民主政治的信心下降。腐败被认为是政治表现的一个重要指标，它降低了公民对民主制度的支持。从这个意义上说，政治信任或对政治制度的支持也是民主和健康的公民政治文化的核心概念。政治学家通常认为，对政治不满的公民会要求彻底改革。2000 年初进行的两项研究表明，约 69%（两项研究的平均值）的青年回答说，所有的政治家都是腐败的。同样，98%（两项研究的平均值）的青年同意政治家没有兑现竞选承诺的评价。①

纳扎里②在一项关于巴拉那州青少年政治社会化的研究中得出了和巴奎罗③在对南里奥格兰德州青少年的研究中类似的结果。纳扎里④指出，青年对国家问题认识模糊，缺乏基本的民主价值观，如缺乏人与人之间的信任和对制度的信任。巴奎罗和西森·菲罗⑤观察到一种对民主制度冷嘲热讽和

---

① Baquero, C. M. J. & Baquero, R., Nova geração, nova política? O papel do capital social na formação cidadã dos jovens, *Ciências sociais em perspectiva*, 4, 2005, pp. 131 – 146; Lucas, J. I. P., *Juventude e antipolítica no Brasil*, *Um estudo de cultura política e ideologia (tese de doutorado em ciência política)*, Porto Alegre: Universidade federal do Rio Grande do Sul, 2003.

② Nazzari, R. K., *Socialização política e construção a da cidadania no paraná — 1993 - 1994* (dissertação de mestrado em ciência política), Universidade Federal do Rio Grande do Sul, Porto Alegre, 1995.

③ Baquero C M J (1997). O papel dos adolescentes no processo de construção democrática no Brasil-um estudo preliminar de socialização política. In: Cadernos de Ciência Política. IFCH, UFRGS. Porto Alegre, RS: Editora Evangraf, 1997, pp. 1 – 46.

④ Nazzari, R. K., *Socialização política e construção a da cidadania no paraná — 1993 - 1994* (dissertação de mestrado em ciência política), Universidade Federal do Rio Grande do Sul, Porto Alegre, 1995.

⑤ Baquero, M. & Sisson Filho, A., Paradigma de converse: sistemas de crenças e o processo eleitoral de 1982 em Porto Alegre/RS, *Revista instituto de filosofia e ciências humanas*, 13, 1985, pp. 239 – 253.

不信任的倾向，这种倾向发生在青年对抽象的民主持积极态度的情况下。这个过程被称为语义分化，[1] 它在巴西政治文化中产生了模糊性，因为从情感角度看，公民倾向支持民主原则，而由于过去的经验，他们既不相信政府机构，也不相信政客。这一过程创造了一种矛盾的政治文化，在这种文化中，政治在合法性减弱的同时，在形式上却变得更加稳固。

施密特[2]指出，在对巴西不同地区的青少年进行的研究中，出现了一系列趋势：对抽象意义民主的偏爱、政治效能感降低、对政客和制度不信任、对不断变化但缺乏明确意识形态导向的思想的敏感以及政治参与减少。

七　青年对政治的社会表征

青年对政治的社会表征是理解政治文化的基础。在莫斯科维奇（Moscovici）看来，社会表征是"动态的集合，它们的状态是行为及环境的产物，是一种改变它们的行为，而不是对外部刺激的反应"。[3] 从这个意义上说，分析青年的社会表征有助于理解他们与政治进程之间的关系。关于这些社会表征的定性研究[4]表明，青年对民主的定义存在分歧：一些人强调形式（程序、政府类型），另一些人则从民主的实质性内容（包括社会层面）角度来构想民主。

后一种概念强调公民的政治权利，这为重新定义公民提供了基础。有人指出，公民的概念已经超越了对公民权利的官方定义，它强调公民政治表现的力量。它是指公民通过民主参与，行使权利，确认个人自主权，并有能力承担与公共利益有关的责任，这些过程将使公民成为特定集体的成员。

---

① Easton, D. , *A Systems Analysis of Political Life* (Chicago: University of Chicago Press Chicago, IL, 1965 – 1979).

② Schmidt, J. P. , *Juventude e política no Brasil: a socialização dos jovens Brasileiros na virada do milênio* (Santa Cruz do Sul: Edunisc, 2001, p. 209).

③ Moscovici, S. , *A representação social da psicanálise*, Rio de Janeiro: Zahar Editores, 1978, p. 50.

④ Baquero, C. M. J. , A qualidade da democracia no cone sul: desenvolvimento sustentável e capital social em montevidéu, Santiago do Chile e Porto Alegre, *Redes*, 11, 2006, pp. 11 – 28.

公民概念的多元化是现代社会的一个核心特征，不同的好公民概念共存。[①] 登特斯等人[②]从这一视角指出了现代社会中占主导地位的三个公民概念；他们把三个概念与对民主的不同理解联系起来。第一个概念，在一个精英主义的传统公民模式中，强调遵守法律是一种基本规范。第二个概念是公民的自由模式，强调守法和忠诚，这与社会政治意识、公众参与和对公共权威的批判态度直接相关。第三个概念被称为以社区为基础的公民模式，它把提供公共福利作为一种基本规范，它还强调了公民社区参与导向的重要性：政治平等、团结、宽容和利他主义。

Baquero[③] 对阿雷格里港市区私立和公立学校的一组 15—18 岁的青少年的社会表征和参与情况进行了研究，发现青少年的社会表征存在显著差异，这些差异体现在不同类型（公立或私立）的学校功能上。公立学校的学生（接近 60% 的受访者）优先考虑以社区为导向的公民模式，而私立学校中68% 的学生强调传统的自由主义和精英主义的公民模式。尽管在这两种学校中有差异，但青年认为学校重视个人主义和竞争力，把它们定义为融入社会的手段。另外，根据克莱恩[④]的研究，年轻人认为学校是反民主的。在一项早期的研究中，梅洛[⑤]发现了学校在培养学生积极公民意识能力中的一个矛盾，因为尽管学生有参与的意愿，但并没有人重视他们的想法。

在奥尔蒂斯[⑥]的理论中，公民的概念基于以下前提：在一个群体中做出决定和采取集体行动的条件的改善是由于增加了社会行动者的共同责任，促进了社会学习的进程，使公民的解放成为可能，促进了社会行动者的表达和参与，被排斥的公民也被纳入决策过程。

---

① Sniderman et al. , 1996, Gabriel and Torcal, 2004 引用。

② Denters, B. , Gabriel, O. , & Torcal, M. , *Norms of Good Citizenship*, New York: Simon & Schuster, 2004.

③ Baquero, R. , Jovens e a participação sociopolítica — em que paradigma de participação suas ações se inserem? In R. Baquero (orgs.), *Agenda jovem: o jovem na agenda*, Ijuí: Unijuí, 2008.

④ Klein, A. M. , *Escola e democracia: um estudo sobre representações de alunos e alunas de ensino médio* (dissertação de mestrado em educação), Universidade de São Paulo, São Paulo, 2006.

⑤ Melo, J. M. , O consumo enquanto prática de cidadania ativa, In *Alunos do cefet-al: realidade ou possibilidades*, João Pessoa: UFPB, 2000.

⑥ Baquero, C. M. J. & Baquero, R. , Os limites da democracia: quando a política (des) educa e a educação (des) politiza, *Educação unisinos*, 13 (2009), pp. 255 - 263.

公民参与要求行动以寻求政治结果为导向,[1] 目标是影响与给定需求相关的需求。因此,个人的行动需要以给定需求为导向,以影响他人代表自己所做的决定。这些研究在揭示年轻人参与方面具有代表性。在回答有关政治参与的开放式问题时,只有一小部分人(20%)确定参与了社会表征中的决策。

阿恩斯坦[2]用一个阶梯来比喻公民参与的水平,每个阶梯对应于公民在影响他们的行动或计划的过程中的实际权力。他的公民参与八级阶梯被分为三个组。第1级和第2级被称为操纵和合作,代表不参与,比如语言强迫、身体强迫、奴役,以及在某些社会组织中占主导地位的其他形式的支配。随后的第3、4和5级是指最低程度的权力让步:分别是信息泄露、协商和安抚。向公民告知他们的权利、责任和选择,可能是朝着公民合法参与的方向迈出的重要的第一步。没有知识的参与促进了操纵和合作,这是维持现状的机制。然而,重点往往是单向的信息流——从技术人员到公民——没有反馈的渠道,在谈判过程中几乎不施加影响。参与过程的一部分是询问公民的意见并将谈判结果告知公民。但是,如果不与其他形式的参与相结合地协商,就不能保证公民的意见得到充分的考虑。在这种情况下,出席会议的人数和分发的印刷材料的质量都限制了参与,公民不能有效地参与这些活动。在这些案例中下,公民的作用被归结为"重在参与",他们向决策者提供证据,表明决策者的决定来自公民。只有在和平的层面上,公民才有一定的影响力,即使他们获得权力的途径受到限制。安抚策略的例子就是在议会中安置几个"值得信任的"人。

研究者认为更高层次的公民参与是:缔结伙伴关系、权力让步和公民控制。在研究中年轻人没有提及这几点。[3] 然而,尽管权力的让步程度很低(80%的人只能通过阿恩斯坦[4]的定义获得信息和咨询),而且青年(20世纪

① Sirvent, M. T., *Cultura popular y participación social*: *Una investigación en el barrio de mataderos* (*Buenos Aires*) (Buenos Aires: Editora Miño Dávila, 2004).

② Arnstein, S., A ladder of citizen participation, *Journal of the American Institute of Planners*, 35 (1969), pp. 216 – 224.

③ Baquero, R., Jovens e a participação sociopolítica — em que paradigma de participação suas ações se inserem? In R. Baquero (orgs.), *Agenda jovem*: *o jovem na agenda*, Ijuí: Unijuí, 2008.

④ Arnstein, S., "A ladder of citizen participation", *Journal of the American Institute of Planners*, 35 (1969): pp. 216 – 224.

80 和 90 年代及 21 世纪前 10 年）对制度化的政治参与没有兴趣，但是"巴西青年与民主：参与、领域与公共政策"研究项目第一阶段 913 名研究对象的焦点小组研究结果①指出，青年认为志愿服务是政治参与之外的另一种选择，因为"他们本身无法解决问题，特别是那些有政府参与的结构性问题"。

八 结论

我们的结论是基于对巴西青年政治文化形成的研究，历史结构因素在巴西民主建设过程中继续发挥着重要的作用。人格主义、个人主义、社团主义、庇护主义和世袭主义等因素似乎影响了年轻人对政治过程和制度的看法。大部分数据表明，年轻人有一种从消极意义上解读政治的倾向。我们认为，这些观点破坏了民主政治文化的发展。

从这个意义上说，青年的政治亚文化与当前巴西盛行的政治文化是一致的，与成年人没有什么不同。② 我们已经说过，我们讨论的是一种混合的或二元的政治文化，它与专制和民主的态度与价值观并存。古代的政治实践和现代民主是并行的。

乌雷斯蒂③认为，自 20 世纪 80 年代以来，可以感知到社会作为一个整体的变化，这些变化影响了青年的政治参与模式，并定义了青年。桑多瓦尔④认为，当代文化已经发生了根本性的变化，从基于社会理性的文化模式（即什么对社会有用，什么能促进进步，理性遵守什么是合法的），转向基于自我实现的文化模式（即个人判断什么对自己的发展是有利的）。在巴西，我们注意到出现了一种新的青年参与模式，其中包括对体制层面和政治意识形态的强烈否定。桑多瓦尔认为，在青年参与模式的不同维度上出现了一个范式转变。第一个维度是集体身份的构成，从社会经济和政治/意

---

① IBASE, Instituto Brasileiro de Análisis Sociais e Economicas. (Ibase, 2006): p. 54.

② Schmidt, J. P., *Juventude e política nos anos* 1990: *Um estudo de socialização política no Brasil* (dissertação de mestrado) (Universidade Federal do Rio Grande do Sul, Porto Alegre, 2000).

③ Urresti, M., Paradigmas de participación juvenil: Um balance histórico. In S. Balardino (orgs.), *La participación social y política de los jovenes en el horizonte del nuevo siglo* (Buenos Aires: Clacso, 2000, pp. 177 – 206).

④ Sandoval, M. M., *Jóvenes del Siglo XXI*: *sujetos y atores en una sociedad en cambio* (Santiago: Ediciones UCSH, 2002).

识形态参数（旧范式）转变为伦理存在主义参数（新范式）。第二个维度与社会变革的方向有关：在旧范式中，社会变革被认为是结构性变革的结果，而在新范式中，个人转型被视为影响集体生活条件变化的一种策略。此外，在旧范式中，行动的方向追求的目标是长期的，而在新范式中，行动的方向是实现短期和中期的具体目标。①

近几十年来，青年在拉丁美洲的政治参与模式也适用于巴西，具体体现在政党、宗教、农民和学生运动中。他们对 20 世纪 70 年代和 80 年代资本主义改革和专制政权或支持或反对。20 世纪 90 年代，青年斗争的目标是捍卫社会包容，因此出现了新的参与形式和青年组织。诺瓦伊斯②强调了在当前的社会结构中，和青年参与有关的五个重要问题。

· 青年借用追求社会生态可持续的生态理想主义；

· 教育和工作之间的联系被赋予了新的意义，年轻人要求高质量的教育，并寻求创造融入生产体系的新形式；

· 青年参与新的人权斗争，加入捍卫消除歧视和社会不平等的团体，他们在城市暴力的背景下倡导和平文化；

· 艺术和文化对公共空间的建设做出了贡献，这一理念是在大城市郊区形成的文化运动的产物；

· 新信息技术成为青年人实现社会包容所使用的工具。

认识并重视这些不同形式的社会参与，青年能够开拓其他公共空间。虽然政府机构继续在巴西的民主建设进程中发挥重要作用，但似乎缺少某些环节来巩固这一进程。缺失的环节似乎是倡导健全的社会和政治包容战略的公民政治文化。

如前文所述，青年对其他公共空间的政治介入有助于制度的开明，有助于重新界定什么是公共空间，有助于扩大青年的社会参与，从而使公民政治文化得到发展。

---

① Krauskopf, D., Dimensiones críticas en la participación social de las juventudes. In S. Balardino (orgs.), *La participación social e política de los jóvenes en el horizonte del nuevo siglo* (Buenos Aires: Clacso, 2000), p. 129.

② Novaes, 2005。

第八篇

互联网与公共生活

中国青年与互联网

施芸卿

从 80、90 后到当前的 00、10 后，中国改革开放后的孩子们，是被称为"网络原住民"的一代，他们见证了互联网从新生到兴盛，随着虚拟与真实的日趋融合，网络应用场景的不断拓宽，互联网正在改变他们的生活和思维方式，甚至成为他们生活空间和环境本身。蕴含于信息技术中的一个颠覆性特征在于草根性和交互性。随着互联网技术的突飞猛进，超链接空间所建构和容纳的交往空间日益凸显，网络正在成为一个日益浮现的公共生活平台。作为与高科技天然亲近的一代，青年在这种公共生活中扮演了何种角色？他们是如何利用自身知识和年龄优势，引领网络生活，并从中建构自身的表达空间，培育青年一代的公共参与精神的？而政府的引领，又在其中发挥了什么作用？

一　互联网在中国

1987 年 9 月，在德国卡尔斯鲁厄大学（Karlsruher Institut für Technologie）维纳·措恩（Werner Zorn）教授带领的科研小组的帮助下，北京计算机应用技术研究所（ICA）建成了第一个电子邮件节点，并于 9 月 20 日向德国成功发出了一封电子邮件，邮件内容为"Across the Great Wall we can reach every corner in the world"，以此作为中国互联网发展的起点。不过，直至 1995 年瀛海威公司创立，大众接入通道才真正被打开。

互联网使用的群体差异一直是研究的关注点，中国互联网发展至今，以 2000 年为界，大致经历了两个阶段。在互联网发展的初期，以接入性为考量的数字鸿沟一直是衡量互联网发展的主要指标，1997—2000 年，互联网用户规模从 62 万人增长到 1690 万人，用户群体的主要特征是：接受过或正在接受高等教育，年龄在 18—30 岁，居住在北京、上海和广东，在教育、科研、信产领域和国家机关工作的男性①，体现出明显的年龄、性别、阶层和地域差异。随后，随着接入设施覆盖性的扩展，设施使用便利化带来使用门槛的降低，推动互联网有用性发展，这些因素都使数字鸿沟进一步缩小，群体差异在更复杂的实际应用层面体现出来。

据中国互联网络信息中心（CNNIC）在北京发布的第 44 次《中国互联网络发展状况统计报告》显示，截至 2019 年 6 月底，中国网民规模达到 8.54 亿，手机网民规模达 8.47 亿。其中，农村网民规模为 2.25 亿，城镇网民规模为 6.30 亿。互联网普及率达 61.2%，网民使用手机上网比例高达 99.1%。当前的非网民规模为 5.41 亿，以农村地区为主，占 62.8%，使用技能缺乏和文化程度限制是非网民不上网的主要原因。此外，IPv6 地址用户数 12.07 亿，居全球第一，域名总数 4800 万。可见，当前中国，互联网的使用已经相当普及，数字鸿沟进一步缩小。较之初期，技术也从组织化应用迈向社会化应用，场景被不断拓宽，日趋真实，体现在消费、娱乐、在线教育、在线政务等多个方面，也带来了更复杂的群体之间使用方式的差异。

（一）互联网和青少年网民的发展

青少年群体是全社会人口中的一个独特且重要的组成部分，是互联网的主要使用者，也是使用方式天然的引领者，是受互联网技术发展影响最大的一个群体。青少年与互联网的契合体现在这样几个方面。一是文化层面，青少年群体本身对新生事物敏感、易受同辈群体及群体亚文化的影响，而网络正是带来了这样一个多元化的环境。二是技术层面，从 80 后至 90 后乃至当前的 00 后、10 后，作为网络原住民的青少年，他们从小受到良好的教育，对让其他年龄群望而生畏的高科技有着天然的亲近。三是社会层面，这几代青少年的成长，还与中国独特的转型进程契合，随着全球化、市场化和城市化的深入，子代在家庭中的地位上升、个人主义崛起，青少年拥有了更多的自我表达、个性展现的空间，并在一定程度上具有了公共参与意识。青少年作为互联网的前驱，同样可以从 CNNIC 历次报告的网民人口

① 邱泽奇：《中国社会的数码区隔》，《二十一世纪评论》2001 年第 2 期。

274

及结构变化中得到印证（见表 8 - 1 - 1）。

表 8 - 1 - 1 中国互联网网民增长

时间	网民总人口（万人）	网民学历结构（％）	网民年龄结构（％）[①]		
		大专以上	少年	青年	青少年
1997.10	62		0.3	83.8	84.1
1998.12	210		0.7	89.1	89.8
1999.12	890		2.4	85.8	88.2
2000.12	2250	70.1	14.9	68.9	83.8
2001.12	3370	59.8	15.3	64.6	79.9
2002.12	5910	56.5	17.6	64.5	82.1
2003.12	7950	57.2	18.8	63.4	82.2
2004.12	9400	57.7	16.4	64.4	80.8
2005.12	11100	53.6	16.6	66.0	82.6
2006.12	13700	51.8	17.2	65.3	82.5
2007.12	21000	36.2	19.1	60.9	80.0
2008.12	29800	27.1	35.6	49.1	84.7
2009.12	38400	24.3	32.9	50.1	83.0
2010.12	45730	23.2	28.4	53.2	81.6
2011.12	51310	22.4	28.4	55.5	83.9
2012.12	56400	21.1	25.7	55.7	81.4
2013.12	61758	20.9	26.0	55.1	81.1
2014.12	64875	21.4	24.5	54.3	78.8
2015.12	68826	19.6	24.1	53.7	77.8
2016.12	73125	20.6	23.4	53.5	76.9
2017.12	77198	20.4	22.9	53.5	76.4
2018.12	82851	18.6	21.6	50.3	71.9
2019.6	85449	20.2	20.9	48.3	69.2

数据来源：CNNIC 中国互联网络发展状况统计调查历次报告。

注：不同年份的调查年龄划分不同，因此上表各栏对应于"少年""青年""青少年"的具体年龄为：1997 - 1998 年，0 - 15 岁/16 岁 - 35 岁/35 岁以下；1999 - 2007 年，0 - 17 岁/18 - 35 岁/35 岁以下；2008 - 2020 年，0 - 18 岁/19 - 39 岁/39 岁以下。

从表 8 - 1 - 1 可以看出，在中国政府的大力推动下，22 年间，中国网民人口总数从 1997 年的 62 万迅速增长到如今的 8.54 亿。从网民的年龄结构看，青年群体是最早的"触网"者，1997 年的比例占到总人口的 83.8%，后随着互联网的普及，少年及中老年网民增加，青年网民在总体网民中占比下降，在 2008 年前后降至 50% 左右，2019 年比例为 48.3%。从网民的学历结构看，接受过高等教育的群体是最先接触互联网的主要人群，该群体占网民总人口的比例在 2000 年时曾高达 70.1%，后随着互联网的普及逐渐下降。尤其是 2006 年以后，由于网络娱乐化功能增强、移动互联技术进展迅猛，网络接入的门槛进一步降低，吸引了大量低学历群体加入，高学历网民占总体比例下降，至 2010 年前后趋于稳定，在 20% 左右。

可见，当前青少年群体仍是网络的主要使用者和引领者，39 岁以下的网民群体占网民整体的 69.2%。这一群体又可以细分为以中小学生为主的未成年人群体（10 - 19 岁），占 20.9%；以大学生、职场新人为主的新青年群体（20 - 29 岁），在各年龄群中占比最高，达 24.6%；家庭和事业趋于稳定的大龄青年群体（30 - 39 岁），占 23.7%。不过，基于数字鸿沟的弥合，对于这几个群体来说，要真正理解他们的互联网使用特征，需要从简单的硬件接入层面，延伸到更具体的网络生活方式上。在此，未成年人和青年群体体现出两类不同的特点，前者是互联网发展中的受保护者，其网络素养和网络安全问题是关注的焦点；而后者则是互联网应用的真正引领者，走在从网络社交到公共参与的前列。

（二）未成年人：互联网发展中的受保护者

随着网络接入的普及，未成年人互联网使用日益受到关注。根据共青团中央维护青少年权益部和中国互联网信息中心发布的《2018 年全国未成年人互联网使用情况研究报告》数据，中国未成年网民规模估计为 1.69 亿，未成年人的互联网普及率达到 93.7%；即便是在农村，由于移动互联网的普及，未成年人的上网比例也高达 89.7%，与城镇未成年人上网比例的差距大幅缩小。硬件门槛的解决，使未成年人使用互联网时的网络安全和网络素养问题更为突出。

互联网带来的信息爆炸使网络内容瑕瑜互见，对于尚不具备成熟网络技能和思辨能力的青少年，网络安全问题是其上网时的首要问题。欧盟组织实施的"欧盟孩子上网"（The EU Kids Online）研究认为存在三个维度上的网络风险——内容、接触和行为，其中"内容"指青少年作为信息接收者，"接触"指青少年作为（成年人主导的）行为的参与者，"行为"指青少年作为主要行动者。网络风险主要来源于暴力、性、价值观和商业四个维度。《中国青少年网络使用与网络安全调查》[①] 参考该框架，从网络色情信息、网络诈骗、网络暴力（欺凌、辱骂和霸凌等）以及基于网络的各种形式的性骚扰这四个方面考察了青少年上网时所可能面临的风险。

调查显示，中国青少年触网年龄很早，集中在6—10岁。样本中，6岁以下学龄前儿童占0.27%，6—12岁占1.29%，13—15岁占48.05%，16—18岁占50.37%。与父母同住的青少年上网时长较短，不和父母同住的青少年每天上网时间在6小时以上的占14.61%，而与父母同住的青少年该比例仅为7.58%。青少年上网以学习为主，包括搜索信息、写作业和看新闻。在娱乐上，青少年对影视音乐和动漫游戏关注度高，性别差异显著。女性总体更关注影视剧/流行音乐、粉丝追星、美食美妆和网络购物，而男性总体更关注动漫游戏、搞笑恶搞。

青少年不仅触网年龄早，网络综合使用能力也较强。首先，在基本信息获得方面，90.48%的青少年认为自己能够熟练使用互联网。其次，在信息甄别方面，88.06%的青少年认为自己能够确认网上搜到的信息是否真实，90.07%的青少年表示自己能够区分网站是否可信。但同时，青少年对网络也表现出了一定的依赖性，对"无论学习还是生活，我已经离不开互联网/智能手机"这一情况，26.76%的青少年认为非常符合，45.99%的青少年表示基本符合。

同时，青少年上网确实面临色情、诈骗、骚扰等不良信息和风险，场景多集中于社交网站、网络社区和短视频。针对这些网络风险，他们具有一定的甄别、判断和应对能力，也有一定的隐私保护意识。当遭遇各种类型网络风险时，青少年的主要应对措施是不理会、直接进行网络投诉或者举报，很少选择与父母或长辈交流，需要交流的话则更多选择同学朋友作

---

① 朱迪、郭冉：《中国青少年网络使用与网络安全调查》，载《2019年中国社会形势分析与预测》，社会科学文献出版社，2019。该调查由共青团中央维护青少年权益部与中国社会科学院社会学研究所合作开展。样本主要覆盖4—18岁的青少年，其来自全国六大区、一二三四线城市和农村。该调查采用分层抽样的方式，共获得6373个样本。除了网络调查，课题组也在广东和重庆分别对学校教师、家长和学生进行了焦点组访谈。

为交流对象。

面对网络世界难以屏蔽的网络安全、网络欺凌、网络诈骗和网络依赖等问题，一些家庭和学校为了避免青少年遭受身心伤害和财产损失，采用了严格控制青少年上网的方式来解决，但这种隔离式的解决方法相当于给青少年罩上了一个透明玻璃箱式的保护膜，并不能从根本上解决问题。要从根本上解决问题，一方面是要营造清朗的网络空间，另一方面是需要不断提高青少年自身的网络素养，让他们在充分认识、理解和使用网络的基础上，提高信息甄别能力、自我保护意识和防范风险的能力。

数字素养（Digital Literacy），是运用电脑及网络资源来定位、组织、理解、估价和分析信息的能力。这既是一种适应网络时代的基本能力，也是一种网络相关能力的综合体现，需要通晓基本的互联网工具，并对互联网信息进行分类整理和做出思辨判断，因此，这不仅是一种技术能力，也包含了具备技能后在一定意识下做出的复杂行为。对于思辨和技能都尚不成熟的青少年，网络素养的提升是其进一步运用网络进行正常的消费娱乐、公共参与的起始。

《中国当代青少年网络素养调查报告》[①] 从四个维度测量了当前中国青少年的网络素养，指标包括：①网络技能素养，测量的是互联网使用的基础能力；②网络安全素养，测量的是互联网使用中抵御风险的能力；③网络规范素养，测量的是对互联网使用中伦理规范的认知和实践；④网络学习素养，测量的是通过互联网获取信息和实现创新的能力。研究发现，在这四个一级指标中，青少年网络规范素养得分最高，平均 3.17 分；其次是网络安全素养，平均 2.86 分；网络技能素养和网络学习素养得分相对偏低，分别为2.68 分和 2.62 分。从具体的网络行为来看，青少年网络使用重应用、善于娱乐购物，但硬件基本技能缺失；自我约束能力较强，但网络效能感偏弱；具有网络学习能力，但创新力不足；网络伦理认识较好，但信息甄别能力待加强。

[①] 田丰、朱迪、高文珺：《中国当代青少年网络素养调查报告》，载《2020 年中国社会形势分析与预测》，社会科学文献出版社，2020。该调查由共青团中央权益部和中国社会科学院社会学研究所共同发起，采用分层随机整群抽样的方法，在全国三十一个省、自治区、直辖市抽取一百多所中小学，针对这些学生收集相关调查数据，经过数据清理和校验，共获得有效样本 22685 个。

总体上看，我国未成年人的网络素养较高，但也存在一些基本的问题，比如城乡数字鸿沟从硬件差距转变为软件差距，网络基本技能素养和网络创新能力素养不足，农村青少年和父母不在身边的青少年网络素养偏低，学校网络素养教育滞后等。可见，网络素养受同辈群体、家庭、学校教育的影响，并与网络使用方式相互促进，需要各方共同进一步努力。

（三）青年：网络社交生活的引领者

尽管随着数字鸿沟的弥合，互联网向低龄、高龄群体渗透，向低学历人群渗透，但以高学历青年为主的学生和白领群体，尤其是 20－29 岁的新青年群体，仍是网络生活方式的主要引领者。中国社科院社会学研究所2012 年的"中国大学生生活、就业及价值观调查"① 表明：毕业生平均网龄 10.54 年，在校生为 9.08 年；毕业生每天包括学习和工作的上网时间长达 6.18 个小时，在校生为 5.44 个小时。参照 CNNIC 的调查，当年中国网民人均周上网时长为 20.5 小时，即每天仅为 3 个小时左右。可见，高学历青年群体普遍触网时间较早，上网时间较长，对网络带来的新的生活方式更为敏感，其中，近十多年来最为凸显的是社交应用对青年群体网络和日常生活的改变。那么，更侧重于人与人之间的联系和交往的社交媒体的兴起，对中国青年网民产生了什么影响？

1. 社交类网络应用的发展

在移动互联网大力普及之前，中国社交类网络应用的发展大致经历了"论坛—博客—社交网络—微博"这四个阶段。2005 年之前，BBS/论坛为主要的虚拟交往形式，区别于即时聊天软件的私人性。2005 年，网民突破 1亿，Web 2.0② 成为当年热词，博客在当年新媒体发展中异军突起，成为年

---

① "中国大学生生活、就业及价值观调查"由中国社会科学院社会学研究所开展追踪调查，调查对象的选取是基于各校目前在校生以及历届毕业生名单进行随机抽样，然后通过 e-mail 方式联系被选中的调查对象，要求调查对象登录网上调查系统接受调查，涉及 985 高校、普通本科和高等职业技术学校三类院校的在校生和毕业生，为置身于社会转型期的中国青年描绘了群体画像。

② 较之 web 1.0 时代的信息流量更大，网页不再仅仅只是一个针对人阅读的发布平台，而成为交互的场所。在个体体验上，web 2.0 带来的是一种可读写的网络，表现于用户是一种双通道的交流模式，也就是说网页与用户之间的互动关系由传统的"push"模式演变成双向交流的"Two-Way Communication"模式。其技术上的应用元素包括：博客、RSS（简易聚合）、Web service、开放式 APIs（应用程序接口）、Wiki（维基）、Tags（分类分众标签）、Bookmark（社会性书签）、SN（社会网络）、Ajax（异步传输）等。

度最大亮点之一。博客的迅猛势头一直保持到 2008 年。2009 年前后，社交媒体兴起，以开心网、人人网为代表的交友网站吸引了大量的学生和白领，经历了一个快速发展阶段。随后的 2010 年被坊间称为"微博元年"，微博用户经历了爆发式的增长，至 2012 年逐步稳定。CNNIC 统计数据显示，截至 2013 年 6 月，博客的使用率为 66.1%，使用人口达 3.7 亿；论坛的使用率为 26.5%，使用人口达 1.4 亿；社交网站的使用率为 48.8%，使用人口达 2.8 亿；微博的使用率为 54.7%，使用人口达 3.8 亿。

图 8 - 1 - 1　2005 - 2012 年各社交性网络应用使用率的发展

数据来源：CNNIC 中国互联网络发展状况统计调查历次报告。

说明：由于 CNNIC 报告前期问卷不断变动，收集的数据不完全一致，2008 年 1 月发布的第 21 次报告中，将"网上聊天/论坛"设为一个选项，使用率为 61%，同时还有另一个选项是"使用即时聊天工具"（使用率为 66%），因此，这里理解为除 IM 软件（即时聊天软件）之外的网络聊天和论坛的使用率为 61%。

　　比照各社交类网络应用的使用率和使用人数（见图 8 - 1 - 2），可以发现，截至 2012 年，博客依然占据着最高的使用率和最多的使用人数，微博则拥有仅次于博客的第二大使用人群，增长速度最快。微博的使用人数与社交网站的使用人数比较接近。论坛是唯一一个近年来使用率逐年下滑的应用，但有趣的是，论坛的使用人数近几年一直稳定在 1 亿 - 1.5 亿，标志着它有一批忠实用户。2012 年后，着力于移动互联网的微信出现，其与手机通讯录的结合、朋友圈及群聊功能的发展吸引了一大批用户，成为社交媒体继微博之后最新的增长点。

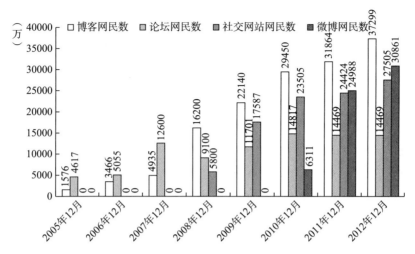

图 8 - 1 - 2 2005 - 2012 年各社交性网络应用网民人数的发展

数据来源：CNNIC 中国互联网络发展状况统计调查历次报告。

2012 年被称为"移动社交元年"，移动互联网正式将社交方式碎片化，虽然碎片化的社交场景使得社交价值正在不断衰减，但其愈加"微小"的体积同样使人们的生活前所未有地被互联网所渗透，工作间隙、等待间隙，很容易看到身边的人正在低头刷微博和朋友圈。移动端大部分应用体验都在社交化，可以拼团、拼餐，可以在旅行游玩期间晒图发朋友圈。速途研究院调查报告显示，移动社交网络人群中，以 20 - 39 岁的人占比最多，占到了 80%，其中又以大学生以及步入工作岗位的人居多。

随着移动终端的发展、无线网络的普及、流量的优惠，网络直播成为 2016 年社交领域的一个新热点。用户不断增长、资本陆续涌入、各大平台相继入场，显示着直播时代的到来。直播与青年的契合体现在两个方面：一是年轻用户更倾向于使用图片（包括表情符号）和视频（包括动图），而非文字来进行社交；二是视频内容在社交元素的支持下，分享意味被大大强化。人们浏览和评论一个被分享的视频的同时，也是在与朋友沟通，相当于建立了一个以内容为中心的小型社交网络。由此，互联网进入一个"泛社交化"的时代，"社交"成为人们网络生活的主要形态，成为打通互联网其他功能的有效途径。

2019 年被称为"新社交元年"。网络社交从狭义延伸到广义。广义的网络交往是指一些与互联网使用行为有关的并且是以信息交换为基础的行为，而狭义的网络交往则是指网络人际交往。伴随着社交意涵的拓展，交往对象也从强关系的熟人、亲朋好友的社交，拓宽为弱关系的陌生人、兴趣群体的社交，以期待在网络交往平台和社群中满足多种多样的社交目的，如共享资源、获取知识、发展共同兴趣、获得社会认同、调节情绪等。在此拓展下，网民的各式技能，如摄影、设计、绘画、烹饪等，都有可能被转化为商机，互联网进一步向私人空间渗透。

2. 社交类网络应用对于青年的影响

那么，不断深化的社交类网络应用对青年群体有什么影响？网络社交能否开启这一代青年的公共生活？

第一期"中国大学生生活、就业及价值观调查"（2010）显示，早在社交网络兴起的初期，大学生的网络行为就已有较突出的信息性和交往性，如表8-1-2所示。

表8-1-2　高学历青年的网络行为：信息性和交往性

单位：%

类别		在校生（$N = 6782$）			毕业生（$N = 4655$）		
网络行为的频率		经常	总是	合计	经常	总是	合计
信息性	上网浏览新闻、博文	24.3	46.4	70.7	26.7	35.0	61.7
	关注网络上有关社会问题或群体性事件的报道	50.3	41.7	92.0	48.7	42.0	90.7
	上网查信息（工作、学习、就业）	27.6	29.6	57.2	33.3	21.3	54.6
交往性	上网聊天	24.0	26.1	50.1	28.8	26.3	55.1
	上网泡论坛、BBS	13.1	12.9	26.0	16.9	14.7	31.6
	上社交网站（人人网、开心网）	10.7	14.1	24.8	15.9	19.5	35.4

注：问卷说明中，"经常"指一周几次，"总是"指每天一次以上。

由于2010年正处于社交网络的新兴阶段，交往性的网络行为从传统的论坛基于讨论主题的发帖、跟帖、顶帖的机制向新兴社交网络基于人际关系的"关注"和"转发"转折，由此使问卷调查所体现出来的交往性的网络行为呈现"即时通信－传统交往－社交类交往"的分化状态：经常使用即时通信的高学历青年占一半以上，而经常使用论坛或社交网站的高学历青年各占三分之一左右。在新近的2013年大学生调查（$N = 6719$）中，

53.4%的人总是通过网络保持和朋友的联系或认识新的朋友，20.6%的人总是通过网络发表自己对时事或社会事件的看法，27.1%的人总是使用微博。

在很长一段时间内，学生和白领群体是社交网站的主要使用者。CNNIC发布的《2012年中国网民社交网站应用研究报告》显示，社交网站用户中10－30岁的网民占比，以及个人月收入在3001－5000元、5001－8000元的群体占比明显高于其他群体占比。这一趋势维持到2015年前后。当年报告显示，社交网站用户20－29岁年龄段占32.9%，在整体人群中占比最大。用户月收入在3001－5000元的群体占比最高，为31.3%；其次是月收入2001－3000元的群体和5001－8000元的群体，均占17%左右。整体看来，社交网民的收入水平相对较高，但较之前已有所下降。后续，随着即时通信工具、综合社交应用用户规模的不断扩大，网络社交用户和整体网民的结构渐趋一致，这在2016年报告中得到印证。

基于对"公共生活能否生成"的关心，中国社科院大学生调查将社交网络的使用分为私人倾向和公共倾向两类。2012年的毕业生数据显示，社交网站的使用情况分布得比较均匀，从不使用（23.1%）和经常使用（22.7%）的比例接近。偶尔使用的人比例稍高（26.6%），有时使用的比例略低（19.7%）总是使用的并不多（8.9%）。在社交网站的使用行为上，私人倾向明显，最常用到的是与好友保持联络（33.6%）与发表个人日志、状态或上传照片、视频等（19.4%），具有一定公共性的阅读/分享等各类转帖功能的最常使用率为19.5%，而公共性较强的参与各种话题、讨论只占2.8%。可见，早期高学历青年普遍对于社交网站的使用，处于一种从"扩大了的私人关系"向公共讨论过渡的状态，兼具社交性和信息性的微博成为一个典型例子。

中国社科院2012年大学生调查显示，47.6%的毕业生有一个微博账号，24.0%的毕业生有两个微博账号。他们的微博网龄平均22.6个月，参与时间较长。在微博上35.1%的人半实名，22.3%的人实名，完全匿名的为19.3%。微博的关注对象涉及青年网民的公共生活态度，高学历青年关注对象的重要性排序①如图8－1－3所示，可见，除亲朋好友外，网站、机构、

---

① 问卷让被访者选择其最关注的三个类别，在统计时将其依据类别操作化成10个变量，最关注的赋3分，其次2分，再次1分，然后计算每个类别的平均分，得到上述微博关注取向数值。

兴趣、知识类微博和作家、学者、媒体人等公共知识分子，是高学历青年公共性关注的主要来源。此外，这一群体就公共事件发表个人观点、加入各类感兴趣的话题讨论占微博行为的 20% 左右。

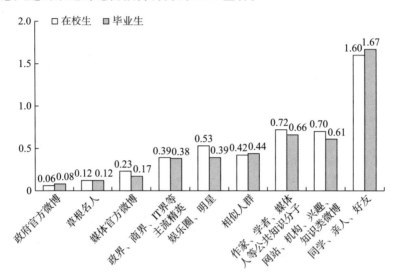

图 8-1-3　高学历青年的微博关注取向

在后续的发展中，高学历青年一直带有对公共性社交网站关注的倾向。《2016 年中国社交应用用户行为研究报告》对比了 QQ 空间、微信朋友圈和新浪微博这三个典型社交应用的场景发现：新浪微博用户学历明显较高，初中及以下学历用户占比低于 QQ 空间、微信朋友圈 15 个百分点左右；从经济水平来看，新浪微博用户收入相对较高；从城乡结构来看，新浪微博用户中城镇网民占 80.4%，城镇网民占比最大，其次是 QQ 空间，为 73.6%，再次是微信朋友圈，为 72.1%。这与新浪微博具有的公共属性紧密相关。较之微信朋友圈相对封闭的个人社区，新浪微博主要是基于社交关系来进行信息传播的公开平台，用户关注的内容相对公开化，60.7% 的微博用户的使用目的是"及时了解新闻热点"，58.0% 的微博用户的使用目的是"关注及获取感兴趣的内容"。社交关系也是同样，微信朋友圈、QQ 空间偏熟人社交，均有 95% 以上用户的联系人中有"现实生活中的亲戚朋友"，新浪微博则偏陌生人社交，用户联系人中亲戚朋友、网上认识的朋友的占比分别为 64.7%、43.3%，显著低于 QQ 空间、微信朋友圈，新浪微博用户关注的人有名人/明星、网络红人、企业账号、行业机构账号，这些账号是其他社交应用相对较难接触的账号类型，具有更强的公共生活含义。

此外，移动互联网的普及是影响网络公共生活的另一个重要因素。中国社科院的大学生追踪调查显示，67.5%的毕业生最常用个人电脑上网，60.7%的毕业生第二常用的上网工具是手机（2012年数据）；79.2%的人拥有智能手机，62.9%的人经常使用手机聊天交友，38.9%的人经常使用手机浏览微博，56.3%的人认为手机增加了自己与他人的交往和沟通（2013年数据）。由于手机的便捷性与应用软件的丰富性，它在对网民碎片化时间的整合和对工作生活的渗透方面，甚至起到了比个人电脑更大的作用，极大地改变了人们的生活方式和思维方式。

事实上，移动互联网的普及与社交类媒体的兴起几乎是重叠的，两者在时间上几乎同时，而在功能上也相互促进。据 CNNIC 的调查，2012年底，手机微博用户规模达到 2.02 亿，微信注册用户达到 2.7 亿，79.9%的手机网民每天至少使用手机上网一次，其中，近六成手机网民每天使用手机上网多次。另据中国社科院社会学所 2013 年大学生调查显示，高学历青年在上网工具和网络应用中出现选择性的区分，如表 8 - 1 - 3 所示。在交往类和即时通信类的应用上，使用移动终端的较多。在接收信息方面，使用个人电脑的较多。在网络购物上，使用个人电脑的较多。

表 8 - 1 - 3　高学历青年在使用各种网络应用时通常使用的设备 （$N=2634$，%）

网络应用类别	个人电脑	手机
上微博	45.3	36.4
上 QQ	55.6	40.6
上微信	14.1	65.2
上人人网或开心网	46.2	26.6
看新闻	47.0	45.5
查阅与学习相关的资料	78.2	13.7
看网络视频或网络电影	81.8	8.4
进行网络购物	81.5	6.6

移动互联网与社交媒体的结合，以及根据不同的网络应用对上网设备的选择，极大地增强了互联网在时间和空间上对日常生活的渗透，使网络与真实生活愈加融合，强化了互联网作为公共生活平台的意义。如果说，在 2010

年的时候，大多数高学历青年还认为虚拟交往是现实交往的一种补充方式的话，在2013年的大学生调查中显示，他们对社交类网站的态度更为积极（见表8-1-4）。

表8-1-4　高学历青年对虚拟交往与现实交往之间关系的自我评价

单位：%

自我评价	在校生			毕业生		
	符合	不符合	无法评价	符合	不符合	无法评价
网络使我开阔视野、扩大交往圈子	78.9	16.0	5.1	78.9	19.8	1.3
网络只是一种结识方式，只有现实中的交往才能找到真正的朋友	87.6	9.8	2.6	89.0	9.2	1.8
网络使我更容易找到志趣相投的人，使交往深入	32.7	64.1	3.2	35.9	61.4	2.7
网络带给我很多未曾谋面但可以交流心灵的朋友	25.4	71.2	3.4	29.5	67.8	2.7
网络使我不局限于身边的圈子，因此对于身边没有共同语言的人反而是日益疏远了	23.0	69.5	7.5	31.4	66.0	2.6

资料来源："中国大学生生活·就业及价值观调查"（2013）。

　　社交网站的兴起成为网络发展史上的一个转折点，使互联网从功能单一的专题化，向功能综合的平台化转变，智能手机作为移动终端的加入，更是使虚拟生活与现实生活达到了前所未有的重叠，遍布于无穷大的网络节点上是无数个体无时无刻不在用互联网发出自己的声音，涵盖从个人生活的记录到社会事件的评议的方方面面。因此，若以互联网的交往功能为着眼点，研究问题似乎已经发生了改变：不再是之前的将虚拟交往和现实交往视为二分，从而探讨虚拟交往对现实交往的促进或者阻碍的问题，而是要将其视作一体来讨论，虚拟和现实已经呈现一种相互融合、互补和促进的趋势。这一趋势，也在后续的互联网发展中得到印证。最新的2019年CNNIC统计报告着力阐释了网络购物、网络视频和娱乐、在线教育、在线政务这四个技术的社会应用的真实层面，线上线下已密不可分。互联网在中国背景下作为公共生活的练习场的意义，也因此而得到生长。在这个瞬息万变的网络世界中唯一不变的是，青年始终是引导这股潮流的主导力量。

二　从发声练习到共治共创

　　蕴含于信息技术中的一个颠覆性的特征在于草根性和交互性。随着互联网技术的突飞猛进，超链接空间所建构和容纳的交往空间日益凸显，网络正在成为一个日益浮现的公共生活平台，而这一点，在一直缺少公共生活练习的中国背景下有尤为重大的意义，是最具变革性的网络使用特征。作为网络公共生活参与主体的青年，也在此过程中发挥了不可忽视的作用。从早期的微博关注、流行词创造到当前的共创共治，青年群体在网络中的公共生活也从早期的发声练习，转变为当前的线上共创，形式更为温和，更具有包容性。

（一） 互联网发声练习

对于中国互联网上公共生活的讨论离不开中国对互联网进行政府引导和管控的制度背景，在早期的互联网表达中，网络成为汇集草根意见的出口，中国网民的创造力被高度激活，各种以娱乐化表达为特征的恶搞和流行语充斥网络，成为中国互联网的独特景观。

表达空间是网民自主建构和延伸公共生活的基础，互联网上的互动根本上是基于各种方式的表达而形成。在中国制度背景下，政府除对主流表达的引导之外，也对表达内容进行了限定，其中最主要的是敏感词过滤机制。针对这种情形，以恶搞、山寨等娱乐化表达方式扩展表达空间，是青年以亚文化方式实现公共参与的重要策略。2008 年，是网络公共参与的高潮期，民意直接或者间接地改变了很多公共事件的处理进程。而一个引人注目的特征是，这种民意表达在很大程度上是通过恶搞、网络流行语等"新语文"方式实现的。每一个公共事件都引发一个词语的流行，如"打酱油""俯卧撑""躲猫猫""欺实马"（七十码），而"草泥马""河蟹"等十大网络神兽的出现，更是把这股恶搞风潮推至顶峰。以娱乐解构正统，以大众狂欢消解权力机制，各种网络流行语既是极富活力的青年亚文化与大众喜闻乐见的"草根式幽默"相结合的产物，更是"隐藏的文本"① 在政治敏感环境下的呈现，体现出公共参与的意义。

作为高科技产业的弄潮儿，青年的知识结构还赋予其使用更为直接的

---

① "公开的文本"和"隐藏的文本"是美国社会学家 James. C. Scott 用于阐释统治群体和从属群体之间的支配和反抗时采用的一组概念。由于弱势者无法在当权者面前自由地表达自己的想法，因此，他们创造了一系列隐晦的话语，在背后评判当权者，这就是"隐藏的文本"，即从属群体的一种意识形态反抗。参阅 James C. Scott, *Domination and the Arts of Resistance：Hidden Transcripts*, Yale：Yale University Press, 1992.

技术手段拓展表达空间的能力，比如借助代理服务器和翻墙软件。有调查表明，中国网民知道代理服务器的比例相对较高①，使用代理服务器可使网民获得国内不易得到的资讯，同时，由于当前中国年轻人中有海外生活经历的增多，与国际友人的交往需要也使其不再满足于上述本土化后的社交网站，促使其常规化地使用代理服务器。社科院 2013 年大学生调查显示，16.2% 的人曾经"翻墙"（越过网络管控使用境外网络服务），其中，61.2%的人一年几次，18.3% 的人几乎每月，14.5% 的人几乎每周，6.0% 的人几乎每天。在"翻墙"的人群中，浏览新闻（64.3%）、上境外社交网站（46.0%）、查询更全面的百科及历史知识（44.9%）和查找学术资料（42.3%）为主要目的。

同时，与引领时代潮流的高科技产品的天然亲近，使青年群体成为时兴电子产品最先瞄准的目标用户，功能各异的电子产品的使用，更是全方位拓展了青年网民的表达空间，最明显的案例就是移动互联网的应用。据 CNNIC 发布的《中国手机上网行为研究报告》，早在十年前的 2010 年 12 月，中国手机网民便达 3.03 亿，其中 0－19 岁的少年群体达 33%，20－39 岁的青年群体达 57.1%，青少年在手机网民中所占比例合计达 90.1%，相当之高。

移动终端与社交媒体的结合对于拓展公共生活的意义在于，随时随地发布所见所闻的功能使每一个网民都潜在地成为第一线的记者，每时每刻都有参与社会事件的可能，在很多公共事件中发挥了巨大作用。以 2011 年的"7·23"甬温线特大铁路交通事故为首。在这起事故中，首次出现事故第一现场由网民播报而政府部门缺席的情况，其间间隔两个小时，微博成为在此期间唯一的消息扩散、求援互助渠道。并且，微博以自述的形式成为最真实的第一手资料，图文并存，在官方媒体之外直观地记录了整个事件的经过。还原新浪微博的有关记录可以看见，以事故播报及转发、现场施救、第一时间摄影及航拍、献血动员等种种方式卷入这场行动中的大多数网民都是青年。可以说，手机终端与 Web 2.0 时代的分布式、使交互最大化的互联网的结合，重新定义了"在场"与"现场"，重构了信息及真相生产中的权力关系，赋予了装备齐全的青年前所未有的话语权。

除针对特定事件极富创意的网络表达外，还有日常生活中的发声练习，

---

① 范士明：《新媒体和中国的政治表达》，《二十一世纪》（网络版）2008 年 3 月。

以各类评论为主要的参与形式，涉及餐饮购物、兴趣爱好等场景。以网络购物为例，与传统购物的最大区别在于，消费者的购买决策在更大程度上取决于其他购买者的评价，而不是广告或者权威。截至 2020 年 3 月，我国网络购物用户规模达 7.10 亿，较 2018 年底增长 16.4%，占网民整体的78.6%。早在 2012 年，中国社科院的大学生调查显示，毕业生中，总是使用网络购物的为 12.4%，有时使用和经常使用网络购物的占到 60.3%，偶尔使用的占 24.4%，从不使用的为 2.9%。此外，89.1% 的毕业生网络购物时会对体验过的服务或者商品写评论，其中，总是写评论的占12.1%。从点评商品、商家、客服乃至物流，到点评菜品、餐厅环境和服务质量，网民们以日常消费为中介、互联网为媒介，练习表达和共享精神，集结成互联网时代的群体智慧。

除消费外，这种公共生活练习还存在于共同的兴趣爱好场景，如各大BBS、兴趣爱好网站以及网络游戏空间。以各高校 BBS 为例，其分类讨论版面是形成虚拟社区的公共生活的最早范例，以水木清华为例，现有各类版面 664 个，涵盖学术、校园、文化、娱乐、游戏、信息、电脑、生活、体育、感性、地域、理财、出国等各个主题。豆瓣网则是一个以"以书会友"为宗旨的网站，其有关书籍、电影、音乐等作品的全部描述和评论信息都由用户（网民）提供；目前有超过 5000 万用户，网站自行开展的小调查显示，19 – 26 岁的用户占 74%（样本量 4182 人）。在后续的发展中，豆瓣也从一个单一的评论网站，发展为一个集品位、表达和交流于一体的社区网站，其豆瓣同城、豆瓣小组等板块，呈现一定的公共生活特征。此外，据CNNIC 统计，截至 2018 年 6 月，我国网络游戏用户规模达到 4.86 亿，占总体网民的 60.6%，手机网络游戏用户达到 4.58 亿，占手机网民的 58.2%，网络游戏也是提供青年虚拟公共生活的一个重要场所。

（二）社会联结与共治共创

各单元间平等地分布式联结是互联网时代的创举，不仅影响了信息传递方式，也形塑了社会交往与社会联结。由于技术的不断进步，网络参与门槛不断降低，网络时代赋予大众的麦克风更加平等地传递到每个人手上，激活了社会联结，滋养了公共生活。历经近二十年的发展，线上的信息与线下行动已无限趋近，互联网对促进真实社会中的沟通和联结发挥着不容忽视的作用，尤其在应对重大事件和公共危机时更能凸显。在此，以早期的"7·23"甬温线特大铁路交通事故所引发的灾害自救模式和最近疫情下青年网络共治共创行为为例。

"7·23"特大铁路交通事故发生于 2011 年，正值微博兴起和移动互联网发展的初期，装备精良的年轻人有极大的公共参与热情和技术能力。其典型性不仅在于事发之初，在政府部门缺席状态下，网民首占第一现场发起的民间实况播报，还在于事发之后，温州民间迅速通过微博发起的自救。事发之后，温州全市各行业公众通过微博上的信息传递自发组织起来：事发后三小时，有网友 H 将温州血液中心血库告急的通知发上微博，并主动@了数十位名人；事发后四小时，有网友将深夜血库现场排长龙的照片以及因献血而堵车的照片发上微博，引起大量转发；次日中午，"温州萤火虫义工"组织私家车队运送伤员家属；随后，当地企业也加入进来，免费提供食物、水等物资，多家餐馆挂出献血人员免费营养餐的招牌。这是一场无中心、无官方介入的全城动员，信息在微博上的自由流通极有效率地整合起了以个人身体、智慧和财产为载体的社会资源，并召唤起全体公众的感动与热情，让公众看到爱与信任，看到自组织的社会的希望与力量。此后，灾害类公共事件逐渐形成一套以公众自救协力官方救援的"微博模式"，例如 2012 年的"7·21"北京特大暴雨，机场滞留 8 万多乘客，北京市民自发通过微博组成了"双闪车队"，而微博发起的"爱心留宿"活动也得到多家酒吧、会所、公司的响应。救援标志、集结地点/联系人、增援需求、路面情况、宾馆情况等信息由网友即时播报并在微博上流通，使微博再一次成为协同全社会之力的节点。后续数年，随着微信的发展，公共信息与手机终端的结合更为紧密，这种在重大灾害时以信息传递协调和汇聚民间资源的模式也日益成熟，并衍生出更生动、多元的线上共创模式，以青年人的方式激发了青年人的参与，形成了新的青年参与文化。

以当前尚未结束的新冠肺炎疫情为例，2020 年春节，疫情使社会在毫无准备的情况下停摆，社区生活一时失序。疫情带来了焦虑，也催生了青年的行动力。他们探索出一种新的"云共创"的方式，从身边小事出发，从社区真实生活需求出发，架设民间互助网络，在线上集结自己的智慧和能量。他们尝试为社区防疫设计宣传工具包、快递整理工具包，为返城人员制作前往各地的交通锦囊，为在家上班的双职工家庭设计儿童时间管理卡牌；他们关注疫情期间的"社会情绪"，发起反歧视海报，探索云上戏剧、诗歌等艺术方式，让身处"孤岛"的人们感受到彼此相连。他们将投身行动视为危机下自我疗愈、积极应对的方式，从社区参与走向社会公益，乃至驰援海外，展现了这一代青年的公共担当。

"云共创"基于这代青年在科技、专业和语言上的独特优势及较为普遍的公共参与意识。作为网络原住民，他们技术应用娴熟，适应隔空协作，并有积极探寻资源对接的开放心态。同时，随着第三产业的发展，不少青年投身于新兴创意产业，在公共艺术、服务设计、社会科学等领域有一技之长，对社会生活及其中的个人具有高度的专业敏感。此外，这一代青年普遍熟练掌握英语，并有相当一部分小语种人才，在疫情信息爆炸的情况下，能够迅速全面地收集、鉴别、整合信息，并将已有的经验成果翻译传播。同时，这一代大多成长于改革开放后的物质充裕环境下，不少人曾留学海外，有全球化的视野和公共参与意识，在全国停摆的疫情下，恰好得到了参与机会。

"云共创"还形成了系统化的协力机制。一是以网络为行动平台，拓宽行动场景。从初期的物资对接、居家防疫、社区互助，到中后期的云上戏剧、诗歌创作，多样化的议题降低了参与门槛，最大化地激发了民间的参与热情。二是以内在价值为驱动，形成持续的共创机制。整个共创环节被拆分为一个个具体阶段、具体议题的微信群，既用于解决实际问题，也用于营造线上社群，成为能量的汇聚场。三是以个人网络链接多方资源，撬动共同行动。这个过程中出现一些议题生产能力很强的青年网络行动平台，它们大多基于现有的创新型社会组织，发起者将个人自身创业网络带入，以对接推进议题所需的各方资源，既助力了参与过程中的价值创造，也推动了商业向善的力量。

较之互联网发展初期，当前的新媒体的交互传播方式已极为生活化和多元化，各种直播、线上会议，再一次夷平了空间和时间的阻碍，使参与和创造的过程都变得生动有趣、充满新意，重塑了青年公共参与的文化价值。

三 政府引领下的新空间

由技术发展带来的信息传播被西方视为一股民主化的力量，但媒体研究学者卡拉希尔（*Shanthi Kalathil*）和鲍尔斯（*Taylor C.* Boas）[①] 以 8 个不同集权程度的国家为案例，对其中的社会和政治部门如何应用网络做了研究，得出了互联网未必威胁到集权统治的结论。他们在给卡内基基金会的研究报告[②]中进一步明确指出，民主化与互联网的普及率存在关联关系，不过在这种关联关系中，是互联网的普及取决于政治变化，而不是相反。在他们的研究中，中国被作为一个最有意思的案例提出，面对网络以信息高速流动所带来的经济增长潜力与其潜在的对集权政体威胁的这把双刃剑，中国政府以"分类主导"模式，即对互联网的不同应用领域开启不同的主导策略，创造出了独特的网络生态，似乎达到了趋利避害、鱼和熊掌兼得的成效，创造了一个政府引领下的新空间。

作为一种时代的力量，互联网及其产品跨越了国界，在中国，一个非常奇特的现象是，许多国际化的互联网产品都有其中国本土化的翻版，仅针对中国国内市场，并赢得大量国内用户。本土化翻版涵盖搜索引擎、即时消息、社交网络、电子商务、网络视频以及 Web 2.0 平台，如百度、QQ、淘宝、微博、微信等，除扫清广大中文用户的语言障碍，更契合中国独特的历史文化脉络和社会心态，赢得了更多的潜在用户之外，更重要的是，本土化翻版更容易被纳入国家的治理框架之内，接受政府监管，并贯彻自我审查制度，充分体现了政府对互联网上公共生活的间接引导作用。

随着 Web 2.0 时代的到来，Twitter 及其中国翻版"微博"成为青年人最主要的网络公共参与方式。据 EnfoDest 易观智库研究表明，新浪微博 15 - 34 岁的使用者达 82.2%，腾讯微博同年龄段的使用者达 83.4%，可见，这几乎是一个被年轻人完全覆盖的领域。以新浪微博为例，对照 Twitter，可以看出互联网产品的中国本土化从如下几个方面贯彻了政府对公共生活的间接引导：第一，在微博的使用者上，新浪微博拥有大量的名人微博、媒体微博和政府机构的官方微博，并且有时时更新的各类影响力排行榜，使其远远脱离了一个单纯的社交媒体；第二，在技术设置上，新浪微博添加了 Twitter 没有的"添加附件""评论"等诸多功能，并且以网页的形式布局，

[①] Shanthi Kalathil, Taylor C. Boas, *Open Networks*, *Closed Regimes*: *The Impact of the Internet on Authoritarian Rule*, The Brooking Institution Press, 2003.

[②] Shanthi Kalathil, Taylor C. Boas, "The Internet and State Control in Authoritarian Regimes: China, Cuba, and the Counterrevolution", *First Monday*, Vol. 6, No. 8, p. 1.

使微博更像是一个"微媒体"或"自媒体",扩充了主导者发挥影响力的渠道;第三,在微博管理上,严格贯彻中国政府要求的互联网自我审查制度,对微博发布进行敏感词过滤,并且在页面醒目贴有《北京市微博客发展管理若干规定》① 的公告,以及设有"不实信息曝光专区";第四,在社会生活上,新浪微博经常紧跟政府精神发起一些公共行动,如"《微博社区公约》征求意见"活动②,十日内有 1127442 人参与,收到网友发出的意见超过 4 万条。微博已经成为当前社会舆情的重要集散地,政府监管与网民的自主表达在此汇聚,社科院 2012 年的大学生调查显示,高学历青年普遍认同的有:"微博已成为目前最具影响力的传播媒体"(79.4%);"微博已成为社会事件的舆论源头"(75.8%);"微博实名制的实施会在一定程度上影响言论自由"(63.9%);"微博的出现,有助于推进社会舆论对政府及官员个人的监督"(83.3%);"目前政府及官员个人还未能适应微博带来的影响力"(76.5%);"政务微博作为政府与社会互动的平台,说到底只是形式,关键还要看实际工作"(83.4%)。而对于"微博的出现,使人人都可能成为引导社会舆论的意见领袖","微博上谣言滋生,大大降低了互联网信息的真实性","微博加剧了不同网民群体之间、网民与政府之间的对立情绪"等观点则有所争议,赞同和不赞同的基本上平分秋色。

　　除间接引导外,近十年来,电子政务的应用也日趋成熟,体现政府提升国家治理现代化水平的积极尝试。1997 年 1 月,人民日报主办的人民网进入国际互联网,是中国开通的第一家中央重点新闻宣传网站,1999 年改名为"强国论坛"。从 2000 年开始,8 个中央级、24 个地方级的媒体网站被指定为重点网站,并从政府得到扶持。这些网站每天提供约 24000 条新闻,日访问量超过 5 千万次。其中新华网、人民网、央视国际等,是世界上受访最多的前 100 家网站③。据 CNNIC 最新报告显示,截至 2019 年 12 月,

---

① 该公告于 2011 年 12 月发布,提出对微博的实名制管理,新浪微博采取的主要操作手段是通过手机号绑定。

② 该《公约》与微博实名制政策推行呼应,"为构建和谐、法治、健康的网络环境,维护新浪微博社区秩序,更好地保障用户合法权益"而制定,分为总则、用户权利、用户行为规范、社区管理和附则五个部分。尤其是"用户行为规范"部分,规定了 9 类不允许发布的信息,体现了政府通过产品运营商对互联网做的间接监管。活动网址:http://weibo.com/z/guize/zhengqiu.html。

③ 赵磊、张敏:《我国成功打造网络"主流媒体"》,www.xinhuanet.com/2004 - 11 - 08 18:20/。

31 个省级政府构建了覆盖省、市、县三级以上的政务服务平台，共有政府网站 14474 个，其中国务院部门及其内设、垂直管理机构共有政府网站 912 个；省级及以下行政单位共有政府网站 13562 个。截至 2020 年 3 月，我国在线政务服务用户规模达 6.94 亿，较 2018 年底增长 76.3%，占网民整体的 76.8%。数字政府建设加快，在线政府日趋规范，公共服务效能也得到了明显提升。

互联网的出现及其引发的每次变革，都带来了某种意义上的边界跨越，从时间空间，到权力结构。在中国背景下讨论互联网生活，离不开信息与权力的较量，而这正是凯文·凯利式①的乐观和乔治·奥威尔式②的悲观之间的争议之所在。前者相信以网络为图标的信息社会遵循的逻辑与以原子为图标的物质社会迥然相异，超文本协定所创造的新社会空间终将使人类脱离控制（Out of Control）；后者则认为极权主义可以穿透一切，"老大哥"的凝视无处不在。信息时代给中国带来的翻天覆地的变化是毋庸置疑的，不过，何去何从尚不明了。

作为网络的原住民，高科技的天然亲近者，青年，尤其是高学历青年，无论在互联网的使用经验、上网时间，还是对新媒体应用技术的掌握上，都走在整体网民的前列。他们有着大量的网络消费、娱乐和社交的体验，并逐渐从这些体验走向近年来各种形式的公共参与。网络实名制是中国互联网管控的一项重要举措，不过，有意思的是，2013 年大学生调查显示，大多数人同意网络实名制是网络秩序和网络文明的重要保障（76.2%），体现出网民对互联网的认知和国家管控有一定程度的同构。另据全球互联网项目（World Internet Project，WIP）的一项很有意思的研究成果显示，大多数国家和地区的人并不相信互联网给人们更多对政府工作的发言权，中国大陆却成为一个例外：逾六成（60.8%）的中国十八岁以上的受访者给出肯定的答复。

在中国独特的历史文化和社会脉络下，网络似乎正在滋养一种新的生活方式和精神气质，有着年龄和知识优势的青年构成互联网公共生活的最主要参与者，他们以各种手段充分建构表达空间，践行公共生活，并探试着政府主导下可能的行动边界，正在开启中国历史上未曾有过的新社会空间。

---

① 〔美〕凯文·凯利：《失控——全人类的最终命运和结局》，东西文库译，新星出版社，2010。
② 〔英〕乔治·奥威尔：《一九八四》，董乐山译，上海译文出版社，2006。

巴西的互联网、青年和意识形态

T. 德怀尔

在 1989 年发表的一篇文章中，我回顾了西欧和北美关于电信和计算机革命的文献，发现它们在乌托邦和反乌托邦之间两极分化。主流观点认为这些技术有积极的影响，少数人认为它们会对社会、经济和政治产生消极影响。对于少数学者来说，实证研究的主题应该是什么原因决定了结果。关于乌托邦和反乌托邦的两极分化充斥着技术决定论，给了技术作为社会生产者的特权地位，更倾向于把技术作为一个独立的变量来分析，而不是将周围的社会关系理论化及反对确定的效果。世界银行（World Bank）数十年来一直支持信息技术的使用，认为这将带来更大的经济增长。受到阿兰·特莱尼[①]关于后工业社会深刻思想的启示，我提出了一个相对简单的假设，即在新的技术秩序的范围内，新的社会行动者及其相关价值的兴起将通过发展和斗争取代以前占主导地位的工业秩序及其行动者和价值，这种工业资本主义将被后工业资本主义取代，新的社会行为体、新的价值观、技术将允许改变信息传播的模式和范围。与发展理论相一致，我认为有可能预见到这些过程——一些发展经济学家将这一过程称为跳跃式发展。在我看来，价值观推动了有意义的行动，而技术的使用为有意义的行动开辟了新的空间。在巴西这样的新民主主义国家，技术变革并不会推动价值变革，而是为价值的表达和变革开辟空间。然而，我的文章标题强调过程是不确定的，

---

① Touraine, A., *The Post-industrial Society*, New York: Random House, 1971.

即"跳入黑暗"。① 换句话说，虽然以发展为导向的跨越式发展可能发生，但技术使用的其他方面是不可预测的，如社会价值、新兴参与者等。当然，后工业理论后来被证明范围相当有限，但这不是理论家的过失，而是过去三十年发生的巨大变化所带来的的影响。列举几个对青年有广泛影响的例子：共产主义和种族隔离制度的崩溃、冷战的结束、中国和印度的经济和政治崛起、民主化、美国和西欧的相对经济衰退、激烈的经济全球化以及如今金砖四国的崛起。

一　互联网的兴起及其对青年的影响

正是在这种背景下，我决定对巴西的年轻人和信息技术的使用进行首次研究。② 在所有使用这些技术的人当中，我相信青年是最愿意改变的，他们将从生产生活的束缚中解脱出来，他们受到主流秩序的束缚更少，受到需要复制自己生存条件的束缚也较少。这是一个理论上的赌注。根据这一赌注，我曾设想，社会行动的创新形式最有可能出现在年轻人当中。正如我们所看到的，对于巴西青年的研究在当时几乎没有发展。我试图归纳自己对正在发生的事情的理解，后来，在 1999 年对巴西青年进行了第一次全国调查，现在我将仔细讨论一下这个问题。

1. 1999 年巴西青年互联网使用状况

公民研究所（一个与工人党有关的非政府组织）的代表调查了巴西 9 个大都市地区的 1806 名年龄在 15 到 24 岁之间的青年人。当时，20% 的城市青年和仅 4% 的农村青年使用电脑上网或玩游戏。调查还显示，在使用网络的青年中，性别相对平等，男性为 19% ，女性为 15% 。那时几乎所有的年轻人都看电视（总体为 91% ，农村青年看电视的时间比城市青年少一点，男性和女性看电视的时间几乎一样）。更受欢迎的休闲活动包括听广播、与朋友见面、与异性见面、打电话（最后一种情况中，城市青年的电话使用量是农村青年的两倍多）。此外，三分之一的受访者会定期阅读报纸，一半

---

① Dwyer, T. , "Um salto no escuro: um ensaio interpretativo sobre as mudanças técnicas", *Revista de administração de empresas*, 29 (1989), pp. 29 – 44.

② Dwyer, T. , "Secretários, autores e engenheiros: ordem e mudança entre adolescentes usuários de computadores", *Teoria e sociedade*, 2 (1997), pp. 125 – 176.

的人会阅读杂志（大约三分之一的农村青年会这样做），还有不到一半的人会在最近一个学期读过一本非学校或工作要求的必读书。[①]

该分析特别关注了乡村和城市以及不同社会群体间休闲活动的显著不平等，并主张采用公共政策来纠正这些不平等。作者的结论是，有必要提高计算机知识水平，克服获取信息的不平等。

基于这项调查，该研究总结道："大多数年轻人的行为反映了他们那个时代和文化背景下的霸权价值观，这似乎已经成为一种常态。"一般来说，与占统治地位的秩序竞争，首先要拥有大多数人无法获得的象征和物质特权。无论是出于日常再生产的需要，还是作为对遵守道德准则的回报，除了适应之外，几乎没有其他可行的选择——大多数成年人也是如此。从这个意义上说，对《巴西青年概况》一书的浅显理解是，鉴于最近几十年所取得的进步，年轻人的保守主义和所谓的边缘化只不过是对保守主义的反映，表明了青年对人类共同理想的认可度较低，这为巴西社会未来的发展定下了基调。

然而，与一致性和再生产相反，研究观察到新的身份和价值的产生。"这并不意味着现在这一代的年轻人在如此众多的群体中（自青年作为一个独特的社会行动者出现以来），没有少数先锋群体对霸权主义价值观和支配性制度持批判态度（他们有时蔑视这些制度），这肯定有助于推动社会关系朝着现状的某些变化发展。"

《巴西青年概况》的最后一句话概括了研究的目标之一，在该书中没有明确表达："在今后的分析中，任务仍然是对这项研究中可获得的大量数据进行研究，并揭示构成巴西青年多样性的各个部分，以便定位和确定现有的进步群体。"[②] 在这本书中，我们可以找到关于巴西的计算机与信息传播的三个观点：社会再生产，生产新事物，以及改善教育和研究系统以定位（并帮助产生）一种新型的"进步人士"。

从那以后发生的事情写进了巴西历史。巴西早期对互联网用户和非互联网用户的研究发现，互联网用户比非互联网用户在政治上更进步，思想

---

① Abramo, H. & Branco (orgs.), *Retratos da juventude Brasileira: análises de uma pesquisa nacional*, São Paulo: Fundação Perseu Abramo, 2005, p. 196.

② Abramo, H. & Branco (orgs.), *Retratos da juventude Brasileira: análises de uma pesquisa nacional*, São Paulo: Fundação Perseu Abramo, 2005, pp. 367 – 368.

更开放。人们认为，应用一项新技术将有助于构建一种新型居民。私营部门建造网吧来赚钱。政府资助的电视节目中心，以及一些由非政府组织运营的电视节目中心，如雨后春笋般出现在许多地方。这些中心推广技术服务，提供接入互联网的机会，将被数字时代排斥的人口包容进来，并赋予他们公民身份。技术达到理想状态的话，这将有助于产生一种新型居民——只要拥有廉价或免费的互联网接入——他们将获得更多信息，因为他们通过培训项目获得数字知识，因此更有能力争取自己的权利。

2. 从乌托邦到反乌托邦——技术适应

当权者对技术的设想是决定是否采用该技术的关键因素之一。正如我们早些时候看到的，互联网技术迅速成为社会秩序发生积极变化的希望所在（有趣的是，这与当代网络电视占主导地位的观点完全相反）。人们普遍对主流秩序不满，对数字时代的谋生手段不满，对由技术建立的乌托邦所带来的希望不满，认为互联网的兴起对社会、经济和政治秩序的变革做出了积极贡献。巴西成为政府使用数字技术的世界领头人：从 1996 年开始推出电子投票，旨在通过打击出售选票来保障公民权利和民主；1997 年推出的网上报税系统——巴西联邦税务信息系统（Receitanet）旨在加快退税、消除申报的官僚作风和打击逃税。"高通货膨胀、银行分行分布不同地区和银行的大量金融资源极大地刺激了银行部门信息技术的发展……"，使我们的银行系统成为世界上最有效的银行系统之一，这在发展中国家是前所未有的。① 所有这些系统之所以成为可能，是因为一个由年轻的巴西工程师、资本家和有远见的政府人员组成的新兴精英群体在组织、推广、融资、监管和构建系统方面发挥了主导作用。

3. 纸质媒体拒绝退出舞台

有调查显示，66% 的中国人、27% 的巴西人、25% 的南非人、20% 的印度人和 10% 的俄罗斯人通过报纸进行阅读。② 尽管报纸的影响范围如此之广，但在当前的青年研究中却很少提及它们。在当今世界，所有形式的媒体都受到广泛的受众研究的影响，这些研究以商业为导向，并且主要用于

---

① Frischtak, C., "Banking automation and productivity change: The Brazilian experience", *World Development*, 20 (1992), pp. 1769 - 1784.

② WAN, *World Press Trends*, Paris: World Association of Newspapers, 2008.

满足私人意图。不幸的是，在本章中我没有足够的篇幅来进一步检验这些结果。

4. 反乌托邦——电视

最近，塞顿①对青年学习和技术的巴西社会科学硕士和博士论文进行了元分析，在比较教育领域的研究如何对待"旧"和"新"媒体时，他提出了一个非常重要的问题："虽然人们认为电视节目具有强大的操控能力，但人们同时也积极地看待信息和通信技术（ICT），它们被视为一种潜在的未知的教学资源，很容易被接受为获取知识和新知识形式的工具——这些技术十分灵敏，并且能够被人所认知。"

教育领域的研究对这些媒体的观点产生了决定性的影响，并对媒体的操纵能力发出了警告。一些人借助马克思主义术语，称它们为"统治阶级和国家的意识形态工具"，"电视与消费型社会联系在一起，人们将电视视为生活、时尚，以及身份模型中不可或缺的一部分"。② 许多研究认为，年轻人只是被这些媒体操纵的对象。

巴西免费网络电视的一个重要特点是，几十年来，私人频道巴西环球电视台（TV Globo）拥有最大的观众份额。最大的观众份额反映出该频道在内容、演员、场景、剧本和报道方面的大量投资，这些因素的适当组合赢得了公众的尊重。这一频道既传播娱乐，同时也传达信息，因此融合了整个国家的文化。在巴西的身份建构过程中，这一频道可以作为国家级的参照。一些青年研究人员试图了解青年发育和成熟阶段对特定节目的接受情况。许多研究对年轻人得出了负面的结论，认为年轻人被边缘化，而且不能对所见所闻提出质疑。在更宏观的层面上，这一观点得到了理性文化的支持。理性文化批判环球电视台所占据的重要地位，许多受法兰克福学派影响的知识分子蔑视环球电视台的影响力。

5. 乌托邦——互联网

许多关于教育的论文探讨了如何将新技术视为一种教学资源，甚至如

---

① Setton, M. da G. J., "Juventude, Mídias e TIC", In M. Sposito（orgs.）, *O estado da arte sobre a juventude na pós-graduação Brasileira*（1999 - 2006）, Belo Horizonte：Argumentum, 2009, p. 74.

② Setton, M. da G. J., "Juventude, Mídias e TIC", In M. Sposito（orgs.）, *O estado da arte sobre a juventude na pós-graduação Brasileira*（1999 - 2006）, Belo Horizonte：Argumentum, 2009, p. 68.

何将信息通信技术纳入教育中，融入学生的经验中。一个关键的主题是，计算机可以帮助人们创造一种新式语言，作为一种转换和反思的工具，或者作为年轻人提高对外界敏感性的媒介。计算机语言的本质是一种视听语言。通过这种方式，计算机为教育体验增加了新的维度，使家庭（青少年使用互联网的地方）和教室能够进行更深层的整合。

塞顿的元分析中的一组研究将年轻人视为"创造者"，即年轻人提高自主性过程的参与者，因为技术的使用产生了民主化和参与性。研究认为，学生对外界变得更敏感，同时也有能力学习技术技能和探索自己的创新能力。[①] 研究人员试图探究，信息通信技术是否可以作为年轻学生的创新教学资源。他们建议建立一个清晰的控制系统，包括集体学习、反馈、研究、保证不断的实验以及从成功中学习。这些研究的结果对技术在学校的应用是非常有利的。

此外，我们还发现了一些更普遍的重点研究，其中许多是关于青年而不是专门针对学校的，这些研究考察了游戏、聊天、博客、讨论列表、社交媒体，以及它们在主观化过程中的作用。大多数研究人员观察到，年轻人使用这些工具来增加他们自己的角色，扩大他们对自我和他人的反思范围，从而有助于重塑"需要更好理解"的身份构建过程。[②] 与皮埃尔·列维（Pierre Levy）的观点一脉相承，塞顿认为，"因为每个人都是自己作品的创造者，因此他们会被刺激去创作、写作和阅读他人的作品。在个人作品中，我们把自己塑造成个人和集体历史的主体。这些信息通信技术在形成和重建我们的身份方面具有无与伦比的潜力"。[③] "大多数研究人员观察到，年轻人使用这些工具来拓宽对自己和他人的反思范围。通过这种方式，他们可以对周围的世界形成一种新的认识：学校、家庭、朋友和未来。他们将互联网视为一个讨论、交流思想和言论自由的空间；各种风格的聊天、博客

[①] Setton, M. da G. J., "Juventude, Mídias e TIC", In M. Sposito（orgs.）, *O estado da arte sobre a juventude na pós-graduação Brasileira*（1999 – 2006）, Belo Horizonte：Argumentum, 2009, p. 72.

[②] Setton, M. da G. J., "Juventude, Mídias e TIC", In M. Sposito（orgs.）, *O estado da arte sobre a juventude na pós-graduação Brasileira*（1999 – 2006）, Belo Horizonte：Argumentum, 2009, p. 75.

[③] Setton, M. da G. J., "Juventude, Mídias e TIC", In M. Sposito（orgs.）, *O estado da arte sobre a juventude na pós-graduação Brasileira*（1999 – 2006）, Belo Horizonte：Argumentum, 2009, p. 74.

和游戏为身份构建提供了一种新形式。通过这种方式，网络文化具有一种结构化的力量和一种需要更好理解的身份构建力量。"① 这类研究大多试图避免严格的技术决定论，其中很大一部分受到后现代主义的影响，认为"这种文化的特征不在于机器，而在于我们所建立的无意识思维模式与探索数字技术的全部潜力之间的辩证关系"，塞顿②将其视为"对理想有所回应的项目"。

人们普遍认为，技术有两面性，由此提出了一种规范的解决方案，使信息通信技术工具化，使其对教育做出贡献。这一方案的提出背景受到以下因素的影响："（a）学校构造和教学结构；（b）教师资格；（c）在学术、行政和技术上的综合力量。这些技术带来了一种记录课堂内容的新方法，一种强调过程的新评估形式，一种新的教学方式，同时需要重新思考（核心）价值观和行为。"③ 与我们在电视上看到的完全不同，这些讨论对这些新技术十分有利，因为它们为个人与信息之间的关系赋予了特权。

6. 身份实验

我认为，建立金砖国家社会学的一个重要部分是研究金砖国家公民之间的联系。当然，互联网是一个潜在的实验和交流的场所。印度人、中国人、南非人、俄罗斯人的身份在互联网或其他领域的实验如何？显而易见的一面体现在居住在国外的巴西人撰写的博客上，他们将这些博客视为"有意义的"努力并加以发表。此外，巴西国家电视台还播放了巴西制作的关于金砖国家公民生活的纪录片。在巴西，我们看到了中国和印度美食、南非宗教和音乐以及中国功夫学院。在金砖国家中占主导地位的本土语言中，一些顶尖大学传统上只教授俄语。而如今，主要城市中的私立语言学校和孔子学院向越来越多的年轻人教授普通话。

---

① Setton, M. da G. J., "Juventude, Mídias e TIC", In M. Sposito（orgs.）, *O estado da arte sobre a juventude na pós-graduação Brasileira*（1999 - 2006）, Belo Horizonte：Argumentum, 2009, p. 75.

② Setton, M. da G. J., "Juventude, Mídias e TIC", In M. Sposito（orgs.）, *O estado da arte sobre a juventude na pós-graduação Brasileira*（1999 - 2006）, Belo Horizonte：Argumentum, 2009, p. 73.

③ Setton, M. da G. J., "Juventude, Mídias e TIC", In M. Sposito（orgs.）, *O estado da arte sobre a juventude na pós-graduação Brasileira*（1999 - 2006）, Belo Horizonte：Argumentum, 2009, p. 73.

　　绝大多数研究认为，电视"对年轻人被边缘化起到了决定性作用。有一小部分研究认为电视作用十分强大，但并没有起到垄断作用，因为这类研究摒弃了单因果概念，采用了关系视角，看到了影响年轻人象征性想象力形成的其他因素"。①

　　事实上，很少有研究认为年轻人能够决定自己的命运，但当青年开始塑造自己的命运时，网络电视仅仅是众多影响因素之一，尽管它所起的作用十分强大。年轻人在构建自己的身份时，结合了来自不同起源的复杂形象。然而，社会科学研究与"旧媒体"（电视、电影、广播）的影响有关，一般会问以下类型的问题："年轻人与电视和音乐文化的表达交流什么？"②总的来说，在这些研究中，年轻人被视为容易接受现状所传递的价值观、规范和生活方式。然而，他们也积极通过媒体寻求新的身份和行动模式，从音乐电视台到环球电视台肥皂剧，从音乐和体育明星到相关群体。然而，在这些研究中，"重要的是要强调年轻人不是被动的。他们虽然是接受者，但即使是被这些媒体强烈影响的人，也有能力赋予新的意义，对接收到的信息进行批评和创新"。③ 我的假设是，在一些交流过程中对身份的形成有深远的影响，但哪些过程会产生影响，何时影响，影响了谁？我认识到有必要更准确地理解，这么多不同的元素是如何被接受、反映到个人身上，并通过它们来重塑巴西文化的。我认为，许多似乎在某一时刻被坚定拥护的象征，后来可能成为集体健忘的一部分，这种健忘与一种过度消费的体制有关，一种时尚被另一种时尚所取代。如果这种情况真的发生，那么交流、理解甚至身份转换的信号可能都是短暂的。

---

① Setton，M. da G. J.，"Juventude，Mídias e TIC"，In M. Sposito（orgs.），*O estado da arte sobre a juventude na pós-graduação Brasileira*（1999 – 2006），Belo Horizonte：Argumentum，2009，p. 71.

② Setton，M. da G. J.，"Juventude，Mídias e TIC"，In M. Sposito（orgs.），*O estado da arte sobre a juventude na pós-graduação Brasileira*（1999 – 2006），Belo Horizonte：Argumentum，2009，p. 66.

③ Setton，M. da G. J.，"Juventude，Mídias e TIC"，In M. Sposito（orgs.），*O estado da arte sobre a juventude na pós-graduação Brasileira*（1999 – 2006），Belo Horizonte：Argumentum，2009，p. 66.

二　互联网普及时代及其对青年的影响

埃切加赖[①]写道："数据之间的差异表明，互联网用户的生活似乎比非用户的生活更精彩：他们做更多的体育锻炼，花更少的时间看电视而去做其他事情（例如，使用互联网，但不仅只使用而已）。"除此之外，互联网用户的与众不同之处在于他们的开拓精神、对新鲜事物持开放态度、对数字世界的快速适应，还有不太明显的一点是，他们对技术以及所谓的"当下风气"的狂热。非互联网用户更喜欢"旧服装"，在道德和消费、社会传统、技术和产品等方面表现得更保守。接着，研究发现网民有两种倾向，一种是理智的，另一种是娱乐的。每个都有特定的角色。这样的分析推动了一个政治理想成为政策，政府有必要提高数字时代的包容性，从而保证公民的活跃度。

1. 2008 年巴西青年互联网使用状况

2008 年进行的一项全国调查显示，互联网重度用户比非用户和低强度用户更多地参与到组织中，并且对所在组织有更好的了解。

这项全国性的青年（16 至 25 岁）调查共采访了 1541 名年轻人，样本被设计来代表所有的巴西青年。在我们的分析中，我们根据他们使用互联网的不同程度对他们进行了分类：481 人被归类为"轻度或非互联网用户"（这一组中有 81% 的人不使用互联网，所以我把这一组称为"非用户"），577 人被归类为中度用户，483 人被归类为重度用户。这种分类方式是在积分系统的基础上制定的，只要参与者对问题的回答表明使用互联网的时间和程度有所增加，就会提高权重。这样就有可能把这些受试者分成三组。坎皮纳斯州立大学（Unicamp）的民意研究中心（CESOP）提供了这个数据库，这个数据本章中首次被科学地分析。[②]

最初吸引我注意的是，这三类用户都具有一定的特征。受访者表示，他们爱自己的父亲（约 60% 的人给父亲打了 10 分），爱自己的母亲（近

---

① Echegaray, F., "Dimensões da cibercultura no Brasil", *Opinião pública*, 9 (2), 2003, http://www. scielo. br/scielo. php? script = sci_arttext&pid = S0104 – 62762003000200002.

② 我非常感谢民意研究中心对 DAT/BR08. ABR – 02637 数据库的提供。感谢安德烈·科维奇（André Covic, IC, Unicamp）对数据分析提供的宝贵帮助。

90%的人给母亲打了 10 分）。在所有用户中，祖父母和兄弟姐妹与父亲一样受欢迎。对家庭成员（父亲、母亲、兄弟姐妹和祖父母）的信任比表达出来的爱略低，但也表明了用户群体之间稳定的关系。

有关数字时代被排斥的群体的文献没有讨论家庭生活和互联网接入之间的任何相关性。有孩子的年轻人不使用互联网的比例高于没有孩子的年轻人。在有孩子的女性中（n = 213），只有11.3%的人是重度互联网用户，而没有孩子的女性中（n = 557）这一比例为30.5%。同样，在有孩子的男性中（n = 114），17%是重度用户，而在没有孩子的男性中（n = 645），这一比例为41%。这种关系表明，年轻的父母没有参与数字时代，或者被结构性力量排斥于数字世界，因此很有必要了解他们的动机。

这三个用户群体的成员都表示，他们对自己的个人形象满意（57%），然而，重度和非互联网用户对自己的体重不满意（15%和16%）。家庭生活比婚姻、金钱、宗教、性、美貌、朋友和工作更重要。然而，健康被认为是非常重要的（86%），甚至比家庭更重要。对家庭的依恋和自信是接受调查的巴西年轻人的特征。

家庭、宗教、学习、工作和朋友在这三组中被认为同样重要或非常重要（指数范围在70%到90%之间）。认为拥有金钱并没有那么重要的，非用户为76%，重度用户为83%。在消费领域，往往可以观察到巨大的差异，二个群体共同拥有的一个特征似乎是听音乐，音乐并非某个群体的特权。在这三个群体中，听音乐的比例相似——大约30%——每个月购买 6 张或更多的音乐 CD。然而，调查问卷并没有要求受访者区分假冒的和正版的 CD。

无论如何，音乐都是青年文化中另一个共享的元素。

值得注意的是，从未使用互联网的女性比例（28.3%）略高于男性（22.3%）。此外，男性更可能是重度用户，这一群体中约 60% 是男性，而女性只占 40%。

2. 互联网用户和非用户之间的差异

引起研究者兴趣的首要关注点是，人们开始使用互联网是否涉及某种沟通方式对另一种沟通方式的取代。非互联网用户的首选是网络电视——45%的非互联网用户最常用的新闻来源，其次是广播（25%）和报纸（23%）。与重度用户相比，中度用户的首选更接近于非重度用户：41%的人看电视，23%的人看报纸，18%的人听广播，其次10%的人使用互联网。重度用户的情况则完全不同：他们首先在互联网上寻找信息（70%），然后是网络电视（11%），其次是报纸（9%）。超过85%看电视的人会看新闻节目，三类人群都是如此。在重度用户中，报纸和网络电视并列第二（各约24%），广播排在第三（16%）。换句话说，传统的新闻来源对大多数受访者来说非常重要，尤其是电视。

在休闲方面，三类人群在电视上看电影的比例相同（85%以上）。这在连续剧和肥皂剧中有所变化，重度用户（62%）比中度用户（75%）和非重度用户（80%）看肥皂剧的可能性要小得多。同样，重度互联网用户观看宗教节目的比例最低（29%），中度用户（42%）和非用户（43%）紧随其后。在2008年，网络电视在很长一段时间内仍然是电信提供大众休闲的主要来源。在沃尔顿（Wolton）的理论中，网络电视是民主社会公共空间的重要组成部分。

在频繁使用互联网的人群中，55%的人表示他们关注政治新闻，而在不使用互联网的人群中，这一比例仅为36%。当涉及组织的参与时，大量的互联网用户和非用户在大多数类型的组织和事业中的总体参与率都很低。数据显示，一些参与形式在不同类别的用户之间是平等共享的，而另一些则是完全不同的。每个群体中参加土地改革运动的比例相同（4%），参加政党的比例也趋近相同（6%和9%），参加工会的平均比例为5%。对于重度用户来说，参与社区活动（15%）和志愿工作（31%）的比例很高，而且在与教堂有关的活动中，所有群体的参与程度都是一样的，其中有34%的非用户和38%的重度用户参与。事实上，教会似乎是社会参与的主要工具，而不是政治导向的组织。这反映出巴西人对政党极度缺乏信任，无论老少。相比之下，人们对教堂的看法通常比较乐观。

用户和非用户之间的参与程度也不同；我认为互联网本身并不是解释差异的关键变量。大约9%的非用户和15%的重度用户声称参加了保护自然或动物的团体，3%和7%分别声称他们参加了工会。非政府组织的参与度非常低，非用户仅为3%，而重度用户的参与度则大幅上升，达到11%。

问卷还要求那些没有参与特定类型组织的人表达他们最终有兴趣加入哪些组织。参加政党的兴趣很小（4%），只有5%希望参加工会。在那些没有参加教会组织的人中，大约有10%的人愿意参加。对于那些希望从事社区工作的人来说，这一数字上升到 20% 左右，而对于那些保护自然或动物的团体来说，这一数字上升到近 30%。换句话说，在现有体制下，参与的愿望似乎比机会更大。在涉及共同问题的组织而不是聚焦个别问题的利益集团中更加明显：这三类用户之间的差异很小。也有一些例外：在没有参与非政府组织的用户中，一些重度用户表示感兴趣（20%），而非用户表示不怎么感兴趣（7%）。

　　3. 互联网使用的社会差异

　　社会阶层似乎与互联网使用率高相关，我们基于某些消费活动的意愿，开发了一系列代理变量来实现对阶层的测量。23% 的重度用户希望离开巴西去另一个国家生活，而在非重度用户中，这一比例仅为 12%。电影院每周吸引 9% 的重度用户至少去看一次电影，而只有 2% 的非重度用户经常去看电影。戏剧不像电影那么受欢迎，只有 0.2% 的非用户每周去一次以上，而在重度用户中，这一比例是非用户的 6 倍（1.3%）。然而，在所有人群中，去酒吧是一种更受欢迎的文化活动，有 24% 的人每周至少去一次酒吧，在重度用户中，这一比率更高（33%）。参与更昂贵的休闲活动的比例有所不同，如去舞厅或夜总会，7% 的非用户每周至少去一次，而 16% 的重度用户每周去一次。理论上，逛购物中心是一种免费的休闲活动，也是重度用户的特权（31%），他们每周去一次以上，而只有 5% 的轻度用户这样做。重度用户中经常去图书馆的人（25% 的人每周至少去一次）是非用户（7%）的四倍。我做了两个观察。第一，一些重度用户可能会去图书馆（在学校或社区）上网，然而，这个结果表明，许多重度互联网用户不接受互联网正在取代图书馆的想法。第二，重度互联网用户更有可能比非用户每周去博物馆（1.2% vs 0.4%），书店（10% vs 3%）以及进行阅读——与非用户的 9% 相比，有 18% 的重度用户在前半年读过 6 本或更多的书，这个数字包括了很多应学校要求而读的书。换句话说，在重度互联网用户中，有更多的机会接触各种形式的文化生活，但并不能说是互联网的使用导致了这些差异，而是说，观察到的差异很可能是由其他因素造成的，比如社会阶层。

　　重度用户倾向在家里上网（68%），在工作中上网（36%），以及在其他地方上网（68%），而中度用户上网大多来自"其他地方"（81%），在工作中上网只占 10%，在家里上网占 24%。这表明重度用户的家里已经购买了计算机，但出于某种原因，他们似乎要立即接入网络，并且没有足够的耐心等到他们回家访问自己的账户，于是他们经常从任何其他可用的设备接入网络。事实上，这一组中78%的人每天上网，而中度用户中只有16%的人每天上网，而在非用户组中，显然没有人每天上网，6%的人每两周上网一次。

这些数据表明，社会阶层越高，使用互联网的频率越高。此外，超过两倍的重度用户所处的社会阶层提供给了他们进行英语学习的便利条件。这些重度用户可以说（30%）、读（46%）和写（39%）英语，比例高于非用户（分别为8%、18%和19%）。此外，重度用户对学习的积极倾向更高（81% vs 63%），而非用户对工作的积极倾向略高（62% vs 69%）。然而，非用户表现出对休闲活动更偏好的倾向，92%的非用户认为休闲活动很重要或非常重要，而重度用户中只有84%的人认为休闲活动很重要或非常重要。

社会阶层的差异似乎也可以通过手机的所有权来体现。大约85%的重度用户拥有手机，而非用户的这一比例为56%（这一指标似乎与互联网使用程度有关）。重度互联网用户也更频繁地使用手机，25%的人在课堂上使用手机，而只有11%的非互联网用户使用手机。然而，数据显示，似乎并不是手机的所有权决定了人们对互联网的使用，某一特定群体比另一群体更频繁地使用互联网，是因为随着社会阶层的提高，人们可以为不同的目的而使用各种技术和互联网。

总而言之，几年前，尽管在价值观上有许多重要的相似之处，但重度用户和其他类型的互联网用户之间似乎存在一些很大的差异，其中包括政治参与（尽管总体水平很低）。大多数年轻人寻求其他形式的参与，这些参与在本质上更具有普遍性。因此，将观察到的差异原因归咎于互联网使用的强度并不明智。

研究表明，互联网在重度用户中占据了越来越多的时间，但并没有取代传统的大众传播手段，成为接收信息的主要来源。这一发现表明，在技术研究中存在严重的不平衡，因为人们对传统的大众传播手段的调查是以一种消极的方式进行了先验的设想，与被积极看待的互联网形成了巨大的对比。[①] 民主社会中强大的群众基础的形成被视为科学研究的兴趣点，因为

---

① Wolton, D., *Informer n'est pas communiquer*, Paris: CNRS Editions, 2009.

科学研究将个体视为重点。

三　互联网常态化时代及其对青年的影响

今天，巴西的互联网使用在年轻人中几乎已经"常态化"。这意味着在这一人群的用户和非用户中，除了地区、年龄和教育程度外，似乎没有什么明显的社会和人口方面的差异。这些差异在过去很明显，随着互联网的普及而缩小。[①] 特别是在 20 世纪 90 年代，许多围绕互联网建立起来的宏伟构想和乌托邦随着互联网成为主流而破灭。

施莱格尔[②]发现，今天的巴西网民并没有以任何一致的方式表现出与其他人群不同的价值观。国际研究发现，在经济领域没有明显的自由主义倾向，也没有在更大程度上支持民主或对政府机构更有信心的迹象。他分析了拉丁美洲晴雨表（Latino Barometer）调查的一组数据后发现："虚拟世界往往会增强那些已经拥有权力的人的力量——尤其是那些拥有差异化文化资本的人。"

2011 年全国家庭抽样调查（PNAD）也显示了巴西年轻人使用互联网的常态化。

在过去 3 个月里，只有 46.5% 的巴西人上网，而在最富裕地区，18 至 19 岁的网民中上网的比例为 82.8%，在同一地区，20 至 24 岁的网民中上网的比例为 76.7%。手机统计数据显示，手机普及率更高，有 69.1% 的人拥有手机，在最富裕地区 18 至 19 岁的人群中，这一比例为 84.1%，20 至 24 岁的人群中这一比例为 88.7%。2011 年，在所有年龄组中，20 至 29 岁的年轻人拥有手机的比例最高，15 至 24 岁的年轻人使用互联网的比例最高，其中女性使用互联网的比例高于男性。最贫困地区年轻人的手机拥有率不低于 70%。在 20 至 24 岁的人群中，在互联网普及率最低的地区其上网比例仅为 49.7%，该地区人口非常稀少，并且难以为包括亚马逊在内的北部地区提供互联网。

---

① Norris, P. , *Digital Divide*, Cambridge：Cambridge University Press, 2001.

② Schlegel, R. , "Internauta Brasileiro：perfil diferenciado, opiniões indiferenciadas", *Revista de sociologia e política*, 17 （34）, 2009, http://www. scielo. br/scielo. php？pid = S0104 – 44782009000300011&script = sci_ arttext.

1. 互联网时代的创业者：企业家

1994 年，我在巴西互联网出现之前进行了一项关于青少年和计算机的研究，[1] 其中我确定了一组分散的"创造者"，他们使用计算机来促进世界的变化。他们没有功利动机：他们希望利用计算机来制作游戏、发展爱好以及开发全新的创意表现形式。他们与另一类创新行动者有很大的不同，我称后者为"工程师"，他们的动机十分功利。他们试图运用计算技能来产生影响，使某些过程和惯例能够更有效地执行，他们的目标是复制现有的流程，并通过应用计算能力来强化这些流程。相比之下，创造者想要的更多，并投身于能够产生新事物的创新项目。

粗略阅读一下流行文学，你就会发现三个在经验上与众不同的创新群体：企业家、黑客和网络罪犯（一个试图在不被发现、尽量不公开的情况下开展业务的群体）。由于互联网仍然是一个相对不受管制的空间，这三类行动者之间的区别有时可能很细微。金·多特康姆[2]（Kim Dotcom）被视为违反美国法律的网络罪犯，像好莱坞式明星一样受到高度关注。他在新西兰被捕，法庭并不清楚他的行为是否违法。现在有一个问题是，金·多特康姆究竟是一个罪犯还是一个企业家英雄？如今，这似乎取决于将他贴标签的国家的权威。斯诺登[3]（Snowden）和阿桑奇[4]（Assange）案强化了这种印象。这种英雄与罪犯的混淆也出现在工业社会诞生之时，特别是在资本主义版图向西扩张进入美国、向南和向西进入巴西之时。

在中国、印度、巴西、俄罗斯和南非，企业家可以通过在技术方面的创造性而成为国内或国际上的重要人物，其中一些企业家成了全球侨民。巴西的社会科学研究对企业家关注甚少，而对黑客关注甚多。至少有两名年轻的巴西侨民企业家因其创造技能而出名，并在重要技术产品的开发中发挥了关键作用。脸书（Facebook）的联合创始人爱德华多·萨维林（Eduardo Saverin）和照片墙（Instagram）的联合创始人迈克·克里奇（Mike

---

① Dwyer, T., "Secretários, autores e engenheiros: ordem e mudança entre adolescentes usuários de computadores", *Teoria e sociedade*, 2 (1997), pp. 125 – 176.

② 译者注：金·多特康姆生于 1974 年，2005 年建立了文件分享网站 Megaupload，迅速成为各种盗版影视内容的基地，2012 年 1 月被强制关闭。

③ 译者注：斯诺登，1983 年生于美国，前美国中央情报局技术分析员，因曝光美国"棱镜"计划与"核心机密"，遭美国政府通缉。

④ 译者注：阿桑奇，1971 年出生于澳大利亚，"维基解密"的创始人，被称为"黑客罗宾汉"。

Kreiger）开创了旨在帮助人们"学会共处"的创新，尤其是在脸书，"学会找存在感"，把自己塑造成主人翁。①

另一种不同的创业方式是，顶级乐队"卡利普索"（Calypso）已经通过乐队自己的渠道卖出了数百万张 CD，不是通过商店，而是主要依靠街头小贩。他们创新的"开放商业"模式影响了其他数百个音乐团体，尤其是在"工业噪音"（techno-brega）音乐领域。罗纳尔多·莱莫斯（Ronaldo Lemos）和奥娜·卡斯特罗②的一项研究估计，在演出和传统音乐收益之外，这个行业每年产生约 2000 万美元的收入。

从 2006 年到 2010 年，巴西科技初创企业的数量平均每年增长 7%。销量最大的全国性周刊《VEJA》上的一篇文章称，这种增长速度超过了中国和美国。其中一位 29 岁的被采访者，《指尖》（FingerTips）节目的创始人说："现在留在巴西对我来说是更好的选择。如果在美国，那么我就得与硅谷竞争。"许多创新者都曾在美国的主流大学读过书，他们认识到获得文凭对他们在美国的工作并不重要，然而，他们都认为，这对于在以文凭为导向的巴西劳动力和资本市场中占领一席之地很重要。许多人都是从黑客开始：解锁智能手机，开发盗版软件，非法入侵网站。其中一名商人在 16 岁时被社交网站欧库特（Orkut）开除，因为他传播的一种病毒影响了 10 万名用户。"我只是想让欧库特的所属公司谷歌看看，我发现他们的系统存在安全隐患。"他们认为盗版音乐和电影是巴西文化中并不光彩的一部分，尽管这种现状是他们自己造成的，他们声称的原因之一是这个国家缺乏廉价的替代品。他们穿着看似统一的衣服：牛仔裤、衬衫和网球鞋。这个群体几乎都是男性。他们把全世界都看成是自己产品的潜在市场。"20 世纪 90 年代以前，巴西人必须到海外旅行才能引起注意，现在外国人会主动到巴西来。"③

2. 互联网时代的社会监察者：白帽黑客

经常有研究指出黑客运动分为三种：白帽、灰帽和黑帽。白帽做"好事"，黑帽做"坏事"，灰帽介于两者之间。

---

① Delors, J. et al., *"Educação: um tesouro a descobrir"*, *Relatório para a UNESCO da comissão internacional sobre educação para o século XXI*, São Paulo: Cortez, UNESCO, MEC, 1997.

② Lemos, R. & Castro, O., *Tecnobrega: o pará reinventando o negócio da música*, Rio de Janeiro: Aeroplano Editora, http://bibliotecadigital. fgv. br/dspace/handle/10438/2653, 2008.

③ Vilicic, F., "Eles já Nasceram no Futuro", *Veja*, 2012, pp. 92 – 102.

在一些国家，互联网被用来绕过新闻审查、表达媒体偏见或解绑自我约束。这种活动的某些方面用来创造，其他方面是为了获得经济利益。反腐败非政府组织"透明国际"（Transparency International）制作了一个"腐败指数"，该指数表明腐败在巴西（2011 年排名第 69 位）和南非是一个同样严重的问题。直到最近，中国还与巴西处于同一指数水平，但排名有所下降，目前排在第 80 位，印度第 94 位，俄罗斯第 133 位。该指数显示，腐败被认为是所有金砖国家共同面临的问题，尽管腐败程度有很大差异。[①] 正是在这样的背景下，一场社会运动宣布了它的意图：侵入政治，以摧毁腐败的巴西政客。"我们是一个超过 800 人的社区，其中包括开发者、黑客、互联网专业人士和活动家、非政府组织的代表、研究人员、通信专家和律师，他们被称为'透明黑客'。"2013 年 4 月他们的博客表示："我们与政府和民间团体合作项目，寻求开放信息和管理流程，用这种方式刺激公民参与，通过与机构、基金会和非政府组织合作，培养能够将数据以及其他公开信息重新利用、解读和重组的团队。这些行动的目标是重新划分社会权力结构，并通过互联网的使用促进对有关整体利益事项的参与。"[②]

自 2004 年以来，"聚焦国会"（Congress in Focus）网站也进行了类似的斗争，年轻的记者们动员了大量的资源来揭露当选的巴西国会议员及其工作人员的秘密。这项工作获得了许多国家大奖。然而，这样的工作遭到了激烈的反对，一些黑客仅仅因为发布了一份非法的高工资名单而被国会工作人员告上法庭。[③]

通过互联网而非主流传统媒体传播的"公民新闻"（Citizen Journalism）也证明了上述观点。在主要的大都市中心之外，纸质媒体、广播节目和电视广播媒体经常被地方政治家或他们的代理人所把持。这意味着，具有批判性的记者能够发现那些无法发表的重要新闻，但发表就会冒着死亡的危险，冒着生命的危险。"自由之家"（Freedom House）2012 年的巴西报告称，2011 年至少有三名记者因其职业而遭到暗杀，目前警方还在调查更多的死亡事件。例如，2012 年 4 月，马拉尼昂州博客粉丝最多的记者兼作家德西

---

① 参见 http://cpi. transparency. org/cpi2012/results/.

② 参见 http://blog. esfera. mobi.

③ 参见 http://congressoemfoco. uol. com. br/.

奥·塞（Décio Sá）在圣路易斯首府的酒吧等朋友时，头部中了两枪。他的博客之所以成功，是因为他对政客和腐败的批判报道。[①]

近来，司法部门对新闻博主进行越来越严苛的惩罚，这是因为政客和企业家由于被指控腐败而将这些博主告上法庭。[②] 部分民众和青年对暗杀记者的凶手逍遥法外的现象感到失望。腐败的政客再次当选时，巴西人总是感到沮丧，这会成功引起一场大规模运动，以减少被定罪的政客的竞选权利。问题是，无论年轻人还是老年人，都不相信这些政府机构，而随着互联网的出现，这一点并没有多大改变。

目前学界对这些运动的研究很有限。这些运动与国际主义的独立媒体运动（Indymedia Movement）之间的联系显而易见。独立媒体运动旨在打破新闻业与控制新闻媒体的大公司之间的关系，提倡公民新闻。

3. 互联网时代的网络犯罪：黑帽黑客

我们可以看到各种类型的网络犯罪的出现：在各种类型的网络犯罪中，人们也创造性地使用电脑，但在进行违法行为时表现出很大程度的功利动机。所谓的"轻微犯罪"是普遍存在的，这一点在2008年巴西全国青年调查中得到了证明。研究发现，非法下载音乐的比例很高，只有1%的重度互联网用户在前一个月没有非法下载任何音乐，而中等用户的比例也差不多。大约63%的重度用户从未为下载付费，而中等用户的比例为43%。

在拥有手机的人群中，12%的重度互联网用户曾利用手机在考试中作弊，这一比例远远高于非用户（6%）。换句话说，拥有手机并不代表一定会作弊，但是手机提供了人们接入互联网的途径，并且认为作弊能够侥幸逃脱的心理促进了作弊行为的产生。同时，又因为它发生在监管场所，被抓住的概率比其他形式的网络犯罪要高，所以只有少数重度用户（1/8）和更少的非用户（1/16）为了考试作弊而使用手机。

非法下载很普遍，且对个人影响不大，然而由于非法下载的数量巨大，最终会给相关行业带来数百万美元的影响。作弊成功会破坏教育系统中的考试诚信度，并且有利于那些作弊成功的人。整体来看，这两种行为影响

---

① CPJ, *Brazilian journalist décio sá assassinated*, Recuperado de, http://www. cpj. org/2012/04/brazilian-journalist-decio-sa-assassinated. php, 2012.

② http://www. freedomhouse. org/ report/freedom-press/2012/brazil.

相对较小，然而，其他类型的非法活动影响很大。诺顿杀毒软件的制造商发起了一项针对 14 个国家 7000 多名互联网用户的调查，结果发现其中 65%的人曾是某种网络犯罪的受害者。美国病毒或恶意软件受害者的比例为 73%，中国为 83%，巴西和印度为 76%，而法国的比例要小得多，为 57%。[①]

除了上面提到的外，民意调查几乎没有透露任何关于网络犯罪的信息。巴西社会科学家很少对网络犯罪的秘密世界进行研究，为此，我查阅了一名国际记者米沙·格伦尼（Misha Glenny）的文章，希望他的信息将来能得到社会科学家的补充。他解释说，"反美主义商业助长巴西民众对非法商品贸易的支持……除了参与反盗版斗争的警察和律师，没有一个和我交谈过的巴西人认为这种贸易是不道德的"。[②] 他指的是盗版软件、DVD、智能手机和电脑硬件，但也包括盗版服装和奢侈品。盗版使人们能够以低成本接触到消费社会的一些最有价值的符号。比如，我在 1999 年采访的一个贫穷的年轻人曾说的"巴拉圭制造"。他说的是已经抵达巴西的假货以及许多来自中国的走私货物都需要经过巴拉圭。[③]

这些非法活动中有一些是可以看到的，文化犯罪学提出，这种行为在后现代化时期很常见。[④] 在很多情况下，人们根本没有什么动力去买网上的东西，因为网上的东西可以免费获得，而且不太复杂，被抓住的概率很低，所以这种行为是否违法并不重要。容忍这种行为的社会环境会自我复制，当他们这样做时，这种行为就会变得越来越大众。[⑤]

从网上银行账户、信用卡、网络钓鱼和恶意软件的传播中偷钱，是我们在巴西互联网上看到的另一种实际的盗窃形式。格林伯格[⑥]认为，在全世

---

① NCR, *Norton Cybercrime Report — The Human Impact* (commercial website), http://us. norton. com/cybercrimereport/, 2010.

② Glenny, M., *McMafia: A Journey Through the Global Criminal Underworld*, New York: Vintage Books, 2009, p. 281.

③ Pinheiro-Machado, R., *Made in China: (In) formalidade, pirataria e redes sociais na rota China-Paraguai – Brasil*, São Paulo, Hucitec, 2011.

④ Ferrell, J., *Cultural Criminology: An Invitation*, Los Angeles: Sage, 2008.

⑤ Ulsperger, J. S. et al., "Pirates on the plank: Neutralization theory and the criminal downloading of music among Generation Y in the era of late modernity", *Journal of Criminal Justice and Popular Culture*, 17 (1), 2010, pp. 124 – 151.

⑥ Greenberg, A., "The top countries for cybercrime", *Forbes*, http://www. forbes. com/2007/07/13/cybercrime-world-regions-tech-cx_ ag_0716cybercrime. html, 2007.

界产生的恶意软件中，有 14.2% 是由巴西制造的，其中"特洛伊木马"被设计用来窃取银行账户的密码。之所以采用这种策略，是因为巴西的银行数量相对较少，这使得犯罪分子能够更容易地猜测所持账户的类型。《福布斯》认为巴西是世界上第三大网络犯罪国家，仅次于美国和中国，排在俄罗斯之前。

格伦尼认为，"金砖四国"具有某些共同的经济和社会特征。四国的经济发展良好，经过几十年的缓慢增长，正在逐步开放，重要的是各国的教育水平有了很大的提高。"这一点，再加上财富分配的极度不平衡，促成了一个新的贫困和失业的年轻人阶层，但与前几代人不同，前几代人有很大的物质愿望，以至于他们响应消费的呼吁，而消费是文化全球化的一个组成部分。为了满足他们的需求，少数人开始在局域网空间中努力，不受警察或其他任何机构的侦查，在那里他们发现了成为线上海盗的机会"。① "巴西仍将是网络犯罪的中心，原因很简单：利润高得惊人。没有任何其他有组织的犯罪组织能与网络犯罪的增长率相比……（大约）每年 25%……警务工作是一场噩梦，即便规模庞大，但仍然经验不足"。②

四　结论

我们似乎生活在一个颠倒的世界。当下流行的应用软件必然会被未来所抛弃。一切似乎都在变化中，我们没有足够的飞行工具，也没有时间对出现的事件进行深思熟虑。年轻人不善于交际，经常远离由人构成的真实物质世界。偷窃、病毒和诽谤流淌在同一代年轻人的血液中，所以不必担心受到责罚。由相关行业支持和推动围绕控制立法的斗争，存在着强烈的利益冲突，一些人捍卫自由，认为不应该受控制，而另一些人希望控制自由。我们可以看到从犯罪到合法的一系列行动。我们发现，人类在一个受

---

① Glenny, M., *Mercado sombrio: o cibercrime evocê*, São Paulo: Companhia das Letras, 2011, pp. 258 – 259.

② Glenny, M., *McMafia: A Journey Through the Global Criminal Underworld*, New York: Vintage Books, 2009, p. 273; Bestuzhev, D., Brazilian Cybercriminals' Daily Earnings — More Than You'll Ever Earn in a Year! *SECURELIST*, http://www.securelist.com/en/blog/208193355/Brazilian_cybercriminals_daily_earnings_more_than_youll_ever_earn_in_a_year, 2012.

道德约束的世界之外活动，他们似乎并不担心自己行为的后果，反而在某些情况下，这些后果会给他们带来巨大的回报。

我们还看到，行动者在合法的围墙内活动，他们寻求建立新的世界，他们动员和捍卫他们的行动，试图建立一个新的乌托邦，却忽视了这个理想世界的负面影响。最重要的是，工业社会的诞生及政治家们的缓慢反应也证明了这一点，当政治阶层似乎控制着自己感兴趣的东西时，剩下的人就会随波逐流。但是，我想读者会想，一切都发生得太快，这是问题的根源。我们看不到发生了什么，我们没有辩论，我们没有反思，技术决定论和不惜一切代价加速发展已经占据了上风，灾难应运而生，而行动者没有指南针来指导他们的行动。马歇尔·伯曼（Marshall Berman）借用了马克思关于工业社会起源的描述，称："一切坚固的东西都将烟消云散。"齐格蒙特·鲍曼（Zygmunt Bauman）谈到了现代的流动性，视巴西网络空间的社会科学研究与行为自由的扩张有关。"这是一种表达自我的方式，是与其他人对话的工具，同时也提供了一个建立友谊、社交关系和进行反思的空间。"

第九篇

结　语

面临机遇与挑战的中国青年

李春玲

当今中国青年是在经济改革震荡和社会经济发展高潮中成长的一代人，制度转型、社会变迁和经济增长造就了这一代人的突出个性，他们既拥有父辈们未拥有过的如此多的发展机会，享有父辈们未享有过的如此丰富的物质生活条件，同时也面临着父辈们未承受过的如此大的市场竞争压力和社会风险。他们被称为80后90后和00后，他们的长辈和他们自身都认为他们是与前几代人不同的极具个性的一代。

一 高速经济增长的受益者

当今中国青年成长于中国经济的高速增长期，在过去的三十年里，中国经济保持接近两位数的增长，人们的收入水平和生活条件不断改善，青年人的物质生活水平远远高于其父辈。伴随经济增长而来的是消费社会的兴起，受到高消费文化浸润的青年人，形成了强烈的物质欲望和超前消费观念，"月光族"和"负翁"[①] 在城市青年中盛行，而农村青年也抛弃了其父辈所持有的节俭消费理念和简朴生活方式。当代中国青年形成了与上几代人不同的消费模式特征，体现出了一些新的消费倾向，包括对于高科技产品和服务的偏爱以及对于感官乐趣、审美乐趣和生活舒适的追求。

---

① "月光族"指每月都花光自己所赚的钱而不做任何储蓄，这是一些城市青年的消费方式。"负翁"指总是信用卡透支而欠银行钱的人，这也是许多青年的消费方式。

二 计划生育政策所影响的一代

1970 年代末期实行的计划生育政策对当代青年的成长产生了重大影响。独生子女的大量出现，对于中国人的家庭生活及相关生活领域产生了重大影响。传统中国家庭观念崇尚多子女，家庭的经济资源和父母关爱不得不在多个子女中进行分配，在有些家庭中，兄弟姐妹之间还不得不相互竞争，而独生子女则可以享有家庭的完全支持和父母的所有关爱。在"蜜罐"里成长的"小皇帝"是人们对独生子女们的称谓标签。在四二一家庭结构①中，独生子女青少年可以说是集千万宠爱于一身。虽然青年人群中独生子女的比例不到半数（主要是城镇家庭子女），但大多数的农村家庭出身的青年也成长于少子女家庭（大多数是 2－3 个子女）。在家庭收入和生活条件明显改善的环境之中，青年们享受着比其父辈童年期多得多的家庭资源和父母关注，他们无疑是幸运的一代。然而，在父母、祖父母、外祖父母的溺爱中成长的独生子女也形成一些令人担心的个性特征，比如自私、叛逆、脆弱和任性，等等。这导致青年"啃老"现象成为社会问题，被称为"啃老族"的青年从学校毕业后长期不工作，依赖父母供养，甚至在结婚以后依旧"啃老"。

独生子女及少子化现象极大地改变了中国家庭结构、家庭关系及子女养育方式，也深深影响了当代中国青年的幼儿期及青少年期的生活境遇。经济高速增长和独生子女政策，使日渐富裕的中国家庭有越来越多的资源投入子女的养育，父母们对他们仅有的一个孩子或仅有的少数子女赋予越来越多的关注，这使得当代青少年享有的物质生活条件和营养健康水平远远高于其父辈青少年时期，这一变化导致的一个直接后果是中国新生代青少年的身体素质得到极大改善。

独生子女现象的影响不仅限于新生代个体的生理、心理素质，也由个体、家庭层面渗透于社会的各个方面。家庭小型化和少子化趋势改变了传统中国家庭代际关系和子女养育方式，父母与子女之间的关系更加亲密与

---

① 四二一家庭结构指一个家庭拥有四位祖父辈老人（祖父、祖母、外祖父、外祖母）、两位父母（父亲和母亲）以及一位子女，这样的家庭导致六位长辈关爱一个孩子。

平等，子女的个性化需求和自主意识得到更多的尊重，亲子关系得以颠覆与重构，而这种家庭内的代际关系的变化逐步蔓延于整个社会。随着新一代青年步入社会，他们的自信、自主、开放的理念与行为也在改变整个社会的代际关系。青年人不再仅仅是被动顺从的被教化者，老一代人也不再是拥有绝对权威的教化者，而是呈现出更加平等、宽容、相互尊重、共融和谐的代际关系，这不仅给予青年一代更大的社会空间展现个性、张扬自我、创新求变，而且也成为我国社会经济发展、创新能力不断提高的重要动力。

三　接受更多教育的一代人

当代中国青年成长于教育迅速扩张的年代，他们接受教育的机会远远多于其父辈。在他们接受教育的时期，基础教育已经获得普及，初中教育接近普及，高中教育在城市普及，在农村也有明显增长。最为突出的教育机会增长体现在高等教育领域，当代青年拥有的上大学机会是其父母的两倍。教育机会增长使中国青年的平均受教育水平极大提高。

由"大学扩招"和"九年义务教育普及"等一系列教育发展战略所构成的教育扩张大潮，成为对当代中国青年生命历程产生重大影响的历史事件。在教育扩张浪潮推动下，当代中国青年成为有知识、有文化、有技能的一代，为我国劳动力市场提供了高质量的人力资源，确保了经济增长的可持续性，提升了国际竞争力。更为重要的是，教育水平普遍提高，代表了人的全面发展。教育不仅使青年一代拥有知识和技能，也使他们具有开阔的眼界、独立的思考、理性的判断、创新的能力、文明的品德、强烈的进取心以及自信心。在竞争激烈的劳动力市场，他们比年长群体更有竞争力；面对高新科技发展、产业转型、新经济兴起，他们的学习能力、接受能力、创新能力更强；在快速流变的文化潮流中，他们成为时尚的引领者；面对剧烈的社会变迁，他们的适应能力更强。所有这一切，为他们在父辈面前赢得了前所未有的代际平等地位，冲击了传统的论资排辈代际格局，突显了青年一代的社会地位和作用。

但与此同时，教育机会分配的不平等有所增长，教育资源的竞争日益激烈，来自农村家庭和城镇下层家庭的青少年往往在教育机会竞争中被淘汰出局。教育不平等现象的增长进一步扩大了社会的阶层分化，同时也在青年群体中制造了内部分化，来自农村家庭的教育竞争失败者成为进城市打工的农民工，而接受高等教育的青年则成为有向上社会流动机会的城市白领，这两个群体成为当代中国青年的主要社会构成。

四　在人口流动大潮中频繁流动的迁徙者

改革开放带来了中国经济的市场化转型，同时也加快了工业化和城镇化进程，由此导致了大规模的人口流动，当代中国青年正是在人口流动大潮中成长的。在改革开放之前，除了一些政策因素（如三线建设等）导致的人口迁徙，绝大多数人出生、上学、就业和结婚生子都居于一地。但是，市场化、工业化和城镇化引发的人口流动大潮，使许多青少年在幼年时期就随父母流动迁徙，更多的青少年离开出生地、离开父母去外地上学和就业。

青年一代与前辈流动人口的构成有所不同，50后、60后和70后流动迁徙者绝大多数是来自贫困落后乡村的低文化水平打工者，即所谓的第一代农民工，他们大多在贫困的乡村中长大成人，与城市居民之间存在文化隔阂和行为观念上的明显差异。当代青年流动迁徙者的构成较为多元，不仅包括新生代农民工，还包括许多接受了高等教育的大学毕业生；不仅有来自贫困乡村的打工者，也有来自其他城市和小城镇的寻梦者。即使是来自贫困落后乡村的新生代农民工，他们中的多数也在城市或小城镇接受中、小学教育，早早就离开乡土融入城市生活。当代青年流动迁徙者与本地人之间的文化隔阂与行为观念差异日益淡化，虽然在一些大城市还存在着户籍制度导致的对外来者的排斥和歧视（如子女教育等），但总体而言，在新生代中本地人与非本地人之间的隔离正在消除，取而代之的是社会经济地位和教育水平等因素导致的分化。流动迁徙对新青年一代来说是一种生活的常态，随父母迁徙、因教育而流动以及异地就业谋生，成为青少年成长经历的一个部分，他们的流动迁徙范围不仅跨越了省市，也跃出了国界。

五　在互联网时代成长

互联网的出现极大地改变了中国人的社会生活，尤其是青年一代的社会生活。在某种程度上可以说，互联网造就了青年一代。当代中国青年是伴随互联网成长的一代，也是中国融入全球化、走向世界的一代。全球化和互联网时代的到来，使得青年亚文化和价值观念体系发生了巨大变化，他们率先使用以计算机、互联网、手机等为代表的新技术、新工具、新媒体，正以不同的方式发出不同的声音。青年在互联网、传媒、智能手机、流行音乐、畅销文学、选秀现象、网络流行语等诸多方面，与社会主流文化进行着博弈和互动。青少年群体作为网络社会和数字时代的"原住民"，几乎从一开始就处于一种网络化的生存状态，与网络社会有着内在的密切关系。在互联网的发展中，青少年群体体现出了更多的主体性和创造性，这一点尤其值得重视。青少年不仅是网络技术的运用者和网络新媒体的被动受众，更为重要的，他们还是网络内容的生产者和网络流行文化的创造者，在网络时代他们获得了前所未有的话语权但也承担着更多自我约束的责任。他们不仅在网络上消费、学习、交友、娱乐，也通过网络发泄自己的各种情绪并且不同程度地参与到社会批判和社会建设中去。我们不仅要考察新媒体对青少年发展正面和负面的影响，更要重视青少年对新媒体的积极推动作用。

六　受大学生就业难困扰的一代人

高等教育过快扩张带来了一个社会问题：大学生就业难，这一问题成为青年人从学校走向社会的一个最突出的难题。在 2003 年之前，大学毕业生几乎不会遇到失业问题。然而，自 2003 年以来，当"大学扩招"政策实施后的第一批大学毕业生离校就业以来，大学毕业生找工作难问题日益突出，大学毕业生失业问题困扰着毕业生家庭和整个社会。2008 年爆发的金融危机，加剧了这一问题的严重性。近年来中国经济增长速度放缓，国际贸易竞争加剧，经济结构调整导致部分行业萎缩，使大学生就业竞争压力进一步加大。

大学毕业生不仅遭遇就业难，还遭遇"安家难"。最近十多年城市房地产价格不断上涨，物价及生活成本也在上升，而与此同时，大学毕业生初职月薪增长缓慢，这导致许多大学毕业生生存状态恶化，出现了"蚁族""蜗居族""鼠族""北漂族"人群。这些拥有大学文凭的青年人却过着

"农民工"一样的生活，难以实现他们的"中产阶级梦想"，产生了严重的挫折感，纠结于留在北上广等超大城市拼搏还是返回家乡中心城市或小城镇谋生度日。

七　具有代际共性的一代人

当今中国青年在社会转型与变迁的宏观历史进程中成长，社会变迁形塑了这一代人非常突出的代际共性，从某种意义上来说，作为中国独特现状的转型背景与作为人生特殊阶段的青年时期的相遇，使转型在这一代人身上体现出其他代人所不具备的放大效应。从宏观层面来讲，代际共性主要有三个来源：第一，当代青年是改革开放的一代。面向现代化、市场化、全球化的转型过程，构成代际传递成长经历中重要的社会历史条件，这种融合了传统与现代、计划与市场、地方性与全球化的过渡与拉扯状态，在青年一代的生活境遇的方方面面中体现出来，并且构造出这一代人独特的态度与价值观。第二，他们是独生子女的一代。作为新中国成立后的一个重要举措，独生子女政策前所未有地改变了中国传统的家庭模式及权力结构关系。家庭是社会最基本的组成部分，独生子女政策通过对家庭关系的改变，不仅影响了这代人的受教育程度、消费观念、代际经济互助模式，也影响了这代人在组建自己家庭时的婚姻观和择偶观。第三，他们是互联网的一代。被称为第三次全球化浪潮的信息技术革命正在以所向披靡的力量在世界范围内重塑着整个社会秩序，其对于青年一代的独特意义在于，如果如玛格丽特·米德所说，我们正从一个前喻社会走向一个后喻社会的话，那么，信息技术无疑是赋予了青年一代面对年长者与生俱来的话语权时最强有力的反抗力量，而这股力量，正从日益完善和活跃的网络论坛中体现出来。

因此，在这种共同经历下，当代中国青年有几个突出特征：共享着共同的社会经历、价值观念和行为方式，具有很强的利益表达愿望和能力，承受着前所未有的社会风险和竞争压力，对自我现状不满意，但对未来有信心；具有较大的社会影响力，并且影响力会越来越大。

八　具有内在矛盾性的一代人

处于剧烈社会变迁、社会和经济转型，以及本土传统文化复兴与西方价值观念冲击环境之中，当代中国青年又是一个具有内在矛盾性的群体，突出表现为在观念上、行为上处于新与旧、传统与现代之间的矛盾性。

（1）青年一代的成长伴随着由计划经济向市场经济的转型，这一转型过程的推进，导致国家控制的公有制经济不断缩减，私有部门不断扩张。在体制转轨以及新旧两种体制共存的背景之下，他们处于一种在体制内（公有部门）与体制外（私有部门）之间摇摆的游离状态。寻求体制内的安全保障与追求市场机会的自主创业并存，描绘出这一代人充满张力的就业图景。一方面他们有明确的市场偏好，希望能借市场竞争充分实现自我价值，但同时他们又害怕承担风险，在实际就业的预期中更想进入体制内单位。与此同时，那些成功在体制内就业的人虽然享受了安全的保障，但他们又希望生活更有挑战一些。这种矛盾性在这一代人身上非常突出。

（2）在观念和行为方式上，反叛传统、反叛权威与传承传统、认同现存体制也存在矛盾。一方面，当代中国青年在文化价值上的反叛性有很突出的表现，但是当他们进入社会、面对竞争压力时，又去对原来反对的成人社会的规范进行妥协。在价值观上，他们身上有传统和现代之间的冲突。

（3）他们是打上代际与阶层双重烙印的一代人。从代际文化来说，青年一代展现出鲜明的代际共性，他们的服饰外表、行为方式、消费偏好以及所追求的时尚文化，都体现了他们与老一辈人的巨大差异。但与此同时，这些代际共性无法弥合青年群体内部的阶层差异。当今中国青年最突出的差异是两大群体——青年农民工和受过高等教育的白领之间的差异，因此，代际差异的共性未能打破社会不平等的再生产模式，跨阶层代际文化无法突破社会生活领域中的阶层分割。我们发现，最重要的城乡不平等和家庭背景的阶层差异，实际上影响到这一代人的受教育机会，存在着教育分层，而教育分层则导致他们的就业机会和社会经济地位的差异。

与之前几代相比，他们是改革之后的第一代；而与后几代相比，他们则出生于改革尚未全面推开的初期。这一代完整地见证着有中国特色的社会主义改革的渐进过程，他们听着市场经济的宣传语的同时却在很大程度上实践着计划经济而度过童年期，进入青少年时代后，市场经济、现代性、全球化的塑造增强，中国进入改革开放的成熟阶段。两种体制的并存、纠缠与渐变，口号与实践的矛盾与断裂，一直存在且撕裂着这一代人，使他们总是处于一个尴尬且自我矛盾的境地。同时，当他们集体奔三或步入而立之年，进入工作岗位、结婚成家以后，在社会生活的方方面面都再度体会到处于转型历程中所特有的制度"脱节"。由此，他们总是在各种可能性与改变现状的无力感之间焦灼。比如知识精英中出现的较强的购买欲望与有限的经济能力的矛盾；蚁族在"生活之下，生存之上"的夜色中仰望星空的无奈；新生代农民工身上出现的"融不入的城市，回不去的乡村"的尴尬境地。可以说，他们身上所能观察到的每一种"矛盾"，都能从背后找到转型变迁的原因。

九 当代中国青年是产生重大历史作用的"社会代"

德国社会学家卡尔·曼海姆①在其代际社会学论著中提出了"社会代"（social cohorts 或者 social generations）概念。区别于以生理年龄或父代 – 子代血缘关系为基础定义的代际概念，"社会代"是指受重大历史事件的影响而形成独特社会性格并对后续历史产生重大影响的同龄群体。在曼海姆看来，"社会代"在某种意义上有些类似阶级群体，他们在社会结构中处于特定的代际位置（generational location），并在人生成长的关键时期（青少年时期）共同经历了重大的历史事件（noteworthy historical event），从而产生了共同的代际认同和代际意识，形成了与前辈极为不同的价值观念和行为倾向，在某些条件下也有可能采取集体行动，引发社会动荡。曼海姆认为，并不是所有的同龄群体都能成为"社会代"，"社会代"往往产生于重大的社会历史变迁时期，同时"社会代"又在重大的社会历史变迁中扮演重要的角色。改革开放后出生的中国青年一代，正是深受重大社会历史变迁影响又在其中发挥重要作用的"社会代"。

---

① Mannheim, K., The problem of generation. In K. Mannheim (orgs.), *Essays on the Sociology of Knowledge* (London: RKP, 1952).

中国近现代历史上也曾出现过产生重大历史作用的青年群体，比如"五四青年"和"文革的一代"，但他们从未像当今的青年一代那样具有如此广泛而强烈的代际身份认同、普遍而鲜明的观念与行为代际差异、深远而突出的社会影响力。欧美发达社会比中国更早出现类似的代际现象，20世纪六七十年代，在二战后经济高度繁荣、生活水平大幅提高、中高等教育快速普及、大众文化和消费主义兴起中成长的"婴儿潮一代"，因与老一代人之间巨大的观念差异而带来了家庭内部和整个社会的代际冲突现象，引发广泛的社会运动和价值观念的巨大变迁。21世纪的最初十年，当80后在中国社会中崛起之时，欧美社会的"千禧一代"（也称Y一代），因成长于互联网时代而形成与前辈群体极为不同的观念与行为方式，也引起社会的广泛关注。与欧美社会的这些代际群体相比较，中国的新生代是欧美社会的"婴儿潮一代"和"千禧一代"的叠加。中国新生代不仅成长于经济高速增长、生活水平迅速提高的时代，也是互联网的一代。不仅如此，中国新生代的成长还经历了计划经济向社会主义市场经济体制的转轨，经历了中国由一个经济不发达的穷国成为世界强国的崛起历程。中国新生代正是在这一系列的社会巨变中成长并逐步形成了他们的价值观念。

"社会代"往往在其青少年时期就表现出突出的代际特征，当他们步入社会，其独特的观念和行为会与已存在的社会主流价值观发生碰撞，两者如不能很好地共存协调、容纳结合，就有可能发生社会冲突（如爆发社会运动）。如果成人社会能够吸纳、引导、整合青年一代的观念和行为，消解青少年文化中的另类反叛元素和极端情绪，使社会主流价值观顺应时代变化与时俱进，将有助于提升青年一代对主流价值观的认同度，促进社会和谐发展。

出生在改革开放时代的80后、90后和00后，作为具有较强代际身份认同和与老一代价值观差异鲜明的"社会代"，其观念与行为既影响当下的文化时尚潮流，又预示着价值观变迁的未来走向。深入了解新生代的观念取向，准确把握其行为特征，探寻背后的形成机制和影响因素，并在此基础上激发青年人的创新动力，包容其个性需求和自我意识，消解代际矛盾与冲突，引领其融合于社会主流价值观，提升他们对主流意识形态的认同度，有助于社会持续稳定发展，建构具有动力、充满活力、关系和谐的现代化社会。

全球化背景下巴西和中国青年的比较

T. 德怀尔

　　这本书是我们现在这个令人惊奇的世界中的一个缩影。国际贸易的全球化正在促进新兴经济力量的发展和商业流通。如果说智能生活正在"国际化",那么应该说国际化主要发生在北半球,并且大多发生在讲英语的环境中。在大多数发展中大国,有相当多的知识分子从来没有真正涉及过这种领域,这本书是知识交流模式转变的结果。

　　当代巴西社会学是多元范式的,所有的社会学家都研究过该学科的三位奠基人的理论思想,并学习过冲突理论、功能主义和符号互动论。每一种范式都可以建立对巴西历史和文化的具体解释。借鉴欧洲的理论,坚持科学的方法,使得巴西社会学与世界各地社会学家的对话得以发展。

　　伊曼纽尔·沃勒斯坦(Immanuel Wallerstein)在一次关于全球化的采访中说:"非西方地区社会科学的爆炸式发展……是非常积极的,但取决于国家的总体发展……要为这些研究提供资金,这在非洲很难进行。但在巴西、中国和印度,人们正在努力创建当地的研究结构,重新思考分析的基础,他们说:'我们的愿景可能与你们不同,有必要在工作中考虑到这些差异。'话虽如此,这场运动还只是在概述对我们 20 世纪 60 年代以来所学知识的批判,它还没有明确指出未来的前进方向。"①

　　本书各个部分的论述呈现许多"巴西特色"和"中国特色",展示了许多在北大西洋国家主流文献中没有的问题,也提出了一些独特的概念,如"不平衡的发展""不完整的现代性""世袭主义"等,以描述我们的社会

---

　　① Wallerstein, I. , La Sociologie et le Monde, *Socio*, 1 (2013), pp. 155 – 164.

及青年，这可以使我们国家的经验与北大西洋国家的经验和现代化理论保持距离，从而为我们提供不同的启发。

一 三大变化趋势对青年人的影响

在这本书中，读者可以看到三个领域的变化对当代巴西和中国的年轻人有着重要的影响：人口；工业化、教育和就业；后工业主义和全球化。

在巴西，生育率从20世纪60年代的平均每个家庭6.4个孩子下降到2010年的2.1个孩子，并且这一下降主要是在没有采取强制手段的情况下发生的，这个问题在两个章节（斯波西托，斯卡隆和科斯塔）[①] 中进行了比较深入的讨论。巴西的人口从1960年的7200万增加到2010年的1.008亿。这一时期，随着人口的增长，家庭规模大大缩小。家庭单位变得不那么稳定，越来越多的女性当家，但这些变化似乎没有削弱家庭在人们生活中的中心地位。

人口结构的变化将带来深远的影响，"在更遥远的未来，由于年轻人口增长放缓，年轻人在劳动力市场的压力将会更小……然而，这往往会降低在职人员和退休人员的供养比对社会保障制度的财务均衡产生负面影响。这是一个与人口问题高度相关的问题，可能在不久的将来造成几代人之间的关系紧张，需要运用政治手段来解决。从这个角度看，把社会保障的范围扩大，就可以更好地将社会保障网络覆盖到工人和退休人员……"。[②]

近几十年来，伴随着工业发展、快速城市化和商业流动的快速经济增长对中国产生了重大影响。前两个变化在巴西发生得更早。从第二次世界大战结束到1980年，中国的国内生产总值（GDP）年均增长7.5%，是同期所有发展中国家最高的。在同一时期，中国从一个穷国变成了一个中等富裕的国家。从20世纪40年代到1970年，巴西从一个以农村为主的国家（1940年31%的人口生活在城市地区）变成了一个城市国家（1970年56%的人口生活在城市地区，2010年城市人口达到86%）。

---

① 文中仅以作者的姓作为注释，指的是本卷中的章节。

② Corrochano, M. C. & Nakano, M., Jovens e trabalho. In M. P. Sposito (org.), *O estado da arte sobre juventude na pós-graduação Brasileira: educação, ciências sociais e serviço social* (1999 – 2006) (Belo Horizonte: Argvmentvm, 2009).

当巴西成为一个中等富裕的经济体，拥有完善的劳动力市场和教育体系时，它也成为世界上最不平等的社会之一。暴力被许多公民和政治家视为社会不平等最严重的副作用，它过于影响黑人男性的生活。关于巴西的许多章节生动地证明了极端社会不平等对人们生活选择、生活方式和结果的重大影响。不平等是巴西青年研究中普遍存在的主题。2010 年，巴西东北部年轻人的文盲率是南部和东南部地区的 18 倍。在 2009 年，15－17 岁的青年中只有 51% 读过中学，地区、阶层、肤色、性别都与多种不平等现象相关，例如，巴西北部和东北部地区的中学入学率只有 39%，而其他地区的入学率为 60% 左右。

科罗·查诺和中野的章节讲述了缺乏工作的故事，但在写作本书的时候已经转变为一个特殊的充分就业时期。这与维持保守的宏观经济政策有关，与经济全球化有关，中国经济的快速增长，使巴西对华双边贸易迅速增长。年轻人在教育系统中的时间越来越长——包括高中和大学——大学入学人数几乎翻了一番，从 2002 年的 350 万增加到 2011 年的 670 万。

文化和经济全球化都是由于信息和通信革命技术的兴起，或者用一个社会学的术语，是后工业主义促进的。[1] 年轻人在获取这些技术方面存在的不平等现象随着计算机和互联网的普及而减少。2011 年，全国家庭抽样调查（PNAD）显示，巴西年轻人对互联网的使用日益正常化，但不平等导致农村和贫困的巴西人比其他人对互联网的使用更少。在中国和巴西，这一代年轻人的联系比以往任何时候都更加紧密，他们获得信息的渠道也更广，这对他们获得教育、政治权力和工作的机会都有影响。

二 全球化及其对中巴青年的影响

本书的巴西作者们共享某些概念，如青年、社会结构、行动、阶级、肤色、现代性、全球化。最后一个概念是指一系列的基本变化，我喜欢用一个简单的分析框架来分类。全球化发生在三个相对自治但又相互关联的层面中：超国家关系、经济和文化。本书是近来全球化的产物，全球化使巴西和中国走得更近了。现在我简要地描述每一个层面，因为它们与年轻

---

[1] Touraine, A., *The Post-industrial Society* (New York: Random House, 1971).

人和未来的建设有关。

全球化和超国家关系　超国家关系涉及各种主体，包括为国家服务的外交官和军队、联合国系统、国际组织和在国际上运作的非政府组织（NGOs）。行动者之间的相互关系建立了全球秩序，这可以减少自然或人为造成的灾害，调节国家之间的关系，维护和平，促进进步等。

冷战后，中国和巴西的关系允许引入新的观点，重估利益，并影响领导人的价值观和视野。通过主要行动者之间的对话，我们对自己的行动能力有了新的观点。最终，这些观点可能会向上渗透，促成国际体系的变化。

中国和巴西都拥有各自区域内最多的土地、经济体量和人口，因此，人们认为其活力能够影响整个区域。对于街上的行人来说，无论是在中国还是在巴西，另外一个国家都是非常遥远的。"La na China"（在中国那边）是巴西的一种常用表达，用来指非常遥远的地方。

巴西外交奉行这样一种观点：巴西是一个负责任的现代国家，是一个天生的巨人，与邻国和平相处，捍卫所有国家的主权，维护国际法的规则，实行不干涉主义政策。作为一个负责任的地球公民，在涉及形成世界秩序的管理和需要重新谈判的问题上，巴西都应维护自己的价值观、利益。

自 1993 年以来，巴西和中国的外交官与国家元首就两国之间的"战略伙伴关系"进行了讨论，这使得两国能够在经济和国际政治领域相互补充。① 金砖四国的概念得到了巩固，这四个经济体补充强化了这一点：中国为制造业中心、俄罗斯是能源中心、印度是全球办公室、巴西是全球原材料供应国。现在包括南非在内的金砖国家成功地要求对国际金融机构进行改革，并促成了在许多领域的内部对话。

阿尔伯克基②分析了巴西前总统卢拉（Lula）于 2004 年和 2009 年在中国正式访问期间的演讲。在 2004 年的合作中，中巴伙伴关系反映了一种以经济术语定义的共同身份，即"存在一个迅速扩大的大型国内市场，缺乏

---

① Biato, Jr., O., *A parceria estratégica Sino-Brasileira：origens e perspectivas* (1993 – 2006) Brasília：Fundação Alexandre de Gusmão，20100.

② Albuquerque, J. A. G., Business with China：The three elements of Brazil's strategic partnership with China. In Ferreira, L. da C. e Albuquerque, J. A. G. (orgs.), *China & Brazil Challenges and Opportunities* (São Paulo and Campinas：Annablume and CEAv, Unicamp, 2013), pp. 67 – 90.

基本的商品和基础服务设施"。在"世界金融危机"之后，卢拉在 2009 年改变了语气，"巴西和中国之间的关系在新的领域变得更丰富，比如在国际金融和政治论坛上缺乏发言权和决策权，这一伙伴关系将解决这些问题"。随着两国加深了解，共同的议程会扩大吗？

我们看到，巴西中央政府最近才制定了具体的青年政策倡议。因此，中国读者无法指望从历经考验的国家青年政策中找到灵感，但在州和市一级，政策的制定已经开始。本书中巴西的作者们讨论了至少两项国家政策举措，对青年有影响的举措在国际论坛上引起了讨论，在海外也有影响：艾滋病毒/艾滋病预防和缓解政策，稳定了病毒在巴西的传播（见第六章埃尔伯恩的论述），"家庭代金券"被科斯塔和斯卡隆认为是有效地减少国家贫困的一种低成本的政策。[①]

自 2009 年起，巴西和中国社会学会开始合作，最初是在定期国际会议和其他科学会议提供的跨国领域对话、建设项目，并为相互理解建立基础。[②]

经济全球化　经济全球化与巴西同新老伙伴，特别是同中国的双边贸易和投资关系不断加强密切相关。一项中巴青年大学生的比较调查[③]显示，两国大学生都对未来和就业前景感到担忧。虽然这些担忧与经济全球化的联系尚不明确，但可能成为两国之间摩擦的根源。

自 2009 年以来，巴西的主要贸易伙伴一直是中国。巴西的主流报纸经常发表文章，质疑巴西制造业的未来。大多数巴西人反对巴西回到 19 世纪，仅仅成为一个商品出口国。为了摆脱与主要合作伙伴的摩擦，前中国驻巴西大使的一系列采访指出了巴西进行创新的必要性。[④]

---

① Li, P. et al., *Handbook of Social Stratification in the BRIC Countries*, Singapore: World Scientific Publishing, 2013, p. 424.

② 中国和巴西政府制定的《2010 - 2014 年联合行动计划》的目标之一就是促进相互理解。（JAP, 2010）

③ 这项调查在 6 所巴西和 6 所中国大学的本科生中进行（n = 2429 和 1708）。这项研究是由四个组织赞助和进行的：巴西社会学协会（SBS）、巴西社会与经济分析研究所（IPEA）、中国青少年研究中心（CYCRC）以及中国青少年研究会（CYCRA）。研究结果于 2016 年在巴西社会与经济分析研究所（IPEA）和中国发表。（Jiu Shuguang; Guo Kaiyuan; Dwyer, Tom; Zen, Eduardo; Weller, Wivian eds. 2016）

④ Biato, Jr., O., *A parceria estratégica Sino-Brasileira: origens e perspectivas* (1993 - 2006) (Brasília: Fundação Alexandre de Gusmão, 2010).

　　这一切都是巴西工业发展中的重大变化，巴西的传统工业发展模式是用进口替代工业化，导致大量的钢铁厂、汽车厂、化学品和食品加工厂的进入。巴西从20世纪40年代开始发展这种模式，并与城市化一起，促进了经济增长。尽管巴西现在仍有许多大型钢铁、汽车、化工和其他工厂，服务业也在经济中占据重要地位，但历时数据显示许多部门出现了去工业化和工业竞争力的丧失，最具活力的——大规模农业和采矿，仍然是巴西出口收入的很大一部分来源。

　　巴西和中国都成功地从贫穷国家发展成中等收入国家。然而，几十年来，巴西试图成为一个更富有的国家却一直没有成功，而中国做得更好。有很多关于经济发展、历史和社会学文献，特别是关于从中等收入国家过渡到高收入国家、从工业经济过渡到后工业经济的困难的文献。如今，许多巴西经济学家和一些社会科学家都在仔细观察中国的动向，一个活跃的巴西研究小组也在研究中国经济及其全球化。

　　中国和巴西对大学生进行了一项比较调查：年轻时最糟糕的事情是什么？在12个选项中，受访者最多只能选择3个，巴西人选择了不能独自照顾自己、对未来没有安全感、不能从事自己所选择的职业。中国学生也有前两种担忧（但顺序颠倒了），巴西学生排名第三的选项在中国学生中排名第四，在中国学生中排名第三的选项是他们害怕"被轻易影响"。因此，用经济术语表达对未来的恐惧是中国和巴西大学生普遍存在的一种态度。

　　这一结果表明，有些地方出了问题，在每个经济体中发生的发展/转型/现代化让大学生——年轻人中的特殊群体——对自己的未来感到担忧。李春玲在本书的一章中解释了人们对劳动力市场的看法随时间而变化，其波动性与客观的劳动力市场状况有关。从改革极端市场化到改革极端官僚化，巴西提出了许多改革建议。最终的改革，其中一些可以被视为"半实验"，可能提供了一个肥沃的土壤，我们可以在此向我们的伙伴学习，并重新评估当前的劳动力市场、教育和工作政策。

　　文化全球化　　从韦勒和巴萨洛的章节中可以看出，一代又一代的年轻人能够以不同的方式适应文化全球化。移民、旅游、贸易、科学、电影、信息技术等打破了边界。与后工业主义相关的技术变革使新闻能够实时地到达我们的家中，让所有人都能看到。可获得信息的范围大大扩大，信息流动的速度显著提高，听众被要求立即"解码"接收的信息。研究来自国外的信息对年轻人及其世界观的影响，为社会科学探究提供了一个肥沃的领域，另一个研究领域试图了解人们是如何应对信息过载的。

巴西文化中有一些最为外界所知的主要表现形式，也是青年文化的重要组成部分，但并没有在本书的章节中体现，如桑巴舞、足球、卡波埃拉舞、狂欢节等。宗教和政党政治也是如此。本书中与巴西有关的内容的最大意义在于向读者介绍了下列主题的最新信息：休闲（阿尔梅达、戴雷尔和卡拉诺）、性和生育（埃尔伯恩）、信息流（德怀尔）、教育和工作（科罗查诺和中野）。

一些巴西当地的文化作品——例如 20 世纪 50 年代的波萨诺瓦音乐——具有全球影响，但在大多数情况下，影响主要局限在国内，正如我们在讨论亚马逊帕拉州的卡利普索音乐的章节中所看到的。

虽然一些地方文化生产有其内在根源，但维勒和巴萨洛非常清楚地揭示了不同年代的青年如何接受国外文化影响。巴西文化不断自我更新，从其他文化中吸收元素，形成自己的混合文化，家庭、朋友和音乐似乎占据了中心位置。过去，年轻人的文化运动似乎是在自上而下模式的基础上发展和传播的，今天，文化运动以水平方向发展，摒弃了过去层级式的发展模式，从而使创新行为更加分散。① 在大城市的一些贫穷郊区和其他地方已经出现了一种非常活跃的文化景象，这种文化景象已经建立了其经济基础。音乐和其他娱乐形式是它的核心。

我在开篇章节中，列举了巴西和其他国家的年轻人吸收金砖国家文化符号的例子。实际上，我们可以在世界许多地方找到巴西文化的元素和载

---

① 斯波西托讨论了在圣保罗市出现的网络组织与说唱音乐。参阅 Sposito，M. P.，A sociabili-dade juvenil e a rua: Novos conflitos e ação coletiva na cidade, *Tempo Social*, 1994, 5（1 - 2），pp. 161 - 178. 重要的是，这一发现表明这些组织在 1995 年向巴西公众介绍了互联网出现之前就已存在的文化基础。唐纳德·舍恩在《超越稳定状态》（Beyond the Stable State）中将对稳定状态的信念定义为"对不变性的信念，对生活核心要素恒常性的信念，或者对生活能够达到这种恒常性的信念。人们内心深处对稳定状态的信念十分稳固"。"技术……十分强大，但作为对人类活动的隐喻，其影响十分微妙。例如，在这个意义上，马歇尔·麦克卢汉（Marshall McLuhan）谈到了年轻人中'新部落主义'的发展，这种发展不仅受到电视本质的刺激，也受到电视作为人类互动隐喻的影响。"从这个意义上说，电子技术激发了以电子设备的网络和网格为基础的新型组织形式，其特点是复杂的关系矩阵而不是简单的职权线，而且信息在关键节点可同时获得。参阅 Schon, D. A., *Beyond the Stable State*（New York: Random House, 1971），p. 9, pp. 26 - 27.

体。在中国，足球运动员和其他运动员展现了他们的巴西人身份和巴西特征。我采访了一些常驻在中国的年轻巴西艺人，他们走遍中国唱歌跳舞，许多人会说多种语言，如普通话和葡萄牙语（也会说英语和西班牙语），他们主要在餐馆、酒吧和酒店表演，也会在婚礼和其他活动上表演。在巴西，年轻的中国人在语言学校或孔子学院教授普通话，一些人在中餐馆工作，还有一些人在武术学院（现在的人数比过去少了很多）工作。这些年轻人都是文化全球化和文化创新的推动者。

文化全球化也发生在学生出国留学的过程中（我们的调查显示，中国和巴西留学的学生都偏爱美国、加拿大、英国、法国，而到中国或巴西的留学兴趣非常有限）。另一个方面是科学合作。中国崛起为世界第二大科学强国，这使得一些巴西人与中国机构合作，特别是在自然科学领域，一些年轻的研究人员发挥了作用。我们在经济全球化中看到，快速的经济增长和创新刺激了年轻的巴西科学家来研究中国的发展，也许在某种程度上类似于中国研究人员通过研究巴西和其他发展中国家的成功与失败，为帮助自己的国家指明道路做准备。最后，本书展示了青年大学生的调查结果，本书的出版也是文化全球化在社会科学领域的具体成果。

"沟通的问题，也就是'他者'的问题，共同居住的责任和困难，显然是新挑战的核心"。[①] 研究人员必须更好地了解彼此，共同建立信心，学会一起生活。为了增进中国和巴西之间的相互了解，我提出将社会学作为分析和研究工具，本书向前迈进了一步。未来，我们需要就社会学中使用的关键概念和术语，以及其哲学、历史、统计和语言特性，建立一个高层次的对话。我们将研究不同种类的跨文化实践：科学、商业、艺术、外交、军事等等。对于我这一代的巴西研究人员来说，这需要做大量的工作，因为我们的教育在很大程度上来自西方传统。然而，新一代已经接受了包括汉语在内的培训，并准备迎接挑战。

三　构建中巴比较研究议程

在每一章中，巴西和中国都包含了关于年轻人生活现状的深刻的教训

---

① Wolton, D., *Informer n'est pas communiquer* (Paris: CNRS Editions, 2009), p. 189.

和独到的见解，这是两个社会的共同之处，随着时间的推移，在三个大趋势下，年轻人的特点似乎使两个国家十分遥远。在这一节中，我将简要地提出四个主题——不平等、工作、环境和价值——与本书中提出的问题和中巴第一个社会科学研究项目的调查发现有关。

不平等　不平等是世界范围内社会学研究的一个经典主题，许多不平等现象已经在巴西和中国的章节中被观察和讨论。我们已经看到，中国的改革和巴西快速的经济增长放大了其中一些不平等。这一主题无疑将在未来的中巴研究议程中占据优先地位。近年来，巴西的一些公共政策在减少某些不平等方面发挥了作用，而在没有任何具体公共政策干预的情况下，其他一些政策（例如女性接受高等教育的机会）受到了遏制。

千海健二是一位日裔的巴西研究者，他的论文很引人注目，这是我第一次听到或看到基于二手数据分析，对中巴社会学主题进行的明确的比较研究。他为促进中巴两国社会学家之间的科学对话指明了一条独特的道路，并为理论发展开辟了新视野。

工作　快速多维的变化与发展、技术和组织的变革正在消除过去的确定性，未来的格局尚不明朗，劳动力市场和教育选择还不稳定，这对年轻人在寻求自己的未来时的期望会产生重大影响。

在这本书中，中国和巴西的青年都表达了对未来工作的担忧。巴西研究者对公共政策的发展提出了严重的质疑。科罗查诺和中野指出："联邦政府的一系列计划、关注或与劳动力市场有关。巴西要制定一项针对青年就业的结构性政策还有很长的路要走。在工作方面，目前普遍存在一些重点项目，这些项目针对特定的公众，并在一段时间内，没有为全体青年解决与工作相关的问题。"换句话说，人们认为，巴西领导人回答了某些微观层面的问题，但在让巴西年轻人准备好迎接宏观层面的变化方面，遭遇了惨败。宏观层面的变化正在构建年轻人所生活的新世界。

在中国和巴西，对于作为一种创造新机会的手段的创业，有很多讨论。我们的调查显示，巴西学生（11.7%）比中国学生（6.9%）更倾向在毕业后成为企业家。然而，这两个国家在世界银行的"营商环境指数"中排名较低。学生不同的创业动机与国家发展的相关性，不仅取决于体制的改革、创新的氛围（包括教育），还取决于资本的获得性。

巴西和中国的研究者都表明有一些既不工作也不学习的年轻人。科罗查诺和中野发现，2010 年，巴西 15 - 29 岁的年轻人中有 15% 没有从事过生产活动。据李春玲 2019 年的调查统计，中国 18 - 34 岁的年轻人中有 22% "无所事事"，12% 既不去学校读书，也不急于找工作，其中 1/4 已经失业三年以上。除了那些因为家庭和其他因素而处在劳动力市场和教育体系之外的人，教育和就业似乎对这些年轻人和他们的家庭都不起作用。

在本书写作之时，这些接受调查的年轻人生活在两个世界上最具活力的发展中国家，这一事实提出了发展、教育、工作、社会包容和总体福祉之间的关系等关键问题，需要社会学家和经济学家来回答。

环境 人们普遍认为，经济发展是造成自然环境退化的一个主要原因。环境退化已变得如此严重，现在已被视为对地球上人类生活可持续性的潜在威胁。由于巴西 – 中国比较调查的目的是寻求如何增进相互了解，因此特别注意确定共同的价值观念和对未来的看法。这其中包括一系列与环境有关的条目。有一个问题列出了十个不同的环境问题，要求受访者找出最主要的一个。略多于一半的中国学生选择了构成空气污染的二氧化碳排放。对于三分之一的巴西人来说，森林遭到破坏是他们最担心的问题，这导致了二氧化碳排放的增加。换句话说，人们普遍认为，导致全球变暖的主要原因——二氧化碳排放是人类共同的敌人。第二个主要问题也是同样的：城市垃圾处理，有近三分之一的巴西学生和八分之一的中国学生提到了这个问题。

受访者还被问及是否愿意为了保护环境而减少消费，57% 的巴西人和 64% 的中国人回答说他们"非常愿意"这样做。第二个问题是受访者是否愿意选择生态旅游和友好型消费来造福环境，55% 的巴西人和 68% 的中国人给出了肯定的回答。这一需要更深入思考的初步发现[①]表明，围绕重大全球问题的共同价值观，很可能为两国大学生之间进行有意义的交流提供一个契机，并成为两国领导人为减少环境破坏所采取的行动的补充。

如果在进一步的研究中得到证实，这一初步发现将对环境政策的发展产生影响。它表明了年轻人的态度，并强调他们愿意为建设一个"绿色未

---

① 我们在调查中发现了一些含糊不清的地方，例如，在回答下一部分的一般价值观问题时，对环境的尊重被英格尔哈特归类为"自我表达的价值"，巴西和中国的学生给予了低于平均水平的优先级。

来"做出牺牲。

价值观 国家通过推进共同的利益和共同的价值观来建立关系。在环境保护方面，我们看到被调查的学生似乎有一个共同的价值观，在这个研究中可以确定其他共同的价值观。

世界价值观调查（WVS）的发展展示了八种不同的文化体系特征，中巴两国位于不同的体系，这表明我们几乎没有共同点。"英格尔哈特 – 韦泽尔世界文化地图"背后的价值观被划分为两个坐标轴：第一个是从传统到世俗理性的价值观，第二个是从生存到自我表达的价值观。巴西和中国的受访者在第一个坐标轴上处于相反的两端，而在第二个坐标轴上，两国的受访者（以及大多数参与调查的发展中国家的受访者）都处于生存价值观一端。[①]

为了探究可能存在的价值观冲突和共同价值观，我们让受访者从 13 项价值观中选出最能表达个人价值观的 3 项，发现前 6 项中有 5 项是共享的：伦理和诚实、正义、团结、家庭安定和平等。根据记录，在中国，自由是最重要的，而在民主的巴西，它甚至没有进入前六名；在巴西，对民族和种族多样性的宽容被列为第四，而在中国，这个价值观位于次要的关注点位置。尽管顺序在两个国家有所不同，但接受的价值观并不是孤立存在的，在结构上，大学生似乎具有共同的主流价值观，这一事实有利于探索更深层次的跨文化对话和进行相互理解。

以上每节都确定了一些问题，这些问题似乎是交叉的。我们有必要更彻底地调查这种现象，评价其在建立对话与合作方面可能发挥的作用。值得重申的是，中国青年和巴西青年都应该对未来负责。

四 结语

当塞缪尔·亨廷顿[②]将"文明的冲突"理论化时，他指的是基督教和伊斯兰文明之间的冲突，进而呼吁文明之间的多重对话。巴西是拉丁美洲的

---

① Inglehart, R. & Welzel, C., Changing mass priorities: The link between modernization and de-mocracy, *Perspectives on Politics*, 8 (2010), pp. 551 – 567.

② Huntington, S. P., *The Clash of Civilizations and the Remaking of World Order* (New York: Simon & Schuster, 1996).

一部分，在达西·里贝罗①的眼中，拉丁美洲文明是世界上最年轻的文明，只有五个世纪的历史。在里贝罗看来，巴西的文明基于三个民族的混合：美洲印第安人、非洲人和欧洲人。而中国的历史则延续了数千年。尽管汉族具有种种内在差异和复杂性，但它是当今世界上最大的单一民族，并在中国占有主导地位。问题是，中国和巴西之间的关系是否会仅仅因为历史、社会、政治和文化生活层面的差异，使得有意义的对话变得不可能，而沦为单纯的经济交流和偶尔的元首会晤？沃勒斯坦（2013）以及众多的社会学家的回答都是相反的，基于社会学的文明对话将极大地丰富人类的思想。从这种角度看，我们的挑战是建立一种社会学，为我们如何能够生活在一起、促进各国人民的福祉和尽量减少具危险破坏性的人类冲突做出贡献。

---

① Ribeiro，D.，*O povo brasileiro：A formação e o sentido do Brasil*（São Paulo：Companhia das Le-tras，1995）.

参考文献

中文文献

包蕾萍：《深度现代化：80 后 90 后群体的价值冲突与认同》，《中国青年研究》2019 年第 8 期。

边燕杰主编《市场转型与社会分层》，北京：生活·读书·新知三联书店，2002。

陈晨：《当代青年恋爱与婚姻状况分析》，《中国青年研究》2007 年第 7 期。

陈晓明：《文化研究：后 - 后结构主义时代的来临》，《文化研究》（第 1 辑），天津：天津社会科学院出版社，2000。

陈映芳：《"青年"与中国的社会变迁》，北京：社会科学文献出版社，2007。

陈映芳：《图像中的孩子——社会学的分析》，山东：山东画报出版社，2003。

陈映芳：《在角色与非角色之间——中国的青年文化》，江苏：江苏人民出版社，2002。

邓希泉：《"90 后"新价值观研究》，《思想理论教育》2016 年第 9 期。

邓志强：《网络时代青年的社会认同困境及应对策略》，《中国青年研究》2014 年第 2 期。

丁仁船、张航空：《家庭经济因素对已婚独生女居住安排的影响》，《西北人口》2013 年第 1 期。

董小苹：《1992—2012：中国青少年的社会参与》，《青年研究》2013 年第 6 期。

范士明：《新媒体和中国的政治表达》，《二十一世纪》（网络版）2008 年 3 月，总第 72 期。

范先佐、郭清扬：《农村留守儿童教育问题的回顾与反思》，《中国农业大学学报》（社会科学版）2015 年第 1 期。

风笑天：《城市在职青年的婚姻期望与婚姻实践》，《青年研究》2006 年第 2 期。

风笑天：《独生子女：他们的家庭、教育和未来》，北京：社会科学文献出版社，1992。

风笑天：《社会变迁背景中的青年问题与青年研究》，《中州学刊》2013 年第 1 期。

风笑天主编《中国独生子女：从小皇帝到新公民》，北京：知识出版社，2004。

傅崇辉等：《从第六次人口普查看中国人口生育变化的新特征》，《统计研究》2013 年第 1 期。

郭静、张爽：《北京市大学生婚前性行为及避孕知识需求调查》，《中国公共卫生》2011 年第 7 期。

韩浩月：《中国的网络恶搞文化正在发生变化》，《羊城晚报》2012 年 12 月 9 日。

韩星梅：《大学生政治冷漠的表现形式》，《决策与信息旬刊》2013 年第 11 期。

韩艳玲：《论"00 后"大学生群体特征及思想政治教育》，《绿色环保建材》2019 年第 2 期。

姜华：《对法兰克福学派的大众文化批判理论的再认识》，《佳木斯大学社会科学学报》2001 年第 3 期。

靳小怡、彭希哲、李树茁、郭有德、杨绪松：《社会网络与社会融合对农村流动妇女初婚的影响：来自上海浦东的调查发现》，《人口与经济》2005 年第 5 期。

凯文·凯利：《失控——全人类的最终命运和结局》，陈新武等译，北京：新星出版社，2010。

孔晓牧等：《北京市 416 名大学生婚前性知识态度行为调查》，《中国学校卫生》2007 年第 9 期。

雷蒙德·威廉斯：《文化与社会》，吴松江、张文定译，北京：北京大学出版社，1991。

李春玲：《"80 后"的教育经历与机会不平等——兼评〈无声的革命〉》，

《中国社会科学》2014 年第 4 期。

李春玲：《"80 后"社会群体特征及变迁（专题讨论）——"80 后"现象的产生及其演变》，《黑龙江社会科学》2013 年第 1 期。

李春玲：《改革开放的孩子们：中国新生代与中国发展新时代》，《社会学研究》2019 年第 3 期。

李春玲：《教育不平等的年代变化趋势（1940—2010）——对城乡教育机会不平等的再考察》，《社会学研究》2014 年第 2 期。

李春玲：《静悄悄的革命是否临近？——从 80 后和 90 后的价值观转变看年轻一代的先行性》，《河北学刊》2013 年第 3 期。

李春玲：《青年群体中的新型城乡分割及其社会影响》，《北京工业大学学报》（社会科学版）2017 年第 2 期。

李春玲：《社会变迁与中国青年问题——中国青年社会学的关注点及研究取向》，《青年探索》2018 年第 2 期。

李春玲：《社会政治变迁与教育机会不平等——家庭背景及制度因素对教育获得的影响（1940 —2001）》，《中国社会科学》2003 年第 3 期。

李春玲、施芸卿主编《境遇、态度与社会转型：80 后青年的社会学研究》，北京：社会科学文献出版社，2013。

李辉、徐会奇：《城乡居民消费行为比较研究》，《经济经纬》2011 年第 3 期。

李培林、张翼：《中国中产阶级的规模、认同和社会态度》，《社会》2008 年。

李玉柱、姜玉：《80 年代以来我国妇女初婚初育间隔变动分析》，《西北人口》2009 年第 3 期。

零点公司：《中国消费文化调查报告》，北京：光明日报出版社，2006。

刘宏森：《改革和发展进程中的青年参与》，《青年探索》2018 年第 1 期。

刘怀光：《文化工业趋势下青少年流行文化解读》，《当代青年研究》2008 年第 2 期。

刘建娥：《青年农民工政治融入的影响因素及对策分析——基于 2084 份样本的问卷调查数据》，《青年研究》2014 年第 3 期。

芦强：《青年精英再生产与代际资源传递》，《青年研究》2014 年第 6 期。

陆士桢：《当代大学生在和谐社会建构中的角色与功能》，《青少年参与和青年文化的国际视野》，北京：中国国际广播出版社，2008。

陆学艺、李培林：《中国新时期社会发展报告》，沈阳：辽宁人民出版社，1991。

陆玉林：《当代中国青年文化研究》，北京：人民出版社，2009。

路向军：《互联网给青少年社会化带来的不确定性及应对策略》，《中国青年研究》2012 年第 6 期。

吕大乐、王志铮：《香港中产阶级的处境观察》，香港：三联书店，2003。

吕鹤颖：《"80 后"青年问题与代沟弥合》，《学术研究》2019 年第 8 期。

吕倩：《90 后农村外出务工青年早婚现象研究》，《天水师范学院学报》2012 年第 4 期。

罗纳德·英格尔哈特：《现代化与后现代化 43 个国家的文化、经济与政治变迁》，北京：社会科学文献出版社，2013。

马得勇：《东亚地区民众宽容度比较分析》，《北京行政学院学报》2008 年第 5 期。

马尔库塞：《单向度的人——发达工业社会意识形态研究》，张峰、吕世平译，重庆：重庆出版社，1993。

马执中：《"90 后"消费需求研究与趋势分析》，《工业设计研究》2017 年第 5 期。

玛格丽特·米德：《文化与承诺：一项有关代沟问题的研究》，周晓虹、周怡译，石家庄：河北人民出版社，1987。

孟莉：《十年来我国青年研究现状的计量分析》，《青年研究》2004 年第 5 期。

聂伟：《网络影响下的青少年生活方式研究》，《当代青年研究》2014 年第 4 期。

潘毅、卢晖临、严海蓉、陈佩华、萧裕均、蔡禾：《农民工：未完成的无产阶级化》，《开放时代》2009 年第 6 期。

乔治·奥威尔：《一九八四》，董乐山译，上海：上海译文出版社，2006。

邱泽奇：《中国社会的数码区隔》，《二十一世纪评论》2001 年第 2 期。

全国总工会新生代农民工课题组：《关于新生代农民工问题的研究报告》，《工人日报》2010 年第 6 期。

上学路上儿童心灵关爱中心：《中国留守儿童心灵状况白皮书》，2015。

申琦：《上海大学生对微博的使用与评价研究》，《新闻记者》2011 年第 10 期。

沈虹：《移动中的90后》，北京：机械工业出版社，2014。

时昱、沈德赛：《当代中国青年社会参与现状、问题与路径分析》，《中国青年研究》2018年第5期。

宋健：《中国的独生子女与独生子女户》，《人口研究》2005年第3期。

宋健、陈芳：《城市青年生育意愿与行为的背离及其影响因素》，《中国人口科学》2010年第5期。

宋健、戚晶晶：《"啃老"：事实还是偏见——基于中国4城市青年调查数据的实证分析》，《人口与发展》2011年第17期。

宋月萍、李龙：《我国流动儿童学前教育的区域差异：省域及城市层面的考察》，《中国人民大学教育学刊》2013年第3期。

孙沛东：《相亲角与"白发相亲"——以知青父母的集体性焦虑为视角》，《青年研究》2013年第6期。

孙兴春：《对当代青年的"政治冷漠"现象的分析与思考》，《中国青年研究》2006年第9期。

孙业富、孙雯、张志锋：《自媒体对"00后"大学生的影响及分析——以"网红"为例》，《教育观察》2019年第8期。

田丰、朱迪、高文珺：《中国当代青少年网络素养调查报告》，载《2020年中国社会形势分析与预测》，北京：社会科学文献出版社，2020。

王春光：《新生代农民工城市融入进程及问题的社会学分析》，《青年探索》2010年第3期。

王建平：《中国城市中间阶层消费行为》，北京：中国大百科全书出版社，2007。

王进鑫：《当代青少年的性爱观考察》，《中国青年研究》2012年第5期。

王文：《全球视野下中国"90后"的经济自信——兼论代际价值观转变理论视角下的中国青年与制度变革》，《西北师大学报》（社会科学版）2020年第4期。

王兴周：《新生代农民工的群体特性探析——以珠江三角洲为例》，《广西民族大学学报》2008年第4期。

王颖怡：《合作婚姻初探：男女同志的婚姻动机研究》，《中国青年研究》2014年第11期。

韦艳：《中国初婚模式变迁》，《人口与经济》2013年第2期。

魏莉莉：《青年群体的代际价值观转变：基于90后与80后的比较》，《中国青年研究》2016 年第 10 期。

文东茅：《家庭背景对我国高等教育机会及毕业生就业的影响》，《北京大学教育评论》2005 年第 3 期。

吴翠萍：《改革开放 30 年与青年消费观念的变迁》，《中国青年研究》2008 年第 1 期。

吴倩：《中国梦与美国梦的比较研究——基于对中美青年大学生的调查分析》，《青年研究》2018 年第 5 期。

吴小英：《青年研究的代际更替及现状解析》，《青年研究》2012 年第 4 期。

吴烨宇：《青年年龄界定研究》，《中国青少年研究》2002 年第 3 期。

吴愈晓：《中国城乡居民的教育机会不平等及其演变 1978－2008》，《中国社会科学》2013 年第 3 期。

谢培熙、朱艳：《新生代农民工消费研究述评》，《河海大学学报》（哲学社会科学版）2011 年第 12 期。

新生代农民工基本研究情况课题组：《新生代农民工的数量、结构和特点》，《数据》2011 年第 4 期。

杨佳佳：《"父母逼婚"现象的社会学解读》，《当代青年研究》2014 年第 6 期。

杨菊华：《"代际改善"还是"故事重复"？——青年流动人口职业地位纵向变动趋势研究》，《中国青年研究》2014 年第 7 期。

杨敏、赵梓汝：《城市流动儿童的教育公平问题研究——基于社会资源合理配置的社会学思考》，《学术论坛》2016 年第 2 期。

杨雄、何芳：《被关注成长的一代：一项关于"90 后"青少年发展状况分析》，《青年研究》2010 年第 2 期。

尤丹珍、郑真真：《农村外出妇女的生育意愿分析——安徽、四川的实证研究》，《社会学研究》2002 年第 6 期。

余晓敏、潘毅：《消费社会与新生代打工妹主体性再造》，《社会学研究》2008 年第 3 期。

约翰·费斯克：《理解大众文化》，王晓珏、宋伟杰译，北京：中央编译出版社，2006。

张晶：《趋同与差异：合法性机制下的消费转变——基于北京地区青年女性农民工消费的实证研究》，《中国青年研究》2010 年 第 6 期。

张乐、张翼：《精英阶层再生产与阶层固化程度——以青年的职业地位获得为例》，《青年研究》2012 年第 1 期。

张陆：《青年城乡移民的城乡双重认同研究》，《青年研究》2014 年第 2 期。

张庆武：《青年流动人口社会融入问题研究——以北京市为例》，《青年研究》2014 年第 5 期。

张铤：《大学生政治冷漠的表现、成因及教育对策》，《教育探索》2014 年第 8 期。

张巍：《大都市单身青年"婚恋焦虑"现象调查及成因分析》，《当代青年研究》2014 年第 6 期。

张文江：《西部大开发环境下农村青年自我发展的影响因素分析》，《青年研究》2001 年第 7 期。

张翼：《我国人口出生性别比的失衡及即将造成的十大问题》，http://www. sociology. cass. net. cn/shwz/t20041117－3459. htm，2005。

张翼：《中国人口出生性别比的失衡、原因与对策》，《社会学研究》1997 年第 6 期。

赵磊、张敏：《主导网上舆论，我国成功打造网路主流媒体》，www. xinhuanet. com，2004。

朱翠萍：《人口年龄结构对消费的影响：中国城镇的实证研究》，《云南财经大学学报》2014 年第 2 期。

朱迪：《"80 后"青年的住房拥有状况研究：以 985 高校毕业生为例》，《江苏社会科学》2012 年第 3 期。

朱迪、郭冉：《中国青少年网络使用与网络安全调查》，载《2019 年中国社会形势分析与预测》，北京：社会科学文献出版社，2019。

英文文献

Albuquerque, J. A. G. , "Business with China: The Three Elements of Brazil's Strategic Partnership with China", In Ferreira, L. da C. e Albuquerque, J. A. G. (orgs.), *China & Brazil Challenges and Opportunities* (São Paulo and Campinas: Annablume and CEAv, Unicamp, 2013) .

Almond, G. , "Comparative Political System", *The Journal of Politics*, 18 (1956).

Apple, S. Ball & L. A. Gandin (orgs.), *The Routledge International Handbook of* the *Sociology of Education* (Abingdon: Routledge, 2010).

Arnstein, S. , "A Ladder of Citizen Participation, *Journal of the American Institute of Planners*", 35 (1969).

Australian Bureau of Statistics, Australian Social Trends, 2004, http://www.abs. gov. au/AUSSTATS/abs@. nsf/7d12b0f6763c78caca257061001cc588/58c63d8c5ba7af60ca256e9e0029079a.

Baquero C M J. O, Papel dos Adolescentes no Processo de Construção Democrática no Brasil-um Estudo Preliminar de Socialização Política. In: Cadernos de Ciência Política. IFCH, UFRGS. Porto Alegre, RS: Editora Evangraf, 1997. pp. 1 – 46.

Bernardi, Bernardo, *Age Class Systems: Social Institutions and Polities Based on Age* (Cambridge University Press, 1985).

Berquó, E. & Cavenaghi, S. , "Increasing Adolescent and Youth Fertility in Brazil: A New Trend or a One-Time Event?" A Presentado em Annual Meeting of the Population Association of America, Philadelphia, Pennsylvania, 2005.

Bestuzhev, D. , "Brazilian Cybercriminals' Daily Earnings — More Than You'll Ever Earn in a Year!" SECURELIST, http://www. securelist. com/en/blog/208193355/Brazilian_ cybercriminals_ daily_ earnings_ more_ than_ youll_ ever_ earn_ in_ a_ year, 2012.

Bourdieu, P. , *Distinction: A Social Critique of the Judgment of Taste* (translated by R. Nice) (Chesborough: Routledge, 1984).

Breines, I. , Connell, R. , & Eide, I. , *Male Roles: Masculinities and Violence, A Culture of Peace Perspective* (Paris: UNESCO, 2000).

Callis Robert R. , Kresin Melissa. *Residential Vacancies and Homeownership in the Fourth Quarter* 2011 (U. S. Census Bureau, 2011).

Chandrasekhar, C. P. , *Impact of Trade Liberalization in the Labour Market of India*, Mimeo: ICT SD (International Centre for Trade and Sustainable Development) (Ginebra, 2006).

Chang, H. J. , "Understanding the Relationship between Institutions and Economic Development — Some Key Theoretical Issues", In *Instituições e Desenvolvimento Econômico* (Viçosa: Der &De-ufv, 2007).

Chihaya, K. , "Income Inequality in Brazil and China: Race, Ethnicity and the Urban – Rural Divide", Unpublished paper presented at the meeting on Globalization and Social Development, marking the 30th Anniversary Celebrations of the Institute of Sociology (Beijing, Chinese Academy of Social Sciences, April, 2010) .

China's Young Consumers in the Age of Social Media, http://www. ciccorporate. com/index. php? option = com _ content&view = article&id = 790% 3Acic-groupm-knowledge-chinas-young-consumers-in-the-age-of-social-media& catid = 52%3Aarchives – 2011&Itemid = 158&lang = en.

Costa, M. , Koslinski, M. , & Costa, L. , Educational Inequality and Social Stratification in Brasil. In L. Peilin, C. Scalon, M. K. Gorshkov, & K. L. Sharma (orgs.), *Social Stratification in the BRIC Countries Changes and Perspectives* (Peking, China: Social Sciences Academic Press, 2011) .

Denters, B. , Gabriel, O. , & Torcal, M. , *Norms of Good Citizenship* (New York: Simon & Schuster, 2004) .

Dunn, C. , "It's Forbidden to Forbid. The Impact of the 1960's Art Movement Tropicalismo on Brazilian Culture", *Americas* (English Edition), 14 (8), September – October, 1993, 45 (5) .

Easton, D. , *A Systems Analysis of Political Life* (Chicago: University of Chicago Press, IL, 1965—1979) .

Frischtak, C. , "Banking Automation and Productivity Change: The Brazilian Experience", *World Development*, 20 (1992) .

Gagnon, J. & Simon, W. , *Sexual Conduct: The Social Sources of Human Sexuality* (Chicago: Aldine, 2005) .

Glenny, M. , *McMafia*, A Journey Through the Global Criminal Underworld (New York: Vintage Books, 2009) .

Greenberg, A. , "The Top Countries for Cybercrime, *Forbes*, http://www. forbes. com/2007/07/13/cybercrime-world-regions-tech-cx_ ag_0716cybercrime. html, 2007" .

Gupta, N. & Leite, I. C. , "Adolescent Fertility Behaviour: Trends and Determinants in Northeastern Brazil", *International Family Planning Perspectives*

25 (1999).

Heilborn, M. L. & Cabral, C. S., "Teenage Pregnancy: From Sex to Social Pathology", In P. Aggleton & R. Parker (orgs.), *Routledge Handbook of Sexuality, Health and Rights* (London/New York: Routledge Taylor & Francis Group, 2010).

Heilborn, M. L., "In the Fabric of Brazilian Sexuality", In C. E. Bose & M. Kim (orgs.), *Global Gender Research: Transnational Perspectives* (Albany, NY: Routledge Publishers, 2009).

Hulet, C. L., *Brazilian Literature: 1920 – 1960: Modernism* (Washington, DC: Georgetown University Press, 1975).

Huntington, S. P., *The Clash of Civilizations and the Remaking of World Order* (New York: Simon & Schuster, 1996).

Inglehart, R. & Welzel, C., Changing Mass Priorities: The Link between Modernization and Democracy, *Perspectives on Politics*, 8 (2010).

Inglehart, R., *Culture Shift in Advanced Industrial Society* (Princeton NJ: Princeton University Press, 1990).

ITU, *Yearbook of Statistics, Telecommunication/ICT Indicators* (Chronological Time Series 2000 – 2009) (Geneva: International Telecommunications Union, 2010).

James C. Scott, *Domination and the Arts of Resistance: Hidden Transcripts* (Yale: Yale University Press, 1992).

Jensen, M., "Mobility among Young Urban Dwellers", *Young. Nordic Journal of Youth Research*, 14 (2006).

Kwong, Julia, "Ideological Crisis Among China's Youths: Values and Official Ideology", *The British Journal of Sociology*, 45 (1994).

Li, P. et al., *Handbook of Social Stratification in the BRIC Countries* (Singapore: World Scientific Publishing, 2013).

Lipset, S. M., *Political Man: The Social Bases of Politics* (Baltimore: John Hopkins University Press, 1981).

M. Mead., *Culture and Commitment: A Study of the Generation Gap* (New York: John Wiley, 1970).

M. W. Riley, M. E. Johnson and A. Foner, *Aging and Society*, Vol. 3, *A Sociology of Age Stratification* (New York: Sage, 1972).

Madeira, A., "Rude Poetics of the 1980s: The Politics and Aesthetics of Os Titãs", In *Brazilian Popular Music and Citizenship* (Durham, NC: Duke University Press, 2011).

Mannheim, K., *Diagnose of Our Time. Wartime Essays of a Sociologist* (London: Kegan Paul, Trench, Trubner & Co., Ltd, 1943).

Mannheim, K., *Structures of Thinking* (London: New York, NY: Routledge & Kegan Pau, 1982).

Mannheim, K., "The Problem of Generation", In K. Mannheim (orgs.), *Essays on the Sociology of Knowledge* (London: RKP, 1952).

Martine, G., "Brazil's Fertility Decline, 1965 – 1895: A Fresh Look at Key Factors", *Population Development Review*, 22 (1996).

Ngai, Pun, "Subsumption Or Consumption? The Phantom of Consumer Revolution in 'Globalizing' China", *Cultural Anthropology*, 18 (2003).

Nohlen, D., "Instituciones Y Cultura Política", *Postdata*, 13 (2008).

Norris, P., *Digital Divide* (Cambridge: Cambridge University Press, 2001).

Parker, R. G., "Civil Society, Political Mobilization, and the Impact of HIV Scale-up on Health Systems in Brazil", *Journal of Acquired Immune Deficiency Syndromes and Human Retrovirology*, 52 (2009).

Peristiany, J. G., "The Age-Set System of Pastoral Pokot", *African*, 21 (1951).

Peristiany, J. G., *The Social Institutions of the Kipsigis* (London: G. Routledge & Sons, 1939).

Schon, D. A., *Beyond the Stable State* (New York: Random House, 1971).

Simpson, George L., Gerontocrats and Colonial Alliances, in Aguilar, Mario I. (Ed.), *The Politics of Age and Gerontocracy in African: Ethnographies of the Past & Memories of the Present* (African World Press, Inc, 1998).

Sposito, M. P., *Interfaces between the Sociology of Education and the Studies about Youth in Brazil*, In M. Apple, S. Ball & L. A. Gandin (orgs.), *The Routledge International Handbook of the Sociology of Education* (Abingdon: Routledge, 2010).

The UN World Youth Report 2012, http://unworldyouthreport. org/index. php? option = com_ k2&view = item&id = 21&Itemid = 118.

Touraine, A. , *The Post-industrial Society* (New York: Random House, 1971) .

Ulsperger, J. S. et al. , "Pirates on the Plank: Neutralization Theory and the Criminal Downloading of Music among Generation Y in the Era of Late Modernity", *Journal of Criminal Justice and Popular Culture*, 17 (2010) .

UN, United Nations Population Division, World Population Prospects 2002 (New York: United Nations Organisation, 2002) .

WAN, *World Press Trends*, "Paris: World Association of Newspapers, 2008" .

Wong, Nancy Y. and Aaron C. , "Ahuvia Personal Taste and Family Face: Luxury Consumption in Confucian and Western Societies", *Psychology & Marketing*, 15 (1998) .

Wolton, D. , *Informer N'est pas Communiquer* (Paris: CNRS Editions, 2009) .

Young Consumers go Digital in China, http://www. warc. com/Content/News/ Young_ consumers _ go_ digital_ in_ China. content? ID = 40661dcc − 1c38 − 4f4e − 8eb4 − d8e99e2ff5bc.

Young People in Work − 2012, http://www. ons. gov. uk/ons/dcp171776_257979. pdf.

Zhao, Xin and Russell A. W. Belk, "Politicizing Consumer Culture: Advertising as Appropriation of Political Ideology in China's Social Transition", *Journal of Consumer Research*, 35 (2008) .

Zhu Di, *Consumption Patterns of the Chinese Middle Class: In the Case of Beijing*, PhD Thesis, University of Manchester, 2011.

葡文文献

Abramo, H. & Branco (orgs.), *Retratos da Juventude Brasileira: Análises de uma Pesquisa Nacional*, Sao Paulo: Fundação Perseu Abramo, 2005.

Abramo, H. , *Cenas Juvenis: Punks e Darks no Espetáculo Urbano*, São Paulo: Editora Scritta, 1994.

Abramo, H. , Considerações Sobre a Tematização Social da Juventude no Brasil, *Revista Brasileira de educação*, (5 − 6) , 1997.

Abramovay, M. & Castro, M. , *Juventude, Juventudes: O Que une e o Que Sep-*

ara, Brasília: UNESCO, 2006.

Abramovay, M. Castro, M. G. , Pinheiro, L. C. , Lima, F. S. , & Martinelli, C. C. , *Juventude, Violência e Vulnerabilidade Social na América Latina: Desafios Para Políticas Públicas*, Brasilia: Edições UNESCO Brasil, 2002.

Almeida, E. & Nakano, M. , Jovens, Territórios e Práticas Educativas, *Revista teias*, 2011, 2 (26) .

Almeida, E. , Os Estudos Sobre Grupos Juvenis: Presenças e Ausências. In M. P. Sposito (org.), *O Estado da Arte Sobre Juventude na Pós-graduação Brasileira — Educação, Ciências Sociais e Serviço Social* (1999 – 2006), Belo Horizonte: Argvmentvm, 2009.

Almeida, M. I. & Eugênio (orgs.), *Culturas Jovens: Novos Mapas do Afeto*, Rio de Janeiro: Jorge Zahar Editor, 2006.

Alves, J. E. D. & Bruno, M. A. P. , *População e Crescimento Econômico de Longo Prazo no Brasil: Como Aproveitar a Janela de Oportunidade Demográfica?* Apresentado em 5ª Encontro Nacional de Estudos Populacionais, CaxambuL, 2006.

Aquino, E. M. L. et al. , Adolescência e Reprodução no Brasil: A Heterogeneidade dos Perfis Sociais, *Cadernos de Saúde Pública*, 2003, 19 (Suppl. 2) .

Araújo, A. L. De. , *Juventude e Participação Política* (Dissertação de Mestrado em Ciências Sociais), Londrina: Universidade Estadual de Londrina, 2007.

Aristóteles, *A Política*, Rio de Janeiro: Tecnoprint, 1990.

Attias-Donfut, C. , Jeunesse et Conjugaison des Temps. *Sociologie et Sociétés*, *XXVIII* (1), 1996.

Attias-Donfut, C. , *Rapports de Générations. Revue Française de Sociologia*, 2000, 451 (4) .

Azevedo, T. , Namoro à Antiga: Tradição e Mudança. In G. Velho & S. Figueira (orgs.), *Família, Psicologia e Sociedade*, Rio de Janeiro: Campus, 1981.

Baeninger, R. , Demografia da População Jovem. In N. Schor et al. (orgs.), *Cadernos Juventude, Saúde e Desenvolvimento*, Brasília: MS, 1999, 1st edn.

Bajos, N. , Gine, L. , & Ferrand, M. (orgs.), *De la Contraception à L'avortement: Sociologie des Grossesses non Prévues*, Paris: INSERM, 2002.

Baquero, C. M. J. & Baquero, R. , Nova Geração, Nova Política? O Papel do Capital Social na Formação Cidadã dos Jovens, *Ciências Sociais em Perspectiva*, 4, 2005.

Baquero, C. M. J. & Baquero, R. , Os Limites da Democracia: Quando a Política (des) Educa e a Educação (des) Politiza, *Educação Unisinos*, 13, 2009.

Baquero, C. M. J. , A Democracia e o Capital Social na América Latina: Brasil — Para Além do Debate Acadêmico, *Politica na América Latina*, 2002, 1 (30).

Baquero, C. M. J. , A Qualidade da Democracia no Cone Sul: Desenvolvimento Sustentável e Capital Social em Montevidéu, Santiago do Chile e Porto Alegre, *Redes*, 11, 2006.

Baquero, M. & Sisson Filho, A. , Paradigma de Converse: Sistemas de Crenças e o Processo Eleitoral de 1982 em Porto Alegre/RS, *Revista Instituto de Filosofia e Ciências Humanas*, 13, 1985.

Baquero, M. , A Cultura Política na Agenda da Democratização na América Latina. In M. Baquero (orgs.), *Cutura (s) Politica (s) e Democracia no Século XXI na América Latina*, Porto Alegre: Editora UFRGS, 2011.

Baquero, R. V. A. et al. , Representações Sociais de Jovens Acerca de Democracia, Cidadania Eticipação: Um Estudo de Cultura Política Juvenil. In M. Baquero (orgs.), *Cultura (s) Política (s) e Democracia no Século XXI na América Latina*, Porto Alegre: Editora UFRGS, 2011.

Baquero, R. , Jovens e a Participação Sociopolítica — em Que Paradigma de Participação Suas Ações se Inserem? In R. Baquero (orgs.), *Agenda Jovem: O Jovem na Agenda*, Ijuí: Unijuí, 2008.

Bartels, I. , Generation X. Zum Inflationären Gebrauch des Begriffes Generation im Aktuellen Mediendiskurs, *VOKUS — Volkskundlichkulturwissenschaftliche Schriften*, (2), 2001.

Bastos, E. R. , Pensamento Social da Escola Sociológica Paulista. In S. Miceli (org.), *O Que Ler na Ciência Social Brasileira* 1970 – 2002, São Paulo: Ed. Sumaré, 2002.

Beltrão, K. , Camarano, A. A. , & Kanso, S. , *Dinâmica Populacional Brasil-*

eira na Virada do Século XX, Brasília: IPEA, 2004.

Bem, A. S. do, A Centralidade dos Movimentos Sociais na Articulação Entre o Estado e a Sociedade Brasileira nos Séculos XIX e XX, *Educação e Sociedade*, 2006, 27 (97).

Bernardi, Bernardo, Review of R. Buitenhuijs, *Le Mouvement ' Mau Mau ' : une Revolte Paysanne et Anti-Coloniale en Afrique Noire*, Africa, 43, 1973.

Berger, P. & Luckmann, T. , *A Construção Social sa Realidade*, Rio de Janeiro: Vozes, 1975.

Berquó, E. , Ainda a Questão da Esterilização Feminina no Brasil. In K. Giffin & Costa (orgs.) , *Questões da Saúde Reprodutiva*, Rio de Janeiro: Editora Fiocruz, 1999.

Biato, Jr. , O. , *A Parceria Estratégica Sino-Brasileira: Origens e Perspectivas* (1993 – 2006), Brasília: Fundação Alexandre de Gusmão, 2010.

Borelli, S. H. S. & Oliveira, R. A. , Jovens Urbanos, Cultura e Novas Práticas Políticas: Acontecimentos Estético-culturais e Produção Acadêmica Brasileira (1960 – 2000), *Utopía Y Praxis Latinoamericana*, 50, 2010.

Bourdieu, P. A. , *A Economia das Trocas Linguísticas*, *O Que Falar Quer Dizer*, São Paulo: Edusp, 1998.

Bourdieu, P. A. , De Quoi Parle-ton — Quand on Parle du ' Problème de la Jeunesse? In F. Proust (org.) , *Les Jeunes et Les Autres: Contributions des Sciences de L'homme à La Question des Jeunes*, Vaucresson: CRIV, 1986.

Bourdieu, P. A. , *La Jeunesse N'est Qu'un Mot: Questions de Sociologie*, Paris: Minu, 1980.

Bozon, M. & Heilborn, M. L. , Iniciação à Sexualidade: Modos de Socialização, Interações de Gênero e Trajetórias Individuais. In M. L. Heilborn et al. (orgs.) , *O Aprendizado da Sexualidade: Reprodução e Trajetórias Sociais de Jovens Brasileiros*, Rio de Janeiro: Garamond, 2006.

Brandão, A. C. & Duarte, M. F. , *Movimentos Culturais de Juventude*, São Paulo: Moderna, 1990.

BRAZIL, 2012. Entrepreneur Portal. Brasília: Ministry of Labor, 2012. http:// homologacaomei. receita. fazenda. gov. br. Acessed on 4 May2012

Brenner, A. , Dayrell, J. , & Carrano, P. , Culturas do Lazer e do Tempo Livre dos Jovens Brasileiros. In *Instituto Cidadania*: *Retratos da Juventude Brasileira*, São Paulo: Fundação Perseu Abramo, 2005.

Brenner, A. , Dayrell, J. , & Carrano, P. , Juventude Brasileira: Culturas do Lazer e do Tempo Livre. In *Um Olhar Sobre o Jovem no Brasil*, Brasilia: Editora do Ministério da Saúde. Brasília: Fundação Oswaldo Cruz, 2008.

Brusa, A. , Hacia una Educación Sin Exclusiones Para y Con Los Jóvenes. Documento Apresentado no Grupo Temático Educação e Juventude Apresentado em Encontro Preparatório à Reunião dos Países do Mercosul, Estratégia Regional de Continuidade da 5ª Confitea, Curitiba, 1998.

Bueno, G. Da M. , *Variáveis de Risco Para Gravidez na Adolescência*, Dissertação de Mestrado, Sociedade Paulista de Psiquiatria Clinica, São Paulo, 2004.

Cabral, C. S. & Heilborn, M. L. , *Avaliação das Políticas Sobre Educação Sexual e Juventude*: *Da Conferência do Cairo aos Dias Atuais*, Apresentado em Oficina de Trabalho, Rumos para Cairo + 20: Compromissos do Governo Brasileiro com a Plataforma da Conferência Internacional sobre População e Desenvolvimento, Brasília, 2010.

Cabral, C. S. , Heilborn, M. L. , Duarte, L. F. D. , Peixoto, C. E. , & Lins de Barros, M. (orgs.), *Família*, *Sexualidade e Ethos Religioso and Gravidez na Adolescência*: *Negociações na Família*, Rio de Janeiro: Garamond, 2005.

Caldas, W. , Revendo a Música Sertaneja, *Revista USP*, (64), 2004.

Camarano, A. A. & Abramoway, R. , Êxodo Rural, Envelhecimento e Masculinização no Brasil, Panorama dos Últimos Cinquenta Anos, *Revista Brasileira de Estudos de População*, 15 (2), Recuperado de. http://www. abep. nepo. unicamp. br/docs/rev_inf/vol15_n2_1998/vol15_n2_1998_4artigo_45_65. pdf, 1998.

Camarano, A. A. *et al.* , Um Olhar Demográfico Sobre o Jovem Brasileiro. In *Juventude e Política Social no Brasil*, Brasília: IPEA, 2009.

Camarano, A. A. (orgs.), *Transição Para a Vida Adulta ou Vida Adulta em Transição?* Rio de Janeiro: IPEA, 2006.

Camarano, A. A. , Fecundidade e Anticoncepção da População Jovem, In *Jovens*

Acontecendo na Trilha das Políticas Públicas, Brasília: CNPD, 1998, Vol. 1.

Cardoso, R. & Sampaio, H., Estudantes Universitários e o Trabalho. *Revista Brasileira de Ciências Sociais*, 1994, 9 (26).

Carmo, P. S. do, *Culturas da Rebeldia: A Juventude em Questão*, São Paulo: SENAC, 2000.

Carneiro, M. J. & Castro, E. G. de, *Juventude Rural em Perspectiva*, Rio de Janeiro: CPDA/UFRJ, Mauad Xf, 2007.

Carone, E., A Luta Contra o Estado Novo, *Perspectivas*, 1977, 2 (2).

Carrano, P. & Alves, N., Jovens em Tempo de Web 2.0, *Presença Pedagógica*, 2012, 18 (103).

Carrano, P. C., *Juventudes e Cidades Educadoras*, Petrópolis: Vozes, 2003.

Castells, M., *A Galáxia da Internet: Reflexões Sobre a Internet, os Negócios e a Sociedade*, Rio de Janeiro: Jorge Zahar, 2003.

Castro, J. A., Evolução e Desigualdade na Educação Brasileira, *Educação e Sociedade*, 2009, 30 (108).

Castro, J. A., *Juventude: Demografia, Pobreza e Desigualdade, Educação e Trabalho*, Apresentado em Fórum de Trabalho Decente para a Juventude, Brasília, 2012.

Catani, A. M. & Gilioli, R. S. P., *Culturas Juvenis: Múltiplos Olhares*, São Paulo: UNESP, 2008.

CGI, *Pesquisa Sobre o uso das Tecnologias de Informação e Comunicação no Brasil: TIC Domicílios e TIC Empresas* 2010, São Paulo: Comitê Gestor da Internet no Brasil, 2011.

CGI, *Pesquisa Sobre o uso das Tecnologias de Informação e Comunicação no Brasil: TIC Domicílios e TIC Empresas* 2010, São Paulo: Comitê Gestor da Internet no Brasil, 2011, http://www.cgi.br.

Chan, T. W. & Goldthorpe J. H. 2007, "Social Stratification and Cultural Consumption: Music in England." European Sociological Review 2007, 23 (1): 1–19.

Chan, T. W. & Goldthorpe J. H., "Social Stratification and Cultural Consumption: The Visual Arts in England. " Poetics 2007, 35: 168 – 190.

Coelho, C. N. P. , A Tropicália: Cultura e Política nos Anos 60, *Tempo Social*, 1989, 1 (1) .

Cohn, C. , *Antropologia da Criança*, Rio de Janeiro: Zahar, 2005.

Corbucci, P. R. , Dimensões Estratégicas e Limites do Papel da Educação Para o Desenvolvimento Brasileiro, *Revista Brasileira de Educação*, 2011, 16 (48).

Cordeiro, D. & Costa, E. A. P. , *Jovens Pobres em Territórios de Precariedades*: *Deslocamentos do Olhar*, Apresentado em Congresso Internacional Cotidiano: Diálogos sobre diálogos, Niterói, 2008.

Corrochano, M. C. & Abramo, L. , Juventude, Educação e Trabalho Decente: A Construção de Uma Agenda, *Linhas Críticas*, 47, 2016.

Corrochano, M. C. & Nakano, M. , Jovens e Trabalho. In M. P. Sposito (org.), *O Estado da Arte Sobre Juventude na Pós-graduação Brasileira*: *Educação*, *Ciências Sociais e Serviço Social* (1999 – 2006), Belo Horizonte: Argvment-vum, 2009.

Corrochano, M. C. et al. , *Jovens e Trabalho no Brasil*: *Desigualdades e Desafios Para as Políticas Públicas*, São Paulo: Ação Educativa; Instituto IBI, 2008.

Corrochano, M. C. , *Jovens Olhares Sobre o Trabalho*: *Um Estudo dos Jovens Operários e Perárias de São Bernardo do Campo* (Mestrado em Educação), São Paulo: USP, Faculdade de Educação, 2001.

Corrochano, M. C. , *O Trabalho e a Sua Ausência*: *Narrativas Juvenis na Metrópole*, Sao Paulo: Annablume, 2012.

Costa, T. J. N. M. , A Maternidade em Menores de 15 Anos em Juiz de Fora (MG): Uma Abordagem Socioantropológica, *Praia Vermelha*: *Estudos de Política e Teoria Social*, (7), 2002.

Cunha, P. R. C. D. , *A Participação do Banco Mundial na Formação Cidadã dos Jovens Cearenses* (Dissertação de Mestrado em Ciência Política), Universidade Federal do Rio Grande do Sul, Rio Grande do Sul, 2005.

Dadoorian, D. , A gravidez desejada em adolescentes de classes populares. Dissertação de Mestrado em Psicologia, Pontifícia Universidade Católica do Rio de Janeiro, Rio de Janeiro, 1994.

DaMatta, R. , *Carnavais, Malandros e Heróis*: *Para uma Sociologia do Dilema Brasileiro*, Rio de Janeiro: Zahar, 1983.

DaMatta, R. , Reflexões Sobre o Público e o Privado no Brasil: Um Ponto de Vista Perverso, *Cadernos de Ciências Sociais*, 1993, 3 (3) .

Dauster, T. , Uma Infância de Curta Duração: Trabalho e Escola, *Cadernos de Pesquisa*, 82, 1992.

Dayrell, J. , A Escola Faz as Juventudes? Reflexões em Torno da Socialização Juvenil, *Educação e Sociedade*, 28, 2007.

Dayrell, J. , *A Música Entra em Cena*: *O Rap e o Funk na Socialização da Juventude*, Belo Horizonte: Ed. UFMG, 2005.

Delors, J. et al. , *Educação*: *Um Tesouro a Descobrir*, *Relatório Para a UNESCO da Comissão Internacional Sobre Educação Para o Século XXI*, São Paulo: Cortez, UNESCO, MEC, 1997.

DIEESE, *A Situação do Trabalho no Brasil na Primeira Década dos Anos* 2000, São Paulo: DIEESE, 2012.

Duarte, L. F. D. , *Da Vida Nervosa nas Classes Trabalhadoras Urbanas*, Rio de Janeiro: Jorge Zahar, 1986.

Dubar, C. Réflexions Sociologiques Sur la Notion D'insertion. In B. Charlot & D. Glasmann (orgs.), *Les Jeunes*, *L'insertion*, *L'emploi*, Paris: PUF, 1998.

Dubet, F. , Des Jeunesses et des Sociologies: Le cas Français. *Sociologie et Sociétés*, 1996, (28) .

Dubet, F. , *Le Déclin de L'institution*, Paris: Seui, 2002.

Dumazedier, J. , *A Revolução Cultural do Tempo Livre*, São Paulo: Studio Nobel: SESC, 1994.

Dunning, E. ([s. d.]), Sobre Problemas de Identidade e Emoções no Esporte e no Lazer: Comentários Críticos e Contra-críticos Sobre as Sociologias Convencional e Configuracional de Esporte e Lazer, *História*: *Questões & Debates*, 2003, 39 (2) .

Dwyer, T. , Secretários, Autores e Engenheiros: Ordem e Mudança Entre Adolescentes Usuários de Computadores, *Teoria e Sociedade*, (2) , 1997.

Dwyer, T. , Um Salto no Escuro: Um Ensaio Interpretativo Sobre as Mudanças Técnicas, *Revista de Administração de Empresas*, 1989, 29 (4).

Echegaray, F. , Dimensões da Cibercultura no Brasil, *Opinião Pública*, 2003, 9 (2), http://www. scielo. br/scielo. php? script = sci_ arttext&pid = S0104 – 62762003000200002.

Elias, N. & Dunning, E. , *A Busca da Excitação*, Lisboa: Difel, 1992a.

Elias, N. & Dunning, E. , *Deporte y Ocio en el Proceso de la Civilizacion*, México, Madrid, Buenos Aires: Fondo de Cultura Econômica, 1992b.

Elias, N. , *A Sociedade dos Indivíduos*, Rio de Janeiro: Zahar, 1994.

Fagundes, P. E. , Movimento Tenentista: Um Debate Historiográfico, *Revista Espaço Acadêmico*, (108), 2010.

Fajnzylber, P. , *Determinantes Econômicos da Criminalidade: Notas Para Uma Discussão*, Criminalidade, Violência e Segurança Pública no Brasil: Uma Discussão Sobre as Bases de Dados e Questões Metodológicas Apresentado em 5o Encontro Causas e Determinantes e Custos e Consequências da Violência e Criminalidade, 2000.

Fanfani, E. , *Culturas Jovens e Cultura Escolar*, Seminário Apresentado em Seminário Escola Jovem: Um Novo Olhar Sobre o Ensino Médio, Brasília, 2000.

Faoro, R. , Os donos do Poder, Rio de Janeiro: Globo, 1989.

Farina, M. B. , *O Papel da Escola Frente ao Processo de Democratização do Brasil: Um Estudo de Caso Sobre Cultura Política eas Dimensões de Civismo e Cidadania Entre as Novas Gerações* (Dissertação de Mestrado em Sociologia Política), Universidade Federal do Ceará, Fortaleza, 2005.

Favaretto, C. F. , *Tropicália: Alegoria, Alegria* (3rd edn.), São Paulo: Ateliê Editorial, 2000.

Fávero, M. de L. de A. , *UNE em Tempos de Autoritarismo*, Rio de Janeiro: Editora UFRJ, 1995.

Fávero, O. , *Cultura Popular e Educação Popular: Memória dos Anos* 60, Rio de Janeiro: Graal, 1983.

Ferrell, J. , *Cultural Criminology: An Invitation*, Los Angeles: Sage, 2008.

Fischer, R. M. B. , O Estatuto Pedagógico da Mídia: Questões de Análise, *Educação e Realidade*, 1997, 22（2）.

Fischer, R. M. B. , Técnicas de si e Tecnologias Digitais, In L. H. Sommer & M. I. Bujes（orgs.）, *Educação e Culturas Contemporâneas: Articulações, Provocações e Transgressões em Novas Paisagens*, Canoas: Ed. ULBRA, 2016.

Fonseca, C. L. , Família, Fofoca e Honra: Etnografia de Relações de Gênero e Violência em Grupos Populares, Porto Alegre: Editora da UFRGS, 2000.

Fonseca, T. N. de L. , Trilhando Caminhos, Buscando Fronteiras: Sergio Buarque de Holanda e a História da Educação no Brasil. In *Pensadores Sociais e História da Educação*, Belo Horizonte: Autêntica, 2005.

Foracchi, M. , *A Juventude na Sociedade Moderna*, São Paulo: Pioneira, 1972.

Foracchi, M. , *O Estudante e a Transformação da Sociedade Brasileira*, São Paulo: Nacional, 1965.

Franco, F. C. , Alves, F. , & Bonamino, A. , Qualidade do Ensino Fundamental: Políticas, suas Possibilidades, seus Limites. *Educação e Sociedade*, 2007, 28（100）.

Garcia Canclini, N. , *Culturas Híbridas: Estratégias Para Entrar e Sair da Modernidade*, São Paulo: EDUSP, 2006.

Garcia, M. , A Questão da Cultura Popular: As Políticas Culturais do Centro Popular de Cultura（PC）da União Nacional dos Estudantes（UNE）, *Revista Brasileira de história*, 2004, 24（47）.

Garretón, M. A. （Coord.）, *La Gran Ruptura*, Lom Ediciones, Santiago de Chile: Institucionalidad Política y Actores Sociales en el Chile del Siglo XXI, 2016.

Gauthier, J. H. M. , *Uma Pesquisa Sociopoética: O Indio, o Negro e o Branco no Imaginário dos Pesquisadores da Área de Educação*, Florianópolis: UFSC, 2001.

Gil, A. R. , Generación Digital: Patrones de Consumo de Internet, Cultura Juvenil y Cambio Social, *Revista de Estudios de Juventud*, （88）, 2010.

Glenny, M. , *Mercado Sombrio: O Cibercrime Evocê*, São Paulo: Companhia das Letras, 2011.

Gonzalez, R. , Políticas de Emprego Para Jovens: Entrar no Mercado de Trabalho é uma Saída? In J. A. Castro, L. M. Aquino & C. C. Andrade (orgs.) , *Juventude e Políticas Sociais no Brasil*, Brasilia: IPEA, 2009

GRAVAD, Pesquisa de Adolescentes no Brasil. http://www. portal. saude. gov. br, 2006.

Groppo, L. A. , *O Rock e a Formação do Mercado de Consumo Cultural Juvenil: A Participação da Música Pop-rock na Transformação da Juventude em Mercado Consumidor de Produtos Culturais, Destacando o Caso do Brasil e os Anos 80* (Dissertação de Mestrado) , Campinas, SP: Universidade Estadual de Campinas, Instituto de Filosofia e Ciências Humanas, 1996.

Guimarães, N. A. , O Que Muda Quando se Expande o Assalariamento (Em Que o Debate da Sociologia Pode Nos Ajudar a Compreendê – lo?) , *Dados*, 2011, 54 (4) .

Guimarães, N. A. , Por Uma Sociologia do Desemprego: Contextos Societais, Construções Normativas e Experiências Subjetivas, *Revista Brasileira de Ciências Sociais*, 2002, 17 (50) .

Guimarães, N. A. , *Trabalho: Uma Categoria-chave no Imaginário Juvenil?* In H. Abramo & P. P. Branco (orgs.) , *Retratos da Juventude Brasileira: Análises de Uma Pesquisa Nacional*, São Paulo: Instituto da Cidadania/ Fundação Perseu Abramo, 2005.

Guillén, Luz María (1985) . "Idea, Concepto y Significado de la Juventud", Revista de Estudios Sobre la Juventud, núm. 1. México: CEJM.

Hasenbalg, C. , A Transição da Escola ao Mercado de Trabalho. In C. Hasenbalg & N. V. Silva (orgs.) , *Origens e Destinos: Desigualdades Sociais ao Longo da Vida*, Rio de Janeiro: Topbooks, 2003.

Heilborn et al. (orgs.) , *O Aprendizado da Sexualidade: Reprodução e Trajetórias Sociais de Jovens Brasileiros*, Rio de Janeiro: Garamond, 2006.

Heilborn, M. L. & Cabral, C. S. , Parentalidade Juvenil: Transição Condensada Para a Vida Adulta. In A. A. Camarano (orgs.) , *Transição Para a Vida Adulta ou Vida Adulta em Transição?* Rio de Janeiro: IPEA, 2006.

Heilborn, M. L. et al. , Aproximações Socioantropológicas Sobre a Gravidez na *adolescência*, *Horizontes antropológicos*, 2002, 8（17）.

Henriques, R. , *Desigualdade racial no Brasil*: *Evolução das Condições de Vida na Década de* 90, Rio de Janeiro: IPEA, 2001.

Herschmann, M. , *O Funk e o Hip Hop Invadem a Cena*, Rio de Janeiro: Editora UFRJ, 2000.

Holanda, S. B. de, *Visão do Paraíso*, Rio de: Brasiliense, 1992.

Ianni, O. , O Jovem Radical. In S. Britto（org. ）, *Sociologia da Juventude*, Rio de Janeiro: Zahar Editores, 1968.

IBASE & POLIS, Pesquisa Juventude Brasileira e Democracia, IBASE/POLIS, 2006.

IBASE, Instituto Brasileiro de Análisis Sociais e Economicas, Ibase, 2006.

IBGE MUNIC, Pesquisa de Informações Básicas Municipais — MUNIC. IBGE, 2009.

IBGE, Instituto Brasileiro de Geografia e Estatística, 2010b.

IBGE, Síntese de Indicadores Sociais（SIS）. IBGE, 2010a.

INEP, Na Medida — Boletim de Estudos Educacionais do INEP（6 edn. , Vol. 3）. INEP, 2011.

Instituto Cidadania, *Perfil da Juventude Brasileira*, São Paulo: Fundação Perseu Abramo, 2003.

IPEA, *Dinâmica Demográfica da População Negra*, Brasília: IPEA, 2011.

IPEA, *Sistema de Indicadores e Percepções Sociais*: *Cultura*, Brasília: IPEA, 2010.

Keil, J. M. , Dos Jovens Contestadores aos Jovens de Hoje. Um Uma Nova Forma de Participação na Pólis. In M. Baquero（orgs. ）, *Democracia*, *Juventude e Capital Social no Brasil*, Porto Alegre: ed. UFRGS, 2004.

Klein, A. M. , *Escola e Democracia*: *Um Estudo Sobre Representações de Alunos e Alunas de Ensino Médio*（Dissertação de Mestrado em Educação）, Universidade de São Paulo, São Paulo, 2006.

Krauskopf, D. , Dimensiones Criticas en la Participación Social de las Juventudes. In S. Balardino（org. ）, *La Participación Social e Política de los Jóvenes en el Horizonte del Nuevo Siglo*, Buenos Aires: Clacso, 2000.

Krischke, P. J. , Perfil da Juventude Brasileira: Questões Sobre Cultura Política e

Participação Democrática, *Revista Internaciional Interdisciplinar Interthesis*, 2004, 1 (2).

Leite, E., Faça Você Mesmo: A Senha da Cultura Jovem, *Le Monde Diplomatique Brasil*, 2009.

Lemos, R. & Castro, O., *Tecnobrega: O Pará Reinventando o Negócio da Música*, Rio de Janeiro: Aeroplano Editora, http://bibliotecadigital. fgv. br/dspace/handle/10438/2653, 2008.

Levy, P., *Cibercultura*, São Paulo: Editora 34, 1999.

Lima, L. C. A., Da Universalização do Ensino Fundamental ao Desafio de Democratizar o Ensino Médio em 2016: O Que Evidenciam as Estatísticas? *Revista Brasileira de Estudos Pedagógicos*, 2011, 92 (231).

Löwy, M., Negatividade e Utopia do Movimento Altermundialista, *Lutas Sociais*, 2008, 19 (20).

Lucas, J. I. P., *Juventude e Antipolítica no Brasil, Um Estudo de Cultura Política e Ideologia* (tese de Doutorado em Ciência Política), Porto Alegre: Universidade federal do Rio Grande do Sul, 2003.

Madeira, F. R. & Bercovich, A. M., A 'Onda Jovem' e Seu Impacto na População Economicamente Ativa de São Paulo, *Planejamento e Políticas Públicas*, 1992, (18).

Madeira, F. R., Os Jovens e as Mudanças Estruturais na Década de 70: Questionando Pressupostos e Sugerindo Pistas, *Cadernos de Pesquisa*, 58, 1986.

Magnani, J. G. C., *Festa no Pedaço: Cultura Popular e Lazer na Cidade*, São Paulo: HUCITEC/UNESP, 1998.

Mannheim, K., El Problema de Las Generaciones, *Revista Reis*, 62, 1993.

Mannheim, K., O Problema da Juventude na Sociedade Moderna. In S. De. Britto (org.), *Sociologia da Juventude I*, Rio de Janeiro: Zahar Editores, 1968.

Margulis, M. & Urresti, M., La Juventude és Mas que Una Palabra. In M. Margulis & L. Ariovich (orgs.), *La Juventude es Más que Una Palabra*, Buenos Aires: Biblos, 1996.

Marinho, L. F. B., *Entrada na Sexualidade e Práticas Contraceptivas: A Experiência de Jovens em três Capitais Brasileiras* (Tese de Doutorado em

Saúde Coletiva.), Instituto de Saúde Coletiva/Universidade Federal da Ba-
hia, Salvador, 2006.

Martins Filho, J. R. , *Movimento Estudantil e Ditadura Militar*: 1964 – 1968,
São Paulo: Papirus Livraria, 1987.

Martins, C. H. S. & Souza, P. L. A. , Lazer e Tempo Livre dos (as) Jovens
Brasileiros (as): Escolaridade e Gênero em Perspective. In M. Abramovay,
E. R. Andrade, & L. C. G. Esteves (orgs.), *Juventudes*: *Outros Olhares So-
bre a Diversidade*, Brasília: Ministério da Educação; UNESCO, 2007.

Martins, H. H. T. , O Jovem no Mercado de Trabalho, *Revista Brasileira de
educação*, 1997, 5 (6) .

Martins, J. de S. , O Voo do Cuitelinho — Suplementos — Estadao. com. br,
Estadão, http://alias. estadao. com. br/noticias/geral, o-voo-docuitelinho,
511171, 2010a.

Martins, L. , A Gênese de uma Intelligentsia. Os Intelectuais e a Política no Bra-
sil: 1920 a 1940, *Revista Brasileira de Ciências Sociais*, 1987, 2 (4) .

Martins, L. , Custo da Internet no País Ainda é Alto, Dizem Especialistas, *Terra*,
http://tecnologia. terra. com. br/internet/, 99a9eeb4bddea310VgnCLD20000
0bbcceb0aRCRD. html, 2010b.

Martuccelli, D. & Singly, *F.* , *Les Sociologies de L'individu*, Paris: Armand Co-
lin, 2009.

Martuccelli, D. , *Cambio de Rumo. La Sociedade a Escala del Individuo*, Santia-
go: LOM, 2007.

Martuccelli, D. , *Existen Indivíduos em el Sur*? Santiago: LOM Ediciones, 2010.

Martuccelli, D. , *Forgé par L'epreuve. L'individu dans na la France Contempo-
raine*, Paris: Armand ColiN, 2006.

Martuccelli, D. , *Grammaires de L'individu*, Paris: Gallimard, 2002.

Mauger, G. , *Les Jeunes en France*: *État des Recherches*, Paris: La Documenta-
tion Française, 1994.

Medeiros, M. , A Maternidade nas Mulheres de 15 a 19 anos Como Desvantagem
Social. In E. M. Vieira et al. (orgs.), *Seminário Gravidez na Adolescência*,
Rio de Janeiro: Ponto & Linha, 1998.

Melo, A. V. , Gravidez na Adolescência: Nova Tendência na Transição da Fecundidade no Brasil. In *Anais do x Encontro Nacional de Estudos Populacionais*, Belo Horizonte: ABEP, 1996.

Melo, J. M. , O Consumo Enquanto Prática de Cidadania Ativa. In *Alunos do Cefet-al: Realidade ou Possibilidades*, João Pessoa: UFPB, 2000.

Mendes Júnior, A. , *Movimento Estudantil no Brasil*, São Paulo: Brasiliense, 1982.

Menezes, G. et al. , Aborto Provocado na Juventude: Desigualdades Sociais no Desfecho da Primeira Gravidez, *Cadernos de Saúde Pública*, 2009, 22 (7) .

Menezes, G. , Aquino, E. M. L. , & Silva, D. O. , Aborto Provocado na Juventude: Desigualdades Sociais no Desfecho da Primeira Gravidez. *Cadernos de Saúde Pública*, 2006, 22 (7) .

Ministério da Saúde, Secretaria de Vigilância em Saúde, & Departamento de DST, AIDS e Hepatites Virais, *Boletim Epidemiológico*, Brasil: Ministério da Saúde, 2011.

Mische, A. , De Estudantes a Cidadãos: Redes de Jovens e Participação Política, *Revista Brasileira de Educação*, (05 – 06) , 1997.

Misse, M. , *Dizer a Violência*, Revista Katálysis, 2008, 11 (2) .

Misse, M. , Mercados Ilegais, Redes de Proteção e Organização Local do Crime no Rio de Janeiro, *Estudos Avançados*, 21 (61) , 2007.

Moises, J. A. , *Democracia e Confiança: Porque os Cidadãos Desconfiam Das Instituições Políticas?* São Paulo: EDUSP, 2010.

Molenat, X. (org.), *L'individu Contemporain*, Paris: Éditions, Sciences Humaines, 2006.

Montalli, L. , *Rearranjos Familiares de Inserção*, *Precarização do Trabalho e Empobrecimento*, Apresentado em Encontro Nacional de Estudos Populacionais, 14, Caxambu. http://www. abep. nepo. unicamp. br/site_ eventos_ abep/pdf/abep2004_ 137. pdf, 2004.

Monteiro, M. F. G. & Adesse, L. , Magnitude do Aborto no Brasil: Uma Análise dos Resultados de Pesquisa, http://www. ccr. org. br/uploads/eventos/mag_ aborto. pdf, 2007.

Moraes, D., *O Ativismo Digital*, Covilhã, Portugal: BOCC — Biblioteca On-line de Ciências da Comunicação /LabCom, Universidade da Beira Interior (UBI), 2001.

Moscovici, S., *A Representação Social da Psicanálise*, Rio de Janeiro: Zahar Editores, 1978.

Napolitano, M., A Arte Engajada e Seus Públicos (1955/1968), *Revista Estudos Históricos*, 2001, 2 (28).

Napolitano, M., A MPB sob Suspeita: A Censura Musical Vista Pela Ótica dos Serviços de Vigilância Política (1968 – 1981), *Revista Brasileira de História*, 2004, 24 (47).

Napolitano, M., Do Sarau ao Comício: Inovação Musical no Brasil (1959 – 1963), *Revista da USP*, 1999, (41).

Naville, P., *Essai sur la Qualification du Travail*, Paris: Rivière, 1956.

Nazzari, R. K., *Capital Social, Cultura e Socialização Política: A Juventude Brasileira (tese de Doutorado em Ciência Política)*, Universidade Federal do Rio Grande do Sul, Porto Alegre, 2003.

Nazzari, R. K., *Socialização Política e Construção a da Cidadania no Paraná —* 1993 – 1994 (dissertação de Mestrado em Ciência Política), Universidade Federal do Rio Grande do Sul, Porto Alegre, 1995.

Nolasco, S., *De Tarzan a Homer Simpson: Banalização e Violência Masculina em Sociedades Contemporâneas Ocidentais*, Rio de Janeiro: ed. Rocco, 2001.

Novaes, R., Juventude e Sociedade: Jogos de Espelhos. Sentimentos, Percepções e Demandas por Direitos e Políticas Públicas, *Revista Sociologia Especial CiêNcia e Vida*, São Paulo, 2007.

Nunes, B., Mario de Andrade: As Enfibraturas do Modernismo, *Revista Iberoamericana*, 1984, 50 (126).

OIT, Trabalho Decente e Juventude no Brasil, Brasilia: Organização Internacional do Trabalho. http://www. oit. org. br, 2009.

Olinto, M. T. A. & Moreira Filho, D. de C., Fatores de Risco e Preditores Para o Aborto Induzido: Estudo de Base Populacional, *Cad. saúde Pública*, 2006,

22 (2).

Oliveira, J. C., *Perfil Socioeconômico da Maternidade nos Extremos do Período Reprodutivo*, Rio de Janeiro: Fundação IBGE, 2005.

Pais, J. M., A Construção Sociológica da Juventude: Alguns Contributos, *Análise Sociológica*, 25, 1990a.

Pais, J. M., *Culturas Juvenis*, Lisboa: Imprensa Nacional Casa da Moeda, 1993.

Pais, J. M., *Ganchos, Tachos e Biscates: Jovens, Trabalho e Futuro*, Porto: Âmbar, 2001.

Pais, J. M., Lazeres e Sociabilidades Juvenis: Um Ensaio de Análise Etnográfica, *Análise Social*, XXV (108 – 109), 1990 b.

Pascom, A. R., Pati, M. R. A., & Simão. M. B. S., Pesquiséa de Conhecimentos, Atitudes e Práticas na População Brasileira de 15 a 64 anos 2008, Brasília: Minist rio da Saúde, Secretaria de Vigilância em Saúde, Departamento de DST, Aids e Hepatites Virais, 2011.

Paula, C. J. de, Conflitos de Ggerações: Gustavo Corção e a Juventude Católica, *Horizonte*, 2012, 10 (26).

Peralva, A., *O Jovem Como Modelo Cultural*, Rio de Janerio: Revista Brasileira de Educação, 1997.

Pimenta, M. M., *Ser Jovem e ser Adulto: Identidades, Representações e Trajetórias* (Doutorado em Sociologia), São Paulo: Universidade de São Paulo, 2007.

Pinheiro-Machado, R., *Made in China: (In) Formalidade, Pirataria e Redes Sociais na Rota China – Paraguai – Brasil*, São Paulo, Hucitec, 2011.

Platão., *A República* (5th edn.), São Paulo: Atena, 1955.

Psicologia, Pontifícia Universidade Católica do Rio de Janeiro, Rio de Janeiro, 1994.

Reguillo, R., El año dos mil. Ética, Política y Estéticas: Imaginarios, Adscripciones y Prácticas Juveniles. Caso Mexicano. In H. J. Cubides *et al.* (orgs.), *Viviendo a toda: Jóvenes, Territórios Culturales y Nuevas Sensibilidades*, Bogotá: Siglo del Hombre/DIUC, 1998.

Reis, J. B. & Sales, S. R., Juventude Contemporânea e Tecnologias Digitais: Uma Relação de Íntima Conexão, *Presença Pedagógica*, 2011, 16 (101).

Relógio, B. , *O Globo*, Rio de Janeiro, 11 de Maio. Primeiro Caderno, Opinião, 2005.

Ribeiro, D. , *O Povo Brasileiro*: *A Formação e o Sentido do Brasil*, São Paulo: Companhia das Letras, 1995.

Rodrigues, M. , *A Década de 80*: *Brasil, Quando a Multidão Voltou às Praças*, São Paulo: Ática, 1992.

Salem, T. , *Filhos do Milagre. Ciência Hoje*, 1986, 5（25）.

Sandoval, M. M. , *Jóvenes del Siglo XXI*: *Sujetos y Atores en Una Sociedad en Cambio*, Santiago: Ediciones UCSH, 2002.

Sanfelice, J. L. , *Movimento Estudantil*: *a UNE na Resistência ao Golpe de 64*, São Paulo: Cortez, 1986.

Santos, E. S. dos, Lazer, Infância e Juventude: Continuidades e Descontinuidades, *Revista Digital*, 2008, 13（121）.

Santos, P. L. , *Procuram-se Bons Alunos. A Ação Participativa Filantrópica Contemporânea*, Dissertação de Mestrado, UFB, Salvador, 2003.

Sarmento, M. J. , Gerações e Alteridade: Interrogações a Partir da Sociologia da Infância, *Educação & Sociedade*, 26, 2005.

Scherer-Warren, I. , *Redes de Movimentos Sociais*, São Paulo: Loyola, 1993.

Schlegel, R. , Internauta Brasileiro: Perfil Diferenciado, Opiniões Indiferenciadas, *Revista de Sociologia e Política*, 2009, 17（34）, http://www. scielo. br/scielo. php? pid = S0104 - 44782009000300011&script = sci_ arttext.

Schmidt, J. P. , *Juventude e Política no Brasil*: *A Socialização dos Jovens Brasileiros na Virada do Milênio*, Santa Cruz do Sul: Edunisc, 2001.

Schmidt, J. P. , *Juventude e Política nos Anos 1990*: *Um Estudo de Socialização Política no Brasil*（dissertação de Mestrado）, Universidade Federal do Rio Grande do Sul, Porto Alegre, 2000.

Schwartz, P. , *A Arte da Previsão*, Rio de Janeiro. Editora Scritta, 1995.

Schwartzman, S. , Os Desafios da Educação no Brasil. In S. Schwartzman & C. Brock（orgs. ）, *Os Desafios da Educação no Brasil*, Rio de Janeiro: Nova Fronteira, 2005.

Schwartzman, S. , *Tempos de Capanema*, São Paulo, Rio de Janeiro: Editora da

Universidade de Brasília, Paz e Terra, 1984.

Setton, M. da G. J., Juventude, Mídias e TIC. In M. Sposito (orgs.), *O Estado da Arte Sobre a Juventude na Pós-graduação Brasileira* (1999 – 2006), Belo Horizonte: Argumentum, 2009.

Setton, M. da G., Família, Escola e Mídia, um Campo Com Novas Configurações, *Educação e Pesquisa*, 2002, 28 (1).

Shanthi Kalathil and Taylor C. Boas, *Open Networks, Closed Regimes: The Impact of the Internet on Authoritarian Rule*, The Brooking Institution Press, 2003.

Silva, J. C. G. da, *Rap na Cidade de São Paulo: Música, Etnicidade e Experiência Urbana* (Tese de Doutorado em Ciências Sociais). Campinas, SP: Unicamp, IFCH, 1998.

Silveira, A. F., *Capital Social e Educação: Perspectivas Sobre Empoderamento da Juventude de Porto Alegre* (dissertação de Mestrado em Ciência Política), UFRGS, Porto Alegre, 2005.

Simmel, G., Sociabilidade; Um Exemplo de Sociologia Pura ou Formal. In E. Morais Filho (orgs.), *Georg Simmel*, São Paulo: Atica, 1983.

Singly, F., Dubet, F., Galland, O. & Deschavanne, É., La Spécifité de la Jeunnesse Dans les Sociétés Individualistes. In F. Dubet, O. Galland, & E. Deschavanne (orgs.), *Comprendre les Jeunes* (No. 5). Paris: Revue de Philosophie et de Sciences Sociales, 2004.

Singly, F., Penser Autrement la Jeunesse, *Lien Social et Politiques*, 43, 2000.

Sirota, R., *Élements Pour une Sociologie de L'enfance*, Paris: PUF, 2006.

Sirvent, M. T., *Cultura Popular y Participación Social: Una Investigación en el Barrio de Mataderos (Buenos Aires)*, Buenos Aires: Editora Miño Dávila, 2004.

Soares, L. M. S., *Universidade e Participação e Política: Um Estudo de Caso Com os Estudantes da Escola de Serviço Social da UFRG* (dissertação de Mestrado em Serviço Social), Rio de Janeiro: UFRJ, 2002.

Sorj, B. & Martuccelli, D., *O Desafio Latino-Americano: Coesão Social e Democracia*, Rio de Janeiro: Civilização Brasileira, 2008.

Sousa, J. T. P. de, Os Jovens Anticapitalistas e a Ressignificação das Lutas Coletivas，*Perspectiva*，2004，22（2）．

Sousa，J. T. P. de，*Reinvenções da Utopia. A Militância Política de Jovens nos Anos 90*，São Paulo：Hacker Editores，1999.

Sposito，M. P. & Corti，A. P. De O.，A Pesquisa Sobre Juventude e os Temas Emergentes. In M. P. Sposito（orgs.），*Juventude e Escolarização*（1980 – 1998），Brasília：MEC/INEP/COMPED，2002.

Sposito，M. P.（org.），*Juventude e Escolarização*（1980 – 1998），Brasília：INEP/MEC，2002.

Sposito，M. P.（org.），*O Trabalhador-estudante*，São Paulo：Loyola，1989.

Sposito，M. P.，*Os Jovens no Brasil：Desigualdades Multiplicadas e Novas Demandas Políticas*，São Paulo：Ação Educativa，2003.

Sposito，M. P.，A Sociabilidade Juvenil e a Rua：Novos Conflitos e Ação Coletiva na Cidade，*Tempo Social*，1994，5（1 – 2）．

Sposito，M. P.，Algumas Reflexões e Muitas Indagações Sobre as Relações Entre Juventude e Escola no Brasil. In H. Abramo & Branco（orgs.），*Retratos da Juventude Brasileira. Análises de uma Pesquisa Nacional*，São Paulo：Instituto da Cidadania/Fundação Perseu Abramo，2005.

Sposito，M. P.，Brenner，A. K.，& Moraes，F. F. de，Estudos Sobre Jovens na Interface com a Política. In M. P. Sposito（orgs.），*O Estado da Arte Sobre Juventude na Pós-graduação Brasileira：Educação，Ciências Sociais e Serviço Social*（1999 – 2006），Belo Horizonte：Argumentum，2009，Vol. 2.

Sposito，M. P.，*Educação e Juventude*，Documento Básico do Grupo Temático Educação e Juventude Apresentado em Encontro Preparatório à Reunião dos Países do Mercosul，Estratégia Regional de Continuidade，da 5ª Confitea，Curitiba，1998.

Sposito，M. P.，O Estado da Arte Sobre Juventude na Pós-graduação Brasileira：Educação，Ciências Sociais e Serviço Social（1999 – 2006）（Vols. 1 – 2），Belo Horizonte：Argumentum，2009.

Sposito，M. P.，Algumas Reflexões e Muitas Indagações Sobre as Relações Entre Juventude e Escola no Brasil. In H. Abramo & Branco（orgs.），*Retratos da Juventude Brasileira. Análises de Uma Pesquisa Nacional*，São Paulo：Instituto da Cidadania/Fundação Perseu Abramo, 2005.

Tartuce, G. L. , *Jovens na Transição Escola-trabalho*, *Tensões e Intenções*, São Paulo: Annablume, 2010.

Tella, M. A. P. , *Atitude*, *Arte*, *Cultura e Auto Conhecimento*: *O Rap Como voz da Periferia* (Dissertação de Mestrado), São Paulo: PUC-SP, 2000.

Tinhorão, J. , *Historia Social da Musica Popular Brasileira*, São Paulo: Editora 34, 1998.

Tocqueville, A. de, *A Democracia na América* (3rd edn.) , Belo Horizonte: Itatiaia, 1977.

Tokman, V. , *Desempleo Juvenil en el Cono Sur*: *Causas*, *Consecuencias y Políticas*, Santiago: Fundación Friedrich Ebert, 2003.

Tomizaki, K. , Transmitir e Herdar: O Estudo dos Fenômenos Educativos em Uma Perspectiva Intergeracional, *Educação & Sociedade*, 2010, 31.

Trow, Martin, "Twentieth-Century Higher Education: Elite to Mass to Universal", Higher Education Quarterly Volume 66, Issue 1, January 2012 , pp. 123 – 125

UNESCO, *Juventude*, *Juventudes*: *O Que Une e o Que Separa*, Brasília: UNESCO, 2006.

United Nations. Statistics Division. From https://unstats. un. org/unsd/demographic-social/products/dyb/dybcensusdata. cshtml, 2011.

Uricoechea, F. , *O Minotauro Imperial*: *A Burocratização do Estado Patrimonial Brasileiro no Século XIX*, São Paulo: Difel, 1978.

Urresti, M. , Paradigmas de Participación Juvenil: Um Balance Histórico. In S. Balardino (orgs.), *La Participación Social y Política de los Jovenes en el Horizonte del Nuevo Siglo*, Buenos Aires: Clacso, 2000.

Veiga, J. E. , *Cidades Imaginárias*, *o Brasil é Menos Urbano do Que se Calcula*, Campinas: Autores Associados, 2003.

Viana, O. , *Problemas de Organização e Problemas de Decisão*: *O Povo e o Governo* (Edição Póstuma), Rio de Janeiro: Record Cultural, 1974.

Vianna, M. de A. G. , Nelson Werneck Sodré e o Tenentismo. *Revista Advir*, (27), 2011.

Vieira, A. G. , A Assustadora Multiplicação Dos Carentes, *O Globo*, 2005.

Wallerstein, I. , La Sociologie et le Monde, *Socio*, 1, 2013.

Weller, W. & Tella, M. A. P. , Hip-hop in São Paulo: Identity, Community Formation, and Social Action. In I. Avelar & C. Dunn (orgs.), *Brazilian Popular Music and Citizenship*, Durham, NC: Duke University Press, 2011.

Weller, W. , A Atualidade do Conceito de Gerações de Karl Mannheim, *Sociedade e Estado*, 2010, 25 (2) .

Weller, W. , *HipHop in São Paulo und Berlin: Ästhetische Praxis und Ausgrenzungserfahrungen junger Schwarzen und Migranten*, Opladen: Leske + Budrich, 2003.

Weller, W. , *Minha voz é Tudo o que eu Tenho: Manifestações Juvenis em Berlim e São Paulo*, Belo Horizonte: Editora UFMG, 2011.

XAVIER, M. F. 2011. A Coluna Prestes e a Política Externa Brasileira na Década de 1920. As Relações Brasil-Argentina. Masters Dissertation. Universidade de Brasília. Brasília, Distrito Federal. Brasil.

Zanetti, H. , *Juventude e Revolução: Uma Investigação Sobre a Atitude Revolucionaria no Brasil* (Dissertação de Mestrado em Ciência Política), Brasília: UNB, 1999.

作者及译者简介

E. D. 阿尔梅达（E. D. Almeida）巴西圣保罗大学里贝朗普雷图校区哲学、科学和文学学院教育、信息和交流系教授，主管研究生教育项目，圣保罗大学教育、儿童和青年研究所研究员。研究领域包括青少年、校内外青少年教育与社会交往。

M. 巴奎罗（M. Baquero）巴西南大河联邦大学政治学副教授，阿根廷和英国苏塞克斯大学博士后，法国巴黎社会科学高等研究院访问学者，现任拉丁美洲研究中心研究员和南大河联邦大学政治科学期刊编辑。研究领域包括政治文化、社会资本与公民赋权。著有《拉丁美洲需要哪种民主?》《社会资本和赋权是答案吗?》等。

R. A. 巴奎罗（R. A. Baquero）巴西南大河联邦大学拉丁美洲研究中心副研究员，布宜诺斯艾利斯大学博士后，著有《巴西教育的政治与非政治化》等。

L. D. M. B. 巴萨洛（L. D. M. B. Bassalo）巴西巴西利亚大学博士，帕拉州立大学社会科学和教育中心教授，青年、教育和社交研究小组成员。研究领域包括图像的定性分析、青年文化和性别、女权主义和青年与大学生。

P. 卡拉诺（P. Carrano）巴西里约热内卢州弗鲁米嫩塞联邦大学教育学院、研究生教育项目教授，弗鲁米嫩塞联邦大学"里约热内卢青年观察"研究小组成员，曾获巴西科学技术研究理事会研究成果奖学金。

M. C. 科罗查诺（M. C. Corrochano）巴西圣保罗大学社会科学学士、教育学博士，现任圣保罗州圣卡洛斯联邦大学人文科学和教育系教授。曾任劳工组织顾问，负责拟订"青年人体面工作条件议程"，主要在青年、教育、工作和经济生活领域进行社会学研究并组织高校活动。著有《工作及其缺失：年轻都市叙事》《年轻人与工作：公共政策的不平等和挑战》等。

L. 科斯塔（L. Costa）巴西里约热内卢大学研究所社会学博士，巴西公共和商业管理学院、里约热内卢瓦加斯基金会教授。曾于2005－2006年赴纽约哥伦比亚大学访问，2009－2011年赴巴西联邦大学城市与区域规划研究所进行博士后研究，2012年赴巴西联邦大学社会学专业进行研究。主要研究领域为社会不平等、城市发展和社会分层。

J. 戴雷尔（J. Dayrell）巴西圣保罗大学博士，里斯本大学博士后，贝洛奥里藏特市米纳斯吉拉斯联邦大学教育学院、教育学研究生项目副教授，米纳斯吉拉斯联邦大学"青年观察"研究小组成员，巴西科学技术研究理事会研究成果奖学金获得者，主要研究领域为青年、教育和文化。

T. 德怀尔（T. Dwyer）新西兰惠灵顿维多利亚大学学士，法国巴黎社会科学高等研究院社会学博士，现任巴西坎皮纳斯州立大学社会学全职教授，巴西科学技术研究理事会研究成果奖学金获得者。曾于2005－2009年任巴西社会学会主席，2010－2014年任国际社会学会执行委员会成员，在信息社会学等领域发表大量著作，新近研究领域为巴中关系。著有《工作中的生与死：作为一种社会造成的错误的工业事故》等。

M. L. 埃尔伯恩（M. L. Heilborn）人类学家，巴西里约热内卢州立大学社会医学研究所副教授，格拉瓦德研究所主任。

李春玲 中国社会科学院社会学研究所研究员，青少年与教育社会学研究室主任；中国社会科学院大学社会学院教授；中国社会科学院中国教育发展智库副理事长；中国社会学会社会分层与流动专业委员会理事长；

中国社会学会青年社会学专业委员会常务副理事长兼秘书长；中国青少年研究会副会长；长期从事社会分层、教育社会学和青年研究。主要著作有《断裂与碎片——当代中国社会阶层分化趋势的实证分析》、《比较视野下的中产阶级形成：过程、影响以及社会经济后果》、《中国城镇社会流动》、《社会分层理论》、《性别分层与劳动力市场》、《青年与社会变迁：中国和俄罗斯的比较研究》、《境遇、态度与社会转型：80后青年的社会学研究》、《可持续发展教育：进展与挑战》、*Rising Middle Classes in China*、*Handbook of The Sociology of Youth in the Bric Countries* 等。

林子萱 专职翻译，本书巴西章节译者，本科毕业于同济大学，获工学学士学位，硕士毕业于中国人民大学商学院，获管理学学士学位。曾经于加州大学洛杉矶分校交换学习。在国有企业中担任过会议口译及笔译，多次参与志愿活动、展会等的翻译工作，在多家培训机构担任过托福、GMAT、四六级和考研英语老师。在国际会议和期刊上发表多篇英文学术论文。翻译领域集中在经济管理、社会科学、大众科普等。

孟蕾 中国社会科学院社会学研究所助理研究员，中国人民大学社会学学士和硕士，北京师范大学社会学博士。研究领域包括文化社会学、消费理论、社会分层和生活方式。

M. 中野（M. Nakano）巴西圣保罗大学教育、国家和社会专业博士，巴黎第十三大学博士后，现任巴西圣保罗圣安德烈基金会大学中心教授、研究员。主要研究领域为青年群体，近期著有《暴力与社会运动之间》《贫民窟的两个世界》《难以发现的青春期?》。

邱晔 中国人民大学美学博士，中国社会科学院工业经济研究所博士后，现为北京师范大学文化创新与传播研究院讲师，并担任河南省修武县美学经济总顾问、北京源大智库客聘研究员，主要研究领域为美学经济、文化产业、审美文化等。在 CSSCI 收录期刊发表多篇学术论文，代表性论文有《美学经济初探》《休闲农业中的美感资源与美感体验分析》等；专著《美学经济论》为美学经济领域首部系统性研究专著，入选中国社会科学博士后文库；撰写的咨询报告获多个政府部门采纳和批示；主持国家社会科学基金青年项目"美学经济视角下的休闲农业体验化研究"、中央高校基本科研业务费专项资金项目等多项课题。

C. 斯卡隆（C. Scalon）巴西里约热内卢联邦大学社会学系全职教授，加州大学洛杉矶分校访问学者，曾任巴西社会学会主席，《金砖国家社会分层手册》编辑。主要研究方向为不平等、社会分层与公共政策。

施芸卿　中国社会科学院社会学研究所副研究员，社会学博士，曾任《青年研究》编辑。2007 年 7 月入职中国社会科学院社会学研究所，工作至今，曾于 2010 年 10 – 12 月赴英国圣安德鲁斯大学心理学系访问，2018 – 2019 年赴美国加州大学伯克利分校东亚研究中心访问。主要研究方向为城市研究，关注城市与家庭、青年文化的交叉领域。与青年研究相关的著作有《境遇、态度与社会转型：80 后青年的社会学研究》（与李春玲合著）、《性别与家庭评论（第九辑）：社会变迁中的亲职与抚育》，其余主要成果发表于《社会学研究》《社会》《青年研究》等期刊。

M. P. 斯波西托（M. P. Sposito）巴西圣保罗大学教育社会学全职教授，巴黎高等社会科学学习学院博士后。巴西科学技术研究理事会研究成果奖学金获得者。研究兴趣为教育社会学、青年社会学、社会运动社会学，近期著有《巴西社会科学中的青年研究概览》《巴西研究生研究中的青年研究现状：1999 – 2006 年教育、社会科学和社会工作》。

田丰　中国社会科学院社会发展战略研究院研究员。研究方向主要是青年和独生子女、家庭和消费、社会分层和不平等、中国农民工等。著有《当代中国家庭生命周期研究》等。

W. 韦勒（W. Weller）德国柏林自由大学社会学博士，美国加州斯坦福大学访问学者，现任巴西巴西利亚大学教育学院副教授。主要研究世代和青年文化、青年和学校成就、国际大学生比较、质性研究方法，著有《国际教育研究中的定性分析与文献法》。

朱迪　中国社会科学院社会学研究所研究员、青少年与教育社会学研究室副主任，英国曼彻斯特大学社会学博士，兼任中国社会学会消费社会学专业委员会秘书长、青年社会学专业委员会理事。主要研究兴趣是青年与青少年、青年就业、青年消费文化以及互联网与社会。在《中国社会科学》、《社会学研究》、*Journal of Chinese Sociology* 等重要核心期刊发表论文数篇，近期出版专著《新中产与新消费——互联网发展背景下的阶层结构转型与生活方式变迁》。

索　引

图书在版编目（CIP）数据

青年与社会发展：中国和巴西的比较／李春玲等著
. -- 北京：社会科学文献出版社，2022.3
（当代中国社会变迁研究文库）
ISBN 978 - 7 - 5201 - 9396 - 2

Ⅰ.①青… Ⅱ.①李… Ⅲ.①青年 - 关系 - 社会发展
- 对比研究 - 中国、巴西 Ⅳ.①C913.5

中国版本图书馆 CIP 数据核字（2021）第 239947 号

当代中国社会变迁研究文库

青年与社会发展：中国和巴西的比较

著　　者／李春玲　[巴] T. 德怀尔（T. Dwyer）等

出 版 人／王利民
组稿编辑／谢蕊芬
责任编辑／刘德顺　孙　瑜
责任印制／王京美

出　　版／社会科学文献出版社·群学出版分社（010）59366453
　　　　　地址：北京市北三环中路甲 29 号院华龙大厦　邮编：100029
　　　　　网址：www. ssap. com. cn
发　　行／社会科学文献出版社（010）59367028
印　　装／天津千鹤文化传播有限公司

规　　格／开　本：787mm × 1092mm　1/16
　　　　　印　张：24.75　字　数：392 千字
版　　次／2022 年 3 月第 1 版　2022 年 3 月第 1 次印刷
书　　号／ISBN 978 - 7 - 5201 - 9396 - 2
定　　价／128.00 元

读者服务电话：4008918866